Die

Preußischen Gesetze

betreffend

Diensteinkommen, Ruhegehalt

und

Wittwen- und Waisenversorgung

der

Volksschullehrer.

Für den praktischen Gebrauch
erläutert
von

Dr. **Georg Kautz**,
Regierungsrath.

Preis gebunden M. 2,80, von 10 Exemplaren ab à M. 2,40.

Berlin 1900.
J. J. Heines Verlag.

Vorwort.

Nachdem in dem Reliktengesetze vom 4. Dezember 1899 der Abschluß derjenigen gesetzlichen Vorschriften erreicht worden ist, die die materielle Lage der Lehrer und Lehrerinnen an öffentlichen Volksschulen in Bezug auf ihre Einkommensverhältnisse, ihr Ruhegehalt und die Versorgung ihrer Hinterbliebenen zu regeln bestimmt sind, ist der Verfasser gerne einer Anregung gefolgt, diese Vorschriften zusammenzustellen und eingehend zu erläutern.

Sowohl die mit der Schulverwaltung und Schulaufsicht betrauten Behörden und Beamten, als auch vor Allem die Lehrer und Lehrerinnen an öffentlichen Volksschulen werden einen Rathgeber nicht entbehren können, der ihnen in den für die letzteren wichtigsten, den materiellen Verhältnissen die Wege weist.

Mit dem Wunsche, möglichst vollständige Erläuterungen zur Handhabung der Gesetze zu geben, ist des Verfassers Bestreben Hand in Hand gegangen, den Umfang des Buches nicht zu sehr zu steigern. Es ist deshalb alles für die Praxis Entbehrliche ausgeschieden; die Ausführungsbestimmungen zu den einzelnen Gesetzen sind nicht im Zusammenhange wiedergegeben, sondern in den Erläuterungen an zuständiger Stelle verarbeitet, die sonstigen Auslegungs-Materialien in thunlichster Beschränkung benutzt worden. Auf der anderen Seite ist auf Einfachheit und Klarheit der Sprache, auf Uebersichtlichkeit und logische Gliederung der Erläuterungen besonderer Werth gelegt. Möge das Buch der Praxis diejenigen Dienste leisten, die der Verfasser von ihm erwartet.

Charlottenburg, im März 1900.

Dr. jur. Georg Kautz.

Inhaltsverzeichniß.

Verzeichniß der Abkürzungen.

a. a. O.	am angeführten Orte.
A. H.	Abgeordnetenhaus.
A. L. R.	Allgemeines Landrecht.
A. O.	Allerhöchste Ordre.
Ausf. Best.	Ausführungsbestimmungen.
Bd.	Band.
Begr.	Begründung.
C. Bl. d. D. R.	Central-Blatt für das Deutsche Reich.
C. Bl. U. V.	Central-Blatt für die gesammte Unterrichtsverwaltung in Preußen.
C. P. O.	Civilprozeßordnung.
Dekl.	Deklaration.
E.	Entscheidung.
E. O. Tr.	Entscheidung des Obertribunals.
E. O. V. G.	Entscheidung des Oberverwaltungsgerichts.
E. R. G.	Entscheidung des Reichsgerichts.
Erl.	Erlaß.
G. S.	Gesetzsammlung.
G. V. G.	Gerichtsverfassungsgesetz vom 27. Januar 1877.
H. H.	Herrenhaus.
J. M. Bl.	Justizministerialblatt.
Instr.	Instruktion.
K. O.	Kabinetsordre.
K. G. u. S. O.	Kirchengemeinde u. Synodalordnung für die Provinzen Preußen, Brandenburg, Pommern, Posen, Schlesien u. Sachsen. Vom 10. Sept. 1873 (G. S. S. 417).
Komp. H.	Gerichtshof zur Entscheidung der Kompetenzkonflikte.
M. Bl.	Ministerialblatt für die gesammte innere Verwaltung.
Min. Erl.	Ministerial-Erlaß.
O. Tr.	Obertribunal.
O. V. G.	Oberverwaltungsgericht.
Pr. V. Bl.	Preußisches Verwaltungsblatt. Wochenschrift für Verwaltung und Verwaltungsrechtspflege in Preußen.
R. G.	Reichsgericht.
R. G. Bl.	Reichsgesetzblatt.
R. G. E. C.	Entscheidungen des Reichsgerichts in Civilsachen.
S.	Seite.
Schn. u. v. Br.	Schneider und v. Bremen. Das Volksschulwesen im Preußischen Staate, 3 Bände.
Sten. Ber.	Stenographischer Bericht.
St. O.	Städteordnung für die sechs östlichen Provinzen der Preußischen Monarchie vom 30. Mai 1853 (G. S. S. 261).
Vd.	Verordnung.
Verf.	Verfügung.
Zust. Ges.	Gesetz über die Zuständigkeit der Verwaltungs- und Verwaltungsgerichtsbehörden vom 1. August 1883 (G. S. S. 237).

A.

Gesetz

betreffend

das Diensteinkommen der Lehrer und Lehrerinnen an öffentlichen Volksschulen.

Vom 3. März 1897 (G. S. S. 25).

Einleitung.

Zur Geschichte der Besoldung der Volksschullehrer in Preußen.

(Nach der Begründung des Gesetzentwurfes.)

Die Verfassungsurkunde v. 31. I. 50 bestimmt im Art. 25:

Die Mittel zur Errichtung, Unterhaltung und Erweiterung der öffentlichen Volksschule werden von den Gemeinden, und im Falle des nachgewiesenen Unvermögens ergänzungsweise vom Staate aufgebracht. Die auf besonderen Rechtstiteln beruhenden Verpflichtungen Dritter bleiben bestehen.

Der Staat gewährleistet demnach den Volksschullehrern ein festes, den Lokalverhältnissen angemessenes Einkommen.

Gesetzliche Vorschriften, durch die für den ganzen Umfang der Monarchie allgemeine Bestimmungen über das den Volksschullehrern zu gewährende Diensteinkommen getroffen wären, bestanden früher nicht. Dagegen finden sich für einzelne Landestheile in Provinzialgesetzen und Verordnungen verschiedene Einzelvorschriften.

Die Schulordn. für die Elementarschulen der Provinz Preußen v. 11. XII. 45 (G. S. 1846 S. 1 bestimmt in den §§ 12—17 betreffs der Besoldung der Lehrer:

§ 12. Der erste Lehrer an einer Schule auf dem Lande, sowie derjenige, welcher einer Schule allein vorsteht, soll an Gehalt und anderen Amtsnutzungen erhalten:

1) freie Wohnung;
2) den nöthigen Brennbedarf zur Heizung der Schulstuben und Wohnung, sowie zu den Wirthschaftsbedürfnissen;

3) ein Ackerstück, möglichst in der Nähe der Wohnung, von einem Morgen kulmisch oder zwei Morgen 47 Quadratruten Preußisch. Die Bestellungs- und Düngungsarbeiten auf diesem Ackerstück hat die Gemeinde zu verrichten;
4) einen Küchengarten hinter dem Hause von $^1/_2$ bis 1 Morgen Preußisch und einen Platz zur Obstbaumzucht. Die Gemeinde erhält, soweit es nothwendig ist, den Garten im Gehege;
5) die nöthigen Wirthschaftslokale;
6) freie Sommerweide für wenigstens zwei Stück Rindvieh;
7) zwölf Scheffel Roggen, zwei Fuder Heu, jedes zu 16 Zentner und zwei Fuder Stroh, oder 120 Bund zu 20 Pfunden;
8) fünfzig Thaler bar Geld.

§ 13. Kann dem Schullehrer das Ackerstück oder der Gartenplatz nicht in Natur gewährt werden, so ist demselben dafür eine von der Regierung zu bestimmende, dem Ertrag des Landes gleichkommende Rente in Naturalien oder in Geld anzuweisen. Können die übrigen Naturalien oder die freie Sommerweide ganz oder theilweise nicht in Natur gewährt werden, so ist dafür eine von der Regierung festzusetzende Entschädigung in Geld anzuweisen. Wenn bei den bereits bestehenden Schulen die Lehrerdotation in einzelnen Bestandtheilen oder in dem Gesammtwerth die im § 12 normirten Natural- oder Geldbeträge übersteigt, so soll es zulässig sein, den Überschuß der Naturaldotation auf die Gelddotation, und umgekehrt, nach Ausgleichungssätzen anzurechnen, welche die Regierung zu bestimmen hat.

§ 14. Der zweite, dritte ꝛc. Lehrer an einer Landschule soll erhalten:
1) freie Wohnung;
2) das nöthige Brennmaterial zur Heizung derselben;
3) sechzig Thaler bar Geld. Die Hälfte dieses baren Einkommens kann mit Genehmigung der Regierung in Naturalien angewiesen werden.

§ 15. Die Schullehrer in den Städten sollen erhalten:
1) freie Wohnung und freien Brennbedarf, oder statt derselben eine den Ortsbedürfnissen angemessene, mit Genehmigung der Regierung festzusetzende Geldentschädigung;
2) der erste Lehrer mindestens 150 Rthlr. und die übrigen Lehrer mindestens 100 Rthlr. bar Geld. Die Hälfte dieses baren Einkommens kann in Naturalien angewiesen werden.

§ 16. Sämmtliche Lehrer sind in Betreff ihres dotationsmäßigen Einkommens von der Entrichtung der direkten Staats- und Kommunalsteuern, des Hirtenlohnes für ihr Vieh und des Schornsteinfegergeldes für ihre Wohnungen befreit.

Die Grundsteuer ihrer steuerpflichtigen Dotationsländereien, das Hirtenlohn und das Schornsteinfegergeld ist von den zur Unterhaltung der Schule Verpflichteten zu entrichten.

§ 17. Die in den §§ 12—16 festgestellten Sätze sind als die geringsten, welche zulässig sind, zu betrachten. Wo das jetzige Einkommen der Lehrer diese Sätze bereits übersteigt, darf dasselbe ohne Genehmigung des Ministeriums der geistlichen, Unterrichts- und Medizinalangelegenheiten nicht verringert werden; wo aber nach den örtlichen Verhältnissen eine Erhöhung des Lehrergehalts nothwendig und ausführbar ist, sind die Regierungen ermächtigt, die Gemeinde zu einer Erhöhung derselben zu veranlassen.

Unbestimmte Geldeinnahmen an Schulgeld, Konfirmandengeld 2c. werden auf das bare Gehalt nach einem sechsjährigen Durchschnitt angerechnet.

Eine Herabsetzung des von der Gemeinde zu gewährenden Lehrergehalts wegen Zunahme der sonstigen Einnahmen, namentlich wegen vermehrten Ertrages des Schulgeldes oder wegen Zuwendungen dritter Personen, findet nur mit Genehmigung der Regierung und nur dann statt, wenn die ersparten Mittel anderweit zum Besten derselben Schule verwendet werden, oder die Gemeinde einer Erleichterung besonders bedürftig ist.

Das Regulativ v. 29. VIII. 31 betreffend die Errichtung und Unterhaltung der Landschulen in Neuvorpommern (v. Kampß Ann. Bd. XV S. 564) schreibt vor:

Art. 3. Jede neu anzulegende Schule ist zu dotiren mit einem Hause, einem Garten, dem Feuerungsbedarf und einer fixen Besoldung für den Lehrer. Haus- und Feuerungsbedarf müssen ausreichen für das Bedürfniß der Schule und des Lehrers. Der Garten gehört zur Nutzung des letzteren und muß mindestens einen halben Magdeburgischen Morgen groß sein. Außerdem hat der Schullehrer die freie Sommerweide für eine Kuh in der Feldmark, in der er wohnt, und zur Winterfütterung der Kuh 12 Zentner Heu, 6 Zentner Winter- und 6 Zentner Sommerstroh zu empfangen.

Die fixe Besoldung, gegen welche jede Zahlung von Schulgeld wegfällt, kann durch gütliche Einigung zwischen der Schulgemeinde und dem Lehrer bestimmt werden, bei kleinen Schulen von 30 Kindern oder weniger muß sie mindestens dem Betrage des üblichen Schulgeldes gleich kommen, und bleibt, wo gütliche Einigung über die Höhe der fixen Besoldung nicht zu Stande kommt, oder für das angebotene Salär ein tauglicher Lehrer nicht zu erhalten wäre, die Bestimmung über die Höhe des Salärs der Regierung nach billigem Ermessen vorbehalten.

Das Schulreglement v. 18. V. 01 für die niedern katholische n Schulen in den Städten und auf dem platten Lande von Schlesien und der Grafschaft Glatz (Neue Korn'sche Ed. Samml. Bd. VII S. 266) sagt am Schluß der Nr. 11:

In Absicht der neu anzusetzenden Schullehrer bestimmen Wir in folgendem nur diejenigen Emolumente, welche er wenigstens haben muß. An Örtern, wo derselbe mehrere hat, verbleibt es bei dem Alten, und Wir sind nicht gemeint, dieselben hierdurch zu schmälern,

und fährt dann fort:

12) Ein Schullehrer auf dem Lande muß daher wenigstens haben:

a. Ein gutes beständiges Haus. Bei Anlage neuer Schulhäuser ist dahin zu sehen, daß die Wohnstube von der Schulstube separirt, daß letztere für die Anzahl der Kinder geräumig genug und gehörig gelüftet sei, auch daß dem Hause die nöthige Stallung und Platz zu Futter und Getreide in Körnern beigefügt sei. Auch sind die erforderlichen Schulgeräthschaften an Tischen, Bänken ꝛc. anzuschaffen.

b. Einen Gartenfleck von wenigstens einem Scheffel Aussaat. In Ermangelung dessen müssen ihm drei Beete durch ein ganzes Gewende zu Grünzeug unentgeltlich abgereicht und die nöthige Gräserei angewiesen werden.

c. An Holz: jährlich neun Klaftern Scheitholz, oder nach Beschaffenheit des Ortes die Hälfte in Gebundholz, zwei Schock auf eine Klafter gerechnet. Wo Torf oder Steinkohlen vorhanden sind, wird nach Verhältniß dieses Brennmaterials dem Schullehrer gegeben. Solches ist ihm aber frei bis zu dem Schulhause anzufahren, über welche Verpflichtung unten das mehrere erfolgt. Dagegen soll der Schullehrer nicht mehr, wie bisher, freies Raff- und Leseholz haben, weil ihn dessen Einsammlung von den Schulstunden abhält.

d. An Deputat: Fünfzehn Scheffel Roggen, wie ihn die Garbe giebt, und zu Kuchelspeise drei Scheffel an Gerste, Erbsen und Hirse zusammen.

e. Die Freiheit, unter das Gemeinvieh zwei Stück Rindvieh und ein Schwein unentgeltlich zu treiben.

f. Fünfzig Reichsthaler bar Geld.

13) Wenn der Schullehrer zugleich Organist und Küster ist, so sind ihm auf diese Emolumente alle fixirten Einnahmen, die er an Deputat oder bar von der Herrschaft oder der Gemeinde, oder aus dem Kirchenvermögen erhält, anzurechnen. Alle unfixirten Einnahmen an Offertorien, Umgängen und Stolaccidenzien aber nicht. Wo der Schullehrer aber zugleich Gemeindeschreiber ist, wird ihm das für diese Bemühung ausgemachte Fixum oder Sporteln nicht auf obige, § 12 bestimmte Emolumente angerechnet, weil Versäumniß und mehrere Arbeit auch eine höhere Belohnung verdienen.

14) Mit eigentlichem Ackerbau soll sich daher der Schullehrer nicht befassen, weil ihn dieser von seinen Pflichten abhalten und oft in Geschäfte verwickeln würde, die mit dem Ansehen seines Amtes unverträglich sind. Hat er an irgend einem Orte nach der bisherigen Observanz eignen Ackerbau, so muß solcher entweder an die Gemeinde, oder an einen einzelnen verpachtet werden, und das Pachtgeld wird ihm auf seine baren Emolumente angerechnet.

Betreffs der Lehrer an Stadtschulen verweist das Reglement (Nr. 17) in erster Linie auf das Einkommen aus dem Schulgeld.

Das Patent, betreffend die Dotation der Lehrerstellen an den Volksschulen des Herzogthums Holstein und die Aufbringung der Personalschullasten, v. 16. VII. 64 (Ges. u. Vd. Bl. für die Herzogthümer Holstein und Lauenburg S. 224) enthält in § 1 die Vorschrift:

§ 1. Die mit einer festen Lehrerstelle an den öffentlichen Volksschulen des Herzogthums Holstein in den Städten und Flecken sowohl als auch auf dem Lande gegenwärtig verbundene Einnahme kann nicht vermindert werden; auch bleibt die Art und Weise der Dotation, wie sie auf gesetzlichen und regulativmäßigen Bestimmungen beruht, unverändert. Jedoch sollen die festen Lehrerstellen v. 1. I. 64 an gerechnet auf dem Lande um 20 Proz., in den Städten und Flecken um 25 Proz. sämmtlicher in Geld anzuschlagenden Einnahmen verbessert werden.

Bei der Werthbestimmung der Emolumente ist die freie Dienstwohnung und das Feuerungsdeputat oder eine für diese Naturalemolumente zu leistende Geldentschädigung, sowie das etwa vorhandene Gartenland außer Berechnung zu lassen. Anderentheils ist bei der Einnahmeverbesserung derjenigen Schulstellen, mit welchen Kirchenämter verbunden sind, auf die Gesammteinnahme der kombinirten Stellen zu sehen.

Einnahmeverbesserungen einzelner Schulstellen, welche seit dem 1. I. 43 eingetreten sind, werden in der durch dies Patent verfügten Gehaltszulage zu Gunsten der Schulkommune in Anrechnung gebracht; der Prozentsatz findet nur auf die nach Abzug der Verbesserung gefundene Einnahme Anwendung.

Die für die Aufbesserung der Lehrergehälter aufgestellte Regel ist indes mit folgenden Modifikationen zur Anwendung zu bringen:

1) Wo die Hinzulegung von 20 Proz. auf dem Lande und von 25 Proz. in den Städten und Flecken zu einem nach diesem Patent zu berechnenden Lehrergehalt die Summe von 468 Thlr. 12 Sgr. Crt. für den Landschullehrer und von 750 Thlrn. Crt. für den städtischen und Fleckensschullehrer nicht erreichen würde, ist diese Einnahme um so viel zu erhöhen, daß die Einnahme für jenen 468 Thlr. 12 Sgr. Crt., für diesen 750 Thlr. Crt. jährlich beträgt.

   Die Regierung ist ermächtigt, kleineren und dürftigen Schulkommunen auf dem Lande, welche nachweislich auch mit Hülfe eines Zuschusses aus dem Holsteinischen Schulfonds den Minimalsatz nicht aufbringen können, eine Beihülfe aus dem zur Verfügung stehenden Amortisationsfonds bis zur nächsten Ständediät zu gewähren, und zwar höchstens bis 18,750 Thlr. Crt.

2) Eine nach den Bestimmungen dieses Patents zu berechnende Einnahme von 843 Thlrn. 12 Sgr. Crt. auf dem Lande und von 1125 Thlrn. Crt. in den Städten und Flecken bildet die Grenze der den Schul-

kommunen in diesem Patent auferlegten Verpflichtungen und kann darüber hinaus keine Verbesserung auf Grund dieses Patents in Anspruch genommen werden.

3) Ob und in wieweit die obige Erhöhung der Dotation auch auf Lehrerstellen in Anwendung zu bringen sei, welche nach dem 1. I. 43 errichtet sind, bleibt der Entscheidung der Regierung vorbehalten.

4) Das Gehalt der in Städten und Flecken für unverheirathete Elementarlehrer eingerichteten oder in Zukunft einzurichtenden Schulstellen wird auf mindestens 600 Thlr. Crt., auf dem Lande aber die Gesammteinnahme der für einen unverheiratheten Lehrer bestimmten Schulstellen auf mindestens 375 Thlr. Crt. normirt.

Die Landschulordnung des Herzogthums Lauenburg v. 10. X. 68 (Wochenbl. für das Herzogth. Lauenburg 1868 S. 441) schreibt vor:

§ 43. Jede ordentliche Schullehrerstelle soll der Regel nach haben:

1) freie Wohnung nebst einem von der Schulkommune in Befriedigung zu haltenden, wenigstens $1/2$ Morgen großen Garten;

2) freies Feuerungsmaterial, welches in genügender, brauchbarer Quantität frei anzuliefern ist, und zwar für die Schulstube, sämmtliche bewohnte Stuben des Schulhauses und die Haushaltung des Lehrers oder, jedoch nur im Einverständniß mit dem Lehrer, in einem dem Werthe desselben entsprechenden Holzgeld;

3) in der Nutznießung von wenigstens so viel frei zu bearbeitendem Dienstland, als zur Gräsung und Winterfütterung einer Kuh erforderlich ist, oder, wo aus besonderen Gründen Dienstland nicht herzustellen ist, anstatt dessen in entsprechender freier Weide neben Auslieferung des erforderlichen Winterfutters;

4) in Naturalien, als Schulbröten und dergleichen, wo solche herkömmlich sind;

5) in dem von den Eltern schulpflichtiger Kinder zu zahlenden Schulgeld.

Die sämmtlichen Diensteinnahmen müssen, ungerechnet die freie Wohnung nebst Garten, die freie Feuerung und die freie Bearbeitung des Dienstlands, zu Gelde angeschlagen, jährlich wenigstens betragen

für Schulen von durchschnittlich bis 40 Kindern 200 Thlr.,

für Schulen von durchschnittlich 41 bis 70 Kindern 240 Thlr. und

für Schulen von durchschnittlich mehr als 70 Kindern 280 Thlr.

Die den Schullehrern, welche zugleich Organisten oder Küster sind, für letzteren Dienst gebührenden Geldeinnahmen und Naturalien sind bei den obigen Ansätzen nicht zu berechnen.

Auch ist die betreffende Kommune verpflichtet, ihren neu ernannten Lehrer und Schulgehülfen nebst dessen Effekten bei dem Antritt der Stelle von seinem Wohnort ab frei herbeizuholen oder ihm nach Vereinbarung die Umzugskosten bar zu ersetzen.

Für Hannover bestimmte das Ges. v. 26. V. 45 (Hann. G. S. S. 465) das christliche Volksschulwesen betreffend:

§ 20. Die Diensteinnahme jeder Schullehrerstelle soll einschließlich des Einkommens, welches der Lehrer vermöge eines sonstigen Kirchendienstes (als Organist, Küster 2c.) zu genießen hat, mindestens neben freier Wohnung oder einem genügenden Aequivalente für dieselbe:

Dreißig Thaler, wenn ein vollständiger Reihetisch damit verbunden ist, ohne dessen Anrechnung,

dagegen Achtzig Thaler, wenn ein solcher damit nicht verbunden ist,

jährlich betragen. (Vergleiche jedoch § 38.)

§ 21. Ist nach Ansicht der zuständigen Behörden eine fernere Erhöhung des Diensteinkommens etwa wegen besonderer Umstände erforderlich, so ist hierüber zunächst von dem Schulverband in verfassungsmäßiger oder herkömmlicher Weise — in den Städten und Flecken nach Maßgabe der Verfassung derselben — zu beschließen.

Wird eine Erhöhung nicht, oder nicht in genügendem Umfang gewährt, so kann sie von Unserem Ministerium der geistlichen und Unterrichtsangelegenheiten, soweit sie, um der Schulstelle eine angemessene Einnahme zu sichern, nothwendig ist, verfügt werden, und zwar höchstens neben freier Wohnung oder einem genügenden Aequivalente dafür,

in Land- und Fleckensgemeinden bis auf jährlich 150 Thlr.,

in Städten bis auf jährlich 300 Thlr.

§ 22. Ist mit einer Schulstelle bereits ein höheres Diensteinkommen verbunden, so soll ihr daran durch die Bestimmungen der beiden vorstehenden Paragraphen nichts entzogen werden.

§ 24. Die Diensteinnahme eines Schulgehilfen ist von der zuständigen Behörde in jedem Falle nach den örtlichen Verhältnissen festzusetzen, wenn eine angemessene Bestimmung derselben durch Vereinbarung der Betheiligten oder Beschluß des Schulverbandes nicht zu erreichen ist.

§ 25. Wo dem Schullehrer in Ermangelung einer eigenen oder gemietheten Wohnung eine Reihewohnung eingeräumt ist, darf diese wider den Willen des Schullehrers ohne Zustimmung Unserer zuständigen Behörde nicht öfter als jährlich wechseln.

§ 26. Es soll auf Abstellung der Reihetische für die Schullehrer gegen ein angemessenes Geldäquivalent thunlichst Bedacht genommen werden.

Ist dies nicht zu erreichen, so sollen die vorhandenen unvollständigen Reihetische dergestalt vervollständigt werden, daß der Lehrer das ganze Jahr hindurch morgens, mittags und abends freie Beköstigung empfängt.

Es hat aber der citirte § 20 eine Abänderung erfahren durch das Ges. v. 2. VIII. 56 (Hann. G. S. S. 257), welches in den §§ 1 und 2 vorschreibt:

§ 1. Der § 20 des Volksschulgesetzes v. 26. V. 45 erhält den Zusatz: Von unserem Ministerium der geistlichen und Unterrichtsangelegenheiten kann, soweit solches für nöthig und ausführbar erachtet wird, statt eines Diensteinkommens von achtzig Thalern jährlich (bezw. dreißig Thalern und Reihetisch) ein höherer Mindestbetrag bis zu einhundert und fünfzig Thalern festgesetzt werden.

§ 2. Für die Erhöhung des Diensteinkommens, welche auf Grund des § 21 des Volksschulgesetzes wegen besonderer Umstände verfügt werden kann, wird der Höchstbetrag von 150 bezw. 300 Thaler jährlich auf

vierhundert Thaler für Schulen in Städten, Vorstädten und Flecken,

und auf

zweihundert und fünfzig Thaler für andere Schulen

gesteigert.

Die Verordn. v. 2. IX. 01 für die deutschen und Trivialschulen des Hochstifts Münster bestimmt:

§ 7. Diejenigen Kirchspielsschullehrer und Kirchspielsschullehrerinnen, welche die Normalschule aus eigenem Antrieb frequentiren, oder dazu angewiesen werden, erhalten auf Beibringung eines Certificats der Schulenkommission, daß sie die Normalschule frequentirt haben, und fähig befunden seien, behufs ihres Unterhalts Elf Rthlr. aus dem allgemeinen Schulfond; jene Schullehrer und Schullehrerinnen aber, welche diese Elf Rthlr. einmal erhalten haben, nach Umlauf der drei Jahre aber wieder zur Normalschule verwiesen werden, müssen alsdann auf eigene Kosten sich den Unterhalt verschaffen, und dieses ihrem eigenen bezeigten Unfleiße, oder ihrer Unthätigkeit beimessen.

§ 18. Da es in mehrerer Hinsicht sehr nützlich ist, daß bei jeder Schule ein angemessenes Wohnhaus für den Lehrer, und nach Unterschied für die Lehrerin vorhanden sei; so ist dafür zu sorgen, daß diese Wohnhäuser an jenen Orten, wo sie noch fehlen, errichtet werden.

In den Fällen, wenn einem Schullehrer oder einer Schullehrerin, welche weder durch Alter noch durch Krankheit von der eigenen Verwaltung ihrer Stelle abgehalten werden, erlaubt wird, einen Substituten, oder nach Unterschied eine Substitutin zu halten; soll diesem und resp. dieser die Schullehrerswohnung überlassen werden.

§ 20d Abs. 2 und c. Den Gemeinheiten wird es überlassen, die Einnahme des Schullehrers ganz durch einen, von den sämmtlichen Eingesessenen zu zahlenden Beitrag, oder zum Theile durch Erhöhung des Schulgeldes anzuschaffen, auch auf der nächsten Markalkonvention sich zu verwenden, daß behufs jener Einnahme Zuschläge angelegt werden.

Die Nebenschulen derjenigen Gemeinheiten aber, welche weiter als eine Stunde von einer andern Schule entfernt sind, oder wo die Wege im Winter ungangbar sind, auch durch mäßige Kosten nicht gangbar gemacht werden können, sind allerdings beizubehalten.

§ 26. In Betreff der Schulzimmer für die Nebenschulen wird der 17te § hieher wiederholt. — Auch ist, so viel möglich, dafür zu sorgen, daß bei jeder Nebenschule ein angemessenes Wohnhaus für den Lehrer derselben errichtet werde. Zugleich ist die Einrichtung zu treffen, daß den Nebenschullehrern, vorzüglich den Lehrern der neu anzulegenden Nebenschulen, ein Garten, auch wo möglich, etwas Ackerland von etwa 12 bis 14 Scheffeln, und einiger Wiesegrund angewiesen werde, damit der Schullehrer desto besser im Stande sei, den Kindern über das Anziehen und Veredeln der Obstbäume, und über die Landwirthschaft praktischen Unterricht zu geben. Dieses ist desto räthlicher, weil dann den Nebenschullehrern von den Gemeinheiten nicht so viel jährliches Gehalt ausgezahlt zu werden braucht, als sonst nöthig sein würde.

§ 27. Zur Beförderung des Fleißes und Wetteifers der Kirchspielsschullehrer werden diese in drei Klassen getheilt, dergestalt, daß

a. diejenigen, welche die erforderlichen Kenntnisse in dem vorgeschriebenen Grade besitzen, in die 3. Klasse;
b. jene, welche sich unter diesen auszeichnen, in die 2. Klasse; und
c. diejenigen, welche diese Kenntnisse in einem vorzüglichen Grade besitzen, und zugleich ihre Amtspflichten vorzüglich fleißig und thätig erfüllen, in die 1. Klasse gesetzt werden.

Zur Klassifizirung der Schullehrer wird die Schulen-Commission eine Prüfung anstellen, bei welcher 1. auf das moralische Betragen der Schullehrer, ihren Fleiß, und ihren pflichtmäßigen Gehorsam gegen den Pfarrer, die Beamten, und die höheren Obrigkeiten, worin sie ihren Schülern zum Beispiele dienen müssen; 2. auf die Kenntnisse der Schullehrer, unter andern auch in der Größenlehre, Psychologie, und Landwirthschaft; 3. auf ihre Fähigkeit in der Lehrmethode Rücksicht genommen werden wird.

§ 28. Die Zulage wird für alle fähig erklärte Kirchspielsschullehrer zu 30 Rthlrn. bestimmt.

§ 29. Außer dieser Zulage von 30 Rthlrn. werden den Schullehrern der zweiten Klasse (§ 27 Litt. b) zehn Rthlr., und jenen der ersten Klasse (§ 27 Litt. c) zwanzig Rthlr. als besondere Belohnungen oder Prämien zugelegt.

Um die jährlich zu zahlenden Schullehrer-Zulagen auf eine fixirte Summe zu bringen, wird jene besondere Belohnung von 10 Rthlrn. fünfzig Schullehrern — und die von 20 Rthlrn. vierzig Schullehrern gegeben werden.

§ 30. Den fähig erklärten Lehrern in den Nebenschulen der dritten Art (vid. § 20) wird eine Zulage von 10 Rthlrn. bestimmt.

Diese Zulage ist auch einem Lehrer in einer Nebenschule der zweiten Art, womit eine Nebenschule der dritten Art combinirt ist, und welche folglich für eine Nebenschule der dritten Art anzusehen ist, zu zahlen.

Auch ist diese Zulage pro rata den fähig erklärten Lehrern in den Nebenschulen der zweiten Art zu zahlen, wenn eine solche Schule auch von Kindern frequentirt wird, welche unmöglich zur Kirchspielsschule oder zu einer andern Nebenschule geschickt werden können. — Diejenigen Gemeinheiten, welche glauben, daß dieser Fall bei ihrer Schule eintrete, haben dieses der Schulen-Commission vorzustellen und ihre Angabe durch ein Zeugniß des Archidiaconi, des Pfarrers, und der Beamten zu begründen, worin bezeugt wird, daß zu der befragten Schule die Kinder aus verschiedenen (namentlich zu benennenden) Häusern angewiesen seien, aus welchen die Kinder unmöglich zur Kirchspiels- oder einer andern Nebenschule geschickt werden können. Die Schulen-Commission hat sodann dem Geheimen Rathe ihre Meinung zu eröffnen, ob dem Lehrer in der befragten Nebenschule eine Zulage, allenfalls welche billig zuzulegen sein wolle.

§ 31. Den fähig erklärten Mädchenschullehrerinnen wird eine jährliche Zulage von 20 Rthlrn. bewilligt.

Diejenigen Schullehrerinnen, welche auf diese Zulage Anspruch machen zu können glauben, haben die Normalschule zu frequentiren, und sich sodann von der Schulen-Commission, welcher sie zugleich Zeugnisse über ihre Geschicklichkeit in weiblichen Arbeiten vorzubringen haben, prüfen zu lassen. — Diejenigen, welche bei dieser Prüfung hinlänglich fähig befunden werden, erhalten von der Schulen-Commission eine Bescheinigung, daß sie die Zulage verdienen.

Die Schullehrerinnen, welche die Zulage genießen, sollen übrigens bei Strafe der Wieder-Einziehung derselben sich der Schulen-Commission auf jedesmalige Verabladung wieder zum Examen stellen; dieselben sollen ferner alle drei Jahre vor der Schulen-Commission zur Erneuerung der Approbation persönlich erscheinen, oder vor Ablauf dieser Zeit um Verlängerung der Approbation bitten, und in letzterem Falle ein verschlossenes Zeugniß ihres Pfarrers über ihr sittliches Betragen, und über die Befolgung der neuen Lehrmethode beibringen.

§ 35. Das Schulgeld wird zu 6 Groschen für jeden halbjährigen Curs bestimmt, jedoch dergestalt, daß dort, wo ein höheres Schulgeld hergebracht ist, das Herbringen beibehalten werde: und soll für den Sommer-Curs gezahlt werden, wenn auch im Sommer keine Schule gehalten werden sollte.

Den Schullehrern wird verboten, für diejenigen Kinder, welche Schreiben und Rechnen lernen, ein höheres Schulgeld zu fordern. An denjenigen Orten, wo ein höheres Schulgeld für diese Kinder hergebracht ist, soll künftig der Mittelpreis zwischen diesem und dem Schulgelde, welches für die übrigen Kinder gezahlt wird, für sämmtliche Kinder gezahlt werden.

Den Schullehrern wird aber allerdings gestattet, für das Halten einer Abendschule, oder eines sogenannten Silentii, sich eine besondere Vergütung zahlen zu lassen.

§ 36. So viel das von den Befreiten in Gemäßheit des gnädigsten Edicts vom 13. VI. 1789 zu zahlende höhere Schulgeld betrifft, verordnen wir gnädig, daß alle diejenigen, welche von der Zahlung der Extraordinarien frei sind, für jedes Kind, welches zur Schule geschickt werden muß, in Betreff eines jeden Schul-Curses vier Gutegroschen, folglich jährlich einen halben Gulden außer dem gewöhnlichen Schulgelde zahlen sollen. — Von dieser Zahlung, so wie auch von der Zahlung des gewöhnlichen Schulgeldes, sind diejenigen frei, welche besondere Hausinformatoren für ihre, höheren Studien bestimmte, Kinder halten, über welcher Informatoren Approbation wir uns, — weiter zu verordnen, vorbehalten. Diese Freiheit ist jedoch nicht zu verstehen, in Ansehung der Kinder der etwa von Extraordinarien befreiten Schulzen, und Bauern, oder der sonstigen nicht zu höheren Studien bestimmten Kinder, welchen eigene Präceptoren gehalten werden; in Betreff welcher übrigens der § 13 nachzusehen ist.

Über die Dotation der Schulstellen im Herzogthum Nassau bestimmt das Gesetz v. 26. III. 62 (Bd. Bl. S. 81):

§ 2. Bei Einrichtung neuer Schulstellen wird als Dotation festgesetzt:

a. für die Stellen von Lehrvikaren und Lehrgehilfen 175 bis 250 fl.
b. für die Stellen der Lehrer 250 bis 500 fl.

Die Festsetzung erfolgt durch Unsere Landesregierung mit Zustimmung des Gemeinderaths und Amtsbezirksraths. Bei divergirenden Ansichten entscheidet Unsere Landesregierung innerhalb der divergirenden Vorschläge. Abänderungen an denselben können nur unter den in § 1 gegebenen Bestimmungen erfolgen.

§ 3. Da, wo besondere lokale Verhältnisse es nöthig machen, wie namentlich in Städten, größern Orten 2c, kann die Dotation der Lehrvikar-, Lehrgehilfen und Lehrerstellen von Unserer Landesregierung mit Zustimmung des Gemeinderaths und Amtsbezirksraths erhöht werden; ... Bei divergierenden Ansichten entscheidet auch hier Unsere Landesregierung innerhalb der divergirenden Vorschläge.

§ 4. Den Lehrern soll, wo es irgend thunlich erscheint, eine Wohnung sammt Garten und ein dem eigenen Bedarf entsprechendes Schulgut in mäßigem Anschlage zu eigenen Benutzung überwiesen werden. Die Wohnung soll höchstens bis zu 30 fl. zum Gehalt berechnet werden.

Wo keine Wohnung vorhanden ist, tritt an deren Stelle eine den örtlichen Miethpreisen und dem Bedürfniß entsprechende Vergütung, von welcher gleichfalls nur soviel zum Gehalt berechnet wird, als der gesetzliche Anschlag einer vorhandenen Wohnung betragen würde.

§ 5. Die Beträge und Emolumente, welche die Lehrer in ihrer Eigenschaft als Organisten und Vorsänger aus Kirchenkassen zu beziehen haben, sollen künftig höchstens zur Hälfte als Besoldungstheile angerechnet werden.

Auf Grund der Vorschriften des Edicts v. 24. III. 17, betreffend die Einrichtungen der öffentlichen Unterrichtsanstalten im Herzogthum Nassau (Sammlung der Landesh. Edicte Bd. III S. 285), § 28, steht den Lehrern außerdem Befreiung von Gemeindebediensten und Abgaben zu.

Sowohl in den Landestheilen, in denen es hiernach an Vorschriften über das Lehrereinkommen ganz fehlte, als auch in denjenigen, in denen die vorbezeichneten provinziellen Ordnungen galten, hatte sich nach der geschichtlichen Entwickelung und bei der natürlichen Verschiedenheit der wirthschaftlichen und kulturellen Verhältnisse der einzelnen Landestheile das Lehrereinkommen im einzelnen sehr verschieden gestaltet.

Dies veranlaßte im Jahre 1851 das Unterrichtsministerium, allgemeine Anordnungen für eine Regulirung der Lehrerbesoldungen zu treffen, die in dem Erl. v. $\frac{8.\ \text{VIII}.\ 51}{6.\ \text{III}.\ 52}$ (M. Bl. 1852 S. 42) niedergelegt sind und in dem Auftrag an die Regierungen gipfelten:

„eine neue Regulirung der Gehaltsverhältnisse bei allen denjenigen Elementarschulstellen vorzunehmen, welche nach der pflichtmäßigen, aus sorgfältiger Erwägung der Lokalverhältnisse gewonnenen Überzeugung den betreffenden Lehrern ein zu ihrem Unterhalt erforderliches Einkommen nicht gewähren."

Diesen ersten allgemeinen Maßnahmen folgten weitere in den Erl. v. $\frac{7.\ \text{II}.\ 67,}{5.\ \text{V}.\ 69,}$ v. 8. V. 72 und v. $\frac{19.\ \text{VI}.\ 73,}{15.\ \text{IV}.\ 75}$ (C. Bl. U. V. 1867 S. 168, 1869 S. 271, 1872 S. 293, 1873 S 475, 1875 S. 412), sodaß bis Mitte der 70er Jahre drei große Regulirungsperioden unterschieden werden können.

Diese wichen zwar in ihrem Verlaufe und Ergebnisse, sowie hinsichtlich der dabei aufgewendeten Staatsmittel (1852/53 rund 35 000 Thaler, 1867 165 000 Thaler, 1879 100 000 Thaler, 1872 und 1873 je 500 000 Thaler, 1875 1 000 000 Mark) voneinander ab, schließen sich aber in ihren Grundsätzen eng aneinander an.

Davon ausgehend, daß es nicht möglich sei, das Einkommen für die Monarchie oder auch nur für größere Bezirke einheitlich zu normiren, hielt man es schon damals für nothwendig, Minimalsätze festzulegen, die, wie u. a. der Erl. v. 7. II. 67 ausführt, ausreichend sein sollten, wenigstens in den unter den einfachsten und dürftigsten Verhältnissen lebenden Gemeinden die Existenz einer Lehrerfamilie sicherzustellen.

Diese Minimalsätze sollten jedoch nur die Bedeutung einer unerläßlichen Grundlage für die Verhandlung mit den einzelnen Schulverbänden und eines aus den bestehenden Verhältnissen entlehnten Maßstabes haben, mit Hülfe dessen gleiche Verhältnisse gleichmäßig, besondere und zufällige aber richtig gewürdigt und ein planloses, widerspruchsvolles Verfahren verhütet werden könne.

Nach den im Erl. v. 7. II. 67 getroffenen und auch später in Geltung gebliebenen weiteren Bestimmungen sollte bei Aufstellung der Minimalsätze und ihrer Anwendung als Maßstab zwischen Stadt und Land, zwischen einklassigen und mehrklassigen Schulen, zwischen großen, mittleren und kleinen Städten und weiter zwischen den Erwerbs- und Nahrungsverhältnissen der einzelnen Orte und Gegenden unterschieden, auf die Wohlhabenheit und die Teuerung der einzelnen Städte Rücksicht genommen werden.

Für die mehrklassigen Schulen der letzteren sollte ein stufenweises Aufsteigen, sei es im Wege der Stellenskala oder durch periodische Bewilligung von Alterszulagen, vorgesehen werden. Die untersten Stellen sollten zwar mit Rücksicht darauf, daß sie mit jüngeren unverheiratheten Lehrern zu besetzen seien, verhältnißmäßig niedriger ausgestattet, aber es sollten immer nur wenige derartige Stellen eingerichtet werden, damit die Lehrer in nicht zu langer Zeit einen eigenen Hausstand gründen und unter gewöhnlichen Verhältnissen bei Sparsamkeit und Nüchternheit ohne Nahrungssorgen führen könnten.

Für Hauptlehrer (Rektoren) sollte ein entsprechend höherer Gehaltssatz in Anspruch genommen werden. Für die alleinstehenden Lehrer auf dem Lande sollte mit Rücksicht darauf, daß viele Lehrer ihr Leben lang auf den Stellen verbleiben müßten, das Gehalt so normirt werden, daß sie eine eigne Familie gründen und unter einfachen Verhältnissen unterhalten könnten. Bei größern Schulsystemen auf dem Lande sollten analog, wie in den Städten, Abstufungen vorgenommen werden. Die, als Durchgangsstellen für junge, unverheirathete Lehrer, niedriger zu dotirenden zweiten und folgenden Lehrerstellen sollten aber nicht so anwachsen, daß den jüngeren Lehrern dadurch die Möglichkeit zu fern gerückt würde, nach Verlauf einiger Jahre in eine Stelle aufzurücken, die ihnen die Einrichtung eines eigenen Haushalts gestattet.

Die demgemäß 1867/69 aufgestellten Grundsätze sahen vor:

für erste und alleinstehende Lehrer auf dem Lande neben freier Wohnung mit Wirthschaftsräumen und freiem Brennbedarfe an Land oder Naturalien so viel als erforderlich ist, um eine Familie von 5 Personen zu ernähren und 2 Haupt Rindvieh durchzufüttern; außerdem ein bares Gehalt von mindestens	50	bis 150	Thlr.
für zweite und folgende Lehrer auf dem Lande neben Wohnung und Brennbedarf (bar oder in Naturalleistungen,)	120	„ 200	„
in kleinen und mittleren Städten für die untersten Stellen an den gewöhnlichen Elementarschulen neben freier Wohnung und Feuerung	150	„ 200	„
in größeren Städten ein höheres Einkommen, wofür als äußerer Anhalt die Thatsache hingestellt wurde, daß sich in Berlin der geringste Gehaltssatz auf belaufe,		400	„

für Lehrerinnen neben freier Wohnung oder Mietsentschädigung (auf dem Lande auch freiem Brennbedarfe)	120 bis 200 Thlr.

Die in den Jahren 1873/75 vorgenommene Regulierung der Besoldungen hatte das Ergebniß, daß für erste oder alleinstehende Lehrer auf dem Lande

in den Provinzen Ost- und Westpreußen, Posen, Pommern, Sachsen und Westfalen (für billige Orte) das Gehalt neben freier Wohnung und Feuerung in der Regel mindestens auf			750	M.
in den Provinzen Brandenburg und Schlesien auf			810	„
in der Rheinprovinz (einschließlich Feuerung) bei Unterscheidung zwischen billigen und teueren Orten auf	825	bis	1050	„
in Schleswig-Holstein auf	900	„	1200	„

festgesetzt wurde.

In der Provinz Hannover wurde im Allgemeinen an dem durch die hann Ges. v. $\frac{26.\ \text{V}.\ 45}{2.\ \text{VIII}.\ 56}$ gewiesenen Höchstsätze für Landschullehrerstellen von 570 M. neben freier Wohnung festgehalten.

Für die zweiten und folgenden Lehrer auf dem Lande waren damals geringere Dotationen als für erste festgesetzt, und zwar

in der Provinz Preußen			540	M.
in Pommern			600	„
in Nieder- und Mittelschlesien	700	bis	750	„
in Schleswig-Holstein	720	„	1050	„
in Westfalen	750	„	900	„
in der Rheinprovinz zum Theil mehr als			900	„
Höher war die Dotirung der vereinigten Kirchen- und Schulämter bemessen: z. B. im Regierungsbezirk Frankfurt auf	870	„	910	„

In den Städten begannen die Gehälter in der Regel mit 750 bis 900 M., zum Theil einschließlich Wohnung und Feuerung, und stiegen je nach Größe und Teuerung der Orte.

Seit dieser Regulirung der Besoldungen ist die Bewegung auf dem Gebiete des Besoldungswesens nicht zum Stillstand gekommen. Mannigfache Ursachen: die Entwickelung des Verkehrs und der Industrie, die hieraus sich ergebende Verwischung des Unterschiedes zwischen dem Lande und den kleineren Städten, die steigenden Bedürfnisse des täglichen Lebens, höhere Anforderungen an die Ausbildung der Lehrer und die Leistungen der Volksschulen wirkten zusammen, um immer wieder Beschwerden über unzulängliche Besoldung und Anträge auf Aufbesserung der Lage der Volksschullehrer im Verwaltungswege oder durch gesetzliche Regelung ihres Einkommens wachzurufen.

Hieran änderte auch die Thatsache nichts Wesentliches, daß einzelne Regierungen mit einer anderweiten Festsetzung der Besoldungen selbstständig vorgingen und einzelne Gemeinden aus eigener Iniative eine Neuordnung und Erhöhung der Besoldungen beschlossen. Besonders lebhaft wurden die Anträge, als die von den Lehrern an die Ausführung der Gesetze vom $\frac{\text{14. VI. 88 (G. S. S. 240)}}{\text{31. III. 89 (G. S. S. 64)}}$ geknüpften Hoffnungen, daß die Erleichterung der Gemeinden auf dem Gebiete der Volksschullasten auch ihren Besoldungen zu Gute kommen würde, sich nicht in dem erwarteten Umfange erfüllten.

Charakteristisch für die ganze Bewegung seit Beginn der 70er Jahre war das Bestreben, das System der festen Stellengehälter mit dem System der beweglichen Dienstaltersskala zu vertauschen oder zu vermischen. Zunächst in den größeren Städten, bald auch in den mittleren, vollzog sich allmählich in dieser Richtung eine Änderung des Besoldungssystems, deren Ergebniß 1890 war, daß in 202 Städten mit mehr als 10000 Einwohnern unter 316 Schulsystemen 170 lediglich die bewegliche Skala, 41 eine Skala fester Stellengehälter und 5 eine gemischte Ordnung hatten.

Schon im Jahre 1872 hatte die Staatsregierung beabsichtigt, Dienstalterszulagen für Volksschullehrer nach einem festen Systeme im Wege der Gesetzgebung einzuführen. Wenn auch dieser Plan wieder aufgenommen werden mußte, so wurde doch für die kleineren Schulsysteme in Städten und auf dem platten Lande von den zu Besoldungsaufbesserungen in den Staatshaushalt für 1873 eingestellten Mitteln von 1 200 000 Thalern ein Betrag von 7 000 000 Thalern zu zeitweiligen Gehaltszulagen an ältere Lehrer bestimmt. Die Verwendung dieser Summe zu Alterszulagen wurde dann durch die Erl. v. $\frac{\text{18. VI. 73.}}{\text{9. VII. 74.}}$ dahin geregelt, daß nach 12 und 22 Dienstjahren den Lehrern 30 und 60 Thaler, Lehrerinnen 30 und 40 Thaler als Alterszulagen aus der Staatskasse gewährt wurden.

Nachdem sodann das System dahin erweitert war, daß v. $\frac{\text{1. X. 88}}{\text{1. IV. 89}}$ ab 3 Zulagen von je 100 M. für Lehrer und je 70 M. für Lehrerinnen nach vollendetem 10, 20. und 30. Dienstjahr gewährt wurden, erfolgte vom 1. IV. 90 ab eine weitere Erhöhung und Neuregulierung der staatlichen Alterszulagen. Veranlassung zu der Erhöhung war die Erwägung, daß die nothwendige Aufbesserung und Regulirung der Lehrerbesoldungen am besten durch weiteren Ausbau der Alterszulagen erstrebt werde. Andererseits lag die Thatsache vor, daß die in das Ermessen der Verwaltung gestellte Entscheidung darüber, welche Schulverbände als kleinere anzusehen, in welchen Schulverbänden und Schulsystemen demgemäß die staatlichen Alterszulagen zu gewähren seien, zu Berufungen der Gemeinden und Lehrer über ungleichartige Behandlung führte, denen sich nicht überzeugend entgegentreten ließ. Es erschien eine Änderung dahin angezeigt, daß statt der schwankenden, ungewissen Voraussetzungen des Erl. v. 18. VI. 73 eine feste sichere Grenze gezogen würde. Dies führte bei Beratung des Staatshaushaltsetats für 90/91 dahin, die Gewährung staatlicher Alterszulagen fortan auf alle Volksschullehrer und Lehrerinnen in Orten, die nach dem Ergebnisse der amtlichen Volkszählung nicht über 10000 Seelen (Zivilbevölkerung) zählten, zu erweitern, aber auch auf Lehrpersonen in diesen Orten zu beschränken. Gleichzeitig wurde die Zahl der Zulagen von 3 auf 5 erhöht und bestimmt, daß die einzelnen Zulagen im Betrage von je 100 M. für Lehrer und je 70 M. für Lehrerinnen nach Vollendung des 10., 15., 20., 25. und 30 Dienstjahres unter voller Anrechnung der gesammten öffentlichen Dienstzeit in Preußen gewährt werden sollten. Zur Ausführung dieser Maßnahmen erging der Erl. v. 28. VI. 90 (C. Bl. U. V. S. 614).

Bei der Berathung dieser Neuregulirung der staatlichen Alterszulagen im Hause der Abgeordneten war am 24. III. 90 seitens der Staatsregierung in Aussicht gestellt worden, daß in von den Alterszulagen ausgeschlossenen Orten mit über 10000 Einwohnern die Besoldungsverhältnisse der Volksschullehrer geprüft werden und da, wo sie sich als unzulänglich oder weniger günstig als in Orten mit nicht über 10000 Einwohnern ergeben sollten, Verhandlungen wegen Aufbesserung der Besoldungen mit den Schulverbänden eingeleitet und, soweit die letzteren nicht in der Lage wären, aus eigenen Mitteln die Aufbesserung auszuführen, aus Staatsmitteln entsprechende Beihilfen gewährt werden würden.

Die Erhebungen ergaben, daß seit 1875 eine durch die örtlichen Verhältnisse nicht gerechtfertigte Verschiebung in den Besoldungsverhältnissen benachbarter Bezirke und in den Teuerungsverhältnissen gleichartiger Provinzen eingetreten war. Während in vielen Bezirken auf dem Lande die in den 70er Jahren festgesetzten Minimalbesoldungen unverändert geblieben waren, hatten andere Regierungen zur Verbesserung unzulänglicher Besoldungen neuere Bestimmungen getroffen. So waren z. B. im Regierungsbezirk Marienwerder die Stellen der zweiten und folgenden Lehrer auf dem Lande auf 650 M aufgebessert, während sie im Bezirk Danzig nicht immer 600 M. erreichten und in Ostpreußen auf 540 M. stehen geblieben waren. Im Regierungsbezirk Frankfurt war das Mindestgehalt für solche Stellen auf 600, in Regierungsbezirk Potsdam auf 750 M. bemessen. Die Regierung in Arnsberg hatte das Mindestgehalt alleinstehender Lehrer auf dem Lande in billigen Orten auf 900 M., die Regierung in Minden auf 1000 M. festgesetzt u. a. m. Infolgedessen unterschieden sich in einer der westlichen Provinzen trotz gleichartiger Verhältnisse die Mindestgehälter der ersten Lehrer auf dem Lande um 340, in einer anderen um 150, die der zweiten Lehrer um 170 M. jährlich.

Von den Städten war nur ein Theil der steigenden Entwicklung der wirthschaftlichen Bedürfnisse mit den Lehrerbesoldungen gefolgt. Auch soweit dies geschehen war, erwies sich die Zusammensetzung des Diensteinkommens, die Gestaltung der Gehaltsordnungen und die Berechnung der Dienstzeit völlig verschieden und vielfach weit ungünstiger als in kleineren Orten. So war in großen Industriestädten des Westens das Mindestgehalt niedriger, als in kleinen billigen Ackerstädten derselben Provinz. Hierzu kam, daß die von den einzelnen Regierungen zur Durchführung der vorerwähnten Erlasse v. 1. VII. 90 beanspruchten Staatsbeihülfen die verfügbaren Staatsmittel weit überstiegen.

Die Unterrichtsverwaltung sah sich hierdurch veranlaßt, um eine Grundlage für ein planmäßiges, systematisches Vorgehen zu gewinnen, für jede Provinz die Abhaltung von Provinzialkonferenzen über eine Neugestaltung der Lehrerbesoldungen anzuordnen, zu denen unter dem Vorsitz der Oberpräsidenten Vertreter der Bezirksregierungen, Mitglieder der Provinzialräthe und besonders erfahrene Landräthe zusammentraten.

Für die Berathungen wurden in dem Erl. v. 26. VI. 91 (C. Bl. U. V. S. 488) nachfolgende Gesichtspunkte aufgestellt:

1. Für jeden Ort ist ein, den Preis- und sonstigen Lebensverhältnissen entsprechendes Grundgehalt festzusetzen. Es ist so zu bemessen, daß ein Lehrer davon die Kosten eines jungen Familienhaushalts bestreiten kann.
2. Für provisorisch angestellte Lehrer kann die Besoldung bis auf $^3/_4$ des Grundgehaltes durch das Statut herabgesetzt werden.
3. Für Ämter mit eigenthümlichem Wirkungskreise oder von besonderer Bedeutung ist das Grundgehalt entsprechend zu erhöhen. Dahin gehören insbesondere die Stellen der Rektoren, Konrektoren, Abtheilungsvorsteher, ersten Lehrer, sowie die vereinigten Schul- und Kirchenämter.
4. Neben dem Grundgehalte ist da, wo keine Naturalwohnung gegeben wird, eine besondere Miethsentschädigung zu gewähren, die bei definitiv angestellten Lehrern ausreicht, die Ausgabe für eine Familienwohnung zu bestreiten. Die Abstufung der Sätze kann im Anschlusse an die bestehenden Servisklassen erfolgen.
5. Außer dem Grundgehalte ist ferner eine nach dem Dienstalter steigende Zulage zu gewähren. Die Zwischenstufen dürfen nicht unter diejenigen herabgehen, die für die staatlichen Alterszulagen festgesetzt sind.

   Bei Schulsystemen, die nicht mehr als acht voll beschäftigte Lehrer und Lehrerinnen zählen, kann von der Einführung besonderer kommunaler Alterszulagen neben den staatlichen abgesehen werden, sofern die hiermit verbundenen schwankenden Ausgaben für den communalen Haushalt zu sehr ins Gewicht fallen. Es ist aber alsdann für eine planmäßige Abstufung der Gehälter zu sorgen. Bei dem Übergange von dem System fester Stellengehälter zur beweglichen Dienstalterskala darf der durchschnittliche Gesammtbetrag der neuen Besoldungen nicht unter die Gesammtsumme der bisherigen Stellengehälter herabgehen.

(Fortsetzung S. 20.)

Uebersicht der Gehaltsverhältnisse.

Provinz.	Land.		Stadt.	Durchschnittlicher Höchstbetrag für Landlehrer. (ausschließl. Wohnung).	Höchstbetrag für Stadtlehrer (einschließlich Wohnungsentschädigung).
	Erste und alleinstehende Lehrer.	Zweite und folgende Lehrer.	(In Gruppen). Die größten Städte höher.		
Ostpreußen.	900 M. Gehalt und Feuerung (75 bis 120 M.), bei größern Schulsystemen Zulage. Staatliche Alterszulage 500 M.	650 M Gehalt und Feuerung, bei größeren Schulsystemen 750, 900, 1050 u. s. f. 500 M. staatliche Alterszulage	750, (800, 850) M. Gehalt, 150 (180, 210) M. Mietsentschädigung, 600 M. Kommunal-, 500 M. staatliche Alterszulage.	1500 M.	2000 bis 2160 M.
Westpreußen.	900 M. Gehalt und Feuerung (100 bis 120 M.), 600 M. staatliche Alterszulage.	700 M. Gehalt und Feuerung, 600 M. staatliche Alterszulage.	1000 M. Gehalt, 200 M. Mietsentschädigung, 200 M. Kommunal-, 600 M. staatliche Alterszulage (größere Städte 600 M. Alterszulage)	1600 M.	2000 bis 2400 M.
Posen.	900 bis 1000 M. Gehalt einschl. Feuerung, 600 M. staatliche Alterszulage, 150 bis 400 M. Mietsentschädigung.			1600 M.	1750 bis 2000 M.
Schlesien.	1000 M. Gehalt einschließlich Feuerung, 500 M. staatliche Alterszulage, 250 M. Kommunalalterszulage oder 1100 M. Gehalt einschließlich Feuerung, 500 M. staatliche Alterszulage.		1000 (1100, 1200) M. Gehalt, 250 (375, 500) M Kommunal-, 500 M. staatliche Alterszulage, 100 (180, 250) M. (Mietsentschädigung (oder Erhöhung des Grundgehalts).	1600 (bis 1750) M.	1850 bis 2450 M.
Pommern.	750 M. Gehalt und Feuerung (100 bis 150 M.), 600 M. staatliche Alterszulage.	660 M. Gehalt und Feuerung, 600 M. staatliche Alterszulage	750 (850) M. Gehalt, 600 (700, 800) M. Kommunal-, 600 M. staatliche Alterszulage.	1500 M.	1950 bis 2250 M.

Brandenburg.	1000 M. Gehalt einschließlich Feuerung (90 M.) 100 M. Kommunal-, 500 M. staatliche Alterszulage.		1050 (bis 1400) M. Gehalt, 180 (bis 450) M. Miethsentschädigung, 100 (bis 600) M. Kommunal-, 500 M. staatliche Alterszulage.	1600 M.	1830 bis 3050 M.
Sachsen.	900 M. Gehalt und Feuerung, 600 M. Alterszulage.		In den Städten entsprechend höher, nach den thatsächlichen Bedürfnissen.	1600 M.	
Schleswig-Holstein.	1050 M. Gehalt und Feuerung (etwa 100 M), 200 M. Kommunal- und 500 M. staatliche Alterszulage.	900 M. Gehalt und Feuerung, bei mehrklassigen Schulen höher, 500 M. Alterszulage.	1000 (1050, 1200) M. Gehalt, um 650 (bis 1850) M. steigend, 500 M staatliche Alterszulage	1850 M.	2150 bis 3000 M. und mehr.
Hannover.	1000 bis 1200 M. Gehalt, 75 bis 300 M. Miethsentschädigung, 750 M. staatliche Alterszulage.			1850 M.	
Hessen-Nassau.	1050 M. Gehalt, 600 M. Alterszulage. (event. 100 M. Funktionszulage).		1200 (bis 1400) M. Gehalt, 150 (500) M. Miethsentschädigung, 600 M. staatliche Alterszulage.	1750 M.	1950 bis 2500 M. und mehr.
Westfalen.	1050 (1200, 1300) M. Gehalt, 150 (bis 400) M. Miethsentschädigung, 400 (500) M. Kommunal-, 500 M. staatliche Alterszulage.			1950 M.	2100 bis 2700 M.
Rheinprovinz.	1050 (1200, 1300) M. Gehalt, 150 (bis 400) M. Miethsentschädigung, 600 M. Kommunal-, 500 M. staatliche Alterszulage.			2150 M.	2300 bis 2800 M.

6. Für die Anrechnung der auswärtigen Dienstzeit sind feste Normen aufzustellen, die jede Willkür dem einzelnen Lehrer gegenüber ausschließen. Wünschenswerth ist jedenfalls, daß die seit der definitiven Anstellung zurückgelegten Dienstjahre voll berücksichtigt werden. Wo die Anrechnung in geringerem Maße stattfindet, ist das Grundgehalt entsprechend festzusetzen, um nicht ältere Lehrer von auswärts von der Berufung in die betreffenden Orte auszuschließen.

7. Den zur Zeit angestellten Lehrern verbleiben die ihnen gegenwärtig nach den Gehalts-Regulativen vokationsmäßig zustehenden Ansprüche.

Die Berathungen über diese Punkte haben im Laufe des Jahres 1891 und Anfang 1892 überall stattgefunden.

Die daraus hervorgegangenen Vorschläge für die Besoldungsregulirung ergiebt die vorstehende Uebersicht (siehe Seite 18 u. 19).

Obwohl die Unterrichtsverwaltung anfänglich insbesondere auch mit Rücksicht auf die angebahnte gesetzliche Regelung von einer Ausführung dieser Conferenzvorschläge, die mehrfach auf der Annahme beruhten, daß die dazu erforderlichen Mittel aus der Staatskasse würden bereit gestellt werden, im Verwaltungswege hatte Abstand nehmen wollen, sah sie sich nach dem Ergebnis der Beratungen über den Gesetzentwurf v. 4. XII. 92, betreffend das Diensteinkommen der Volksschullehrer, durch den hervorgetretenen Nothstand mancher Lehrer und die im Landtag wiederholt gegebene Anregung veranlaßt, in den Jahren 1892 und 1893 einer Ordnung und Aufbesserung der Besoldungen auch außerhalb einer gesetzlichen Regelung näher zu treten.

Mit Rücksicht auf die schon damals fühlbar werdende wirthschaftliche Nothlage der Gemeinden und den beschränkten Umfang der staatlichen Fonds zu Beihilfen wurden die Regierungen jedoch angewiesen, diese Regulirungen auf Fälle eines dringenden Bedürfnisses zu beschränken, wo entweder die Schulverbände leistungsfähig oder die Regierungen in der Lage seien, aus ihren Dispositionssummen die noch erforderlichen Beihilfen bereitzustellen. Ferner wurde bestimmt, daß die von den Conferenzen vorgeschlagenen Sätze nur soweit als Grundlage für die Anforderungen an die Schulverbände dienen sollten, als die Verhältnisse des Einzelfalles nicht eine Abweichung rechtfertigten, und daß im Zwangswege auf dem Wege des Ges. v. 26. V. 87 (G. S. S. 175) nur gegen die Gemeinden vorgegangen werden solle, die trotz der ihnen durch die Ges. v. $\frac{\text{14. VI. 88 (G. S. S. 240)}}{\text{31. III. 89 (G. S. S. 64)}}$ zu Theil gewordenen Erleichterung der Volksschullasten sich weigerten, nach Maßgabe ihrer Leistungsfähigkeit für die Bedürfnisse der Volksschule zu sorgen. Vorzugsweise wurden die Regierungen auf die Regulirung der Besoldungen in den Orten mit mehr als 10 000 Einwohnern hingewiesen und ihnen hierbei besonders zur Pflicht gemacht, auf die Anrechnung der gesammten im öffentlichen preußischen Schuldienst zurückgelegten

Dienstzeit auch bei communalen Alterszulagen hinzuwirken. (Erl. v. 14. VI. 92, 8. VII. 92, 30. VI. 93, C. Bl. U. V. 1892 S. 645, 1893 S. 648).

Die in diesem Umfang eingeleiteten Verhandlungen waren zwar überwiegend im Wege freiwilliger Beschlußfassung der Schulverbände zum Abschlusse gelangt. Immerhin hatte in einer größeren Zahl von Fällen, namentlich in Orten mit mehr als 10 000 Einwohnern, auf dem im Wege des Ges. v. 26. V. 87 (G. S. S. 175), betreffend die Feststellung von Anforderungen für Volksschulen, vorgeschriebenen Wege vorgegangen werden müssen.

Nun sind nach dem Wortlaute dieses Gesetzes die Beschlußbehörden nur befugt, in bestimmten konkreten Fällen über zahlenmäßig angegebene Anforderungen Festsetzung zu treffen. (E. O.-V.-G. v. 5. XI. 92 Bd. XXIV S. 129).

Diese Auslegung des Gesetzes seitens des zuständigen höchsten Gerichtshofes machte es unmöglich, einem widersprechenden Schulverbande gegenüber trotz unzweifelhaft vorhandener Leistuugsfähigkeit und anerkannten Bedürfnisses eine Besoldungsordnung mit beweglicher, nach dem Dienstalter abgestufter Scala zur Durchführung zu bringen.

Hierzu kam, daß das Beschlußverfahren bei dem nur in gewissen längeren Fristen erfolgenden Zusammentritte der Selbstverwaltungsbehörden sich zumeist länger als ein Jahr hinzog und daß mangels einer einheitlichen Grundlage und bei dem Wechsel in den Personen die Entscheidungen der Provinzialräthe nicht nur untereinander, sondern auch innerhalb derselben Provinz vielfach auch in allgemeinen Fragen von verschiedenen Gesichtspunkten ausgingen.

In der Provinz Hannover war die Zuständigkeit der Beschlußbehörden außerdem noch durch die Bestimmungen der hannoverschen Ges. über das Volksschulwesen v. 26. V. 45 § 21 und v. 2. VIII. 56 § 2 beeinträchtigt, die das Höchstgehalt für Volksschullehrer auf dem Lande auf 250 Thaler und in Städten auf 400 Thaler beschränkten.

Ferner mußten die Schulaufsichtsbehörden mit Rücksicht auf die ungünstige wirthschaftliche Lage der erwerbenden Stände, namentlich der ländlichen Bevölkerung, überall da von allgemeinen Verhandlungen auf Aufbesserung auch ganz unzulänglicher Besoldungen absehen, wo, wie z. B. in Ostpreußen und Pommern, die Folgen der wirthschaftlichen Nothlage sich besonders fühlbar machten und die Bevölkerung des platten Landes nur bei voller Deckung des Mehraufwandes aus Staatsmitteln zu Besoldungsregulirungen hätte veranlaßt werden können.

Aus denselben Gründen war in Westpreußen die Einstellung der meisten eingeleiteten Verhandlungen angeordnet und in anderen Provinzen, z. B. Schleswig-Holstein, Westfalen, Brandenburg, Hessen-Nassau, eine Ermäßigung der Anforderungen oder die Gewährung geräumiger Fristen zur Durchführung der Regulirungen zugelassen worden. In den Provinzen Schlesien, Pommern und Ostpreußen hatte sich die Regulirung fast ausschließlich nur auf die Städte erstreckt. In Ostpreußen waren auch hierbei nur in einzelnen Fällen sehr geringe Verbesserungen erzielt. In Schlesien waren in den größeren Städten mit mehr als 10 000 Einwohnern die Besoldungsverhältnisse fast durchweg neu, aber nicht überall völlig ausreichend geordnet. Insbesondere war die volle Anrechnung der gesammten öffentlichen Schuldienstzeit für die Alterszulagen noch nicht gleichmäßig durchgeführt. In Pommern hatten zwar Regulirungen in einer größeren Zahl von Städten ohne Rücksicht auf die Einwohnerzahl stattgefunden, waren aber fast nirgends zu einem vollständig befriedigenden Ergebnisse gelangt. Im Regierungsbezirke Stralsund war in einzelnen Orten die volle Anrechnung der Dienstzeit noch nicht durchgeführt. In Westpreußen war nur im Regierungsbezirke Danzig eine mäßige Aufbesserung in allgemeinerem Umfange in Stadt und Land erreicht. Im Regierungsbezirke Marienwerder waren zwar in einem kleinen Theil der Städte und Landgemeinden die Verhandlungen zum Abschlusse gebracht worden, die für die Städte erreichten Sätze konnten indessen in einer Anzahl von Fällen als ausreichend nicht erachtet werden. In Posen waren die Stellen erster und alleinstehender Lehrer auf dem Lande und die Mehrzahl der Besoldungsordnungen in den größeren Städten angemessen regulirt, während insbesondere die kleinen und mittleren Städte bisher hatten unberücksichtigt bleiben müssen.

In Schleswig-Holstein waren auf dem Lande wenigstens überall die bisher üblichen Mindestsätze erreicht. In den Städten war zwar zumeist eine Aufbesserung der Besoldungen bewilligt, in mehreren Fällen aber die uneingeschränkte Anrechnung der gesammten öffentlichen Schuldienstzeit in Preußen versagt. Die Durchführung des Dienstalterprinzips ließ hier aber auch deshalb zu wünschen, weil die Alterszulagen in einzelnen Fällen nur subsidiär zur Ergänzung der bestehenden Stellenscalen gewährt wurden.

In den Provinzen Brandenburg, Sachsen, Westfalen, Hessen-Nassau und der Rheinprovinz waren die Regulirungen sowohl in den Städten als auch auf dem Lande nach den von den Conferenzen aufgestellten einheitlichen Gesichtspunkten und Grundsätzen ins Werk gesetzt, aber auch hier nicht gleichmäßig zum Abschlusse gelangt, vielmehr in einer in den verschiedenen Bezirken theils größeren, theils kleineren Zahl von Fällen nur unvollständig oder noch gar nicht durchgeführt.

In der Rheinprovinz und der Provinz Sachsen, sowie in den Regierungsbezirken Arnsberg und Oppeln stand in der Mehrzahl der großen Städte insbesondere die Durchführung der vollen Anrechnung der gesammten öffentlichen Schuldienstzeit in Preußen noch aus.

Was die Durchführung des Dienstaltersprinzips im Allgemeinen anlangte, so waren am 1. X. 95 unter 236 Orten mit mehr als 10 000 Einwohnern in 231 Orten Gehaltsordnungen mit beweglicher, nach dem Dienstalter abgestufter Scala eingeführt.

In 128 von diesen letzteren Orten wurde die im öffentlichen Schuldienste in Preußen zurückgelegte Dienstzeit voll angerechnet.

In 18 Fällen war in 7 Regierungsbezirken diese volle Anrechnung von den Beschlußbehörden für einzelne konkrete Anforderungen ausdrücklich abgelehnt bezw. nur eine theilweise Anrechnung festgesetzt und diese Entscheidung so begründet, daß in allen ähnlichen Fällen in diesen Bezirken von Einleitung des Beschlußverfahrens hatte Abstand genommen werden müssen.

In der großen Mehrzahl der Orte mit 10 000 und weniger Einwohnern bezogen die Lehrer (Lehrerinnen) nur die staatlichen Alterszulagen in den einheitlich festbestimmten Fristen, Stufen und Beträgen. In den Städten wurden daneben vielfach auch communale Alterszulagen, meist aber nur in mäßigem Umfange gewährt, auf dem Lande wesentlich nur in der Provinz Hessen-Nassau, in Westfalen und der Rheinprovinz.

Wie hinsichtlich der Berechnung der Dienstzeit wichen die communalen Alterszulagen nicht nur von den staatlichen, sondern auch in der Zahl der Stufen und in der Länge der Zwischenräume, die zwischen 1 und 6 Jahren schwanken, untereinander ab. Vielfach werden auch die Alterszulagen in den einzelnen Stufen einer Gehaltsordnung verschieden bemessen.

Diese Zustände führten dahin, in Erfüllung der durch Art. 25 der Verfassung dem Staate auferlegten Pflicht, das Diensteinkommen der Lehrer und Lehrerinnen an den öffentlichen Volksschulen gesetzlich derart zu regeln, daß ihnen überall ein festes, den örtlichen Verhältnissen angemessenes Einkommen gesichert ist.

Die Staatsregierung legte daher unter dem 13. I. 96 den Entwurf eines Lehrerbesoldungsgesetzes dem Abgeordnetenhause vor, der von ihm in allen wesentlichen Punkten angenommen, vom Herrenhause dagegen in der Sitzung v. 2. V. 96 abgelehnt wurde.

Darauf ging dem Abgeordnetenhause unter dem 17. XI. 96 ein neuer Gesetzentwurf zu, der im Allgemeinen sich an den früheren Entwurf anlehnte, aber den Interessen der großen Städte bei Bewilligung der Alterszulagen mehr Rechnung trug. (§ 27 Ziff. VI). Dieser Entwurf fand die Zustimmung des Abgeordnetenhauses und mit einzelnen Abänderungen am 18. II. 97 auch die des Herrenhauses. Nachdem die von letzterem getroffenen Aenderungen vom Abgeordnetenhause am 22. II. genehmigt waren, wurde das Ges., betr. das Diensteinkommen der Lehrer und Lehrerinnen an den öffentlichen Volksschulen, am 3. III. 97 vom König vollzogen und in Nr. 6 der G.-S. S. 25 veröffentlicht.

Gesetz,
betreffend das Diensteinkommen der Lehrer und Lehrerinnen an den öffentlichen Volksschulen.

Vom 3. März 1897 (Ges.-S. S. 25).

Anm. 1. **Gesetzgeberische Materialien:** Sten. Ber. A. H. 1896/97 S. 82—126, 337—412, 481—505, 1083—1102; Drucks. Nr. 9, 27, 39—46, 48, 49, 52, 53, 61—64, 98, 105, 106.

Sten. Ber. H. H. 1896/97 S. 31, 32, 51, 63—84, 150—204, 228; Drucks. Nr. 32, 52, 56, 57, 59, 63, 65, 66.

Anm. 2. Die **Ausf. Best. v. 20. III. 97.** (C. Bl. U. V. S. 328) sind in den Erläuterungen verarbeitet worden.

Wir Wilhelm, von Gottes Gnaden König von Preußen rc. verordnen mit Zustimmung beider Häuser des Landtages, für den Umfang der Monarchie, bis zum Erlaß eines allgemeinen Volksschulgesetzes, was folgt:

§ 1. Diensteinkommen der Lehrer und Lehrerinnen an den öffentlichen Volksschulen.

Die an einer öffentlichen Volksschule endgültig angestellten Lehrer und Lehrerinnen erhalten ein festes, nach den örtlichen Verhältnissen und der besonderen Amtsstellung angemessenes Diensteinkommen.

Dasselbe besteht:

1. in einer festen, ihrem Betrage nach in einer bestimmten Geldsumme zu berechnenden Besoldung (Grundgehalt),
2. in Alterszulagen,
3. in freier Dienstwohnung oder entsprechender Miethsentschädigung.

Auf Lehrer und Lehrerinnen, deren Zeit und Kräfte durch die ihnen übertragenen Geschäfte nur nebenbei in Anspruch genommen sind, findet diese Vorschrift keine Anwendung.

Die Entscheidung darüber, ob ein Lehrer oder eine Lehrerin nur nebenbei beschäftigt ist, steht lediglich der Schulaufsichtsbehörde zu.

Anm. 1. Zu Absatz 1. 1. Wegen des **Begriffes der öffentlichen Volksschule** vgl. Art. 1 § 1 des Pensionsges. v. 6. VII. 85 weiter unten und Erläuterungen dazu.

Anm. 2. 2. Die **endgültige Anstellung** setzt nach den zur Zeit maßgebenden Bestimmungen bei Lehrern als Regel die Ablegung der zweiten Prüfung voraus, die frühestens 2, spätestens 5 Jahre nach der ersten Prüfung abzulegen ist — Prüfungsordn. für Volksschullehrer v. 15. X. 72 I. § 16. — Nach Ablegung der zweiten Prüfung muß sie aber auch geschehen, da nach dem Min.-Erl. v. 31. III. 73 (C. Bl. U. V. S. 280) der Lehrer durch das Bestehen der zweiten Prüfung ein Anrecht auf endgültige Anstellung erwirbt. Lehrerinnen, die keine zweite Prüfung abzulegen haben, werden endgültig angestellt, sobald sie sich in einem zwei- bis fünfjährigen Schuldienste bewährt haben. Min.-Erl. v. 24. IV. 74 (C. Bl. U. V. 1894 S. 489). Auch ihre Anstellung **muß** nach Ablauf der Probezeit erfolgen, falls die Regierung die Ueberzeugung gewonnen hat, daß die Befähigung zur endgültigen Anstellung zweifellos vorhanden ist. Im anderen Falle muß die Probezeit verlängert oder das Ausscheiden aus dem Lehramte herbeigeführt werden. Ob die betr. Lehrerin nur vertretungsweise beschäftigt oder einstweilig angestellt war, ist für die Frage der Zulassung zur endgültigen Anstellung ohne Bedeutung. Min.-Erl. v. 19. V. 99 (C. Bl. U. V. S. 548).

3. Bezüglich der **Festsetzung des Diensteinkommens nach den örtlichen Verhältnissen** enthalten die Ausf. Best. v. 30. III. 97 in Nr. 1 und 2 folgende Vorschriften: Anm. 3.

a) Das Ges. will denjenigen Lehrern und Lehrerinnen eine Einkommensverbesserung zuwenden, deren Diensteinkommen nach den örtlichen Verhältnissen, insbesondere also nach den Teuerungsverhältnissen des Schulortes, sowie unter Berücksichtigung der Wohlhabenheit des betreffenden Schulverbandes nicht als ausreichend bemessen zu erachten ist.

Für die geringst besoldeten Lehrer und Lehrerinnen ergiebt sich solche Besoldungsverbesserung schon unmittelbar aus dem Gesetz, insofern gewisse Mindestsätze für das Diensteinkommen aufgestellt sind. Im übrigen ist zu berücksichtigen, daß im Jahre 1890 durch Ausdehnung der staatlichen Alterszulagen auf Orte, in denen sie früher garnicht gewährt wurden, und seitdem in einer großen Zahl von Gemeinden durch Erlaß neuer Besoldungsordnungen das Einkommen der Volksschullehrer neu gestaltet worden ist und zum Teil sehr erhebliche Aufbesserungen erfahren hat. —

Die Einkommensverhältnisse haben sich danach so vielgestaltig entwickelt, daß ein schablonenhaftes Vorgehen zu Gunsten einer gleichmäßigen Erhöhung des Diensteinkommens aller Schulstellen nicht zu rechtfertigen sein würde. Die Frage, ob eine Aufbesserung nothwendig und im Vergleiche zu anderen Schulstellen gerechtfertigt ist, wird vielmehr aus der Lage des einzelnen Falles zu beantworten sein und wird da, wo gegenwärtig schon in der Gewährung von kommunalen Alterszulagen das Diensteinkommen der Lehrer und Lehrerinnen angemessen gestaltet ist, nicht in Anspruch zu nehmen sein, daß es um den Betrag der in den mittleren und kleinen Schulverbänden gesteigerten Staatsleistungen erhöht werde.

Daß bei Feststellung des Diensteinkommens auf die besonderen Verhältnisse des einzelnen Ortes zu rücksichtigen sein wird, schließt nicht aus, daß innerhalb jedes Regierungsbezirkes gewisse Gegenden und Gruppen von Orten, die gleichartige örtliche Verhältnisse zeigen, für eine gleiche Bemessung des Diensteinkommens zusammengefaßt werden, wie dies z. B. in der Provinz Westfalen inhaltlich der durch Erl. v. 14. VI. 92 mitgetheilten Denkschrift neuerdings in zweckmäßiger Weise geschehen ist.

Im Sinne der Vorschrift, daß das Diensteinkommen nach den örtlichen Verhältnissen bemessen werden soll, liegt es, daß gleichartige Lehr- oder Lehrerinnenstellen an demselben Orte ein gleiches Diensteinkommen erhalten. Wo neben einander verschiedene selbständige Schulverbände bestehen, wird dies, namentlich bei einer Verschiedenheit in der Leistungsfähigkeit, nicht immer sich durchführen lassen; immerhin bleibt es als Ziel im Auge zu halten.

In dem Gesetze ist für die Bemessung des Diensteinkommens der Schwerpunkt der Besoldungsverbesserung auf eine günstige Ausgestaltung der Alterszulagen im Vergleich mit dem Grundgehalte gelegt worden. Ferner ist neben der Rücksicht darauf, daß die Lehrer der Regel nach in verhältnißmäßig frühem

Lebensalter zur endgültigen Anstellung gelangen, entscheidend gewesen, daß es als nothwendig erschien, einen erheblichen Druck der Schulunterhaltungspflichtigen zu vermeiden. In Uebereinstimmung hiermit ist bei Ausführung des Gesetzes zu verfahren.

Das Diensteinkommen soll endlich ein der „besonderen Amtsstellung" angemessenes sein. Die Rücksicht hierauf kann sowohl in einer abweichenden Bemessung des Grundgehaltes, wie der Höhe der Alterszulagen, unter Umständen auch in einer andern Bemessung der Miethsentschädigung zum Ausdrucke kommen. Nicht blos Erhöhungen gegen die übrigen Sätze kommen dabei in Frage, sondern es würde z. B. da, wo für die technischen Unterrichtsfächer — Turnen, Handarbeit — besondere Lehrkräfte endgültig angestellt sind, von den Schulverbänden das Diensteinkommen für die technischen Lehrer und Lehrerinnen niedriger bemessen werden können; selbstverständlich nirgends unter den Mindestgrenzen, die das Gesetz gezogen hat. Auf das bisher erörterte Diensteinkommen giebt das Gesetz Anspruch nur solchen Lehrern und Lehrerinnen, die endgültig an einer öffentlichen Volksschule angestellt sind. Eine solche endgültige Anstellung erhalten nach fester Uebung nur solche Lehrer und Lehrerinnen, bei denen die unterrichtliche Thätigkeit an der Volksschule die volle Arbeitskraft in Anspruch nimmt. Das Gesetz spricht aber noch ausdrücklich aus, daß die Besoldungsvorschriften keine Anwendung finden auf Lehrer und Lehrerinnen, deren Zeit und Kräfte durch die ihnen übertragenen Geschäfte nur nebenbei in Anspruch genommen sind. (S. Anm. 4).

b) In formeller Beziehung bestimmt § 1 des Gesetzes, daß das Diensteinkommen zu bestehen hat

a. in einem Grundgehalte,
b. in Alterszulagen,
c. in freier Dienstwohnung oder entsprechender Miethsentschädigung.

und es schreibt sodann betreffs der Alterszulagen der § 5 des Ges vor, daß der Bezug nach siebenjähriger Dienstzeit im öffentlichen Schuldienste beginnt, und daß neun gleich hohe Zulagen in Zwischenräumen von je drei Jahren gewährt werden.

Für die Durchführung dieser Bestimmungen entsteht die Frage, in wie weit die hierfür von den Schulaufsichtsbehörden gestellten Anforderungen in Ermangelung des Einverständnisses der Verpflichteten der Feststellung in den Formen des Ges. v. 26. V. 87 betreffend die Feststellung von Anforderungen für Volksschulen, bedürfen. Die Frage wird allerdings endgültig im Verwaltungsstreitverfahren zu entscheiden sein, (sofern es zu einem solchen kommt, z. B. in Folge einer Zwangsetatisirung. Das Ges. v. 26. V. 87 an sich kennt nur das Beschlußverfahren, vgl. Anm. 1 zu § 2). Damit aber inzwischen die Praxis der Regierungen sich gleichmäßig gestaltet, mag als Anhalt für sie hier bemerkt werden:

Wo als Gehaltsbezüge nur die Mindestsätze an Grundgehalt und Alterszulagen (§§ 2 und 6 des Ges.) zu zahlen sind, folgt die Verpflichtung zur Zahlung unmittelbar aus dem Ges., so daß es einer Beschlußfassung der Schulunterhaltungspflichtigen überhaupt nicht bedarf (§ 28 Abs. 2 des Ges.).

Wo bei dem Grundgehalte materiell eine Erhöhung nicht eintritt, sondern nur formell dadurch, daß Bezüge, die bisher neben dem Gehalte gewährt wurden (Feuerung, Naturalleistungen 2c.), mit ihrem anschlagsmäßigen Werthe dem Grundgehalte hinzugesetzt, aber darauf angerechnet werden, bedarf es ebenfalls weder einer Beschlußfassung der Schulunterhaltungspflichtigen, noch einer Feststellung im Wege des Ges. v. 26. V. 87, da die andere Art der Verrechnung durch das Ges. v. 3. III. 97 (§ 20) unmittelbar vorgeschrieben ist.

Der Uebergang vom Stellenbesoldungs- zum Dienstaltersysteme und die Anpassung der auf dem letzteren Systeme beruhenden Besoldungsordnungen an die besonderen Vorschriften dieses Ges., sowie die Aussonderung einer Miethsentschädigung, wo sie nicht bisher schon üblich war, folgt unmittelbar aus dem Ges., so daß es bei Zahlungen auf Grund der festgestellten neuen Besoldungsordnungen sich nicht um „neue“ Leistungen handelt, die auf dem Wege des Ges. v. 26. V. 87 der Feststellung bedürften. Wohl aber können dabei „erhöhte“ Leistungen in Frage stehen, sofern die Schulunterhaltungspflichtigen bei Berücksichtigung der vom Staate gesetzlich übernommenen Leistungen (§ 27 des Ges.) auf Grund der neuen Besoldungsordnung mehr als früher aufzubringen haben.

Bevor in einem solchen Falle in Ermangelung des Einverständnisses der Verpflichteten zu einem Feststellungsverfahren geschritten wird, wird übrigens nicht blos die Bedürfnißfrage, sondern auch die Leistungsfähigkeit der Verpflichteten einer erneuten sorgsamen Prüfung zu unterziehen, dabei auch die Frage der Gewährung einer Staatsbeihülfe in den Grenzen der verfügbaren Mittel zu erörtern sein.

Von den größeren Stadtgemeinden, insbesondere den kreisfreien Städten, die die Volksschullasten auf den Gemeindehaushalt übernommen haben, wird vorausgesetzt, daß sie bei der Regelung des Diensteinkommens der Lehrer und Lehrerinnen nach den Vorschriften dieses Ges. ohne bestimmende Einwirkung der Schulaufsichtsbehörden allen billigen Ansprüchen von selbst Rechnung tragen, zumal davon die Gewinnung neuer und die Erhaltung alter tüchtiger Lehrkräfte für ihre Volksschulen abhängig ist. Sofern die von solchen kreisfreien Städten zur Bestätigung eingereichten Besoldungsordnungen der Regierung wider Erwarten zu Beanstandungen Anlaß geben sollten, ist hierüber zunächst an den Unterrichtsminister zu berichten.

4. **In der Provinz Posen** kommt das Ges. v. 26. V. 87 (vgl. § 6) nicht in Betracht. Dort finden noch jetzt die Bestimmungen des § 18 c der Reg. Instr. v. 23. X. 17 (G. S. S. 248) Anwendung. Es gebührt also die Festsetzung des Einkommens der Lehrer auch bei dadurch erhöhten Leistungen der Pflichtigen lediglich den Regierungen. E. O. V. G. v. 20 I. 99 (Pr. V.-Bl. Bd. XX S. 422). Anm. 4.

Zu Absatz 3. Zu den **nebenbei beschäftigten Lehrkräften** gehören die meisten Handarbeitslehrerinnen, Turn- und sonstige Hülfslehrer, die nur einzelne Unterrichtsstunden in der Woche zu ertheilen haben und nach der Stundenzahl auf Grund besonderen Abkommens entschädigt werden. Diese Lehrkräfte werden überhaupt nicht endgültig angestellt. Anm. 5.

Sind aber technische Lehrkräfte endgültig angestellt, was nicht immer leicht zu entscheiden sein wird, so fallen sie auch unter § 1 des Ges., doch können die Grundgehälter für sie anders bemessen werden.

§ 2. Grundgehalt.

Das Grundgehalt darf für Lehrerstellen nicht weniger als 900 Mk., für Lehrerinnenstellen nicht weniger als 700 Mk. jährlich betragen.

Rektoren, sowie solche erste Lehrer an Volksschulen mit drei oder mehr Lehrkräften, denen Leitungsbefugnisse übertragen sind (Hauptlehrer), erhalten nach Maßgabe der örtlichen und amtlichen Verhältnisse ein höheres Grundgehalt, als die anderen an derselben Schule angestellten Lehrer.

Anm. 1. Zu Absatz 1. 1. Nach § 2 Abs. 1 darf das **Grundgehalt** auch da, wo es nach den örtlichen Verhältnissen besonders niedrig zu bemessen ist, für Lehrerstellen nicht weniger als 900 Mark, für Lehrerinnenstellen nicht weniger als 700 Mark jährlich betragen. Im Uebrigen muß das Grundgehalt eines Lehrers so festgesetzt werden, daß es ihm neben freier Wohnung oder Miethsentschädigung die Gründung eines eigenen Hausstandes (bzw. einer Lehrerin die selbständige Führung eines Haushaltes) gestattet. Ausf. Best. v. 20. III. 97 Nr. 3 Abs. 1.

Anm. 2. 2. **Die §§ 2 und 3 des Ges. enthalten keine bindende Vorschrift über die Höhe der Lehrerbesoldungen,** keine Normalsätze, sondern bestimmen lediglich die Mindestgrenze, die nicht die Regel, sondern die Ausnahme bildet. Es bleibt dem pflichtmäßigen Ermessen der Aufsichtsbehörde überlassen, nach Lage der in Betracht kommenden, besonderen Verhältnisse die Besoldung zu bemessen und erforderlichenfalls dieserhalb erhöhte Anforderungen an die Schulunterhaltungspflichtigen zu stellen. Hierüber hat dann, in Ermangelung des Einverständnisses der Betheiligten, gemäß § 2 des Ges. v. 26. V. 87 (G. S. S. 175) der Kreis- (Bezirks-) Ausschuß zu beschließen. Gegen den Beschluß findet gemäß § 3 dieses Ges. die Beschwerde an den Provinzialrath statt. Das Verwaltungsstreitverfahren ist dagegen nicht gegeben. E. O. V. v. 21. X. 98 I. Sen. (Pr. V. Bl. Bd. XX S. 269).

3. Nur an besonders billigen Orten mit geringer Steuerkraft und nicht zu beschwerlichem Schuldienste werden die Mindestsätze Platz greifen dürfen, während im Uebrigen das Grundgehalt nach den örtlichen und amtlichen Verhältnissen angemessen zu regeln ist. Jedes einzelne Grundgehalt ist individuell zu behandeln, d. h.: es sind bei seiner Feststellung sämmtliche einschlägigen örtlichen und dienstlichen Verhältnisse eingehend zu prüfen.

Anm. 3. 4. Wegen der **Anrechnung des Bedarfes für Feuerung und sonstiger Bezüge** auf das Grundgehalt vgl. § 20 des Ges.

Anm. 4. Zu Absatz 2. 1. In Anwendung der Bestimmung des § 1 des Ges., daß das Diensteinkommen ein der besonderen Amtsstellung angemessenes sein soll, sichert der § 2 Abs. 2 des Ges. ausdrücklich ein **höheres Grundgehalt den Rektoren und den Hauptlehrern** zu. Gemäß der Vorschrift des Ges. gelten fortan als Hauptlehrer solche Lehrer an Volksschulen mit drei oder mehr Lehrkräften, denen Leitungsbefugnisse übertragen sind. Als Rektor gilt der Leiter einer Volksschule mit sechs oder mehr aufsteigenden Klassen oder der Leiter einer Volksschule, die nach dem alten Herkommen von einem geprüften Rektor geleitet wird.

Darüber, ob mit Rücksicht auf die Amtsstellung das **Grundgehalt für einen alleinstehenden Lehrer oder für einen ersten Lehrer** an einer mit zwei Lehrkräften ausgestatteten Volksschule höher zu bemessen ist, als für andere Lehrer, ist in das Ges. eine Vorschrift nicht aufgenommen worden, weil in diesem Punkte sich die Verhältnisse in den einzelnen Provinzen historisch verschieden entwickelt haben, auch nicht von jedem alleinstehenden Lehrer z. B. bei kleinen Schulen oder von jedem ersten Lehrer bei zweiklassigen Schulen gesagt werden kann, daß sie ein besonders schwieriges oder verantwortungsvolles Amt bekleiden. Mehrfach beruht bei den Lehrern auf dem Lande die verschiedene Bemessung des Diensteinkommens für erste oder alleinstehende und für zweite Lehrer darauf, daß die Stellen der zweiten Lehrer (Adjuvanten, Präparanden 2c.) nur als Durchgangsstellen für junge unverheirathete Lehrer gedacht waren. Derartig minder ausgestattete Schulstellen giebt es nach dem Ges. v. 3. III. 97 nicht mehr. Ausf. Best. v. 20. III. 97 Nr. 3 Abs. 2 u. 3.

2. Wo solche Stellen bisher bestanden, sind sie bei Ausführung des Ges. auch hinsichtlich der Regelung des Diensteinkommens den übrigen Schulstellen gleichzustellen. Hieraus folgt, daß in denjenigen Fällen, wo gesetzlich, z. B. auf Grund des § 29 des kath. Schulregl. v. 18. V. 01, des § 62 der Schlesw. Holst. Schulordn. v. 24. VIII. 14 oder herkömmlich die Verpflichtung zur Gewährung von Wohnung und Beköstigung für diese Adjuvanten, Unterlehrer, Präparanden, einem Lehrer („älteren Schullehrer", „Hauptschullehrer") obliegt, durch das Ges. diese Verpflichtung aufgehoben ist und bei Ausführung des Ges. auch gegen den Willen des betr. Lehrers eine entsprechende Neuregelung des Stelleneinkommens erfolgen muß. Min. Erl. v. 23. IV. 97 (C. Bl. U. V. S. 467).

3. Eine einheitliche Regelung der Besoldung der Rektoren, etwa durch Festsetzung eines besonderen Mindestgrundgehaltes und besonderer Mindestalterszulagen hat nicht stattgefunden. Die Stellen der Rektoren sind unter sich in ihrer Bedeutung zu ungleich und es empfiehlt sich daher, die Besoldung nach der Bedeutung der Rektorstelle im Verhältnisse zu den übrigen Stellen des Schulsystemes zu bemessen. Begr. S. 50.

4. Die Unterstellung mehrerer großer Schulkörper unter einen Rektor ist zu vermeiden, da der Vorschrift des § 2 Abs. 2 die Voraussetzung zu Grunde liegt, daß an jedem größeren Schulsysteme mit 6 oder mehr aufsteigenden Klassen ein Rektor angestellt ist. Min. Erl. v. 8. und 13. XII. 97 (C. Bl. U. V. 98 S. 229, 233).

§ 3. Besoldung der jüngern Lehrer und der einstweilig angestellten Lehrer und Lehrerinnen.

Die Besoldung der einstweilig angestellten Lehrer und Lehrerinnen, sowie derjenigen Lehrer, welche noch nicht vier Jahre im öffentlichen Schuldienste gestanden haben, beträgt ein Fünftel weniger als das Grundgehalt der betreffenden Schulstelle. Jedoch darf die Besoldung der Lehrerinnen nicht weniger als 700 M. jährlich betragen.

Der Minderbetrag kann durch Beschluß des Schulverbandes auf einen geringeren Bruchtheil beschränkt werden.

Zu Absatz 1. 1. **§ 3 trägt den geringeren Bedürfnissen der jüngeren Lehrer und Lehrerinnen Rechnung.** Betreffs der Lehrerinnen, die in der Regel von vornherein auf die Führung eines eigenen Haushaltes angewiesen sind, bestimmt er jedoch, daß ihre Besoldung nicht weniger als 700 Mark jährlich betragen soll. Die für die jungen Lehrer vorgeschriebene weitere Beschränkung, daß sie das volle Grundgehalt der Stelle erst erhalten, wenn sie vier Jahre im öffentlichen preußischen Schuldienste gestanden haben, findet auf Lehrerinnen keine Anwendung, weil diese im Allgemeinen vor Eintritt in den öffentlichen Schuldienst in Privatstellungen thätig sind und deshalb schon entsprechend später zur Anstellung gelangen wie Lehrer. Anm. 1.

Der Mindestbetrag darf zwar durch Beschluß des Schulverbandes auf einen geringeren Bruchtheil beschränkt werden, immerhin aber enthält die als Regel hingestellte Kürzung des Grundgehaltes zugleich einen besonderen Hinweis darauf, daß die Grundgehälter auf das Bedürfniß eines jungen Familienhaushaltes zuzuschneiden sind.

Die Beschränkung des Minderbetrages wird namentlich in Orten in Frage kommen, in denen ein Lehrer ohne eigenen Hausstand nur gegen verhältnißmäßig hohen Preis Verpflegung finden kann oder Mangels einer Gelegenheit hierfür zur Führung eines eigenen Hauswesens genöthigt ist. Soweit es sich dabei um Stellen für alleinstehende Lehrer handelt, ist allerdings daran zu erinnern, daß in solche Stellen überhaupt nur ältere, schon anderwärts bewährte Lehrer berufen werden sollen. Außerdem können z. B. das späte Eintreten eines Lehrers in den öffentlichen Schuldienst oder zu knappe Bemessung des Grundgehaltes für Anwendung des § 3 Abs. 2 bestimmend werden.

Jüngere, insbesondere einstweilig angestellte Lehrer werden zweckmäßig durchweg an mehrklassigen Schulen Verwendung finden, wo sie an dem Ersten Lehrer einen Leiter und Rathgeber haben. Ausf. Best. v 20. III. 97 Nr. 4 und Begr. S. 50, 51.

2. Die Kürzung des Grundgehaltes tritt auch bei einstweilig angestellten, bzw. noch nicht 4 Jahre im öffentlichen Schuldienste thätigen Rektoren ein, ohne Rücksicht auf ihr Lebensalter. Min. Erl. v. 25. III. 99 (C. Bl. U. V. S. 552).

Anm. 2. **Bei der Berechnung der vier Jahre** wird die Militärdienstzeit mitgerechnet, so daß Lehrer, die in Zukunft ein Jahr dienen müssen, schon nach darauffolgendem dreijährigen Schuldienste das volle Grundgehalt ihrer Stelle erhalten.

Anm. 3. Handelt es sich um **Lehrer, die bei Inkrafttreten dieses Ges. bereits einstweilig angestellt waren,** so kann § 3 dann überhaupt nicht zur Anwendung kommen, wenn sie eine über den § 3 hinausgehende Besoldung bezogen. Sie haben vielmehr auf deren Fortgewährung einen Rechtsanspruch.

Anm. 4. **Die Kürzung des Grundgehaltes** nach § 3 erstreckt sich **bei den mit Kirchenämtern dauernd vereinigten Lehrerstellen** auf das gesammte nach § 4 erhöhte Grundgehalt, weil es, gleichviel aus welchen Quellen es stammt, als ein einheitliches anzusehen ist. Selbstverständlich steht in Zweifelfällen die Entscheidung darüber, ob die Voraussetzungen des § 3 a. a. O. vorliegen, der Schulaufsichtsbehörde zu. Min. Erl. v. 30. III. 98 (C. Bl. U. V. S. 384).

Anm. 5. **Von dem Tage ab, wo die Voraussetzungen des § 3 nicht mehr zutreffen,** haben die Lehrer das Grundgehalt und danach auch die Schulverbände den ungekürzten Staatsbeitrag zu erhalten. Min. Erl. v. 19. I. 98 (C. Bl. U. V. S. 271).

§ 4. Verbindung eines Schul- und Kirchenamtes.

Bei dauernder Verbindung eines Schul- und Kirchenamtes soll das Grundgehalt der Stelle entsprechend der mit dem kirchlichen Amte verbundenen Mühewaltung ein höheres sein, als in den §§ 1 und 2 bestimmt ist.

In dieses Grundgehalt sind auch die Einkünfte aus dem zur Dotation des vereinigten Amtes bestimmten Schul-, Kirchen- und Stiftungsvermögen einschließlich der Zuschüsse aus Kirchenkassen und von Kirchengemeinden, sowie der sonstigen Einnahmen aus dem Kirchendienst einzurechnen. Dabei findet die Vorschrift des Artikels I § 4 Absatz 4 des Gesetzes, betreffend die Pensionirung der Lehrer und Lehrerinnen an den öffentlichen Volksschulen, vom 6. Juli 1885 (Ges. S. S. 298) sinngemäße Anwendung.

Der Mehrbetrag (Abs. 1) darf die Gesammtsumme dieser Einkünfte und Einnahmen (Abs. 2) zuzüglich des Nutzungswerthes des den kirchlichen Interessenten gehörigen Antheils an dem Schul- und

Küsterhaus oder Küstergehöft nicht übersteigen. Die Feststellung des Mehrbetrages hat nach Benehmen mit der kirchlichen Behörde zu geschehen.

Im Falle der Trennung des kirchlichen Amtes von dem Schulamte hat der Lehrer, welcher zum Bezuge des mit dem vereinigt gewesenen Amte verbundenen Diensteinkommens berechtigt gewesen ist, Anspruch auf die fernere Gewährung eines Diensteinkommens in gleichem Betrage, sofern nicht seine Anstellung unter dem ausdrücklichen Vorbehalt erfolgt ist, daß und bis zu welchem Betrage er für diesen Fall eine Kürzung seines Diensteinkommens sich gefallen lassen müsse.

Vgl. § 4 Abs. 5 des Pensionsges. v. 6. VII. 85 und die Erläuterungen dazu weiter unten. Anm. 1.

Zu Absatz 1—3. 1. **Der § 4 behandelt den Fall der dauernden (organischen) Verbindung eines Schul- und Kirchenamtes.** Auf Fälle, in denen ein Lehrer nur nebenamtlich eine kirchliche Stellung versieht, finden die Bestimmungen keine Anwendung. Anm. 2.

Entsprechend der historischen Entwickelung werden die eigenen Einkünfte solcher dauernd verbundenen Aemter (§ 4 Abs. 2) als Theile des festzusetzenden einheitlichen Grundgehaltes behandelt und gemäß der in §§ 1 und 20 des Ges. aufgestellten allgemeinen Regel in dieses eingerechnet.

Dieses einheitliche Grundgehalt soll (§ 4 Abs. 1) „entsprechend der mit dem kirchlichen Amte verbundenen Mühewaltung" höher bemessen werden, als es der Lehrer nach den örtlichen Verhältnissen beziehen würde, wenn mit seinem Lehramte nicht ein kirchliches Amt verbunden wäre. Damit aber durch die höhere Bemessung des Grundgehaltes nicht die Schulunterhaltungspflichtigen zu Unrecht bedrückt werden, begrenzt das Ges. (§ 4 Abs. 3) den Betrag, um den das Grundgehalt erhöht wird, auf die Vortheile, die den Unterhaltungspflichtigen aus den, den Zwecken des vereinigten Amtes gewidmeten eigenen Einnahmen der Stelle erwachsen.

Bei der Berathung des Ges. kam in Frage, ob nicht für die Summe, um die das Grundgehalt der kirchlichen Mühwaltung entsprechend zu erhöhen ist, ein gewisser Mindestbetrag in dem Ges. festzustellen sei, wobei daran erinnert wurde, daß sich in einzelnen Provinzen eine dahin gehende Praxis herausgebildet habe. Es ist hiervon abgesehen worden, weil das Maß der Arbeit, die dem Lehrer aus dem kirchlichen Amte erwächst, ein zu verschiedenes ist. Dagegen hat in den § 4 Abs. 3 die Bestimmung Aufnahme gefunden, daß die Feststellung des Mehrbetrages „nach Benehmen mit der kirchlichen Behörde" zu geschehen hat.

Für die Ausführung des Ges. kommt aber namentlich bei § 4 die Bestimmung des § 28 Abs. 2 in Betracht.

> „Für diejenigen Stellen, deren Gehaltsbezüge bereits den Vorschriften dieses Gesetzes (§§ 2, 4 und 6) entsprechen, sind diese Gehaltsbezüge zu leisten, ohne daß es einer Neuregelung der Besoldungsverhältnisse bedarf."

Nach der Begründung, die dieser auf einem Beschlusse des Abg.-H. beruhenden Bestimmung gegeben worden ist, soll vorzugsweise für diejenigen vereinigten Aemter, in denen, insbesondere bei Hinzutritt der erhöhten Alterszulagen, das Gesammteinkommen durchaus angemessen ist, das ganze Feststellungsverfahren nach § 4 des Ges. erübrigt werden. Dabei bliebe es den kirchlichen Behörden überlassen, eine anderweite Festsetzung in denjenigen Fällen selbst in Anregung zu bringen, in denen sie im Gegensatze zu der

Anschauung der Schulaufsichtsbehörde bei der seitherigen Einkommensregelung das kirchliche Interesse nicht ausreichend gewahrt findet.

Wo Neuregulirungen stattfinden, bleiben die Bestimmungen des Erl. v. 27. II. 94, betreffend die Abtrennung der niederen Küsterdienste von den Volksschullehrerstellen zu beachten. Ausf. Best. v. 20. III. 97 Nr. 5

Anm. 3. 2. **Bei Feststellung der Grenze,** bis zu der nach § 4 Abs. 1 und 3 das Grundgehalt erhöht werden darf, sind **alle Einkünfte** aus dem zur Dotation des vereinigten Amtes bestimmten Schul-, Kirchen- und Stiftungsvermögen einschließlich der Zuschüsse aus Kirchenkassen ꝛc. **zu berücksichtigen.** Es macht hierbei keinen Unterschied, ob es sich um reines Schul- oder reines Kirchenvermögen oder um ein für besondere Zwecke gestiftetes Vermögen handelt. Das Einkommen eines vereinigten Amtes ist ein einheitliches, gleichviel aus welchen Quellen es fließt. Min.-Erl. v. 13. I. 99 (C. Bl. U. V. S. 321).

Anm. 4. Zu Absatz 2. 1. **Der Begriff der** im § 4 Abs. 2 erwähnten **Einkünfte aus Schul-, Kirchen- und Stiftungsvermögen** bleibt auf die den Zwecken des vereinigten Amtes gewidmeten eigenen Einnahmen der Stelle beschränkt. Zu ihnen gehören nicht alle beständigen Abgaben und Leistungen, die für die Unterhaltung der Stelle vermöge einer allgemeinen gesetzlichen oder auf notorischer Ortsschulverfassung beruhenden öffentlich-rechtlichen Verpflichtung zu entrichten sind und nach Nr. 1 der Kab.-O. v. 19. VI. 36 (G. S. S. 198) der Zwangsbetreibung durch die Verwaltungsbehörde unterliegen. Min.-Erl. v. 7. IV. 98 (C. Bl. U. V. S. 466).

2. Zu den nach § 4 Abs. 3 a. a. O. zur Erhöhung des Grundgehaltes vereinigter Schul- und Kirchenämter gemäß § 4 Abs. 1 verwendbaren Einkünften gehören nicht nur die des Gesammtvermögens des kombinirten Amtes, sondern auch die Einkünfte des im ehemaligen Herzogthume Nassau abgesonderten Schulvermögens. Das Einkommen solcher vereinigter Stellen muß als ein einheitliches angesehen werden, gleichviel aus welchen Quellen es fließt. Daß dies insbesondere auch für das Gebiet des ehemaligen Herzogthums Nassau zutrifft, ergiebt § 27 Abs. 2 des Schulediktes vom 24. III. 17, wonach die Einkünfte der Lehrer als Kirchendiener in ihr Lehrergehalt eingerechnet werden sollen. Es liegt keine Veranlassung vor, von der in den Min.-Erl. v. 20. I. und 9. V. 88 (C. Bl. U. V. S. 553 und 555) vertretenen Auffassung abzugehen, daß die in den alten nassauischen Gemeinden vorhandenen Verbindungen von kirchlichen Aemtern mit Schulstellen als dauernde im Sinne des Abs. 1 § 4 des Ges. anzusehen sind. Wenn auch in diesen Gemeinden das Schulvermögen gesondert auf den Namen der politischen Gemeinde eingetragen ist, so unterliegt es doch keinem Bedenken, die Einkünfte bei der gemäß § 4 des Ges. vorzunehmenden Erhöhung des Grundgehaltes dieser vereinigten Stellen mit in Berechnung zu ziehen, da die politischen Gemeinden gesetzliche Träger der Volksschullasten sind. Wenn hierdurch eine Erhöhung der baaren Umlagen der Schulunterhaltungspflichtigen eintritt, zu deren Deckung sie nicht vermögend sind, unterliegt es keinem Bedenken, ihnen eine Beihilfe aus den unter dem 7. XII. 97 in Aussicht gestellten Mitteln zu bewilligen. Min.-Erl. v. 24. III. 98 (C. Bl. U. V. S. 382).

Anm. 5. Zu Absatz 3. 1. Der dem Inhaber eines vereinigten Schul- und Kirchenamtes auf Grund des § 4 zu gewährende **Mehrbetrag an Grundgehalt ist lediglich von den Schulunterhaltungspflichtigen** zu leisten. Die Kirchengemeinde kann zur Aufbringung dieses Mehrbetrages oder eines Theiles davon nicht herangezogen werden, vielmehr bleiben ihre bisherigen Leistungen zu dem Diensteinkommen des vereinigten Amtes unverändert. Damit aber die Schulunterhaltungspflichtigen durch die höhere Bemessung des Grundgehaltes nicht in unbilliger Weise belastet werden, ist im § 4 Abs. 3 des Ges. der **Höchstbetrag**, um den das Grundgehalt erhöht werden darf, auf die Vortheilebegrenzt, die den Schulunterhaltungspflichtigen aus den den Zwecken des vereinigten Amtes gewidmeten Einnahmen der Stelle erwachsen. Bis zu dieser Grenze ist der Schulverband zur Erhöhung des Grundgehaltes allein verpflichtet. Will jedoch die Kirchengemeinde dem Inhaber eines vereinigten Amtes eine weitere Aufbesserung seines Diensteinkommens zu Theil werden lassen, so steht es ihr frei, das kirchliche Einkommen der Stelle entsprechend zu erhöhen, wodurch die Möglichkeit zu einer weiteren Erhöhung des Grundgehaltes gegeben ist. Bei Ermittelung des Höchstbetrages, bis zu dem der Schulverband zur Erhöhung des Grundgehaltes verpflichtet ist, ist nach dem Wortlaute des § 4 Abs. 3 des Ges. der Nutzungswerth des den kirchlichen Interessenten gehörigen Antheiles an dem Schul- und Küsterhause oder Küstergehöfte mit in Anrechnung zu bringen. Min.-Erl. v 17. VII. 98 (C. Bl. U. V. S. 594).

§ 5. Alterszulagen.

Die Alterszulagen sind nach Maßgabe der örtlichen Verhältnisse in der Weise zu gewähren, daß der Bezug nach siebenjähriger Dienstzeit im öffentlichen Schuldienste (§ 10) beginnt, und daß neun gleich hohe Zulagen in Zwischenräumen von je drei Jahren gewährt werden.

Betreffs der, gemäß §§ 5, 6 des Ges. herbeizuführenden **Neugestaltung der Alterszulagen** darf auf dasjenige verwiesen werden, was unter Nr. 1 über den Begriff des angemessenen Diensteinkommens gesagt ist. Ausf. Best. v. 20. III. 97 Nr. 6. Anm. 1.

Ihre Bemessung richtet sich also ebenfalls nach den örtlichen Verhältnissen und ev. der besonderen Amtsstellung.

Eine verschiedene Bemessung der Alterszulagen für die Lehrer derselben Kategorie in ein und demselben Schulverbande entspricht dem § 5 und dem Charakter der Alterszulagekasse als einer Versicherungsanstalt auf Gegenseitigkeit nicht. Hieran ist auch bei Gründung neuer Schulstellen unbedingt festzuhalten, damit nicht die größeren, insbesondere die leistungsfähigen, städtischen Schulverbände, die hohe Alterszulagen bewilligt haben, auf Kosten der kleinen ländlichen Schulverbände entlastet werden Wenn dagegen an ein und demselben Orte mehrere Schulverbände bestehen, so ist es mit den Bestimmungen des Lehrerbesoldungsges. an sich vereinbar, wenn in diesen Schulverbänden den Lehrern derselben Kategorie verschiedene Alterszulagen bewilligt werden, vorausgesetzt, daß auch die niedrigsten Sätze nach den örtlichen Verhältnissen angemessen sind. Erwünscht ist allerdings auch in diesen Fällen eine verschiedene Bemessung der Alterszulagen nicht, da eine solche nur Unzufriedenheit unter den mit den niedrigeren Alterszulagen bedachten Lehrern hervorruft. Min.-Erl. v. 3. III. 98 (C. Bl. U. V. S. 323) und v. 14. III. 99 (C. Bl. U. V. S. 451). Anm. 2.

Der Bestimmung, daß **erst nach siebenjähriger Dienstzeit** im öffentlichen Schuldienste **die erste Alterszulage** gewährt werden soll, liegt die Erwägung zu Grunde, daß die Lehrer durchschnittlich im 5. bis 6. Dienstjahre, also in einem Alter von 25 bis 26 Jahren sich verheirathen und einen eigenen Hausstand gründen. Anm. 3.

Die **Zwischenräume von je drei Jahren** entsprechen den für die Besoldung der unmittelbaren Staatsbeamten meistens geltenden Bestimmungen. Die neun Alterszulagen werden demnach gewährt nach Vollendung des 7., Anm. 4.

10, 13., 16., 19., 22., 25., 28., 31. Dienstjahres, so daß das Höchstgehalt durchschnittlich im Alter von 51 bis 52 Jahren erreicht wird. Die neun Zulagen müssen stets gleich hoch sein, auch wenn der Mindestbetrag von 100 resp. 80 Mk. überschritten wird. Unzulässig ist es also z. B. die erste Zulage auf 100, die zweite auf 120, die dritte auf 150 Mk. u. s. w. festzusetzen.

§ 6. Höhe der Alterszulagen.

Die Alterszulage darf in keinem Falle weniger betragen als:

1. für Lehrer jährlich 100 M., steigend von drei zu drei Jahren um je 100 M. bis auf jährlich 900 M.,
2. für Lehrerinnen jährlich 80 M., steigend von drei zu drei Jahren um je 80 M. bis auf jährlich 720 M.

Anm. 1. Eine **Erhöhung des Grundgehaltes über den Mindestsatz** hat nicht zur Folge, daß nunmehr auch die Alterszulage über den Mindestsatz stattfindet. Grundgehalt und Alterzulage sind in dieser Beziehung von einander unabhängig.

§ 7. Anspruch auf Alterszulagen.

Ein rechtlicher Anspruch auf Neugewährung einer Alterszulage steht den Lehrern und Lehrerinnen nicht zu, die Versagung ist jedoch nur bei unbefriedigender Dienstführung zulässig.

Die Versagung bedarf der Genehmigung der Bezirksregierung, in Berlin des Provinzial-Schulkollegiums.

Die zeitweise Vorenthaltung der Alterszulage ist ohne Einfluß auf die Berechnung der Dienstzeit bei späterer Gewährung der Zulage.

Anm. 1. Dem allgemeinen Beamtenrechte entsprechend regelt der § 7 den Anspruch auf Alterszulagen dahin, daß den Lehrern und Lehrerinnen zwar **ein rechtlicher Anspruch auf Neugewährung einer Alterszulage nicht zusteht,** daß ihnen aber die einmal bewilligten Alterszulagen nicht entzogen werden dürfen, wenn sich nicht etwa nachträglich herausstellt, daß die Anweisung auf einem Irrtume, z. B. unrichtiger Berechnung der Dienstzeit, beruht hat.

Die Versagung neuer Alterszulagen ist nur bei unbefriedigender Dienstführung zulässig, die sowohl in dem amtlichen wie in dem außeramtlichen Verhalten gefunden werden kann. Immer werden schwerwiegende, in ihrer thatsächlichen Grundlage unter Betheiligung der Orts-, Stadt- und Kreis-Schulbehörde einer sehr sorgsamen Prüfung zu unterziehende Gründe vorliegen müssen, um eine, in ihren Folgen für den Betroffenen so bedeutsame Maßregel anzuordnen. Ob es nothwendig ist oder sich empfiehlt, vor ihren Anordnungen den Betheiligten selbst über die gegen seine Dienstführung zu erhebenden Ausstellungen zu hören, wird aus der Lage des einzelnen Falles heraus zu entscheiden sein. Ungenügende Leistungen wegen mangelnder Begabung bilden keinen Grund für die Versagung, es muß ein schuldhaftes Verhalten vorliegen.

Das Ges. bestimmt nicht, wem die Befugniß zustehen soll, eine solche Maßregel in Anregung zu bringen, legt aber die endgiltige Entschließung in die Hand der Bezirksregierung. Zur Stellung des Antrages wird ebenso die örtliche Schulaufsichtsbehörde, wie der Landrath (der Bürgermeister) und der Kreisschulinspektor befugt sein.

Wird die Vorenthaltung einer Alterszulage nothwendig, so ist sie zeitlich zu begrenzen. Dauern die Gründe länger, so wird in der Regel Anlaß zur Einleitung des Disciplinarverfahrens sein.

Der § 7 Absatz 3 trifft Vorsorge, daß die zeitweise Vorenthaltung der Alterszulage nicht über diese Zeit hinaus für den Betreffenden dauernde Nachtheile in Bezug auf die Berechnung des Dienstalters herbeiführt. Ausf. Best. v. 20. III. 97 Nr. 7 und Begr. S. 53.

§ 8. Alterszulagekassen.

Behufs gemeinsamer Bestreitung der Alterszulagen wird für die zur Aufbringung verpflichteten Schulverbände in jedem Regierungsbezirk (ausschließlich der Stadt Berlin) eine Kasse gebildet.

Die Verwaltung der Alterszulagekasse erfolgt durch die Bezirksregierung.

Die Kassengeschäfte werden durch die Regierungshauptkasse und durch die ihr unterstellten Kassen unentgeltlich besorgt.

Die Alterszulagen werden von der Kasse an die Bezugsberechtigten bezahlt. Die Kosten der Zusendung trägt die Kasse.

In städtischen Schulverbänden erfolgt die Auszahlung durch die Schulverbände für Rechnung der Alterszulagekasse. Das gleiche Verfahren kann von der Schulaufsichtsbehörde in größeren ländlichen Schulverbänden angeordnet werden.

Für jedes mit dem 1. April beginnende Rechnungsjahr wird der Bedarf der Kasse nach dem Stande der Alterszulagen vom 1. Oktober des Vorjahres unter Berücksichtigung der voraussichtlichen Steigerung oder Verminderung der Alterszulagen und unter Hinzurechnung der voraussichtlichen Verwaltungskosten berechnet.

Den Maßstab für die Vertheilung des Bedarfs auf die Schulverbände bildet die Anzahl der der Alterszulagekasse angeschlossenen Lehrer- und Lehrerinnenstellen in Verbindung mit dem Einheitssatze der Alterszulagen der betreffenden Stellen.

Für Schulstellen, welche nach Aufstellung des Vertheilungsplanes im Laufe des Jahres neu errichtet werden, ist der Beitrag zur Alterszulagekasse von dem Tage an zu zahlen, seit welchem die Stelle durch eine besondere Lehrkraft versehen wird.

Für die Aufstellung des Vertheilungsplanes, die Einziehung der Beiträge und die Bestellung eines Kassenanwaltes finden die §§ 3, 4 und 9 bis 14 des Gesetzes vom 23. Juli 1893, betreffend Ruhegehaltskassen für die Lehrer und Lehrerinnen an den öffentlichen Volksschulen (Gesetz-Samml. S. 194) sinngemäße Anwendung, jedoch mit Maßgabe, daß diejenigen Beträge, die nach § 11 Nr. 2 beim der Uebertritt eines Lehrers oder einer Lehrerin von einer Privatschule in den öffentlichen Volksschuldienst gezahlt werden, nur soweit Verwendung finden dürfen, als der für jede Stelle zur Gewährung des Mindestsatzes erforderliche Bedarf den nach § 27 IV zu zahlenden Staatszuschuß übersteigt. Dem Kassenanwalte steht kein Einspruch gegen die Festsetzung und Anweisung der einzelnen Alterszulagen zu.

Auf die Alterszulagen der Lehrer und Lehrerinnen in Berlin findet der § 5 nur mit der Maßgabe Anwendung, daß der Bezug spätestens nach siebenjähriger Dienstzeit im öffentlichen Schuldienste zu

beginnen hat, und daß der Höchstbetrag spätestens nach weiteren vierundzwanzig Dienstjahren erreicht sein muß.

Anm. 1. Die **Alterszulagekassen** sind **nach dem Vorbilde der Ruhegehaltskassen** für größere Verbände **gebildet** und gemäß § 27 IV durch Staatszuschüsse subventionirt. In jedem Reg. Bezirke besteht eine Kasse, Berlin bildet einen Bezirk für sich.

Anm. 2. Zu Absatz 5. Daß die **Alterszulagen in städtischen Schulverbänden** und eventuell in **größeren ländlichen** Schulverbänden — es ist hier besonders zu denken an die Aemter in Westfalen und die Landbürgermeistereien in der Rheinprovinz — für Rechnung der Alterszulagekassen durch die Schulverbände ausgezahlt werden, dient zur Vereinfachung des Verfahrens, zumal jetzt auch bereits nicht nur von den städtischen Gemeindekassen, sondern auch auf dem Lande durch die Kommunalkassen die Staatssteuern eingezogen werden.

Anm. 3. Zu Absatz 6 ff. In jedem Regierungsbezirke wird am 1. X. der **voraussichtliche Bedarf an Alterszulagen für das** am 1. IV. nächsten Jahres beginnende **Rechnungsjahr in zwei Hauptsummen,** getrennt für Lehrer und Lehrerinnen, festgestellt. Zu diesen Summen treten, ebenfalls getrennt, die Verwaltungs-, Porto- und etwaige andere Unkosten der Kasse. (Die getrennte Berechnung für Lehrer- und Lehrerinnenstellen hat darin ihren Grund, daß das durchschnittliche Dienstalter der Lehrer und Lehrerinnen und demgemäß auch der staatliche Zuschuß zu den Alterszulagen beider Kategorien prozentual verschieden ist.) Diese beiden Summen werden, jede für sich, durch die Zahl der vorhandenen Lehrer- und Lehrerinnenstellen des Regierungsbezirkes, vervielfältigt durch den Einheitssatz der Alterszulagen der betr. Stellen, getheilt. Der Einheitssatz wird gebildet durch den für jede Kategorie in dem einzelnen Schulverbande eingeführten Einzelbetrag der Zulagen, dividirt durch deren gesetzlichen Mindestbetrag. Begr. S. 55.

Vgl. auch das als Anlage zum Ges. abgedruckte Muster eines Vertheilungsplanes, das aber zweckmäßigere, übersichtlichere Pläne nicht etwa ausschließen soll.

§ 9. Beginn der Zahlung der Alterszulagen.

Der Bezug der Alterszulagen beginnt mit dem Ablaufe desjenigen Vierteljahres, in welchem die erforderliche Dienstzeit vollendet wird.

Anm. 1. Die Bestimmung des § 9 entspricht der bisherigen Praxis, die sich als zweckmäßig erwiesen hat. Ist ein Lehrer z. B. am 5. I. 92 in den öffentlichen Schuldienst getreten, so läuft die siebenjährige Dienstzeit am 5. I. 99 ab. Der Bezug der Alterszulagen beginnt also am 1. IV. 99.

§ 10. Berechnung der Dienstzeit für die Gewährung des vollen Grundgehalts, der Alterszulagen und der Miethsentschädigung.

Bei Berechnung der Dienstzeit der Lehrer und Lehrerinnen kommt die gesammte Zeit in Ansatz, während welcher sie im öffentlichen Schuldienste in Preußen oder in den nach ihrem Eintritt in den öffentlichen Schuldienst von Preußen erworbenen Landestheilen sich befunden haben.

Ausgeschlossen bleibt die Anrechnung derjenigen Dienstzeit, während welcher die Zeit und Kräfte eines Lehrers oder einer Lehrerin nach der Entscheidung der Schulaufsichtsbehörde durch die ihnen übertragenen Geschäfte nur nebenbei in Anspruch genommen gewesen sind.

Die Dienstzeit wird vom Tage der ersten eidlichen Verpflichtung für den öffentlichen Schuldienst an gerechnet.

Kann ein Lehrer oder eine Lehrerin nachweisen, daß die Vereidigung erst nach dem Eintritt in den öffentlichen Schuldienst stattgefunden hat, so wird die Dienstzeit von letzterem Zeitpunkte an gerechnet.

Der Dienstzeit im Schulamte wird die Zeit des aktiven Militärdienstes hinzugerechnet.

Die Dienstzeit, welche vor den Beginn des einundzwanzigsten Lebensjahres fällt, bleibt außer Berechnung.

Als öffentlicher Schuldienst ist auch anzurechnen:

1. diejenige Zeit, während welcher ein Lehrer an einer Anstalt thätig gewesen ist, welche vertragsmäßig die Vorbereitung von Zöglingen für die staatlichen Lehrerbildungs-Anstalten übernommen hat;
2. diejenige Zeit, während welcher ein Lehrer oder eine Lehrerin als Erzieher oder Erzieherin an einer öffentlichen Taubstummen-, Blinden-, Idioten-, Waisen-, Rettungs- oder ähnlichen Anstalt sich befunden hat.

Mit Genehmigung des Unterrichtsministers kann auch die im außerpreußischen öffentlichen Schuldienste zugebrachte Zeit angerechnet werden.

Die **Bestimmungen über Berechnung und Beginn der Dienstzeit und Zahlung der Zulagen** entsprechen den Vorschriften des Lehrerpensionsges. v. 6. VII. 85, sowie den Min. Erl., die bisher für die Bewilligung der staatlichen Dienstalterszulagen in Geltung waren. (Min. Erl. v. 28. VI. 90 C. Bl. U. V. S. 614; v. 6. X. 91 C. Bl. U. V. S. 710 und v. 31. X. 91 C. Bl. U. V. 1892 (S. 411). Wichtig für die Lehrer ist, daß nunmehr die gesammte Dienstzeit zur Anrechnung kommt und die Frage der Berechnung der Dienstzeit einheitlich für den ganzen Staat geregelt ist. Bisher pflegten die Gemeinden die auswärtigen, d. h. nicht in der betr. Gemeinde zugebrachten Dienstjahre eines Lehrers entweder gar nicht oder doch nur zum Theil anzurechnen, so daß es nicht selten vorkam, daß ein älterer Lehrer, wenn er nach mehreren Dienstjahren in eine größere Gemeinde kam, sich im Gehalte schlechter stand, als ein bedeutend jüngerer Lehrer, der womöglich gleich vom Seminar in die größere Gemeinde gekommen war. Begr. S. 58. Anm. 1.

Die neuen Bestimmungen über die Berechnung der Dienstzeit, sowie über die Anrechnung der Dienstzeit an Privatschulen haben **vielfach eine anderweite Feststellung des Dienstalters zur nothwendigen Folge.** Die Ausf. Best. v. 20. III. 97 schreiben in Nr. 9 Abs. 1 vor, daß die Lehrpersonen unter ausführlicher Belehrung über die neuen Vorschriften schleunigst aufgefordert werden sollen, etwaige Anträge auf anderweite Feststellung ihres Dienstalters unter Beilegung der Ausweise über die neu anzurechnende Dienstzeit zu stellen. Die Anweisung der aus dem Ges. oder den neuen Besoldungsordnungen sich ergebenden Alterszulagen hat aber zur Vermeidung von Verzögerungen einstweilen nach den vorliegenden Dienstaltersfeststellungen zu erfolgen. Anm. 2.

Vgl. im Uebrigen die Erläuterungen zu §§ 5 ff des Pensionsges. v. 6. VII. 85.

Anm. 3. Zu Absatz 3 und 4. 1. **Jeder Lehrer hat bei seiner ersten Anstellung im Schuldienste,** sie sei eine einstweilige oder endgültige, gemäß der Vd. v. 6. V. 67 (G. S. S. 715) und des Min. Erl. v. 6. X. 73 (C. Bl. U. V. S. 668) **den Diensteid** in der dort vorgeschriebenen Form **zu leisten.** Lehrer, die noch nicht geprüft sind und vorübergehend oder aushülfsweise zur Verwaltung einer Lehrerstelle verwendet werden, leisten den Eid nach zurückgelegter Prüfung. Auch Lehrerinnen an öffentlichen Volksschulen haben den Diensteid zu leisten. Ausgenommen sind diejenigen, die lediglich zum Unterrichte in den Handarbeiten angenommen sind, ohne fest angestellt zu sein.

2. Soll der Lehrer den Dienst mit dem Beginne eines Kalendervierteljahres antreten und erfolgt der Dienstantritt, weil der erste, bzw. auch der zweite Tag des betreffenden Kalendervierteljahres ein Sonn- oder Festtag war, erst am darauf folgenden Werktage, so ist bei Berechnung des Dienstalters so zu verfahren, als ob der Dienstantritt am ersten Tage des betreffenden Kalendervierteljahres wirklich erfolgt wäre. Min. Erl. v. 22. II. 96, (C. Bl. U. V. S. 279).

3. Im Uebrigen gilt als **Tag des Eintrittes in den öffentlichen Schuldienst** im Sinne des § 10 Abs. 3 und 4 der Tag, von dem ab die Verwaltung der Lehrerstelle dem betr. Lehrer durch die Schulaufsichtsbehörde oder in deren Namen übertragen worden ist. Ist in der Uebertragungsverfügung ein bestimmter Tag nicht angegeben, so ist der Tag entscheidend, an dem der Lehrer die Verwaltung der Stelle thatsächlich übernommen, bezw. sich zum Antritte bei dem Orts- oder Kreisschulinspektor gemeldet hat. Die Zahlung des Diensteinkommens von einem bestimmten Tage ab kann nur dann für die Berechnung der Dienstzeit entscheidend sein, wenn über den Tag des Dienstantrittes Zweifel bestehen, die in anderer Weise nicht aufgeklärt werden können. Min. Erl. v. 29. IV. 98 (C. Bl. U. V. S. 468).

4. Als **Meldung zum Dienstantritte** im Sinne dieses Erl. ist eine **schriftliche Anzeige** der betr. Lehrperson, daß sie zur Uebernahme der Stelle bereit sei, **nicht** anzusehen, vielmehr ist der Tag des wirklichen Eintretens in den Dienst entscheidend. Min. Erl. v. 5. I. 99 (C. Bl. U. V. S. 321). Nur dann können schriftliche Meldungen zum Dienstantritte als für den Beginn der Dienstzeit entscheidend in Frage kommen, wenn der zuständige Orts- oder Kreisschulinspektor von der sofortigen persönlichen Meldung am Schulorte, z. B. wegen Schulferien, ausdrücklich entbunden, also Urlaub ertheilt hat. Min. Erl. v 23. II. 99 (C. Bl. U. V. S. 385).

Anm. 4. Zu Absatz 5. **Die Zeit des aktiven Militärdienstes,** zu dem die Lehrer künftig in der Regel mit dem Austritte aus dem Seminar, also vor Eintritt in den öffentlichen Schuldienst, auf ein Jahr herangezogen werden, wird, soweit sie nicht vor den Beginn des 21. Lebensjahres fällt, ohne Beschränkung der Schuldienstzeit hinzugerechnet, damit die Lehrer künftig nicht schlechter stehen als jetzt, wo sie zu der abgekürzten Dienstleistung aus dem Schuldienst beurlaubt werden. Ausf. Best. v. 20. III. 97 Nr 9 und Begr. S. 58.

Anm. 5. Zu Absatz 7 Nr. 1. Darunter sind **alle Präparandenanstalten** zu verstehen, die durch schriftliches oder mündliches Abkommen, insbesondere durch Gewährung staatlicher Zuschüsse, dem Organismus der staatlichen Lehrerausbildung eingereiht sind. Walten im Einzelnen Zweifel ob, so ist der Fall der Entscheidung des Unterrichtsministers zu unterbreiten.

Anm. 6. Zu Absatz 7 Nr. 2. Soweit ein Lehrer oder eine Lehrerin als Lehrer oder Lehrerin an solchen Anstalten sich befunden hat, bedurfte es einer besondern Bestimmung nicht, da § 10 Abs. 1 des Ges. der Berechnung der Dienstzeit den öffentlichen Schuldienst jeder Art zu Grunde legt.

Zu beachten ist, daß auch für die Anrechnung der Dienstzeit an den bezeichneten Präparandenanstalten und als Erzieher oder Erzieherin an den öffentlichen Taubstummen- 2c. Anstalten die allgemeinen Voraussetzungen vorliegen müssen, von denen der § 10 des Ges. die Berechnung der Dienstzeit allgemein abhängig macht. Liegen diese Voraussetzungen vor, so ist die dem öffentlichen Schuldienste gesetzlich gleichgestellte und zugerechnete Dienstzeit auch bei späterer Bemessung des Ruhegehaltes gleich dem öffentlichen Schuldienste in Ansatz zu bringen. Ausf. Best. v. 20. III. 97 Nr. 9.

§ 11. Anrechnung der Dienstzeit an Privatschulen.

Für diejenigen Lehrer und Lehrerinnen, die vor ihrem Eintritt in den öffentlichen Volksschuldienst an Privatschulen, in denen nach dem Lehrplane einer öffentlichen Volksschule unterrichtet wird, voll beschäftigt waren, gelten bei Bemessung der Alterszulagen folgende Vorschriften:

1. Sofern sie sich beim Inkrafttreten dieses Gesetzes bereits im öffentlichen Volksschuldienste befinden, sind ihnen die an derartigen Privatschulen zugebrachten Dienstjahre anzurechnen;
2. Sofern sie erst nach dem Inkrafttreten dieses Gesetzes in den öffentlichen Volksschuldienst übertreten, erlangen sie bis zum Höchstmaß von zehn Jahren eine Anrechnung dieser Dienstzeit oder eines Theiles derselben soweit, als ein Beitrag von jährlich 270 M. für Lehrer und 120 M. für Lehrerinnen für diese Zeit an die Alterszulagekasse, in Berlin an die Schulkasse, nachgezahlt wird. Für die vor dem 1. April 1897 zurückgelegene Zeit ermäßigen sich die vorstehenden Sätze auf ein Drittel. Die Stadt Berlin ist befugt, bei der Anrechnung jener Dienstzeit über das Höchstmaß von zehn Jahren hinauszugehen und auf die Einzahlungen an die Schulkasse ganz oder theilweise zu verzichten;
3. Die Beschäftigung, welche vor den Beginn des einundzwanzigsten Lebensjahres oder vor die erlangte Befähigung zur Anstellung im öffentlichen Volksschuldienste fällt, bleibt außer Berechnung.

Der Beschäftigung an einer preußischen Privatschule im Sinne des ersten Absatzes steht gleich, wenn ein Lehrer oder eine Lehrerin, sei es als Lehrer oder Lehrerin, sei es als Erzieher oder Erzieherin an einer privaten Taubstummen-, Blinden-, Idioten-, Waisen-, Rettungs- oder ähnlichen Anstalt beschäftigt ist.

Mit Genehmigung des Unterrichtsministers kann unter gleichen Bedingungen auch die im außerpreußischen Privatschuldienste zugebrachte Zeit ganz oder theilweise angerechnet werden.

Die auf Grund der vorstehenden Bestimmungen erfolgte Anrechnung ist auch für den Anspruch auf Ruhegehalt maßgebend.

Zu Absatz 1. § 11 läßt nach Abs. 1 die **Anrechnung der Dienstzeit an Privatschulen** nur zu, wenn es sich um Privatschulen handelt, in denen nach dem Lehrplane einer öffentlichen Volksschule unterrichtet wird. Ob dies Anm. 1.

zutrifft, ist nach Lage des einzelnen Falles zu entscheiden. Nicht dahin gehören z. B. Mittelschulen, höhere Mädchenschulen und die privaten Vorschulen für höhere Lehranstalten. Ausf. Best. v. 20. III. 97 Nr. 10.

Anm. 2. Zu Absatz 1 Nr. 1—3. 1. Die **Anrechnung der Dienstzeit** an den vorbezeichneten Privatschulen ist allgemein dadurch begrenzt, daß eine volle Beschäftigung stattgefunden haben muß und daß die Beschäftigung außer Berechnung bleibt, die vor den Beginn des 21. Lebensjahres oder vor die erlangte Befähigung zur Anstellung im öffentlichen Volksschuldienste fällt.

2. Im übrigen unterscheidet das Ges. zwischen den Lehrpersonen, die sich am 1. IV. 97 bereits im öffentlichen Schuldienste befinden und denjenigen, die erst später in ihn eintreten. Erstere erlangen die Anrechnung der Dienstzeit an preußischen Privatschulen ꝛc. kraft Gesetzes, letztere können die Anrechnung bis zum Höchstmaß von 10 Jahren durch Einkauf in die Alterszulagekasse erlangen.

Wegen der besondern Behandlung, die diese Einkaufssummen bei Verwaltung der Alterszulagekassen zu erfahren haben, ist auf § 8 Abs. 9 zu verweisen. Ausf. Best. v. 20. III. 97 Nr. 10.

3. Ob die Beschäftigung an Privatschulen vor oder nach dem ersten Eintritte in den öffentlichen Schuldienst erfolgte, ist ohne Einfluß. Min. Erl. v. 22. IV. 97 (C. Bl. U. V. S. 405).

4. Im Falle des § 11 Abs. 1 Nr. 2 kann streitig werden, **von welchem Tage an die Alterszulage zu gewähren ist,** wenn die in den öffentlichen Volksschuldienst übergetretene Lehrperson in Folge der auf Grund dieser Vorschrift erlangten Anrechnung der Dienstzeit an Privatschulen oder eines Theiles davon am Tage des Uebertrittes eine nach § 5 des Ges. zum Bezuge von Alterszulagen berechtigende Dienstzeit hat; ob vom Tage des Uebertrittes in den öffentlichen Volksschuldienst oder von dem Tage der endgiltigen Anstellung in ihm oder von dem Tage ab, an dem sich die Lehrperson zur Einzahlung der durch § 11 Abs. 1 Nr. 2 vorgeschriebenen Summe bereit erklärt oder die Zahlung thatsächlich geleistet hat. Dazu bemerkt ein Min.-Erl. v. 24 VI. 98 (C. Bl. U. V. S. 591) Folgendes: Die Anweisung der Alterszulage hat die **endgiltige Anstellung des übergetretenen Lehrers — der Lehrerin** — im öffentlichen Volksschuldienste zur Voraussetzung, auch wenn die endgiltige Anstellung nicht gleichzeitig bei dem Uebertritte, sondern erst nach ihm erfolgt. Im übrigen gelten für den Beginn des Bezuges der Alterszulagen die Vorschriften des §. 9 des Ges. Mit diesen Maßgaben sind die Alterszulagen von dem Ablaufe desjenigen Vierteljahres ab zu zahlen, in dem die Nachzahlung des gedachten Beitrages erfolgt ist. Für eine frühere Zeit nach dem Uebertritte sind die Alterszulagen nur dann nachträglich zu gewähren, wenn und soweit die Lehrperson deshalb nicht in der Lage war, die Nachzahlung zu leisten, weil die Entscheidung über den Antrag auf Anrechnung der Privatdienstzeit oder die Einzahlung des Beitrages eine von der Lehrperson nicht veranlaßte Verzögerung erfahren hat. Die auf Grund der Vorschrift im § 11 Abs. 1 Nr. 2 des Ges. nachgezahlten Beiträge dürfen nach § 8 Abs. 9 des Ges. bei der Aufstellung des Vertheilungsplanes für die Berechnung der Alterszulagekassenbeiträge nur insoweit Verwendung finden, als der für jede Stelle zur Gewährung des Mindestsatzes der Alterszulagen erforderliche Bedarf den nach § 27 Ziffer IV zu zahlenden Staatszuschuß übersteigt. Diejenigen Bezirksalterszulagekassen, deren Bedarf für den Mindestsatz der Alterszulagen unter 337 M. für Lehrer und 184 M. für Lehrerinnen bleibt, haben demgemäß diese nachgezahlten Beiträge einstweilen zu verwahren und in der Jahresrechnung besonders nachzuweisen. Wenn nicht anzunehmen ist, daß im nächsten Rechnungsjahre ihre Verwendung erfolgen kann, sind sie

bei einer öffentlichen Sparkasse zinsbar anzulegen. Für die Verwendung der nachgezahlten Beiträge ist es ohne Einfluß, ob die Lehrperson, die die Nachzahlung geleistet hat, im Bezirke der Kasse verblieben oder aus irgend einem Grunde ausgeschieden ist.

Zu Absatz 2. § 11 Abs. 2 stellt **der Beschäftigung an einer preußischen Privatschule**, in der nach dem Lehrplane einer öffentlichen Volksschule unterrichtet wird, **gleich**, wenn ein Lehrer oder eine Lehrerin, sei es als Erzieher oder Erzieherin, sei es als Lehrer oder Lehrerin, an einer privaten Taubstummen- ꝛc. Anstalt beschäftigt ist. Die Gestaltung des Lehrplanes in diesen Anstalten kommt dabei nicht in Betracht. Ausf. Best. v. 20 III. 97 Nr. 10 Anm. 3.

Zu Absatz 3. Bei den nach Abs. 3 und nach Abs. 8 des § 10 zu stellenden Anträgen sind in jedem einzelnen Falle alle für die Anrechnung sprechenden Gründe eingehend darzulegen. Insbesondere sind die persönlichen Einkommens- und Vermögensverhältnisse der betreffenden Lehrpersonen, ihre Leistungen im Unterrichte, sowie ihre dienstliche und außerdienstliche Führung zu erörtern und außer dem Zeitpunkte des Eintrittes bezw. des Rücktrittes in den preußischen öffentlichen Schuldienst auch die Gründe anzugeben, die die betreffenden Lehrpersonen zum Eintritt in den außerpreußischen Schuldienst oder den Privatschuldienst veranlaßt hatten. Endlich ist der Charakter der Schulanstalt, an der die betr. Dienstzeit zurückgelegt ist, namentlich ihre Organisation, ihre Unterhaltung und ihr Lehrplan thunlichst eingehend darzulegen. Min.-Erl. v. 25 VI. 97 U. III. E. 3041. Anm. 4.

§ 12. Dienstwohnung.

Wo seither Lehrern oder Lehrerinnen freie Dienstwohnung gewährt wurde, ist die Einziehung der Wohnung nur mit Genehmigung der Schulaufsichtsbehörde zulässig.

Die Genehmigung darf nicht versagt werden, wenn die Gemeinde sich bereit erklärt, die feststehende oder eine ausreichende Miethsentschädigung zu zahlen, und wenn genügende Miethswohnungen in der Gemeinde vorhanden sind.

Zu Absatz 1 und 2. Die im § 12 Abs. 2 ausgesprochene Verpflichtung, unter gewissen Voraussetzungen die **Einziehung einer Dienstwohnung** von Schulaufsichtswegen zu genehmigen, hat zwar in erster Linie städtische Verhältnisse im Auge, bezieht sich aber dem Wortlaute nach auch auf Dienstwohnungen bei ländlichen Schulen. Anm. 1.

Ausgenommen sind nur die Dienstwohnungen von ersten und alleinstehenden Lehrern auf dem Lande, da der § 13 des Ges. bestimmt, daß solche Lehrer in der Regel freie Dienstwohnung erhalten sollen. Ausf. Best. v. 20. III. 97 Nr. 11.

1. Wie bereits in dem Min.-Erl. v. 12. III. 81 (C. Bl. U. V. S. 469) ausgesprochen, ist das **Recht der Lehrer an den ihnen von den dazu Verpflichteten gewährten Dienstwohnungen** lediglich ein mit Rücksicht auf das Amt und die Person des Inhabers des Amtes bewilligtes Gebrauchs- oder Wohnungsrecht, nicht aber ein Nießbrauchsrecht. Dem Lehrer steht also nicht ein dingliches Recht auf die von ihm innegehabte Wohnung, sondern nur ein persönlicher, durch das Dienstinteresse beschränkter Anspruch auf Gewährung einer normalmäßigen Wohnung zu. Die vokationsmäßige Verpflichtung eines Schulverbandes ist daher nicht verletzt, wenn er mit Genehmigung der Schulaufsichtsbehörde aus dienstlich zureichenden Gründen dem Anm. 2.

Lehrer **die Räumung der ihm bisher** zugewiesenen Dienstwohnung aufgiebt, ihm aber zugleich eine andere Wohnung oder statt ihrer die nöthigen Mittel zur Beschaffung einer solchen gewährt.

Ein Streit über die Räumung der Dienstwohnung zwischen dem Schulverbande und dem Lehrer kann hiernach ausschließlich nur die Frage betreffen, ob ausreichende dienstliche Gründe für die Räumungsanordnung vorliegen.

Diese Frage ist nicht im Rechtswege, sondern von den Schulaufsichtsbehörden zu entscheiden.

Einer derartigen Auffassung steht auch die Entsch. des O.-V.-G. v. 4. V. 92 (C. Bl. U. V. 1893 S. 261) nicht entgegen. Sie spricht nur aus, daß ein Streit über den Ersatz von Aufwendungen, die der Lehrer in seinem persönlichen Interesse zur Ausstattung der Dienstwohnung gemacht hat, vor den Civilrichter gehöre. Sie bestätigt damit im Gegentheil die hier vertretene Rechtsanschauung, da die Dienstwohnung, um deren Räumung es sich handelt, nicht von dem Lehrer in seinem persönlichen Interesse, sondern von dem Schulverbande im Dienstinteresse zu beschaffen ist.

Doch ist eine Disziplinarstrafe nicht das nach den Vorschriften der Gesetze anzuwendende richtige Mittel, um die Räumung der Dienstwohnung, also die Leistung einer Handlung seitens des Lehrers zu erzwingen.

Nach § 48 der Vd. v. 26. XII. 08 (Anl. zur Reg.-Instr. v. 31. X. 17) in Verbindung mit Art. XII der Kab.-Ordre v. 31. XII. 25 (Schn. u. v. Br., Bd. II S. 511) hat die Regierung die dort geordneten Exekutivmaßregeln anzuwenden und eventuell durch Erlaß von Strafbefehlen bis zur Höhe von 300 Mk. eventuell vier Wochen Haft den Lehrer zur Räumung der Wohnung anzuhalten. Erst wenn diese Exekutivmaßregeln erschöpft sind und nach eingehender Belehrung des Lehrers über die Unrichtigkeit seiner Rechtsauffassung sind Disziplinarstrafen am Platze. Min.-Erl. v. 5. IX. 96 (C. Bl. U. V S. 663).

2. Aehnlich hinsichtlich des Rechtes des Lehrers an der Wohnung. E. O. V. G. v. 7. II. 91 (Bd. XXI S. 213):

Es hängt nicht lediglich von dem Belieben einer Gemeinde ab, den Lehrern an den von ihr zu unterhaltenden Schulen entweder Dienstwohnung oder Wohnungsentschädigung zu gewähren. Ueber die Nothwendigkeit und Zweckmäßigkeit der Beschaffung von Dienstwohnungen steht vielmehr im Streitfalle der Schulaufsichtsbehörde bezw. den Verwaltungsgerichten die Entscheidung zu. Allerdings hat ein Lehrer, dem in seinem Berufungsvertrage bezw. Einkommensverzeichnisse ein Anspruch auf Dienstwohnung oder Wohnungsentschädigung eingeräumt ist, nicht ein unwiderrufliches Recht auf eine einmal ihm überwiesene Wohnung, sondern muß sich auf das von der Schulaufsichtsbehörde genehmigte Verlangen der Schulunterhaltungspflichtigen die Ueberweisung einer anderen Wohnung oder die Gewährung von Wohnungsentschädigung anstatt der Naturalwohnung gefallen lassen.

Anm 3. **Die zu einer bestimmten Lehrerstelle gehörige Dienstwohnung** soll, wenn sie an und für sich der Stelle, bezw. dem Bedürfnisse entspricht, **nicht deshalb eingeschränkt** werden dürfen, weil der betr. Stelleninhaber unverheirathet oder kinderlos ist. Ist während der Amtszeit des Amtsvorgängers mit dessen Genehmigung ein Theil der Wohnung zu Gemeindezwecken benutzt worden, so folgt daraus nicht die Verpflichtung des Amtsnachfolgers, ein Gleiches zu dulden. Min.-Erl. v. 16. VII. 64 (C. Bl. U. V. S. 553) und v. 30. VI. 84 (C. Bl. U. V. 85 S. 239).

Anm. 4. Mit Rücksicht darauf, daß das Recht der Lehrer an den Dienstwohnungen ein für das Amt und die Person des Amtsinhabers bewilligtes Gebrauchs- oder Wohnungsrecht und kein Nießbrauchsrecht ist, dürfen die **Lehrer die**

Dienstwohnungen ohne Zustimmung derjenigen, die sie zu gewähren haben, weder an Andere abtreten, noch vermiethen. Min.-Erl. v. 12. III. 81 (C. Bl. U. V. S. 469). Ebenso Min.-Erl. v 14. VI. 82 (C. Bl. U V. S. 570), wo außerdem noch ausgeführt wird, daß der Lehrer die Annahme, bezw. das Beziehen der Dienstwohnung nicht verweigern kann. Vielmehr findet die Verpflichtung eines Lehrers, die ihm angewiesene Dienstwohnung anzunehmen und zu beziehen, in dem hierbei obwaltenden dienstlichen Interesse und in dem Verhältnisse des Lehrers als Staatsdiener ihre Begründung. Doch kann die Schulaufsichtsbehörde einem Lehrer die Benutzung der Wohnung aus besonderen Gründen erlassen, ohne daß die Schulgemeinde ein Recht zum Widerspruche hat.

Hat ein vom Amte suspendirter Lehrer seine bisherige Dienstwohnung freiwillig, nicht aber auf Anordnung des Regierungspräsidenten bei Anordnung der Amtssuspension wider ihn verlassen und aufgegeben, so ist der Schulverband nicht verpflichtet, von diesem Zeitpunkte ab während der Amtssuspension auch die Hälfte des Geldwerthes der Dienstwohnung zu zahlen. Min.-Erl. v. 4. V. 96 (C. Bl. U. V. S. 513). Anm. 5.

§ 13. Dienstwohnung auf dem Lande.

Auf dem Lande sollen erste und alleinstehende Lehrer in der Regel, bei vorhandenem Bedürfniß auch andere Lehrer und Lehrerinnen eine freie Dienstwohnung erhalten.

In den Städten ist den Schulverbänden überlassen, ob sie dem Lehrer eine Wohnung oder Miethsentschädigung gewähren wollen. Im Allgemeinen ist es üblich, daß der Rektor oder Hauptlehrer Dienstwohnung im Schulhause erhält. Es erleichtert dies die Aufsicht, sowie den Verkehr des Schulleiters mit den Eltern der Schüler Begr. S. 59. Anm. 1.

Die **Gewährung der Dienstwohnung bildet nur die Regel,** ohne obligatorisch zu sein. Hat der betr. Lehrer ein eigenes Haus am Orte und liegt auch sonst ein Bedürfniß zur sofortigen Herstellung einer Dienstwohnung nicht vor, so kann einstweilen davon abgesehen werden. Min.-Erl. v. 17. X. 68 (Scha. u. v. Br. Bd. II S 693). Anm. 2.

Bei dem Neubau **einer für drei Klassen bestimmten Landschule** ist auf die Einrichtung von **zwei Wohnungen für verheirathete Lehrer** Bedacht **zu nehmen.** Min.-Erl. v. 10. V 92 (C. Bl. U. V. S. 793). Wegen der Stellen **eines** ersten und eines alleinstehenden Lehrers vgl. Erläuterungen zu § 27 I des Ges. Anm. 3.

Für die zu den Dienstwohnungen der Volksschulen gehörigen **heizbaren Zimmer** haben die Baupflichtigen **auch die erforderlichen Oefen** zu liefern, ohne Rücksicht darauf, ob letztere, den örtlichen Verhältnissen oder Gewohnheiten entsprechend, feststehend oder transportabel hergestellt werden. Min.-Erl. v 22. VI. 85 (Schn u. v. Br. Bd. II S. 694) und v. 7. IX. 87 (C. Bl. U. V. S. 786). Vgl. E. O. V v. 31. I. 90 (Bd. XIX S. 181, 192) und v. 3. III. 94 (Pr. V. Bl. Bd. XV S. 594). Bei Weigerung der Pflichtigen zur Lieferung der Oefen tritt das in § 47 des Zust. Ges. v. 1. VIII. 83 geordnete Verfahren ein (Beschlußfassung der Aufsichtsbehörde und ev. Verwaltungsstreitverfahren). Min.-Erl. v. 30. VII. 88, M. d. g. A. G. III 6191. Anm 4.

§ 14. Größe der Dienstwohnung.

Bei der Anlage und Veränderung von Dienstwohnungen sind die örtlichen Verhältnisse und die Amtsstellung zu berücksichtigen.

Gegen die Festsetzungen der Schulaufsichtsbehörde über Nothwendigkeit, Umfang und Einrichtung ist das Verwaltungs-Streitverfahren zulässig.

Anm. 1. Zu Absatz 1 In dem Min.-Erl. v. 15. XI. 95 (C. Bl. U V. S. 361), betr. Bau und Einrichtung ländlicher Volksschulhäuser, wird über den **Bau und die Größe der Dienstwohnungen** folgendes bestimmt: **Raumbedarf für einen verheiratheten Lehrer.** Lehrerwohnungen sind in der Regel mit den Schulräumen in einem Gebäude zu vereinigen. Als Raumbedarf für einen verheiratheten Lehrer gelten 3 bis 4 Wohn- und Schlafräume mit einer Grundfläche von etwa 65 bis 85 qm, einer Küche von etwa 12 bis 20 qm und die für die Hauswirthschaft erforderlichen Keller- und Bodenräume. Die Größe der Wohn- und Schlafräume, sowie ihre Lage zu einander richtet sich nach den Landesgewohnheiten. Die Wohn- und Schlafräume sollen womöglich sämmtlich heizbar sein. Dies gilt namentlich von solchen Räumen, die zweiseitig freiliegen und ohne Heizvorrichtung leicht feucht und ungesund werden würden. Die Anlage einer Speisekammer ist nicht unbedingt nöthig; sie kann entbehrt werden, wenn der Keller von der Küche aus leicht zu erreichen ist. In manchen Fällen wird auch ein in die Außenwand eingebauter, lüftbarer Speiseschrank genügen. Wenn es die Ortsverhältnisse bedingen, ist ein Backofen und eine Räucherkammer herzustellen. Eine besondere Waschküche im Keller anzulegen, ist im allgemeinen wegen der Beschwerlichkeit, das Wasser hinab und herauf zu schaffen, nicht rathsam. Es empfiehlt sich vielmehr, den Küchenherd so groß zu machen, daß ein eingemauerter Waschkessel in ihm Platz findet. **Raumbedarf für einen unverheiratheten Lehrer.** Ein unverheiratheter, einstweilig angestellter Lehrer erhält eine Stube von etwa 18 bis 25 qm und eine heizbare Kammer von etwa 15 bis 18 qm. Wenn ein solcher Lehrer durch örtliche Verhältnisse gezwungen ist, eigene Wirthschaft zu führen, erhält er außerdem eine kleine Küche und womöglich eine heizbare Kammer für eine Anverwandte. Eine Lehrerin erhält gleiche Räume wie ein unverheiratheter Lehrer mit eigener Wirthschaft.

Die lichte Höhe der Stuben einer Lehrerwohnung ist mit 3 m ausreichend bemessen; sie kann in Gegenden mit rauhem Klima zur leichteren Warmhaltung bis auf 2,50 m ermäßigt werden. Kammern im Dachboden müssen, wenn sie zum dauernden Aufenthalte von Menschen, z. B. als Schlafkammern dienen sollen, mindestens 2,50 m hoch sein. Liegt eine solche Kammer in der Schräge des Daches, so muß ihre durchschnittliche Höhe mindestens 2,50 m betragen. Abtritte für die Lehrerwohnungen sollen in der Regel nicht im Schulhause selbst angelegt werden. Ausnahmen sind jedoch zulässig, wenn sie durch örtliche Verhältnisse gerechtfertigt werden. In solchen Fällen müssen aber die Auswurfstoffe in beweglichen Behältern angesammelt werden, weil die Anlage gemauerter Gruben innerhalb eines Wohnhauses und in unmittelbarem Anschluß an die Umfassungswände unzulässig ist.

Anm. 2. Zu Absatz 2. **Die maßgebenden Bestimmungen des Zust. Ges. v. 1. VII. 83 lauten:**

§ 47. Ueber die Anordnung der Neu- und Reparaturbauten bei Schulen, welche der allgemeinen Schulpflicht dienen, über die öffentlich-rechtliche Verpflichtung zur Aufbringung der Baukosten, sowie über die Vertheilung derselben auf Gemeinden (Gutsbezirke), Schulverbände und Dritte, statt derselben oder neben denselben Verpflichtete beschließt, sofern Streit entsteht, die Schulaufsichtsbehörde.

Gegen den Beschluß findet die Klage im Verwaltungsstreitverfahren statt. Dieselbe ist, soweit der in Anspruch Genommene zu der ihm angesonnenen

Leistung aus Gründen des öffentlichen Rechts statt seiner einen Anderen für verpflichtet erachtet, zugleich gegen diesen zu richten.

Auch im Uebrigen unterliegen Streitigkeiten der Betheiligten (Abs. 1) darüber, wem von ihnen die öffentlich-rechtliche Verbindlichkeit zum Bau oder zur Unterhaltung einer der Erfüllung der allgemeinen Schulpflicht dienenden Schule obliegt, der Entscheidung im Verwaltungsstreitverfahren.

Die Klage ist in den Fällen des zweiten Absatzes innerhalb zwei Wochen anzubringen. Die zuständige Behörde kann zur Vervollständigung der Klage eine angemessene Nachfrist gewähren. Durch den Ablauf dieser Fristen wird jedoch die Klage im Verwaltungsstreitverfahren auf Erstattung des Geleisteten gegen einen aus Gründen des öffentlichen Rechts verpflichteten Dritten nicht ausgeschlossen.

Zuständig im Verwaltungsstreitverfahren ist in erster Instanz der Kreisausschuß und, sofern es sich um Stadtschulen handelt, der Bezirksausschuß.

§ 49. Die Vorschriften des § 47 finden auch Anwendung, wenn die Schule mit der Küsterei verbunden ist.

Für die im Verwaltungsstreitverfahren nach § 47 zu treffenden Entscheidungen sind die von den Schulaufsichtsbehörden innerhalb ihrer gesetzlichen Zuständigkeit getroffenen allgemeinen Anordnungen über die Ausführung von Schulbauten maßgebend.

Die der Schulaufsichtsbehörde nach Maßgabe des Gesetzes zustehende Befugniß zur Einrichtung neuer oder Theilung vorhandener Schulsozietäten bleibt unberührt.

Solche Anordnungen im Sinne des § 49 Abs. 2 sind z. B. in dem oben in Anm. 1 angezogenen Min. Erl. v. 15 XI. 95 enthalten. Doch sind sie nur auf Neubaufälle zu beziehen und in einem Falle, wo über das Raumbedürfniß einer bereits vorhandenen Lehrerwohnung zu befinden ist, nicht ohne Weiteres anwendbar. E. O. V G. v. 9. XII. 98 (C. Bl. U. V. S. 511).

§ 15. Unterhaltung der Dienstwohnung.

Die von der Dienstwohnung zu entrichtenden öffentlichen Lasten und Abgaben werden von den Schulunterhaltungspflichtigen getragen.

Denselben liegt auch unbeschadet der Verpflichtungen Dritter aus besonderen Rechtstiteln, die bauliche Unterhaltung der Dienstwohnung ob.

Zu Absatz 1. Wegen der **Heranziehung der Dienstwohnungen zu den Gemeindesteuern** sind folgende Grundsätze von Bedeutung: Anm. 1.

a) Aus der Ueberlassung von Dienstwohnungen an die Lehrer bezieht die Schulgemeinde pp. ein der Gemeinde-Einkommensteuer unterliegendes Einkommen überhaupt nicht. Die Dienstwohnung muß aber thatsächlich als Theil der Besoldung, an Stelle eines Wohnungsgeldzuschusses überwiesen sein, nicht etwa gegen die Verpflichtung zur Zahlung einer Entschädigung. Denn dann läge ein Miethsverhältniß vor. E. O. V. G v. 15. VI. 98 (C. Bl U. V. 1899 S. 256), abweichend von E. O V. G. Bd. XXII S. 21 und Bd. XXVIII S. 49, die insofern aufgehoben sind.

b) Der Gemeindegrundsteuer unterliegen die Dienstwohnungen der Civilbeamten ausnahmslos, nachdem § 24 Abs. 2 des Komm. Abg Ges. v. 14. VII 93 (G. S. S. 152) die frühere Befreiung aufgehoben hat. Dies wird auch für die Dienstwohnungen der Lehrer zu gelten haben. Dagegen sind die Wohnungen des nichtbeamteten Hülfspersonals nach § 24 Abs. 1 a. a. O. zu behandeln. Sie sind also steuerfrei, wenn sie zu einem öffentlichen Dienste oder Gebrauche bestimmt sind, d. h wenn sie für diejenigen Zwecke, denen das steuerfreie Instituts- pp. Gebäude dient, in einer solchen Art benutzt werden, daß jene Zwecke ohne eine solche Benutzung garnicht oder doch nicht in dem, nach der Sachlage gebotenen Umfange voraussichtlich würden erreicht werden können. Dies gilt z. B. bei Erziehungsanstalten mit Internat von den Wohnungen des Haus- Aufsichts- und Lehrpersonales. Vgl. E. O. V. G. v. 28. X. 96 (Bd. XXX S. 82), v. 9. I. 97, 8. I. und 1. X. 98 (C. Bl. U. V. 1899 S. 253 ff).

Anm. 2. Zu Absatz 2. 1. Hinsichtlich der **baulichen Unterhaltung** führt § 15 eine Aenderung des früheren Rechtszustandes im Allgemeinen nicht herbei. Vgl A. L. R. II 12 §§ 34 ff. und bezüglich der **Küsterwohnungen** II 11 §§ 784—786, 798, sowie Ges. v. 21. VII. 46 (G. S. S. 302), betr. den Bau und die Unterhaltung der Schul- und Küsterhäuser, und Vd. v. 2. V. 11 (G. S. S. 193) wegen allgemeiner Separation der Küstereien an Filialkirchen von den Küstereien an den Mutterkirchen.

2. Selbstverständlich bleibt der Lehrer haftbar für alle durch sein Verschulden in der Dienstwohnung entstandenen Schäden. Ein solches Verschulden kann vorliegen, wenn er es versäumt hat, rechtzeitig auf etwaige Schadhaftigkeiten der Dienstwohnungen aufmerksam zu machen und durch die verzögerte Herstellung Mehrkosten entstanden sind.

Anm. 3. 3. Im Gesetzestext steht in Abs. 2 das Komma hinter „**Dritter**", es gehört aber, wie aus dem Sinne und Abdrucke der Regierungsvorlage hervorgeht (Aktenstück Nr. 9) hinter „Rechtstiteln".

Anm. 4. Das **Reinigen der Wohnungen, der Oefen und Ofenröhren**, der Schornsteine gehört zu den gewöhnlichen Wirthschaftskosten und muß, sofern nicht besondere Rechtstitel eine Ausnahme begründen, von dem Nutznießer getragen werden. Min. Erl. v. 24. VII. 62 (C. Bl. U. V. S. 546).

§ 16. Miethsentschädigung.

Als Miethsentschädigung für die Lehrer und Lehrerinnen ist eine Geldsumme zu gewähren, die eine ausreichende Entschädigung für die nicht gewährte Dienstwohnung darstellt; sie soll aber in der Regel ein Fünftel des Grundgehalts und des für die Schulstelle von dem Schulverbande zu zahlenden Alterszulagekassenbeitrags nicht übersteigen.

Einstweilig angestellte Lehrer und unverheirathete Lehrer ohne eigenen Hausstand, sowie diejenigen Lehrer, welche noch nicht vier Jahre im öffentlichen Schuldienst gestanden haben, erhalten in der Regel eine um ein Drittel geringere Miethsentschädigung.

Anm. 1. Zu Absatz 1. 1. Die Vorschriften des § 16 beabsichtigen lediglich einen Anhalt für die **Bemessung der Miethsentschädigung** zu gewähren. Diese hat nicht, wie bei vielen Staatsbeamten, die Bedeutung eines Wohnungsgeldzuschusses, sondern soll, wenn sie auch nicht unbillig hoch bemessen werden darf, vollen Ersatz für die fehlende Dienstwohnung bieten. Es ist daher keineswegs unstatthaft, die Miethsentschädigungen auf mehr als ein Fünftel des Grundgehaltes und Alterszulagekassenbeitrages für jede Stelle festzusetzen. Insbesondere können auf längere Zeiträume zu regelnde Miethsentschädigungen auf höhere, als diejenigen Beträge festgesetzt werden, die die Lehrer vor der Festsetzung thatsächlich aufgewendet haben, zumal wenn sie sich wegen Unzulänglichkeit ihres Diensteinkommens mit kleineren als solchen Dienstwohnungen zu begnügen pflegten, auf die sie bei Gewährung von Dienstwohnungen Anspruch gehabt haben würden. Die Lehrer sind aber nicht berechtigt, an Stelle der bestimmten Dienstwohnung eine Miethsentschädigung zu fordern.

2. Grundgehalt und Alterszulagekassenbeitrag sind als Maßstab gewählt, weil sie das Durchschnittseinkommen im Schulverbande darstellen. Wie ein Vergleich mit der Vorschrift des § 14 Abs. 1 des Ges. zeigt, sind für die Bemessung der Miethsentschädigung nicht blos die örtlichen Verhältnisse, sondern auch die Amtsstellung maßgebend; Rektoren und Hauptlehrer werden, wie eine größere Dienstwohnung, auch Mangels ihrer eine höhere Miethsentschädigung zu beanspruchen haben.

Für die Frage, welcher Wohnungsumfang der Bemessung der Miethsentschädigung zu Grunde zu legen ist, wird an die ergangenen Normativbestimmungen (Vgl. Anm. 1 zu § 14) angeknüpft werden können. Uebrigens werden die von Lehrern mit Familie, sowie von Lehrerinnen am Ort thatsächlich gezahlten Wohnungspreise den besten Anhalt gewähren, um die Miethsentschädigungen angemessen festzustellen. Ausf. Best. v. 20. III 97 Nr. 13 und E. O. V. G. v. 20. I. 99 (Pr. V. Bl. Bd. XX S. 422).

Zu Absatz 2. 1. Die **Bestimmung des § 16 Abs. 2** trägt der Thatsache Rechnung, daß diese Lehrer ihrerseits geringere Mittel aufzuwenden haben, um eine für sie ausreichende Wohnung zu miethen. Anm. 2.

Von einem unverheiratheten Lehrer ist im Sinne des Ges. anzunehmen, daß er einen eigenen Hausstand führt, wenn er eine Verwandte oder Wirthschafterin bei sich hat, die ihm den Haushalt führt. Ausf. Best v. 20. III 97 Nr. 13.

2 Denn ein eigener Hausstand im Sinne des § 16 Abs 2 ist nur dann vorhanden, wenn der unverheirathete Lehrer eine andere Person in seinem Haushalte dauernd aufgenommen hat, deren Unterhalt er ganz oder zum größten Theile bestreitet. Min. Erl. v. 25. III. 99 (C. Bl. U. V. S. 452).

3. In **Berlin**, wo eine Alterszulagekasse nicht besteht, ist die Entschädigung nach dem Grundgehalte und dem Durchschnitte der Alterszulagen zu bemessen. Anm. 3.

Für die planmäßige Regelung der Miethsentschädigungen ist nicht von entscheidender Bedeutung, daß zur Zeit einzelne Inhaber von Lehrerstellen unverheirathet sind. Wenn einer der Lehrer in seinem eigenen Hause wohnt, so folgt daraus noch nicht, daß ihm die Miethsentschädigung, die ihm in Ermangelung einer Dienstwohnung gebührt, vorzuenthalten sei, oder daß die Miethsentschädigung nicht den örtlichen Verhältnissen entprechend zu bemessen sei. Ebensowenig kann bei planmäßiger Festsetzung von Miethsentschädigungen in Betracht kommen, ob der eine oder andere der jeweiligen Inhaber von Lehrerstellen Vermögen besitzt oder nicht, ob die Wohnung, die ein Lehrer zeitweise inne hat, zu groß oder zu klein, zu billig oder zu theuer erscheint Min Erl. v. 7. I 84 (C. Bl. U. V. S. 194). Anm. 4.

Ist den Vorschriften des § 16 in vollem Umfange genügt, so fällt jeder Grund für eine **Erhöhung der Miethsentschädigung nach Ablauf einer weiteren Dienstzeit** fort. Denn den mit den Jahren wachsenden Bedürfnissen soll nach der Absicht des Ges. durch angemessene Bemessung der Alterszulagen Rechnung getragen werden. Eine mit dem steigenden Dienstalter eintretende Erhöhung der Miethsentschädigung paßt nicht in dieses System und erschwert die Uebersicht über die Angemessenheit des Diensteinkommens. Anm. 5.

Dasselbe gilt von Beschlüssen, in denen eine Erhöhung der Miethsentschädigung für Lehrerinnen und unverheirathete Lehrer ohne eigenen Hausstand nach Ablauf einer längeren Dienstzeit vorgesehen ist.

Zweifellos unvereinbar mit den Vorschriften des Ges. ist es, wenn ein Beschluß hinsichtlich der Höhe der Miethsentschädigung einen Unterschied zwischen verheiratheten Lehrern und Wittwern einerseits und zwischen unverheiratheten (nicht verwittweten) Lehrern mit eigenem Hausstande andererseits macht, während § 16 des Ges. letztere mit den ersteren gleichstellt. Min.-Erl. v. 21. III. 98 (C. Bl. U. V. S. 325).

§ 17. Beschaffung von Brennmaterial.

Wo eine Wohnung auf dem Dienstgrundstücke gegeben wird und wo es bisher üblich ist, kann die Schulaufsichtsbehörde die Beschaffung des dem Bedarfe entsprechenden Brennmaterials für die Lehrer und Lehrerinnen verlangen.

Im Uebrigen wird an bestehenden Verpflichtungen zur Beschaffung, Anfuhr und Zerkleinerung von Brennmaterial für die Schule oder die Schulstelle nichts geändert.

Anm. 1. Zu Absatz 1. 1. Der **Vorschrift des § 17** wird am besten dadurch entsprochen, daß in die bestehenden Verhältnisse materiell in keiner Weise eingegriffen und auch bei Gründung neuer Schulstellen bezüglich des Brennbedarfes so verfahren wird, wie es in dem Bezirke bisher üblich ist. Geändert wird nur formell die Art der Verrechnung des Werthes des Brennmaterials, wie zu § 20 Nr. 3 des Ges. ausgeführt werden wird. Ausf.-Best. v 20. III. 97 Nr. 14.

Anm. 2. 2. Mit dem **Worte „Dienstgrundstück"** hat bezeichnet werden sollen, daß auch Dienstwohnungen außerhalb des Schulhauses vorkommen, z. B in Küstereigrundstücken oder auf zum Schulgehöfte gehörigen Nebenhäusern. Die Empfangsberechtigten müssen aber die Dienstgrundstücke wirklich bewohnen.

Anm. 3. 3. Der **Ausdruck: „Wo es bisher üblich ist,"** bezieht sich nicht etwa auf eine einzelne Schulstelle, sondern auf die betreffende Gegend. Demnach kann die Schulaufsichtsbehörde bei Einrichtung einer neuen Lehrerstelle die Lieferung von Brennmaterial für den persönlichen Bedarf eines Lehrers oder einer Lehrerin verlangen, sobald bei den übrigen Stellen der Gegend es üblich ist, daß Brennmaterial geliefert wird. Dies ist in den östlichen Provinzen auf dem Lande die Regel.

Anm. 4. Zu Absatz 2. Etwaige **Verpflichtungen Dritter zur Lieferung des Brennbedarfes** werden durch § 17 nicht berührt.

§ 18. Gewährung von Dienstland.

Wo auf dem Lande eine Dienstwohnung gegeben wird, ist als Zubehör ohne Anrechnung auf das Grundgehalt, sofern es nach den örtlichen Verhältnissen thunlich ist, ein Hausgarten zu gewähren.

Wo die örtlichen Verhältnisse es thunlich erscheinen lassen und wo ein Bedürfniß dazu vorliegt, soll auf dem Lande für einen alleinstehenden oder ersten Lehrer in Anrechnung auf das Grundgehalt eine Landnutzung gewährt werden, welche dem durchschnittlichen Wirthschaftsbedürfniß einer Lehrerfamilie entspricht.

Zur Bewirthschaftung des Landes sind erforderlichenfalls Wirthschaftsgebäude herzustellen.

Die öffentlichen Lasten und Abgaben von dem Schullande werden von den Schulunterhaltungspflichtigen getragen.

Wo mit einer Stelle bisher eine größere Landnutzung oder sonstige Berechtigungen verbunden gewesen sind, behält es dabei sein Bewenden. Eine Einschränkung bedarf der Genehmigung der Schulaufsichtsbehörde.

Auf Anrufen von Betheiligten beschließt der Kreisausschuß und, sofern es sich um Stadtschulen handelt, der Bezirksausschuß darüber, welcher Theil des Dienstlandes als Hausgarten anzusehen ist. Der Beschluß des Bezirksausschusses in erster oder zweiter Instanz ist endgültig.

Zu Absatz 1. 1. Die Bestimmungen des § 18 über die **Gewährung von Dienstland an Landlehrer** entsprechen den bestehenden Verhältnissen. Bei ersten oder alleinstehenden Lehrern bildet die Gewährung einer Landnutzung, die dem durchschnittlichen Wirthschaftsbedürfnisse einer Lehrerfamilie entspricht, die Regel, bei anderen Lehrern wird nach dem örtlichen Bedürfnisse in Anknüpfung an die bisherige Gestaltung der Verhältnisse zu verfahren sein. Anm. 1.

2. Neu ist der in § 18 ausgesprochene **Unterschied zwischen dem Hausgarten und der übrigen Landnutzung.**

Was als Hausgarten anzusehen sei, ist im Ges. nicht näher bestimmt, weil die Verhältnisse zu verschiedenartig liegen. In der Regel wird man unter Hausgarten den unmittelbar am Hause gelegenen, meist eingefriedigten Theil des Dienstlandes zu denken haben, wenn und soweit er nicht ungewöhnlich umfangreich ist, also 12,5 bis 25 Ar nicht übersteigt. Den Hausgarten behandelt das Ges. als Zubehör der Dienstwohnung, so daß sein Ertragswerth auf das Grundgehalt nicht gleich demjenigen der übrigen Landnutzung anzurechnen ist. Von einer solchen Anrechnung ist für den Hausgarten abgesehen worden, weil der Ertrag wesentlich von der Pflege abhängt, die der Lehrer und seine Familie dem Garten angedeihen lassen. Auch bei einer Nutzung durch eine Baumschule, Gemüsebau und dergleichen werden die Erträge durch die aufgewendeten Mühen und Kosten der Bestellung als ausgeglichen zu gelten haben. Soweit von einem Nutzwerthe des Hausgartens die Rede sein kann, hat er seinen Ausdruck in der Feststellung des Werthes der Dienstwohnung (§ 8 des Ges. v. 23. VII. 93, G.-S. S. 194) zu finden. Ist der Nutzwerth dem Lehrer bei Veranschlagung des Dienstlandes auf das Diensteinkommen in Ansatz gebracht, so wird der Betrag fortan abzusetzen sein.

Wird im einzelnen Falle streitig, was als Hausgarten anzusehen ist, so entscheidet gemäß § 18 Abs. 6 auf Anrufen der Betheiligten in erster Instanz der Kreisausschuß. Eine solche Entscheidung wäre auch anzurufen, wenn die Aussonderung des seither in Ansatz gebrachten Ertragswerthes des Hausgartens durch die Einbeziehung dieses Werthes in die den Ertrag des gesammten Dienstlandes umfassende Werthsfeststellung erschwert sein und zu Streit führen sollte. Ausf.-Best. v. 20. III. 97 Nr. 15 Abs. 1—4.

Der Ausdruck „auf dem Lande" ist an Stelle des Ausdruckes „in Landgemeinden" absichtlich gewählt worden, um die unbedingte Anwendung der Vorschrift auf große industrielle Landgemeinden und die Vororte großer Städte auszuschließen. Drucks. H. H. 1896/97 Nr 52 S. 93 Nr. 25. Anm. 2.

Im Uebrigen beziehen sich, wie aus Abs. 6 hervorgeht, die Vorschriften des § 18 durchaus nicht lediglich auf Schulen in ländlichen Orten. Min.-Erl. v. 21. XI. 98 (C.-Bl. U. V. S. 799).

Zu Absatz 2. **Bei Neubeschaffung von Dienstland** ist die Größe der Landnutzung so zu bemessen, daß sie zur Erzeugung der Garten- und Feldfrüchte für etwa 5 bis 6 Personen und zur Durchfütterung von zwei Stück Rindvieh hinreicht. Daß das Dienstland eines Lehrers so groß sein soll, bestimmt schon die Gemeinheitstheilungsordnung v. 7. VI. 21, in der es heißt, daß es so groß sein müsse, als zur Haushaltung einer Familie von Anm. 3.

Mann, Frau und drei Kindern, sowie zur Sommerstallfütterung und Durchwinterung von zwei Haupt Rindvieh erforderlich sei.

Zu Absatz 3. 1. Durch die **Einschaltung des Wortes „erforderlichenfalls"** hat die Nothwendigkeit für die Fälle ausgeschlossen werden sollen,
Anm. 4. wo es sich um Ländereien handelt, die regelmäßig **durch Verpachtung** ohne Beigabe von Wirthschaftsräumen verwerthet werden. Ausf.-Best. v. 20. III. 97 Nr. 15 Abs. 5.

2. Tritt **Selbstbewirthschaftung an Stelle der Verpachtung**, so ist das Bedürfniß jener zu prüfen und darnach über die Nothwendigkeit der Wirthschaftsgebäude zu entscheiden. Im Streitfalle kommt § 47 des Zust.-Ges. zur Anwendung.

3. Gemäß Min.-Erl. v. 27. VIII. 86 (C. Bl. U. V. S. 257) ist die **Errichtung, bzw. Erweiterung der Wirthschaftsgebäude** davon abhängig, daß sie nach Lage der örtlichen Verhältnisse zur Sicherstellung des zur standesgemäßen Unterhaltung des Lehrers erforderlichen, zuständigerseits festgesetzten Einkommens nothwendig erscheint.

§ 19. Naturalleistungen.

Wo bisher die Gewährung von Naturalleistungen stattgefunden hat, behält es dabei unter Anrechnung auf das Grundgehalt bis zur Ablösung der Naturalleistungen oder bis zur Aufhebung des bisherigen Gebrauchs sein Bewenden. Die Aufhebung bedarf der Zustimmung der Betheiligten und der Genehmigung der Schulaufsichtsbehörde.

Anm. 1. 1. Das Herrenhaus hat den ursprünglichen Anfang dieses Paragraphen, der lautete: „Bei Errichtung neuer Schulstellen darf das Grundgehalt weder ganz noch zum Theil in Naturalleistungen festgesetzt werden" gestrichen, in der Erwägung, daß bei Begründung neuer Stellen sehr oft die **Nothwendigkeit für die Gewährung von Naturalleistungen** vorhanden sein könne. Auf einem abgelegenen, ärmlichen Dorfe z. B. könne ein Lehrer sehr häufig ohne Viehhaltung gar nicht bestehen. Hieraus folgt, daß § 19 nicht etwa dahin ausgelegt werden darf, daß für neue Schulstellen keine Naturalleistungen eingeführt werden können.

2. Unter **Naturalleistungen** sind zu verstehen die bisher herkömmlichen Lieferungen von Deputat, von Körner-, Hülsen- und anderen Feldfrüchten, Eier, Brot u. s. w., ferner die Düngung, Beackerung und Aberntung des Schullandes, Gewährung von Kartoffelland, Kuhweide, Durchfütterung einer Kuh im Winter u. s. w., die zumeist auf Ges. oder Herkommen beruhen.

3. Die **Ablieferung der Naturalleistungen** muß in die Wohnung des Berechtigten erfolgen. Min.-Erl. v. 14. II. 90 (C. Bl. U. V. S. 301).

Anm. 2. 1. Eine **Ablösung der Naturalleistungen** kann nicht von dem Stelleninhaber allein beantragt werden. Als Berechtigter zur Stellung des Antrages auf Ablösung der Naturalleistungen und Servituten ist nach dem Erk. des Obertrib. v. 4. V. 63 und dem Min.-Erl. v 16 IX. 63 im Sinne des Ges. nicht der zeitige Stelleninhaber anzusehen, sondern das durch den Schulvorstand vertretene Schulinstitut. Die Ablösung kann auf Grund der Bestimmungen der Ges. v. 27. IV. 72 (G. S. S. 417) und 15. III. 79 (G. S. S. 123) beantragt werden.

2. Die **Zustimmung der Betheiligten** (Stelleninhaber, Schulgemeinde und Drittverpflichtete) und die **Genehmigung der Aufsichtsbehörde** zur Aufhebung werden verlangt, um den Uebergang zur Geldwirthschaft nicht zu sehr zu fördern und die jetzt vorhandene Mischung thunlichst beizubehalten.

Soweit sie zu Unzuträglichkeiten führt wird die unter dem 12. V. 94 (C. Bl. U. V. S. 422 ff) allgemein vorgeschriebene, in bestimmten Zeiträumen sich wiederholende Aufstellung von Haushaltsvoranschlägen, in denen auch die Naturalleistungen mit ihrem Geldwerthe Aufnahme finden, Veranlassung und Gelegenheit zur Ablösung der Naturalien geben. Begr. S. 62.

§ 20. Anrechnung auf das Grundgehalt.

Auf das Grundgehalt (§§ 1, 2, 4) oder die nach § 3 gewährte Besoldung sind anzurechnen:

1. Der Ertrag der Landnutzung (§ 18 Abs. 2 und 5).
2. Die sonstigen Diensteinkünfte an Geld oder Naturalleistungen.

   Bei amtlicher Festsetzung des Diensteinkommens beschließt auf Anrufen von Betheiligten über die Anrechnung dieser Diensteinkünfte, sowie des Ertrages der Landnutzung der Kreisausschuß und, sofern es sich um Stadtschulen handelt, der Bezirksausschuß. Der Beschluß des Bezirksausschußes in erster oder zweiter Instanz ist endgültig.

   Eine anderweite Festsetzung ist bei erheblicher Aenderung der ihr zu Grunde liegenden thatsächlichen Verhältnisse zulässig.

   Die Festsetzung gilt auch für die Berechnung des Ruhegehalts.
3. Das Brennmaterial (§ 17). Dasselbe wird mit dem nach § 8 des Gesetzes vom 23. Juli 1893, betreffend Ruhegehaltskassen für die Lehrer und Lehrerinnen an den öffentlichen Volksschulen (Gesetz-Samml. S. 194), festgesetzten Betrage mit der Beschränkung angerechnet, daß das verbleibende Grundgehalt (§ 2) einschließlich der zu 1 und 2 angeführten Bezüge bei Lehrern nicht unter 840 M., bei Lehrerinnen nicht unter 650 M. jährlich betragen darf. In gleicher Weise ist das Grundgehalt, von welchem die nach § 3 festzusetzende Besoldung gewährt wird, zu berechnen.

§ 20 regelt das **Verfahren bei Feststellung des Werthes** der Landnutzung und der sonstigen Diensteinkünfte an Geld oder Naturalleistungen in Uebereinstimmung mit § 45 des Zust.-Ges, jedoch mit dem, dem Bedürfnisse entsprechenden Zusatze: Anm. 1.

„Eine anderweite Festsetzung ist bei erheblicher Aenderung der ihr zu Grunde liegenden thatsächlichen Verhältnisse zulässig."

Bei Ausführung des Ges. wird es sich empfehlen, eine anderweite Festsetzung des Ertrages der Landnutzung möglichst zu vermeiden. Weder würde es dem Zwecke des Ges. entsprechen, etwaigen Versuchen der Schulunterhaltungspflichtigen in der Richtung entgegenzukommen, die durch das Ges. gebotene Erhöhung des Grundgehaltes durch eine höhere Ertragsberechnung des Dienstlandes illusorisch zu machen, noch liegt ein Anlaß vor, durch eine Herabsetzung des früher festgestellten Ertragswerthes die Erhöhung des Grundgehaltes künstlich zu steigern.

Die Verhältnisse bleiben ebenso wie die Werthbemessung des Brennmaterials (§ 20 Nr. 3) am besten z. Z. unberührt, so daß der § 20 nur zu einer formalen Umgestaltung des Grundgehaltes insofern führt, als die Bezüge, die die Lehrpersonen jetzt neben dem Bargehalte empfangen haben, mit ihrem veranschlagten Werthe dem Bargehalte zugerechnet werden. Die Gesammtsumme ergiebt das neue Grundgehalt, auf das aber die früheren Nebenbezüge eingerechnet werden.

Wo eine anderweite Festsetzung des Werthes des Dienstlandes künftig nothwendig werden sollte, wird zu beachten sein, daß ein Lehrer weder die Zeit, noch die landwirthschaftlichen Kenntnisse hat, um dem Dienstlande so hohe Erträge abzugewinnen, als einem bäuerlichen Wirthe möglich ist Andererseits wird dabei die etwaige Verpflichtung der Schulunterhaltungspflichtigen zur Ackerbestellung, Düngung rc. zu berücksichtigen sein. Ausf. Best. v. 20. III. 97 Nr. 16 Abs. 1—4

Anm. 2. 1. Die **Voraussetzung des Einschreitens der Beschlußbehörden** ist eine amtliche Festsetzung des Diensteinkommens behufs Anrechnung der Diensteinkünfte an Geld oder Naturalleistungen, sowie des Ertrages der Landnutzung von Amtswegen oder auf Antrag der Betheiligten, mit der letztere nicht einverstanden sind. Gegen die Ablehnung eines Antrages der Betheiligten durch die Schulaufsichtsbehörde giebt es nur die Beschwerde an den Unterrichtsminister. Vgl. E. O. V. G v. 26. III. 79 (Bd. V. S. 181).

2. Die Festsetzung erfolgt im Beschlußverfahren, weil es sich bei den Streitigkeiten weniger um Rechtszweifel, als um ein sachverständiges Ermessen nach Ortsverhältnissen handelt. Drucks. A. H. 1880/81 Bd. II. Nr. 103.

Anm. 3. **„Betheiligte"** sind alle diejenigen, deren vermögensrechtliche Interessen durch die Festsetzung betroffen werden. Die Schulaufsichtsbehörde gehört also zu ihnen nicht. E O. V. G. v. 6. VI. 76 (Bd. I S. 161).

Anm. 4. Zu den **Bezügen an Geld oder Naturalleistungen** gehören alle diejenigen, die der Stelleninhaber insbesondere:

a) nach der herkömmlichen Schulverfassung oder aus besonderen Berechtigungen,

b) aus dem zur Stellendotation bestimmten Schul-, Kirchen- oder Stiftungsvermögen, aus Stolgebühren u. s. f.,

c) aus Verpflichtungen Dritter auf Grund besonderer Rechtstitel

zu beziehen hat.

Die Bezüge zu a sind theils von sämmtlichen Unterhaltungspflichtigen, theils nur von einzelnen Klassen von ihnen zu leisten. So z. B. sind nach § 59 der Allgemeinen Schulordn. für die Herzogthümer Schleswig und Holstein v. 24. VIII. 14 Korn und Feuerung ausschließlich von den Hüfnern, Bohlsbesitzern oder ihnen gleichzuachtenden Parzellisten oder den Landbesitzern der Marsch zu liefern. Nach Nr. 19 b des katholischen Schulreglements für Schlesien v. 18. V. 01 tragen das Deputat an Getreide die wirklichen Ackerbesitzer. Nach Nr. 19 d a. a. O. fahren die bespannten Wirthe das Brennmaterial an.

Aus den Bezügen zu b wird bei dauernder Vereinigung der Stelle mit einem Kirchenamte, soweit nöthig, die höhere Bemessung des Grundgehaltes ihre Deckung finden.

Unter c fallen Bezüge, die nicht von den allgemein nach öffentlichem Rechte zur Unterhaltung der Schule Verpflichteten zu leisten sind. Begr. S. 62, 63.

Anm 5. 1. Bei **Feststellung des Ertragswerthes der Dienstländereien** ist der Verwaltungsrichter an die Vorschriften des Ges. v. 15. VI. 40 (G. S. S. 131) für die Abschätzung der Grundstücke von geringem Werthe nicht gebunden, sondern hat nach seiner freien, aus dem ganzen Inbegriffe der Verhandlungen und Beweise geschöpften Ueberzeugung zu entscheiden. E. O. V. G. v. 12. X. 78 (C. Bl. U. V. S. 689).

2 Für die Feststellung kann nicht lediglich der zu einer gewissen Zeit durch Verpachtung erzielte Ertrag maßgebend sein. Es muß vielmehr derjenige Ertrag ermittelt werden, den der Inhaber einer Lehrerstelle bei Selbstbewirthschaftung des Dienstlandes nach einer für eine längere Reihe von Jahren anzulegenden Durchschnittsberechnung erfahrungsmäßig erzielt. Die Schätzung kann durch den Landrath oder durch den Amtsvorsteher ohne besondere Kosten bewirkt werden. Der Kreisausschuß ist dazu nur berufen, wenn eine Regulirung des Diensteinkommens seitens der Schulaufsichtsbehörde eingeleitet ist. E. O. V. G. v. 6 VI. 76, 19 IX. 76, 2. XII. 76, 8. I. 79, 26. III. 79 (Bd. I S. 161, 163, 166, 205; Bd. V S. 178, 181). Sind die Betheiligten mit der seitens der Regierung bewirkten anderweiten Regulirung des Diensteinkommens nicht einverstanden, so ist ihnen lediglich zu überlassen, die Beschlußfassung des Kreis- bezw. Bezirksausschusses wegen Feststellung des Geldwerthes des Ertrages des Dienstlandes in Anrechnung auf das von der Regierung festgesetzte Diensteinkommen anzurufen. Min.-Erl. v. 19. V. 88 (C. Bl. U. V. S. 567).

1. **Stadtschule ist jede in einer Stadt belegene,** ihrem unterrichtlichen Bedürfnisse dienende Schule, wenn auch benachbarte ländliche Ortschaften zu ihr gewiesen sind. Eine Stadt- und Landschule giebt es nicht; jede Volksschule ist entweder eine Stadt- oder eine Landschule. E. O. V G. v. 7. V. 95 (C. Bl. U. V. S. 648) Anm. 6.

2 Eine **Landschule im Vororte einer Stadt** verliert durch Verlegung auf städtischen Grund und Boden nicht ohne Weiteres die rechtliche Natur einer Landschule, ebensowenig wie eine Stadtschule allein durch Verlegung aus der Stadt auf ländliches Terrain ohne Weiteres zur Landschule wird. E. O. V. G. v. 11. XII. 96 (C. Bl. U. V. 1897 S. 285).

1. Was die **Anrechnung des Brennmateriales** anlangt, so ist in dem Ges. Vorsorge getroffen, daß sie bei gering besoldeten Lehrern und Lehrerinnen nicht mit einem zu hohen Betrage erfolgt. Hier geschieht sie mit der Beschränkung, daß das verbleibende Grundgehalt (§ 2 des Ges.) einschließlich der Naturalbezüge (§ 20 Nr 1 und 2 des Ges.) bei Lehrern nicht unter 840 Mk., bei Lehrerinnen nicht unter 650 Mark jährlich betragen darf. Anm. 7.

2. Die hierbei festgesetzte Anrechnung gilt auch, wenn die Schulstelle einstweilig oder mit einem jungen Lehrer besetzt ist und nur die nach § 3 des Ges. bemessene Besoldung gewährt wird.

Die Begründung der Regierungsvorlage giebt hierfür folgendes Beispiel: Die gesammten Nutzungen einer Stelle einschließlich des Brennmateriales betragen jetzt 900 Mark, der Werth des Brennmateriales ist 100 Mark. Dem Lehrer sollen aber 840 Mark ausschließlich des Brennmateriales bleiben: also ist das verbleibende Baargehalt um 40 Mark zu erhöhen, das Brennmaterial mit 60 Mark anzurechnen. Der einstweilig angestellte Lehrer erhält $1/5$ von 900 Mk., also 180 Mark weniger, d. h. 720 Mark. Darauf wird ihm das Brennmaterial mit 60 Mark angerechnet, er muß außerdem 660 Mark bekommen. Ausf. Best. v. 20. III. 97 Nr. 16, Abs. 5–7.

3. Die **einschränkende Vorschrift** des § 20 Nr. 3 hat aber **nur für die Bestimmung des Aktivitätseinkommens,** nicht für die Zeit Bedeutung, in der der Lehrer nicht mehr ein Naturaleinkommen, sondern eine ausschließlich in Geld zahlbare Pension bezieht und an das frühere amtliche Domizil nicht mehr gebunden ist.

Es sollte durch diese besondere Vorschrift das Ziel erreicht werden, daß an den Orten, an denen die Besoldung der Lehrer nur in geringer Höhe festgesetzt werden konnte, eine erhebliche Ungleichmäßigkeit ihrer thatsächlichen Dienstbezüge in Folge der Verschiedenheit des Werthes der Feuerung an den einzelnen amtlichen Wohnorten ausgeschlossen wurde. Eine Anwendung der Vorschrift in der Weise, daß ein hoher Werth der Feuerung dem vorbezeichneten Diensteinkommen von 840 Mk. und 650 Mk. bei der Pensionirung hinzutrete, würde im Widerspruche mit dieser Absicht die aus Stellen dieser Art in den Ruhestand tretenden Lehrer in ungerechtfertigter Weise bevorzugen.

Für die Ruhegehaltsfestsetzung kommen nur das Grundgehalt, nicht aber die Anrechnungswerthe seiner Bestandtheile insbesondere des Brennmateriales in Betracht. (Drucks. Nr. 27, 1896/97 S. 31). Min. Erl. v. 9. V. 98 (C. Bl. U V. S. 469)

4. Die Beschränkung des § 20 [3] greift für alle Stellen Platz, bei denen der 840 Mark übersteigende Betrag des Grundgehaltes niedriger ist, als der Werth des Brennmateriales. Daß hierbei kein Unterschied zu machen ist zwischen einfachen Lehrerstellen und solchen, für die in § 2 Abs. 2 und § 4 Abs. 1 ein höheres Grundgehalt vorgesehen ist, ergiebt ebensowohl der Wortlaut der Bestimmung des § 20 Abs. 1, wie der Zweck der Vorschrift Nr. 3 und für die mit einem kirchlichen Amte dauernd vereinigten Stellen auch die Erwägung, daß das Stelleneinkommen ein einheitliches ist, gleichviel aus welchen Quellen es fließt. Die Schulaufsichtsbehörde hat daher bei Prüfung und Bemessung der Grundgehälter der Rektor- und Hauptlehrerstellen und der mit einem kirchlichen Amte vereinigten Stellen darauf Bedacht zu nehmen, daß ungeachtet der vollen Anrechnung des Brennmaterials das Grundgehalt dieser Stellen gegenüber dem einfacher Lehrerstellen bei im Uebrigen gleichen örtlichen Verhältnissen ein höheres im Sinne der Vorschriften des § 2 Abs. 2 und § 4 Abs. 1 des Ges. bleibt und daß bei den mit einem kirchlichen Amte vereinigten Stellen diese Erhöhung innerhalb der durch § 4 Abs. 3 gezogenen Grenzen der mit dem kirchlichen Amte verbundenen Mühewaltung entspricht. Min. Erl. v. 13. V. 98 (C. Bl. U. V. S 540).

§ 21. Zahlung des baren Diensteinkommens.

Die Zahlung des baren Diensteinkommens erfolgt an endgültig angestellte Lehrer und Lehrerinnen vierteljährlich, an einstweilig angestellte monatlich, im Voraus.

Anm. 1. **Auch den Inhabern vereinigter Kirchen- und Schulämter** sollen die ihnen aus Kap. 113 Tit. 1 des Staatshaushaltsetats unmittelbar zustehenden baren Besoldungen und Besoldungszuschüsse ebenso, wie die aus Kap. 116 zahlbaren Besoldungen und Zuschüsse nach Maßgabe des § 21 gezahlt werden. Min. Erl. v. 27. XII. 98 (C. Bl. U. V. 1899 S. 320).

§ 22. Umzugskosten.

Lehrer und Lehrerinnen an öffentlichen Volksschulen erhalten bei Versetzungen im Interesse des Dienstes aus der Staatskasse eine Vergütung für Umzugskosten unter Wegfall der von den Schulunterhaltungspflichtigen zu entrichtenden Anzugs- oder Herbeiholungskosten.

Die näheren Bestimmungen über die Höhe der Vergütung werden von dem Unterrichtsminister in Gemeinschaft mit dem Finanzminister getroffen.

Im übrigen bewendet es bei den bestehenden Vorschriften über die Gewährung von Anzugs- und Herbeiholungskosten.

Unberührt bleibt auch die Vorschrift im Art. III Abs. 1 des Gesetzes vom 15. Juli 1886 (Gesetz-Samml. S. 185).

Bei Versetzungen gilt der Verlust einer Dienstwohnung nebst Hausgarten oder der Verlust der Miethsentschädigung nicht als Verringerung des Diensteinkommens.

Zu Absatz 1. Der im Regierungsentwurfe enthaltene erste Abs., daß gegen Lehrer und Lehrerinnen im Disciplinarwege auf **Versetzung in ein anderes Amt von gleichem Range, jedoch mit Verminderung des Diensteinkommens und Verlust des Anspruches auf Umzugskosten** oder mit einem von beiden Nachtheilen erkannt werden könne (§ 16 Ziff. 1 des Ges. v 21. VII. 52), ist von der Kommission des Abg.-H. in der Erwägung gestrichen worden, daß es nicht angehe, in einem Lehrerbesoldungsgesetze eine neue Art der Disziplinarstrafen einzuführen. Es können also Strafversetzungen auf Grund des Ges. v. 21. VII. 52 gegen Lehrer und Lehrerinnen an öffentlichen Volksschulen, da sie zu den unmittelbaren Staatsbeamten nicht gehören, nicht verhängt werden. Nur für die Provinzen Posen und Westpreußen bestimmt Art. II des Ges. v. 15. VII. 86 (G. S. S 185): „Gegen Lehrer und Lehrerinnen an öffentlichen Volksschulen kann die in § 16, Ziffer 1, des Ges, betr. die Dienstvergehen der nicht richterlichen Beamten, v. 21. VII. 52 bestimmte Disziplinarstrafe verhängt werden.“ (§ 16, Ziffer 1 lautet: „Die Entfernung aus dem Amte kann bestehen in Versetzung in ein anderes Amt von gleichem Range, jedoch mit Verminderung des Diensteinkommens und Verlust des Anspruches auf Umzugskosten oder mit einem von beiden Nachtheilen.“) Anm. 1.

Unter **„Versetzungen im Interesse des Dienstes“** sind Versetzungen zu verstehen, die erfolgen müssen, weil ein Wechsel in der Person des Inhabers der Lehrerstelle im dienstlichen Interesse geboten ist. Die Uebernahme der Umzugskosten der im Interesse des Dienstes versetzten Lehrer auf die Staatskasse entspricht dem praktischen Bedürfnisse. In diesen Fällen gelangen die bestehenden Vorschriften über die Verbindlichkeit der Gemeinden, einen neu anziehenden Lehrer bis zu einer bestimmten Entfernung einzuholen oder Anzugskosten zu zahlen (zu vergl. §§ 39 ff. A. L. R. II, 12 und § 19 Preuß. Schulordn. v. 11. XII 45) nicht zur Anwendung. Begr. S. 63, 64. Anm 2.

Zu Absatz 2 und 4. Die näheren Bestimmungen enthält der Min. Erl. v. 7. IV. 97 (C. Bl U. B. S. 403) betr. **Gewährung von Umzugskosten, Tagegeldern und Reisekosten an Lehrer und Lehrerinnen an den öffentlichen Volksschulen bei Versetzungen im Interesse des Dienstes.** Anm. 3.

I. In denjenigen Fällen, in denen eine Vergütung für Umzugskosten gemäß § 22 des erwähnten Gesetzes aus der Staatskasse zu gewähren ist, erhalten:

1. Rektoren an öffentlichen Volksschulen
   a) auf allgemeine Kosten . . . . . . 180 M.
   b) auf Transportkosten für je 10 Kilometer 6 „
2. Hauptlehrer und andere endgültig angestellte Lehrer an öffentlichen Volksschulen
   a) auf allgemeine Kosten . . . . . . 150 M.
   b) auf Transportkosten für je 10 Kilometer 5 „
3. Lehrerinnen an öffentlichen Volksschulen, Lehrer, welche an denselben nur einstweilig angestellt sind, und Lehrer ohne Familie erhalten nur die Hälfte der unter 2 bezw. 1 festgesetzten Vergütung.

II. Die §§ 2, 4 und 6 des Ges. v. 24. II. 77 [1]) — G S. S. 15 —, betreffend die Umzugskosten der Staatsbeamten, sind mit der Maßgabe zur Anwendung zu bringen, daß die Tagegelder und die Reisekosten

a) für die Rektoren an den öffentlichen Volksschulen nach den Sätzen des Art. I. § 1 VI, § 4 I 2 und II 2, [2])

b) für die Hauptlehrer und die anderen Lehrer, sowie für die Lehrerinnen nach den Satzungen des Art. I § 1 VII, § 4 I 3 und II 3 des Ges. v. 21. VI. 97 — G. S. S. 193 [3])[4]), betreffend die Tagegelder und die Reisekosten der Staatsbeamten, zu berechnen sind.

III. Unter „Versetzungen im Interesse des Dienstes" sind nach der Begründung zu dem Ges. v. 3. III d. J. solche Versetzungen zu verstehen, welche erfolgen müssen, weil ein Wechsel in der Person des Inhabers der Lehrerstelle im dienstlichen Interesse geboten ist.

Die Königliche Regierung ermächtigen wir, hiernach vorkommendenfalls die Umzugskosten selbstständig festzusetzen und zur Zahlung auf Kapitel 126 Titel 3 des Etats der geistlichen und Unterrichts-Verwaltung als Mehrausgabe anzuweisen.

Auf den Umzugskosten-Liquidationen ist zutreffenden Falles zu bescheinigen, daß der versetzte Lehrer zur Zeit des Umzuges Familie im Sinne der Bestimmung unter Nr. 5 der Verf. v. 4. V. 77 (Min. Bl. S. 113) [5]) gehabt hat und daß derselbe endgültig angestellt war.

---

[1]) Diese Paragraphen lauten:

§ 2. Bei Berechnung der Entfernung ist die kürzeste fahrbare Straßenverbindung zu Grunde zu legen. Jede angefangene Strecke von 10 Kilometern wird für volle 10 Kilometer gerechnet.

§ 4. Die zu Umzugskosten berechtigten Beamten erhalten außer denselben für ihre Person Tagegelder und Reisekosten.

Auch ist diesen Beamten der Miethszins zu vergüten, welchen dieselben für die Wohnung an ihrem bisherigen Aufenthaltsorte auf die Zeit von dem Verlassen des letzteren bis zu dem Zeitpunkte haben aufwenden müssen, mit welchem die Auflösung des Miethsverhältnisses möglich war. Diese Vergütung darf längstens für einen neunmonatlichen Zeitraum gewährt werden. Hat der Beamte im eigenen Hause gewohnt, so kann demselben eine Entschädigung bis höchstens zum halbjährigen Betrage des ortsüblichen Miethswerthes der innegehabten Wohnung gewährt werden.

§ 6. Von den Vergütungssätzen kommt derjenige in Anwendung, welchen die Stellung bedingt, aus welcher — nicht in welche — der Beamte versetzt wird.

[2]) Tagegelder 8 M. und als Reisekosten 7 Pf. für das Kilometer auf Eisenbahnen oder Dampfschiffen, dazu 2 M. für jeden Zu- und Abgang, 40 Pf. für das Kilometer auf Landwegen.

[3]) Tagegelder 6 M. und als Reisekosten 5 Pf. für das Kilometer auf Eisenbahnen oder Dampfschiffen, dazu 1 M. für jeden Zu- und Abgang, 30 Pf. für das Kilometer auf Landwegen.

[4]) Die Abänderungen beruhen auf dem Min. Erl. v. 22. IX. 97 (C. Bl. U. V. S. 771). Gemäß Min. Erl. v. 25. X. 97 (C. Bl. U. V. S. 826) finden auch die Abs. 2 und 3 des Art. I § 1 des Ges. v. 21. VI. 97 hier Anwendung. Darnach ist, wenn sich eine Dienstreise auf zwei Tage erstreckt und innerhalb 24 Stunden beendigt wird, nur das 1½ fache der Sätze zu zahlen.

[5]) Nach diesem Erlasse sind unter „Familie" nicht nur Ehefrau, Kinder oder Eltern, sondern auch andere nahe Verwandte und Pflegekinder

Für den Bezirk der Regierungen in den Provinzen Westpreußen und Posen bewendet es bei dem Erl. v 26. I. 87 (C. Bl. U. V. S. 380)[6]) mit der Maßgabe, daß als Rektor einer öffentlichen Volksschule nicht nur der Leiter einer Volksschule mit sechs oder mehr aufsteigenden Klassen, sondern auch der Leiter einer Volksschule zu gelten hat, die nach altem Herkommen von einem geprüften Rektor geleitet wird (vgl. Erl. v. 20. III. 97 Nr. 3 Abs. 2 — C. Bl. U. V. S. 328 —).

Da im § 22 des Ges. v. 3 III. 97 der Art. III Abs. 1 des Ges. v. 15. VII. 86 — G. S. S. 185 — unberührt gelassen ist, so findet im Geltungsbereiche des letzteren nicht die in der Begründung zu dem Besoldungs-Ges. gegebene eingeschränkte Bestimmung des Begriffes einer „Versetzung im Interesse des Dienstes" Anwendung, vielmehr bleibt die bisherige Auslegung dieses Begriffes maßgebend.

---

zu verstehen, sofern der Beamte ihnen in seinem Hausstande Wohnung und Unterhalt auf Grund einer gesetzlichen oder moralischen Unterstützungsverbindlichkeit gewährt Jedenfalls muß ein eigener Hausstand von dem Beamten geführt werden.

[6]) Der Erl. v. 26. I. 87 hat folgenden Wortlaut:

Auf Grund des Art III des Ges. v. 15. VII. 86 (G. S. 1886 S 185), betreffend die Anstellung und das Dienstverhältniß der Lehrer und Lehrerinnen an den öffentlichen Volksschulen im Gebiete der Provinzen Posen und Westpreußen, bestimmen wir:

In denjenigen Fällen, in welchen eine Vergütung für Umzugskosten gemäß Art. III des citirten Gesetzes aus der Staatskasse zu gewähren ist, erhalten:

I. Erste Lehrer (Rektoren) an sechs- und mehrklassigen öffentlichen Volksschulen:
   1. auf allgemeine Kosten . . . . . . 180 *M*
   2. auf Transportkosten für je 10 Kilometer 6 „

II. Definitiv angestellte Lehrer an den öffentlichen Volksschulen:
   1. auf allgemeine Kosten . . . . . . 150 *M*
   2. auf Transportkosten für je 10 Kilometer 5 „

III. Lehrerinnen an öffentlichen Volksschulen, Lehrer, welche an denselben nur einstweilig angestellt sind, und Lehrer ohne Familie erhalten nur die Hälfte der unter I bezw. II festgesetzten Vergütung.

IV. Die §§ 2, 4 und 6 des Ges. v. 24 II. 77 (G. S. 1877 S. 15), betreffend die Umzugskosten der Staatsbeamten, sind mit der Maßgabe zur Anwendung zu bringen, daß die Tagegelder und Reisekosten im Falle zu I nach dem Satze des Art. I § 1 VI, § 4 I 2 und II 2 im Falle zu II nach dem Satze des Art I § 1 VII, § 4 I 3 und II 3 des Ges v. 21. VI. 97 (G. S. S. 193), betreffend die Tagegelder und die Reisekosten der Staatsbeamten, zu berechnen sind. [Die Aenderungen beruhen auf sinngemäßer Anwendung des Min. Erl. v. 22. IX. 97 (C. Bl. U. V. S 771).]

Die Königliche Regierung ermächtigen wir, hiernach vorkommendenfalls die Umzugskosten selbstständig festzusetzen und zur Zahlung auf Kap. 126 Titel 3 des Provinzial-Etats der geistlichen und Unterrichtsverwaltung als Mehrausgabe anzuweisen.

Auf den Liquidationen ist zu bescheinigen, daß und welcher Fall der im Art. III des citirten Gesetzes v. 15. VII. 86 vorgesehenen Versetzungen vorliegt, sowie, ob der Umzug mit Familie stattgefunden hat, und ob der versetzte Lehrer definitiv oder nur einstweilig angestellt war.

Anm. 4. 1. Bezüglich der **Benutzung von Kleinbahnen** bei Dienstreisen ist für unmittelbare Staatsbeamte in Ausführung des Art. I § 4 III des Ges. v. 21. VI. 97 (G. S. S. 193) folgender St. M. Erl. v. 25. X. 98 ergangen:

Die Staatsbeamten sind verpflichtet, bei ihren Dienstreisen vorhandene Kleinbahnen, welche zur Personenbeförderung dienen, zu benutzen und erhalten dafür dieselben Entschädigungen, wie für Reisen auf Eisenbahnen oder Dampfschiffen, mit der Ausnahme, daß bei Reisen, die ausschließlich auf Kleinbahnen oder theils auf Kleinbahnen, theils auf Landwegen zurückzulegen sind, Zu- und Abgangsgebühr nicht gewährt wird. Jedoch können in den beiden bezeichneten Fällen die durch Zu- und Abgang nachweislich entstandenen besonderen Ausgaben ohne Rücksicht auf die Höhe der insgesammt aufgewendeten Reisekosten zur Erstattung liquidirt werden. Bei Reisen, die theils auf Kleinbahnen, theils auf Eisenbahnen oder Dampfschiffen zurückzulegen sind, wird die auf der Kleinbahn zurückgelegte Reisestrecke hinsichtlich der Gewährung von Zu- und Abgangsgebühren ebenso behandelt, als ob sie auf einer Eisenbahn zurückgelegt wäre.

Ist für eine Reise, die mit einer Kleinbahn hätte zurückgelegt werden können, ein Landfuhrwerk, eine Eisenbahn oder ein Dampfschiff benutzt worden, so ist die hierfür zuständige Entschädigung dann zu gewähren, wenn die Benutzung der Kleinbahn im Interesse einer angemessenen Erledigung der Reise ungeeignet gewesen ist. Der liquidirende Beamte hat in diesem Falle in der Reisekostenliquidation die Gründe der Nichtbenutzung der Kleinbahn anzugeben und deren Richtigkeit zu versichern. Einer besonderen Bescheinigung der festsetzenden Behörde über die Gründe der Nichtbenutzung der Kleinbahn bedarf es nicht, vielmehr ist diese Bescheinigung als in der vorgeschriebenen allgemeinen Bescheinigung der Richtigkeit mit enthalten anzusehen.

2. Kleinbahnen sind diejenigen Schienenverbindungen, die nach dem Ges. v. 28. VII. 92 (G. S. S. 225) als Kleinbahnen gelten, auch außerpreußische. Bestehen bezüglich der letzteren Zweifel, so ist an den Unterrichtsminister zu berichten. Min. Erl. v. 2. I. 99 (C. Bl. U. V. S. 246).

Anm. 5. Zu Absatz 3. **Die bestehenden Vorschriften sind folgende:**

I. A. L. R. Th. II Tit. 12.

Pflicht der Schulgemeinde zur Herbeiholung neuer Schulmeister.

§ 39. Die Gemeinen sind in der Regel verbunden, einen neuen Schulmeister herbeizuholen.

§ 40. Diese Verbindlichkeit erstreckt sich auch auf die zur Familie des Schulmeisters gehörenden Personen, und was derselbe an Kleidung, Wäsche, Hausrath und Büchern mitbringt.

§ 41. Doch findet dabei, in Ansehung der Entfernung, eben die Einschränkung auf zwei Tagereisen, wie bei Abholung der Pfarrer durch die Kirchengemeine, statt.

§ 42. Auch findet die Vorschrift des elften Titels § 525 auf Schulmeister ebenfalls Anwendung.

A L. R. Th. II Tit. 11.

§ 525. Nimmt jedoch ein Pfarrer innerhalb zehn Jahren von Zeit seiner Bestellung einen anderweitigen Ruf an, so ist er schuldig, der Kirchenkasse und der Gemeinde, alle bei seiner Ansetzung und seinem Anzuge verwendeten Kosten zu erstatten.

Diese Bestimmungen finden sowohl auf endgültig, als auf einstweilig angestellte Lehrer Anwendung. Min.-Erl. v. 13. I. 63 (Schn. u. v. Br. Bd. I S. 797). Anderer Meinung Min.-Erl. v. 10. I. 68 (das.)

Die Bildung einer die Verpflichtung der Gemeinde ausschließenden Observanz ist zulässig. Liegt eine solche Observanz nicht vor, so wird die Verbindlichkeit der Gemeinden dadurch nicht ausgeschlossen, daß sie den Lehrer nicht gewählt haben. Dieser Umstand kommt nach A. L. R. II 12 § 41 in Verbindung mit A. L. R. II 11 § 410 nur insoweit in Betracht, als sich jene Verbindlichkeit auf eine gewisse Entfernung beschränkt. Hatte die Gemeinde den Lehrer nicht selbst gewählt, so braucht sie ihn weiter, als in einer Entfernung von 2 Tagereisen nicht herbeizuholen. E. O. V. G. v. 3. XI. 96 (Pr. V.-Bl. Bd. XVIII S. 183).

Allein die Pflicht der Gemeinde und das Recht des Lehrers ist auf dessen „Herbeiholung" beschränkt, insbesondere hat der Lehrer nicht das Recht, an Stelle der Gewährung freier Transportmittel nach seiner Wahl eine Entschädigung für die bei anderer Art des Anzuges aufgewendeten Reisekosten zu verlangen (vergl. dagegen § 19 der preußischen Schulordn. v. 11. XII. 45, der ein solches Wahlrecht der Gemeinde einräumt). Eine solche Entschädigung würde an Stelle der Herbeiholung entweder auf Grund einer vorgängigen Vereinbarung mit der Gemeinde, oder in dem Falle, daß die Gemeinde auf geschehene Aufforderung die Transportmittel nicht rechtzeitig gestellt hat, von dem Lehrer rechtlich beansprucht und von der Aufsichtsbehörde als eine der Gemeinde gesetzlich obliegende Leistung festgestellt werden können. Im übrigen müßte selbst eine weitergehende Verpflichtung immer auf denjenigen Betrag der dem Lehrer thatsächlich erwachsenen Reisekosten beschränkt werden, der anderen Falles von der Gemeinde zum Zwecke der Herbeiholung hätte aufgewendet werden müssen. E. O. V. G. v. 11. VI 90 (Bd. XIX S. 193).

Ebenso E O. V. G. v. 15. VI. 97 (C. Bl. U. V. S. 798). Erst die Nichtbefolgung einer Aufforderung des Lehrers zur rechtzeitigen Zustellung von Beförderungsmitteln setzt die Gemeinde in Verzug und erzeugt die Rechtspflicht für sie, ihm die — angemessen verwendeten — Kosten anderweiter Ausführung des Anzuges zu erstatten.

Soweit die wirklich erforderlich gewesenen, durch entsprechende Beläge gehörig zu justifizirenden Kosten des Umzuges durch die von der Schulgemeinde zu gewährenden Kosten der Herbeiholung des Lehrers nicht gedeckt werden sollten, haben die Regierungen einen entsprechend begründeten Antrag auf Gewährung des Fehlbetrages beim Unterrichtsminister zu stellen. Min. Erl. v. 31. V. 88 (C. Bl. U. V. S. 602).

Die Entfernung von zwei Tagereisen hat die schul- und kirchenrechtliche Praxis auf 10 Meilen, also 75,3 Kilometer angenommen. Dies entspricht auch der Dekl. v. 21. VI. 1790, auf der § 41 II. 12 A. L. R.'s beruht (Rönne's Ergänzungen und Erläuterungen der Preuß. Rechtsbücher, Bd. V, S. 875; Rabe's Sammlung Preußischer Gesetze, Bd. II, S. 46, 47). Im Gebiete der Magdeburgischen Kirchenordnung von 1739 geschieht die Herbeiholung (bis zu den Grenzen des Herzogthums, Kap. XXVIII, § 5, Kap. XVIII, § 2) des Lehrers sammt Weib, Kindern und allem Hausgeräth auf Kosten der Gemeinde oder der Kirche. Für die ehemals Königl. Sächsischen, jetzt Preußischen Landestheile (mit Ausnahme der Lausitz) vergl. § 731 des Revidirten Entwurfes des Provinzialrechtes von Pinder-Kamptz (1841), der ebenfalls die Entfernung auf 2 Tagereisen festsetzt.

Die Bestimmung in der Bek. v. 9. IV. 81 (C. Bl. d. D. R. S. 136), daß $112^1/_2$ **km** Landweg, 500 **km** auf Eisenbahnen und 375 **km** auf Dampfschiffen als eine Tagereise anzusehen sind, ist hier nicht anzuwenden.

II. Schulordn. für die Elementarschulen der Provinz Preußen v. 11. XII. 45 (G. S. 1846, S. 1):

§ 19. Die Gemeinden sind verpflichtet, den neu anziehenden Lehrern bis an eine Entfernung von 10 Meilen vom Schulorte für die Fortschaffung ihrer Familien und ihrer Effecten (A. L. R. Th. II, Tit. 12 § 40) nach Wahl der Gemeinde, entweder Fuhrwerk zu stellen oder die Fahrkosten, deren Höhe den Betrag von 20 Thalern nicht übersteigen darf, nach einer mäßigen Taxe zu vergüten.

§ 20. Verläßt der Schullehrer seine Stelle vor Ablauf von 5 Jahren, so ist er auf Verlangen gehalten, der Gemeinde die Anzugskosten zu erstatten.

Hier können die Gemeinden also entweder Fuhrwerk stellen oder die Fahrkosten vergüten. Der Lehrer ist gesetzlich verpflichtet, die Reise zum Schulorte, an den er berufen worden, bis auf eine Entfernung von 10 Meilen auf seine Kosten zu machen. Welcher Transportmittel er sich dabei bedient, ist für die Gemeinde ohne Interesse. Die Gemeinde kann aber ihres Wahlrechtes dadurch nicht verlustig gehen, daß der Lehrer zu seiner Reise die Eisenbahn benutzt, und daß sich in der Entfernung von 10 Meilen vom Schulorte eine Eisenbahnstation nicht befindet. Es ist vielmehr lediglich Sache des Lehrers, wie er seine Reise nach dem bestimmten Abholungsorte bewerkstelligt, um das Fuhrwerk, das die Gemeinde stellen will, benutzen zu können. Nähert er sich hierbei dem Orte seiner Bestimmung auf eine geringere Entfernung als 10 Meilen, bevor die Gemeinde veranlaßt worden ist, ihre Wahl zu treffen, so kann er auch nur für diese geringere Entfernung seine Abholung mittelst Gemeinde-Fuhrwerkes oder Vergütung der Transportkosten verlangen. Min. Erl. v. 10. XII. 59 (Sch. und v. Br. Bd. I S. 797).

III. Nassauisches Ges. v. 26. III. 62 (Nass. Vd. Bl. S. 81):

§ 6. Den Lehrern soll, im Falle sie nicht um die bestimmte Versetzung nachgesucht haben, die Versetzung auch nicht zur Strafe geschieht, und mit derselben eine dekretmäßige Gehaltsverbesserung von mindestens 100 fl. nicht verbunden ist, ein nach der jeweiligen Entfernung zu berechnender Beitrag zu den Ueberzugskosten bis höchstens 40 fl. aus der Kasse derjenigen Gemeinde bewilligt werden, wohin die Versetzung erfolgt. Den Beitrag bestimmt unsere Landesregierung.

IV. In den übrigen Landestheilen können in Ermangelung desfallsiger gesetzlicher Vorschriften die Gemeinden nicht zwangsweise angehalten werden, die Lehrer bei ihrem Anzuge herbeizuholen oder ihnen die Umzugskosten zu erstatten. Min. Erl. v. 30. V. 65 (Schn. und v. Br. Bd. I S. 798).

Anm. 6. Zu Absatz 4. Artk. III, Abs. 1 des Ges. v. 15. VII. 86 lautet: „Bei Versetzungen im Interesse des Dienstes oder in Vollstreckung einer die Strafversetzung ohne Verlust des Anspruches auf Umzugskosten verhängenden Entscheidung der Disciplinarbehörden ist eine Vergütung für Umzugskosten aus der Staatskasse zu gewähren, unter Wegfall der in den §§ 19 und 20 der Schulordnung für die Elementarschulen der Provinz Preußen vom 11. Dezember 1845 und in den §§ 39 bis 42, Theil II, Tit. 12 L. R.'s bestimmten Anzugs- oder Herbeiholungskosten." Vgl. Min. Erl. v. 7. IV. 97 oben S. 55 ff.

Anm. 7. Zu Absatz 5. Dem § 87 des Disciplinarges. v. 21. VII. 52 (G. S. S. 465) gegenüber war es erforderlich, ausdrücklich auszusprechen, daß der Verlust einer Dienstwohnung nebst Hausgarten oder die Verringerung der Miethsentschädigung bei Versetzungen überhaupt nicht als Verringerung des Diensteinkommens gilt. Eine entsprechende Vorschrift findet sich bereits für unmittelbare Staatsbeamte in § 3 des Ges. v. 12. V. 73 (G. S. S. 209) betreffend die Gewährung von Wohnungsgeldzuschüssen an die unmittelbaren Staatsbeamten. Begr. S. 64.

§ 23. Gnadenquartal.

Hinterläßt ein an einer öffentlichen Volksschule endgültig oder einstweilig angestellter Lehrer eine Wittwe oder eheliche Nachkommen, so gebührt den Hinterbliebenen außer dem Sterbemonate für das auf denselben folgende Vierteljahr noch das volle Diensteinkommen des Verstorbenen als Gnadenquartal.

Der gleiche Anspruch steht den ehelichen Nachkommen einer im Wittwenstande verstorbenen Lehrerin zu.

An wen die Zahlung des Gnadenquartals zu leisten ist, bestimmt die Ortsschulbehörde.

Sind solche Personen, welchen das Gnadenquartal gebührt, nicht vorhanden, so kann die Bezirksregierung, in Berlin das Provinzial-Schulkollegium, nach Anhörung des Schulverbandes anordnen, daß das Diensteinkommen auf die gleiche Zeit an Eltern, Geschwister, Geschwisterkinder oder Pflegekinder des (der) Verstorbenen gezahlt werde, wenn er (sie) ihr Ernährer gewesen ist und sie in Bedürftigkeit hinterläßt, oder daß dasselbe an solche Personen, welche die Kosten der letzten Krankheit oder der Beerdigung bestritten haben, soweit gezahlt werde, als der Nachlaß zu deren Deckung nicht ausreicht.

Die Schulunterhaltungspflichtigen sind zur Gewährung der Gnadenbezüge verpflichtet.

Soweit eine Vertretung im Amte nicht zu ermöglichen ist, kann die Wiederbesetzung der Stelle auch während der Gnadenzeit erfolgen.

Dieser Paragraph giebt in Abs. 1—4 bestehendes Recht wieder, das auf der Kab. O. v. 27. IV. 16 (G. S. S. 134) u. der Kab. O. v. 15. XI. 19 (G. S. 1820 S. 45) beruht, die auch für Lehrer zur Anwendung kommen, falls ihnen nicht durch andere gesetzliche oder statutarische Vorschriften größere Vortheile gewährt werden. Min. Erl. v. 13 V. 67 (C. Bl. U. V. S. 347), und v. 20. I. 82 (C. Bl. U. V. S. 429). Bgr. S. 64, 65. Anm. 1.

Zu Absatz 1. **Auch die aus kirchlichen Quellen fließenden Bezüge** der dauernd mit kirchlichen Aemtern vereinigten Schulstellen **gehören zu den** den Hinterbliebenen eines verstorbenen Inhabers zustehenden **Gnadenbezügen,** weil das Einkommen einer vereinigten Stelle ein einheitliches ist. Der Schulverband, der zur Gewährung der Gnadenbezüge gesetzlich verpflichtet ist, kann also über das volle Stelleneinkommen zu diesem Zwecke verfügen, muß aber andererseits die Kosten der innerhalb der Gnadenzeit erforderlichen Stellvertretung auch für das kirchliche Amt tragen Min. Erl. v. 6. VII. 98 (C. Bl. U. V. S. 593). Anm. 2.

Ebenso, wie das übrige Stelleneinkommen, ist natürlich auch die aus Staatsfonds bewilligte Besoldungsbeihülfe für die Gnadenzeit weiter zu gewähren. Min. Erl. v. 10. XII. 98 (C. Bl. U. V. S. 318).

Zu den **ehelichen Nachkommen** gehören nicht nur die Kinder, sondern auch die Enkel, sofern deren Eltern fortgefallen sind; ingleichen die in der gesetzlich vorgeschriebenen Weise an Kindesstatt angenommenen Adoptivkinder. Anm. 3.

Der Anspruch auf die Gnadenbezüge ist von dem Theilen des Hausstandes des Verstorbenen nicht abhängig. Im Uebrigen ist er ein durch das Gesetz genau bestimmter; er gehört nicht zum Nachlasse des Lehrers und fließt nicht seinen Erben, sondern den im Gesetze benannten Personen kraft Gesetzes zu. Hat z. B. ein kinderlos verstorbener Lehrer testamentarisch eine andere Person, als seine Wittwe, ganz oder theilweise zum Erben eingesetzt, so kommt das Gnadenquartal nichtsdestoweniger lediglich seiner Wittwe zu Gute.

Anm. 4. Zu Absatz 2. **„Einer im Wittwenstande gestorbenen Lehrerin."** Das Gnadenquartal gebührt also auch nicht dem Manne der Lehrerin, der z. B. von ihr getrennt gelebt hatte und nach ihrem Ableben wieder zum Vorscheine kommt.

Anm. 5. Zu Absatz 3. Es wird sich bei der geringen Geschäftskenntniß mancher dieser Behörden empfehlen, besonders darauf aufmerksam zu machen, daß durch diese Bestimmung nicht die Entscheidung darüber, wem das Gnadenquartal gebührt, der Ortsschulbehörde zugewiesen ist, sondern **nur die Bestimmung, zu wessen Händen** aus der Zahl der berechtigten Hinterbliebenen **die Zahlung zweckmäßig zu erfolgen** hat. Es wird dies in der Regel diejenige Person sein, die das Begräbniß besorgt und den Haushalt einstweilen fortführt. Ausf. Best. v. 20. III. 97 Nr. 19.

Anm. 6. Zu Absatz 4. **Das Ges. verlangt nur, daß der Verstorbene thatsächlich der Ernährer gewesen** ist, nicht, daß er den Unterhalt auf Grund einer gesetzlichen oder vertragsmäßigen Pflicht auf sich genommen hatte. War er nicht der einzige Ernährer des Hülfsbedürftigen, so wird die Vergünstigung bei der dem Gesetzgeber im vorliegenden Falle zu unterstellenden milden Absicht immerhin noch gewährt werden können. Auch einer theilweisen Bewilligung des Gnadenquartals steht das Gesetz nicht entgegen. Die zu bedenkenden Personen müssen aber bedürftig sein, also weder selbst ihren Unterhalt verdienen können, noch eigenes Vermögen oder unterhaltungspflichtige Verwandte haben. Bedürftige Großeltern sind den Eltern, Halbgeschwister den Geschwistern gleich zu achten. Stiefgeschwister gehören nicht hierher; Stiefkinder werden nicht selten als Pflegekinder angesehen werden können.

Anm. 7. Zu Absatz 5. Der vorletzte Abs. des § 23 **verpflichtet die Schulunterhaltungspflichtigen zur Gewährung der Gnadenbezüge.** Zur Vermeidung von Zweifeln wird hervorgehoben, daß die Gnadenbezüge an Alterszulage aus der Alterszulagekasse zu bestreiten sind, der demgemäß in Fällen directer Zahlung der Alterszulagen an die Lehrpersonen (§ 8 Abs. 4 und 5 des Ges.) von der Ortsschulbehörde der Name des Empfängers der Gnadenbezüge anzuzeigen ist. Ausf. Best. v. 20. III. 97 Nr. 19.

Anm. 8. Zu Absatz 6. **Die kommissarische Verwaltung bildet die Regel;** über deren Art und Umfang entscheidet die Schulaufsichtsbehörde von Fall zu Fall oder durch Erlaß allgemeiner Anordnungen. Auch über die Verpflichtung der Lehrer zur Uebernahme der Vertretung, über die Zahl der sogenannten Pflichtstunden und über eine etwaige Entschädigung hat die Schulaufsichtsbehörde zu befinden. Allen in Vokationen darüber getroffenen Festsetzungen ist die Bestätigung zu versagen. Min. Erl. v. 27. IV. 86 (C. Bl. U. V. S. 498.)

§ 24. Belassung in der Dienstwohnung.

In dem Genusse der von einem verstorbenen Lehrer (einer Lehrerin) innegehabten Dienstwohnung ist die hinterbliebene Familie, welche mit ihm (ihr) die Wohnung getheilt hat, nach Ablauf des Sterbemonats noch drei fernere Monate zu belassen. Hinterläßt der (die) Verstorbene keine solche Familie, so ist denjenigen, auf welche der Nachlaß übergeht, eine vom Todestage an zu rechnende dreißigtägige Frist zur Räumung der Dienstwohnung zu gewähren.

In jedem Falle muß auf Erfordern der Schulaufsichtsbehörde demjenigen, welcher mit der Verwaltung der Stelle beauftragt wird, ohne Anspruch auf Entschädigung in der Dienstwohnung ein Unterkommen gewährt werden.

Zu Absatz 1. 1. **Ueber den Begriff „Familie“** siehe Anm. 5 S. 56 f. Dieses Recht hat also auch der Mann der Lehrerin, wenn sie verheirathet war (siehe Min. Erl. v. 9. III. 89, U. III a. 10907: Ich bin damit einverstanden, daß bei der Berufung von Lehrerinnen in die Anstellungsurkunden eine Klausel aufgenommen werde, durch die die Anstellung als nur so lange zu Recht bestehend bezeichnet wird, als die Berufenen unverheirathet bleiben). Anm. 1.

2. Einer Wirthschafterin steht der Genuß der Dienstwohnung nicht zu, mag sie eine auch noch so große Vertrauensstellung genossen haben.

3. Die Familie muß die Wohnung des Verstorbenen getheilt, regelmäßig bei ihm gewohnt und sich nicht nur besuchsweise oder in Zeiten besonderen Bedürfnisses bei ihm aufgehalten haben.

Zu Absatz 2. 1. Die **Entscheidung im Falle des § 24 Abs. 2** ist in Städten den Stadtschulbehörden, auf dem Lande den Kreis-Schulinspektoren, geeignetenfalls auch den Ortsschulbehörden von Aufsichtswegen zu übertragen. Die Entscheidung ist nach sorgsamer Prüfung der persönlichen Verhältnisse zu treffen. Ausf. Best. v. 20. III. 97 Nr. 20. Anm. 2.

2. Wird die Verwaltung von benachbarten Lehrern geübt, so ist diesen ein Ablege- oder Vorbereitungsraum pp. zur Verfügung zu stellen. Anm. 3.

§ 25. Rechtsweg bei Streitigkeiten wegen des Diensteinkommens.

Auf die Lehrer und Lehrerinnen an öffentlichen Volksschulen finden die Bestimmungen des ersten Abschnitts des Gesetzes, betreffend die Erweiterung des Rechtsweges, vom 24. Mai 1861 (Gesetzsamml. S. 241) mit folgender Maßgabe Anwendung:

1. die Klage ist gegen die Vertreter des Schulverbandes und, soweit es sich um Zahlungen aus der Alterszulagekasse handelt, zugleich gegen die Bezirksregierung als Verwalterin der Alterszulagekasse zu richten;
2. im Falle des § 2 a. a. O. tritt an die Selle des Verwaltungschefs der Ober-Präsident, in den Hohenzollernschen Landen der Unterrichtsminister;
3. bei der richterlichen Beurtheilung sind die auf Grund dieses Gesetzes erfolgten Festsetzungen über das Diensteinkommen der Stelle, insbesondere über die Höhe des Grundgehalts und der Dienstalterszulage, über Dienstwohnung oder Miethsentschädigungen, über Dienstland, über Naturalleistungen, sowie über die Anrechnung von Dienstbezügen auf das Grundgehalt zu Grunde zu legen.

§ 25 ändert im Allgemeinen nichts an dem bestehenden Rechte. Er ist in das Gesetz aufgenommen, um für den Fall der Klage gegen Alterszulagen die Passivlegitimation zu regeln. Anm. 1.

Anm. 2. **Der erste Abschn. des Ges. v. 24. V. 61 lautet:**

In Beziehung auf die Ansprüche der Staatsbeamten wegen ihrer Diensteinkünfte.

§ 1. Ueber vermögensrechtliche Ansprüche der Staatsbeamten aus ihrem Dienstverhältniß, insbesondere über Ansprüche auf Besoldung, Pension oder Wartegeld, findet mit folgenden Maßgaben der Rechtsweg statt.

§ 2. Die Entscheidung des Verwaltungschefs[1]) muß mit Ausnahme des Falles, wo ein Beamter durch eine von der Ober-Rechnungskammer getroffene Festsetzung verkürzt zu sein glaubt, der Klage vorhergehen, und letztere sodann bei Verlust des Klagerechts innerhalb sechs Monaten, nachdem dem Beamten die Entscheidung des Verwaltungschefs oder die Festsetzung der Ober-Rechnungskammer bekannt gemacht worden, angebracht werden.

§ 3. Die Klage ist gegen diejenige Provinzialbehörde des betreffenden Verwaltungsressorts und in Ermangelung einer solchen, sowie Seitens der Justizbeamten im Bezirke de Appellationsgerichtshofes zu Cöln[2]) gegen [diejenige Bezirksregierung] denjenigen Regierungspräsidenten zu richten, in deren Amtsbezirk der Beamte zu der Zeit, wo der streitige Anspruch entstanden ist, vermöge seines ienstlichen Wohnsitzes seinen persönlichen Gerichtsstand gehabt hat. Der Statbezirk von Berlin wird in dieser Beziehung zum Bezirk der Regierung zu Ptsdam gerechnet

Für Prozesse von Beamten in den Hohenzollernschen Landen ist [die Regierung] der Regierungspräsident in Sigmaringen zur Vertretung des Fiskus befugt.

§ 4. [Das Rechtsmittel der Appellation und der Nichtigkeitsbeschwerde beziehungsweise der Kassationsrekurs, steht beiden Theilen auch dann zu, wenn der Betrag der streitigen Forderung die für jene Rechtsmittel sonst vorgeschriebene Summe nicht erricht.][3])

§ 5. Die Entscheidungen der Disciplinar- und Verwaltungsbehörden darüber, ob und von welchem Zeitpunkt ab ein Beamter aus seinem Amte zu entfernen, einstweilen oder definitiv in den Ruhestand zu versetzen oder zu suspendiren sei, über die Verhängung von Ordnungsstrafen, sowie darüber, ob und wie weit eine geforderte Vergütigung in Ermangelung eines vorher bestimmten Betrages oder Maßstabes derselben mit der betreffenden Leistung im Verhältniß stehe, sind für die Beurtheilung der vor den Gerichten geltend gemachten vermögensrechtlichen Ansprüche maßgebend.

---

[1]) D. i. diejenige Verfügung, durch die dieser Vorgesetzte einen definitiven Ausspruch über den Gegenstand gethan hat, nicht erst diejenige, durch die von ihm über eine, gegen die erlassene Festsetzung erhobene Beschwerde des Beamten ein Bescheid ergangen ist, so daß die 6monatliche Frist schon mit dem ersten Zeitpunkte ihren Anfang nimmt. E. O. Trib. v. 21. V. 69 (E. B. LI. S. 36).

[2]) Abgeändert durch Ausf. Ges. v. 24. IV. 78 (G. S S. 230): „Die Vertretung des Fiskus in bürgerlichen Rechtsstreitigkeiten, welche Angelegenheiten der Justizverwaltung betreffen, erfolgt durch die Bezirksregierung, in der Provinz Hannover die Finanzdirection"; jetzt überall den Regierungspräsidenten.

[3]) Beseitigt. Der Instanzenzug richtet sich nach der Civ. Pr. Ordn., doch sind gemäß § 70 des Ger. Verf. Ges. v. 27. I. 77 (R. G. Bl. S. 41) und § 39 des Ausf. Ges. v. 24. IV. 78 (G. S. S. 230) dazu bei Ansprüchen von Beamten aus ihrem Dienstverhältnisse die Landgerichte ohne Rücksicht auf den Werth des Streitgegenstandes zuständig.

§ 6. Ingleichen sind bei der richterlichen Beurtheilung nächst den, dem Beamten besonders ertheilten Zusicherungen und den Bestimmungen der allgemeinen Landesgesetze, die zur Zeit der Entstehung des streitigen Anspruchs in Kraft gewesenen Königlichen Anordnungen, sowie die Seitens der Centralbehörden ergangenen, den Provinzialbehörden mitgetheilten und die mit Genehmigung der Centralbehörden von den Provinzialbehörden erlassenen allgemeinen Verfügungen, soweit solche nicht den Gesetzen oder Königlichen Anordnungen zuwiderlaufen, zum Grunde zu legen.

§ 7. Soweit über vermögensrechtliche Ansprüche der Staatsbeamten bereits vor dem Eintritt der Gesetzeskraft des § 1 von dem Könige oder dem Staatsministerium entschieden worden ist, können dieselben bei den Gerichten nicht weiter verfolgt werden.

§ 8. Alle den §§ 1 bis 7 entgegenstehenden Bestimmungen sind aufgehoben.

§ 26. Streitigkeiten bei Auseinandersetzungen.

Bei Streitigkeiten zwischen dem abgehenden Lehrer (der Lehrerin) oder den Erben des verstorbenen Lehrers (der Lehrerin) und dem anziehenden Lehrer (der Lehrerin) oder dem Schulverbande über die Auseinandersetzung wegen der Landnutzung, der Naturalleistungen, der Dienstwohnung einschließlich des Hausgartens oder des baaren Diensteinkommens trifft die Bezirksregierung, in Berlin das Provinzial-Schulkollegium, vorbehaltlich des Rechtsweges eine im Verwaltungswege vollstreckbare einstweilige Entscheidung.

Bei Versetzungen kann dieselbe anordnen, daß die von dem Lehrer (der Lehrerin) zuviel erhobenen Beträge für Rechnung desselben (derselben) den Schulunterhaltungspflichtigen unmittelbar aus denjenigen Bezügen erstattet werden, welche der Lehrer (die Lehrerin) in der neuen Schulstelle zu empfangen hat.

Die Bezirksregierung, in Berlin das Provinzial-Schulkollegium, ist befugt, die Entscheidung allgemein den ihr nachgeordneten Behörden zu übertragen.

Zu Absatz 1. 1. **Die im Abs. 1 vorgesehene Entscheidung** soll Streitigkeiten, wie sie erfahrungsmäßig bei Auseinandersetzungen oft vorkommen, wenn nicht vermeiden, so doch wenigstens abkürzen. Anm 1.

2. Die Entscheidungen werden sich zumeist auf Landschulen beziehen und hier zweckmäßig in die Hand des Landraths zu legen sein. Ausf. Best. v. 20. III. 97 Nr. 21.

§ 27. Leistungen des Staates.

I. Aus der Staatskasse wird ein jährlicher Beitrag zu dem Diensteinkommen der Lehrer und Lehrerinnen und, soweit er hierzu nicht erforderlich ist, zur Deckung der Kosten für andere Bedürfnisse des betreffenden Schulverbandes an die Kasse desselben gezahlt.

Der Betrag wird so berechnet, daß für die Stelle eines alleinstehenden sowie eines ersten Lehrers 500 M., eines anderen Lehrers 300 M., einer Lehrerin 150 M. jährlich gezahlt werden. Bei der Berechnung kommen nur Stellen für vollbeschäftigte Lehrkräfte in Betracht. Darüber, ob eine Lehrkraft vollbeschäftigt ist, entscheidet ausschließlich die Schulaufsichtsbehörde.

Außer Betracht bleiben neu errichtete Stellen, bis dieselben durch eine besondere Lehrkraft versehen werden.

Das Recht auf den Bezug des Staatsbeitrages ruht, so lange und so weit durch dessen Zahlung eine Erleichterung der nach öffentlichem Recht zur Schulunterhaltung Verpflichteten mit Rücksicht auf vorhandenes Schulvermögen oder auf Verpflichtungen Dritter aus besonderen Rechtstiteln nicht würde bewirkt werden.

II. Der Staatsbeitrag wird bis zur Höchstzahl von 25 Schulstellen für jede politische Gemeinde gewährt.

Sind für die Einwohner einer politischen Gemeinde mehr als 25 Schulstellen vorhanden, so wird der Staatsbeitrag innerhalb der Gesammtzahl von 25 Stellen für so viele erste Lehrerstellen, andere Lehrerstellen und Lehrerinnenstellen gewährt, als dem Verhältniß der Gesammtzahl dieser Stellen untereinander entspricht. Bruchtheile werden bei denjenigen Schulstellen, für welche der höhere Staatsbeitrag zu zahlen ist, ausgeglichen.

Wo die Grenzen der politischen Gemeinde sich mit denen des Schulverbandes nicht decken, dergestalt, daß der Schulverband aus mehreren politischen Gemeinden oder Theilen von solchen besteht und für die Einwohner einer dieser politischen Gemeinden mehr als 25 Stellen vorhanden sind, wird durch Beschluß der Schulaufsichtsbehörde nach Anhörung der Betheiligten mit Rücksicht auf die Zahl der Einwohner des Schulverbandes und der Schulkinder, welche den einzelnen politischen Gemeinden angehören, sowie mit Rücksicht auf die Einrichtung der Schule festgesetzt, wie viele ganze der im Schulverbande bestehenden (ersten, anderen Lehrer-, Lehrerinnen-) Stellen auf jede zum Schulverbande gehörende politische Gemeinde oder Theile von Gemeinden zu rechnen sind, für wie viele Stellen demgemäß an den Schulverband der Staatsbeitrag zu zahlen ist. Der Beschluß ist den betheiligten Schulverbänden zuzustellen. Denselben steht binnen vier Wochen nach der Zustellung die Beschwerde an den Ober-Präsidenten (in den Hohenzollernschen Landen an den Unterrichtsminister) zu, welcher endgültig entscheidet. Bei einer erheblichen Aenderung der Verhältnisse kann eine neue Berechnung von den betheiligten Schulverbänden beantragt oder von der Schulaufsichtsbehörde von Amtswegen beschlossen werden.

Gehören die Einwohner einer politischen Gemeinde verschiedenen Schulverbänden an, so werden die für die politische Gemeinde zu berechnenden Staatsbeiträge für erste, andere Lehrer- und Lehrerinnenstellen auf die einzelnen Schulverbände durch die Schulaufsichtsbehörde nach dem Verhältniß derjenigen Staatsbeiträge vertheilt, welche den Schulverbänden bei Gewährung der Staatsbeiträge für sämmtliche Schulstellen zu zahlen sein würden.

Die in diesen Vorschriften angeordnete Festsetzung und Vertheilung bleibt bis zum Schluß desjenigen Rechnungsjahres maßgebend, in welchem eine neue getroffen ist.

Auf Beschwerden entscheidet der Ober-Präsident (in den Hohenzollernschen Landen der Unterrichtsminister) endgültig.

III. In Schulverbänden, in denen der Staatsbeitrag für alle Schulstellen gezahlt wird, ist er für einstweilig angestellte Lehrer und für Lehrer, welche noch nicht 4 Jahre im öffentlichen Schuldienst gestanden haben, um 100 M. jährlich zu kürzen.

IV. Für diejenigen Lehrerstellen, für welche der Staat den Besoldungsbeitrag (Nr. 1) an den Schulverband gewährt, wird aus der Staatskasse ein jährlicher Zuschuß von 184 M. an die Alterszulagekasse des betreffenden Bezirks gezahlt und dem Schulverbande auf seinen Beitrag zur Kasse angerechnet.

In dem Falle der Nr. II Abs. 4 erfolgt die Zahlung und Anrechnung für die einzelnen Schulverbände nach dem Verhältniß der ihnen zu gewährenden Besoldungsbeiträge.

In Berlin wird der staatliche Zuschuß zu den Alterszulagen an die Schulkasse gezahlt.

V. Wenn innerhalb mehrerer Gemeinden die Grenzen geändert werden, so wird derjenige Betrag, um welchen sich nach den vorstehenden Bestimmungen der für sämmtliche betheiligte Gemeinden zu gewährende Staatsbeitrag verringern würde, auch fernerhin fortgezahlt. In dem Auseinandersetzungsverfahren, welches sich an die Abänderung der Gemeindegrenzen knüpft, wird auch darüber verfügt, an wen im Sinne der vorstehenden Bestimmungen diese Fortzahlung zu leisten ist.

VI. Denjenigen politischen Gemeinden, denen nach den Bestimmungen zu I, II und IV am 1. April 1897 geringere Zahlungen aus der Staatskasse zu leisten sind, als ihnen nach den Vorschriften der Gesetze v. 14. Juni 1888 und 31. März 1889 (Gesetz-Sammlung S. 240 und 64) zustehen würden, wird der Ausfall durch Gewährung eines dauernden Zuschusses aus der Staatskasse insoweit ersetzt, wie dieser Ausfall den Betrag von zwei vom Hundert des Veranlagungssolls übersteigt, welches der Gemeindebesteuerung der Einkommen von mehr als 900 M. jährlich für das Jahr 1. April 1897/98 bei Anwendung der Vorschriften des Kommunalabgabengesetzes vom 14. Juli 1893 (Gesetz-Samml. S. 152) zu Grunde zu legen ist.

Gehören die Einwohner einer dieser politischen Gemeinden verschiedenen Schulverbänden an, so finden die Vorschriften des Abs. 1 mit der Maßgabe Anwendung, daß der Staatszuschuß, welcher danach der politischen Gemeinde zustände, wenn die öffentlichen Volksschulen in derselben als Gemeindeanstalten unterhalten würden, auf die einzelnen Schulverbände nach dem Verhältniß des für letztere entstandenen Ausfalls an bisher zahlbar gewesenen Staatsbeiträgen vertheilt wird.

Zur Abrundung der nach Abs. 1 und 2 zu gewährenden festen Zuschüsse sowie zur weiteren Gewährung solcher Zuschüsse an diejenigen unter den oben gedachten politischen Gemeinden und Schulverbänden, deren Steuerkraft im Vergleich mit den Volksschul- und Kommunallasten ihrer Mitglieder verhältnißmäßig gering ist, wird ein Betrag von 250000 M. verwandt.

Die Festsetzung der Staatszuschüsse für die einzelnen betheiligten politischen Gemeinden und Schulverbände erfolgt durch Königliche Verordnung.

VII. Soweit in einem Jahre der für die Gewährung des Mindestsatzes der Alterszulagen erforderliche Bedarf hinter dem Staatszuschuß zurückbleibt, ist der Staatszuschuß entsprechend zu kürzen. Der Ueberschuß ist zur Unterstützung solcher Alterszulagekassen zu verwenden, in denen der Bedarf für die Gewährung des Mindestsatzes durch den Staatszuschuß nicht gedeckt wird. Soweit der Ueberschuß nicht hierzu Verwendung zu finden hat, ist er zur Unterstützung von leistungsunfähigen Schulverbänden bei Elementarschulbauten in den Staatshaushalts-Etats einzustellen.

VIII. Die Staatsbeiträge sind vierteljährlich im voraus zu zahlen, soweit sie nicht gegen die von den Schulverbänden zu entrichtenden Alterszulage- und Ruhegehaltskassenbeiträge (§ 11 des Gesetzes vom 23. Juli 1893, Gesetz-Samml. S. 194) aufgerechnet werden.

Die den Lehrern und Lehrerinnen an öffentlichen Volksschulen aus Staatsfonds gewährten Alterszulagen kommen in Fortfall.

Anm. 1. Zu I Absatz 1. 1. Wie zu Nr. 3 der Ausf. Best. am Schlusse (oben S. 28 Anm. 4) schon besonders hervorgehoben, **kennt das Ges. minderbesoldete Stellen** für Hülfslehrer, Hülfslehrerinnen, Adjuvanten, Unterlehrer, Nebenlehrer, Präparanden, Provisoren 2c. **nicht.** Wo solche Stellen noch bestehen, werden sie kraft Ges. ordentliche Lehrer- und Lehrerinnenstellen, und sind bei Ausführung des Ges. sowohl hinsichtlich der Regelung des Diensteinkommens wie hinsichtlich der Leistungen des Staates den übrigen Schulstellen gleich zu behandeln. Ausf. Best. v. 20. III. 97 Nr. 22 zu Nr. I.

2. Betreffs der **Verrechnung der Staatsbeiträge** zu dem Diensteinkommen der Lehrer und Lehrerinnen traf der § 2 des Ges. v. 14. VI. 88, betreffend die Erleichterung der Volksschullasten, beschränkende Bestimmungen, die in der Praxis zu vielen Zweifeln Anlaß gegeben und sich nicht bewährt haben. Unter Aufhebung dieser Vorschrift bestimmt demgemäß § 27 Abs. 1 hinsichtlich der Verrechnung des Staatsbeitrages zu dem Diensteinkommen der Lehrer und Lehrerinnen nur, daß er zu dem vorbezeichneten Diensteinkommen und, soweit er hierzu nicht erforderlich ist, zur Deckung der Kosten für andere Bedürfnisse des betreffenden Schulverbandes zu zahlen ist. Letztere Vorschrift erweitert zugleich die Beitragspflicht des Staates zu Gunsten der Schulverbände, insofern sie die Verrechnung auf alle sächlichen Ausgaben, einschließlich von Baukosten, gestattet.

Für diejenigen Fälle, in denen der Staatsbeitrag aus dem Ges. v. 31. III. 89 wegen der beschränkenden Vorschrift des § 2 des Ges. v. 14. VI. 88 nicht voll zur Anweisung gelangte, soll neugeprüft werden, ob nicht nunmehr in voller Höhe Zahlung zu leisten ist.

3. Auf die abändernde Vorschrift wegen der Reihenfolge der Verrechnung des Staatsbeitrages auf die einzelnen Leistungen der Schulunterhaltungspflichtigen sind diese besonders hinzuweisen. Ausf. Best. v. 20. III. 97 Nr. 22 zu Nr. I.

Anm. 2. 4. Die aus Staatsmitteln im Voraus zahlbaren Beiträge werden ebenso, wie die aus Kap. 121 Tit. 34, 34a und 36 des Etats bewilligten widerruflichen Beihülfen, wenn der Fälligkeitstermin auf einen Sonn-

oder Festtag fällt, schon am letztvorhergehenden Werktage gezahlt. Min. Erl. v. 26. II. 98 (C. Bl. U. V. S. 320).

5. **Die Kasse, aus der die Lehrerbesoldung bestritten wird,** ist da, wo die Unterhaltung der Schule eine Gemeindelast ist, die Gemeindekasse, in den übrigen Fällen in der Regel die Schulkasse, insbesondere in den Fällen, in denen entweder die Schulunterhaltung nicht auf dem Kommunalprinzip beruht, die Volksschulen vielmehr Anstalten besonderer außer den bürgerlichen Gemeinden bestehender Schulgemeinden (Schulsozietäten, Schulkommunen, Schulverbände u. s. w.) und von letzteren zu unterhalten sind, oder in denen die Unterhaltung der Schule nicht einer einzelnen, sondern einer Mehrzahl von bürgerlichen Gemeinden oder Gutsbezirken, bezw. neben einer oder mehreren bürgerlichen Gemeinden einer oder mehreren Gutsherrschaften, Grundherrschaften u. s. w. obliegt. Anm. 3.

Zu I Absatz 2. 1. **Unter der Stelle eines alleinstehenden Lehrers** ist in der Regel eine Lehrerstelle zu verstehen, die die einzige an einer der Erfüllung der allgemeinen Schulpflicht dienenden, durch das örtliche Bedürfniß gebotenen, nach den örtlichen Verhältnissen ausgestatteten, besonderen Schule ist, für die der Lehrplan und das Lehrziel einer einklassigen Volksschule maßgebend sind, und die dauernd mit einem ordentlichen Lehrer zu besetzen ist. Min. Erl. v. 30. IV. 89 (C. Bl. U V. S. 542). Anm. 4.

2. An jeder Schule kann aber **nur ein erster ordentlicher Lehrer** angestellt sein. Sind daher einem Rektor mehrere Schulen unterstellt, an denen er auch unterrichtet, so können, falls er als erster Lehrer gelten soll, die übrigen ordentlichen Lehrerstellen an diesen Schulen nur als zweite u. s. w. angesehen werden. Nur wenn der Rektor ausschließlich an einer Schule planmäßig zu unterrichten hat, ändert seine Aufsicht über die anderen daran nichts, daß auch hier erste Stellen bestehen. Min.-Erl. v. 3. XI. 91 (C. Bl. U. V. 1892 S. 433).

3. Vereinbarungen, daß ein anderer Lehrer dem ersten ordentlichen Lehrer gleichstehen solle, erzeugen dem Staate gegenüber keine Rechte. Der Begriff Hauptlehrer ist dem Gesetze fremd. E. O. V. G. v. 11. II. 96 (Pr. V. Bl. Bd XVIII S. 19).

4. Dagegen sind die Staatsbeiträge von 500 Mk. beim Vorhandensein mehrerer Volksschulen mit mehreren Lehrer- oder Lehrerinnenstellen in demselben Schulverbande für die erste Lehrerstelle jeder dieser Schulen zu zahlen. Die Bezeichnung einer Schule als Filialschule berechtigt nicht dazu, die Stelle des an ihr angestellten Lehrers als „zweite" Lehrerstelle zu behandeln. Min.-Erl. v. 28. VIII. 83, 23. I. und 9. V. 89 (C. Bl. U. V. 1889 S. 443, 450, 465).

5. In größeren Orten bestehen zuweilen neben den öffentlichen Volksschulen Schulanstalten für solche schwachsinnigen Kinder, die zwar nicht so hülflos sind, daß sie in Internaten untergebracht werden müssen, die aber doch für das Leben und die Arbeit in der Volksschule als ungeeignet erscheinen. Sofern in diesen Anstalten nach einem besonderen Lehrplane unterrichtet wird, unterliegt es keinem Bedenken, für die ersten Lehrerstellen an diesen Schulen oder Hülfsklassen den Staatsbeitrag von 500 Mk. zu gewähren. Min.-Erl. v. 16. VI. 96 (C. Bl. U. V. S. 591).

6. Die Vorschrift, daß **darüber, ob eine Lehrkraft voll beschäftigt ist oder nicht,** ausschließlich die Schulaufsichtsbehörde zu entscheiden hat, beruht auf denselben Erwägungen, wie die analoge Vorschrift des zweiten Abs. des § 5 des Ges. v. 27. III. 72 (G. S. S. 268), betreffend die Pensionirung der unmittelbaren Staatsbeamten, welche also lautet: „Darüber, ob eine Dienststellung eine solche ist, daß sie die Zeit und Kräfte eines Be- Anm. 5.

amten nur nebenbei in Anspruch nimmt, entscheidet mit Ausschluß des Rechtsweges die dem Beamten vorgesetzte Dienstbehörde."

7. **Technische Lehrkräfte** können bei Berechnung des Staatsbeitrages nur dann in Betracht kommen, wenn sie als vollbeschäftigte anzusehen sind. Dies ist bei einer Handarbeitslehrerin, die in der Woche 12 Stunden beschäftigt wird, nicht der Fall. Min. Erl. v. 18. II. 90 (C. Bl. U. V. S. 302).

Anm. 6. 8. Werden **ordentliche Lehrerstellen in ordentliche Lehrerinnenstellen** verwandelt, so ist von der Umwandlung ab für sie nur der Staatsbeitrag von 150 M. zu zahlen. Min. Erl. v. 8. I. 89 (C. Bl. U. V. S. 273).

9. Im Uebrigen ist für die Bemessung der Staatsbeiträge der Charakter der Stelle als Lehrer- oder Lehrerinstelle, nicht die zeitweise Verwaltung durch einen Lehrer oder eine Lehrerin entscheidend. Min. Erl. v. 25. III. 99 (C. Bl. U. V. S. 453).

Anm. 7. Zu I Absatz 4. 1. **Das Theilnahmerecht sämmtlicher nach öffentlichem Rechte Schulunterhaltungspflichtigen** je nach dem Verhältnisse der von ihnen zu tragenden Last wird aber dadurch nicht beeinflußt, daß die Pflichtigen aus eigener Kraft die Last zu tragen nicht im Stande sind und schon bisher wegen Unzulänglichkeit ihrer Leistungsfähigkeit einen Staatszuschuß erhalten haben. Was sie mit diesem Staatszuschusse geleistet haben, bildete nur einen Theil ihrer eigenen Aufwendungen. E. O. V. G. v. 17. X. 91 (Bd. XXII S. 151).

2. Besondere vertragsmäßige Leistungen, die durch Aufnahme in das Lehrer-Einkommensverzeichniß und durch Bestätigung der Schulaufsichtsbehörde als Inhalt der Ortsverfassung öffentlich-rechtlichen Charakter erhalten haben, sind bei Vertheilung der Staatsbeiträge zu berücksichtigen. E. O. V. G. v. 15. II. 93 (C. Bl. U. V. S. 540).

Anm. 8. **Zu Nr. II bis VII enthalten die Ausf. Best. v. 20. III. 97 in Nr. 22 folgende Erläuterungen:**

Zu Nr. II.

Der § 27 Nr. II beschränkt die Zahlung der Staatsbeiträge auf eine Höchstzahl von 25 Stellen für jede politische Gemeinde.

Besondere Bestimmungen sind aufgenommen unter Abs. 2 für den Fall, daß in einer politischen Gemeinde, die einen einzigen Schulverband bildet, zusammen mehr als 25 erste, ordentliche Lehrer- und Lehrerinnenstellen vorhanden sind, unter Abs. 4 für den Fall, daß in einer politischen Gemeinde mit mehr als 25 Stellen mehrere Schulverbände vorhanden sind, deren Grenzen aber nicht über die der politischen Gemeinde hinausgehen.

Das Verfahren in Fällen dieser Art wird durch nachfolgende in der Begründung des Ges. gegebene zwei Beispiele erläutert:

1. In der Gemeinde **A** sind vorhanden:

3 Stellen für erste Lehrer,
23 " " ordentliche Lehrer und
4 " " " Lehrerinnen,

zusammen 30 Stellen.

Der Staatsbeitrag wird gezahlt

für $\frac{3 \cdot 25}{30}$ Stellen für erste Lehrer $= 2^{15}/_{30}$,

" $\frac{23 \cdot 25}{30}$ " " ordentliche Lehrer $= 19^{5}/_{30}$, und

" $\frac{4 \cdot 25}{30}$ " " " Lehrerinnen $= 3^{10}/_{30}$.

Da Bruchtheile bei denjenigen Schulstellen auszugleichen sind, für die der höhere Staatsbeitrag zu zahlen ist, erhält der Schulverband
den Staatsbeitrag für 3 Stellen für erste Lehrer,
" " " 19 " " ordentliche Lehrer und
" " " 3 " " Lehrerinnen

In diesem Beispiel bilden die Bruchtheile zusammen ein Ganzes. Läge ein Fall so, daß die Bruchtheile zwei Ganze bilden, so wäre in Ausgleichung der Brüche den Stellen für erste Lehrer und den Stellen für ordentliche Lehrer je eine Stelle zuzurechnen.

2. In der Gemeinde A sind 2 Schulsozietäten. Die vorangeführten Lehrerstellen vertheilen sich auf sie dergestalt, daß
der Schulverband I 2 erste Lehrer, 13 ordentliche Lehrer und 3 Lehrerinnen,
" " II 1 ersten Lehrer, 10 ordentliche Lehrer und 1 Lehrerin hat.

Würden die Staatsbeiträge für alle Stellen gezahlt, so würde

I.		II.	
2 × 500 =	1000	1 × 500 =	500
13 × 300 =	3900	10 × 300 =	3000
3 × 150 =	450	1 × 150 =	150
zusammen =	5350 M.	zusammen =	3650 Mk.

zusammen 9000 M.

erhalten.

Sie erhalten aber zusammen nur

3 × 500 = 1500
19 × 300 = 5700
3 × 150 = 450
zusammen 7650 Mk.

Nach der Vorschrift des Gesetzes entfallen auf

I. $\left(\frac{7650}{9000}\right) \cdot 5350 = 4547{,}50$

II. $\left(\frac{7650}{9000}\right) \cdot 3650 = 3102{,}50$

zusammen 7650,00 M.

In gleicher Weise werden die staatlichen Zuschüsse zur Alterszulagekasse vertheilt. (Nr. IV.)[1])

Nr. II Abs. 3 behandelt die unter sich sehr verschiedenen Fälle, in denen ein Schulverband (Gemeinde, Sozietät) sich über mehrere Gemeinden oder Gemeindetheile erstreckt.

In den weitaus meisten dieser Fälle wird aber die Zahl der Schulstellen hinter der Höchstzahl von 15, für die die Staatsbeiträge und Zuschüsse voll gezahlt werden, zurückbleiben, so daß es einer Anwendung der hier getroffenen Vorschriften nur sehr selten bedürfen wird und diese Bestimmungen für die Durchführung des Ges. kaum in Betracht kommen.

In solchen Ausnahmefällen, wo Gemeinden mit mehr als 15 Schulstellen betheiligt sind, soll die Schulaufsichtsbehörde festsetzen, wieviel der im Schul-

[1]) Die Berechnung der auf Grund des § 27 II Abs. 2 zu gewährenden Staatsbeiträge ist jedes Jahr zu prüfen und nöthigenfalls zu berichtigen. Die Vorschrift des § 27 II vorletzter Abs. findet nur bei denjenigen Schulverbänden Anwendung, deren Grenzen sich mit denen einer politischen Gemeinde nicht decken. Die Berechnung der Staatsbeiträge für diese Schulverbände ist daher nur bei einer erheblichen Veränderung der Verhältnisse zu ändern. Min. Erl. v. 30. VI. 99. (C. Bl. U. V. S. 668).

verband vorhandenen Stellen erster Lehrer, anderer ordentlicher Lehrer und Lehrerinnen auf jede der betheiligten Gemeinden und jeden Gemeindetheil zu rechnen sind.

Für die Festsetzung sind nur allgemeine Gesichtspunkte (Zahl der Einwohner, Schulkinder, Einrichtung der Schule), für das Verfahren bestimmte Vorschriften gegeben über die Anhörung der Betheiligten, Zustellung des Festsetzungsbeschlusses und Einlegung der Beschwerde gegen ihn, über die der Oberpräsident entgültig entscheidet.

Die einzelnen Fälle sollen einerseits thunlichst individuell behandelt, andererseits muß durch ein festgeordnetes Verfahren die Möglichkeit gegeben werden, in allen Fällen schnell zu einem bestimmten Ergebnisse zu kommen. Ist festgestellt, wieviel Stellen der vorerwähnten Kategorien auf jede politische Gemeinde entfallen, so kann die weitere Berechnung und event. Vertheilung der Staatsbeiträge nach II Abs. 2 und 4 keine Schwierigkeit bieten. Ergeben sich in diesem Punkte für einen Bezirk Bedenken, so ist wegen Erlasses näherer Ausführungsbestimmungen an den Unterrichtsminister zu berichten.

Zu Nr. III.

Die hier vorgesehene Kürzung steht im Zusammenhange mit der Bestimmung des § 3 des Ges., nach der das Diensteinkommen solcher Lehrer ein geringeres ist.[1])

Um jedoch leistungsschwache Gemeinden vor einer Ueberbürdung mit Schulabgaben aus Anlaß dieser gesetzlichen Kürzung des Staatsbeitrags zu schützen, wird zur Unterstützung solcher Gemeinden durch den Staatshaushalt auf die Bereitstellung von Mitteln zu ihrer Unterstützung Bedacht genommen werden, wegen deren Verwendung demnächst weitere Bestimmung seitens des mitunterzeichneten Unterrichtsministers getroffen werden wird.

Zu Nr. IV.

ist auf die allgemeinen Bestimmungen zu verweisen, die wegen Bildung der Alterszulagekassen und allmählicher Uebernahme der Alterszulagekassen auf diese Kassen mit der fortschreitenden Neuregelung der Besoldungen gegeben sind.

Zu Nr. VI.

die einen Ausgleich zu Gunsten derjenigen politischen Gemeinden vorsieht, denen gegenüber die Leistungen des Staates im Vergleiche zu dem seitherigen Rechtszustande gekürzt werden, bleibt besondere Verfügung vorbehalten.[2])

Zu Nr. VII.

Nach den von den Regierungen vorgelegten Uebersichten darf erwartet werden, daß im Durchschnitte für den gesammten Staat der für die Gewährung des Mindestsatzes der Alterszulagen erforderliche Bedarf zur Zeit einen Beitrag von 337 M. jährlich für Lehrerstellen und von 184 M. jährlich für Lehrerinnenstellen nicht übersteigen und daß es danach möglich sein wird, für Mehrausgaben in einzelnen Bezirken gemäß der Vorschrift des § 27 Nr. VII in ausreichendem Maaße Staatsunterstützungen aus den Ersparnissen zu gewähren, die in anderen Bezirken eintreten. Sollten diese Ersparnisse nicht ausreichen, so wird leistungsunfähigen Schulverbänden zur Deckung der sie treffenden Mehrausgabe aus Kapitel 121, Titel 34, zu Hülfe zu kommen sein.

Ueber die Form der Rechnungslegung über Zahlungen aus den Fonds Kap. 121, Tit. 32—37, 39, 40 des Staatshaushaltsetats vgl. Min. Erl. v. 1. XII. 98 (C. Bl. U. V. 1899 S. 298) und zu Kap. 121 Tit 32 Min.

---

[1]) Gemäß Min. Erl. v. 25. III. 99 (C. Bl. U. V. S. 552) finden die Vorschriften über die Kürzung auch auf einstmalig angestellte, bezw. noch nicht 4 Jahre im öffentlichen Schuldienste thätige Rektoren, ohne Rücksicht auf ihr Lebensalter Anwendung.

[2]) Diese ist in der Vd. v. 8. VIII. 98 (G. S. S. 298), durch die für die namentlich aufgeführten benachtheiligten Schulverbände jährliche feste Staatszuschüsse festgestellt werden, ergangen.

Erl. v. 10. IV. 99 (C. Bl. U. V. S. 454). Auch die aus Kap. 121 Tit. 33 im Voraus zahlbaren Zuschüsse dürfen, wenn der Fälligkeitstermin auf einen Sonn- oder Festtag fällt, schon am letztvorhergehenden Werktage gezahlt werden. Min. Erl. v. 11. IV. 99 (C Bl. U. V. S. 504).

Zu § 27 III hat ein Min. Erl. v. 1. III. 98 (C. Bl. U. V. S. 321) in Erwägung der Frage, ob die daselbst vorgesehene Kürzung des Staatsbeitrages nur bei Besetzung der Stelle mit einem einstweilig angestellten Lehrer und einem solchen Lehrer, der noch nicht vier Jahre im öffentlichen Schuldienste gestanden hat, oder auch bei kommissarischer Verwaltung einer Stelle stattzufinden habe, Folgendes bestimmt: In letzterer Beziehung sind folgende Fälle zu unterscheiden:

I. Die Stelle ist durch Tod, Pensionirung, Versetzung oder Dienstentlassung des bisherigen Inhabers erledigt und wird bis zur anderweiten Besetzung kommissarisch verwaltet:

a) durch einen zu diesem Zwecke besonders entsandten, auf einer anderen Stelle bereits endgültig angestellten und länger als vier Jahre im öffentlichen Schuldienste thätigen Lehrer,

b) durch einen jüngeren, noch nicht vier Jahre im öffentlichen Schuldienste thätigen Lehrer,

c) durch benachbarte Lehrer.

II. Die Stelle ist zwar durch Tod des bisherigen Inhabers erledigt, die Hinterbliebenen befinden sich aber noch im Genusse des Stelleneinkommens.

III. Die Stelle ist nicht erledigt und wird nur deshalb kommissarisch verwaltet, weil der Inhaber erkrankt oder aus einem anderen Grunde unter Fortbezug des Stelleneinkommens beurlaubt ist.

In den Fällen zu Ia, II und III ist der Staatsbeitrag selbstverständlich in voller Höhe weiter zu gewähren, sofern er in den Fällen zu II und III überhaupt voll zur Zahlung angewiesen ist. In den Fällen zu Ib ist der Staatsbeitrag dagegen um jährlich 100 Mk. zu kürzen, da in solchen Fällen die Leistungen des Schulverbandes für das Lehrereinkommen zweifellos geringer sein werden, als bei Besetzung der Stelle mit einem endgültig angestellten und länger als vier Jahre im öffentlichen Schuldienste thätigen Lehrer, und für die Aufnahme der Vorschrift des § 27 Ziff. III in das Lehrerbesoldungsges. die Auffassung leitend gewesen ist, den Schulverbänden bei geringeren Leistungen für die Lehrerbesoldung auch einen geringeren Staatsbeitrag zu gewähren.

Was die Fälle unter Ic anbelangt, in denen eine erledigte Stelle durch mehrere benachbarte Lehrer mit versehen wird, so findet, wenn sich unter ihnen auch nur ein endgültig angestellter Lehrer befindet, der länger als vier Jahre im öffentlichen Schuldienste gestanden hat, die Vorschrift im § 27 III keine Anwendung. Dasselbe trifft zu, wenn die Verwaltung der Stelle überhaupt nur einem, aber älteren Lehrer übertragen ist.

Zu Nr. VIII Absatz 2. Zu den in Fortfall kommenden Alterszulagen gehören insbesondere auch die auf Grund des Hohenzollern-Sigmaringer Landesfürstlichen Ges., betr. die Theilnahme der Landeskasse an den Kosten des Volksschulunterrichtes, v. 29. VII. 37 (Sigm. G. S. Bd IV S. 534) zahlbaren Zulagen in Höhe von 20 und 40 Gulden. Bezüglich der bisher auf Grund rechtlicher Verpflichtung des Staates zur Unterhaltung einzelner Schulen oder Schulstellen aus der Staatskasse gezahlten Alterszulagen wird beabsichtigt, diese Schulstellen den Bezirksalterszulagekassen ebenso anzuschließen, wie dies bezüglich der Ruhegehälter geschehen ist. Die in Folge dieses Anschlusses zu entrichtenden Zuschüsse und Beiträge werden aus der Staatskasse aus dem zur Erfüllung vorerwähnter rechtlicher Verpflichtung be- Anm. 9.

stimmten Fonds (jetzt Kap. 121 Tit. 33 des Staatshaushaltsetats) entrichtet werden. Begr. S. 68.

Anm. 10. **Streitigkeiten über die Höhe des Staatsbeitrages** können zwischen Leistungsberechtigten und Leistungsverpflichteten nur in den Formen der Abs. 1, 2 des § 46 des Zust. Ges. ausgetragen werden. Es muß also die örtliche Schulbehörde zunächst den Fiskus gemäß Abs. 1 heranziehen, worauf diesem Einspruch und Klage gegeben ist. Die Klage aus Abs. 3 des § 46 ist nicht zulässig, weil die Leistungsberechtigten nicht zu den Kontribuenten gehören. E. O. V. G. v. 24. V. 93 (Bd. XXV S. 174); E. O. V. G. v. 11. II. 96 (Pr. Verw. Bl. Bd. XVIII. S. 19).

§ 28. Uebergangs- und Schlußbestimmungen.

Die bestehenden Gehaltsregulative, Ordnungen und Festsetzungen sind in denjenigen Fällen, in denen dies erforderlich ist, nach den Vorschriften dieses Gesetzes neu zu gestalten.

Für diejenigen Stellen, deren Gehaltsbezüge bereits den Vorschriften dieses Gesetzes (§§ 2, 4 und 6) entsprechen, sind diese Gehaltsbezüge zu leisten, ohne daß es einer Neuregelung der Besoldungsverhältnisse bedarf. Bleiben diese Gehaltsbezüge hinter den Mindestsätzen (§§ 2 und 6) zurück, so sind zunächst die Mindestsätze zu zahlen, auch ohne daß eine vorherige Beschlußfassung der Schulunterhaltungspflichtigen erfolgt ist.

Die vor dem Inkrafttreten dieses Gesetzes endgültig angestellten Lehrer und Lehrerinnen sind hinsichtlich der für ihre Stelle neu getroffenen Bestimmungen und Besoldungsvorschriften zur Erklärung darüber aufzufordern, ob sie sich diesen unterwerfen oder bei der bisherigen Ordnung verbleiben wollen. Die Erklärung ist binnen vier Wochen nach Zustellung der Aufforderung schriftlich abzugeben und ist unwiderruflich. Wird keine Erklärung abgegeben, so wird die Unterwerfung unter die neue Ordnung angenommen.

Verbleiben hiernach eine oder mehrere Stellen in der bisherigen Ordnung, so erfolgen bis zur Erledigung der Stellen die Zahlungen aus der Alterszulagekasse nach Maßgabe der neuen Besoldungsordnung an den betreffenden Schulverband. Der Schulverband hat die Alterszulagen, welche den Stelleninhabern nach der neuen oder der alten Besoldungsordnung zustehen, an diese zu zahlen und betreffs der in der alten Ordnung verbliebenen Stellen auch diejenigen Alterszulagen zu übernehmen, welche bisher für diese Stellen aus Staatsfonds zu gewähren waren.

Eine Verschlechterung des nach den bisherigen Ordnungen festgestellten durchschnittlichen Diensteinkommens soll in der Regel nicht stattfinden und ist nur in besonderen Ausnahmefällen mit Genehmigung des Unterrichtsministers zulässig.

Das Gesetz tritt mit dem 1. April 1897 in Kraft. Die Gehaltsordnungen sind nach Maßgabe dieses Gesetzes derart festzustellen, daß sie von diesem Termin ab in Wirksamkeit treten. Für das Rechnungsjahr 1. April 1897/98 wird der Bedarf der Alterszulagekassen (§ 8

Abs. 6) nach dem Stande der Alterszulagen vom 1. April 1897 berechnet.

Alle entgegenstehenden Vorschriften werden aufgehoben, insbesondere auch diejenigen, welche einen Höchstbetrag für die Besoldungen der Lehrer und Lehrerinnen vorschreiben.

Die §§ 1 bis 3 des Gesetzes vom 14. Juni 1888 (G. S. S. 240) und Artikel I des Ges. vom 31. März 1889 (G. S. S. 64), betreffend die Erleichterung der Volksschullasten, treten außer Kraft.

Die Einführung dieses Gesetzes in die Stolbergschen Grafschaften bleibt Königlicher Verordnung vorbehalten.

Zu Absatz 1. **Die Neuregelung der Besoldungen** soll sich in dem gesammten Staatsgebiete nach einheitlichen Grundsätzen und, bei voller Würdigung der besonderen Verhältnisse der einzelnen Provinzen und Bezirke, in angemessener Abstufung vollziehen. Anm. 1.

Sie soll für die Besoldungsbewegung auf absehbare Zeit einen Abschluß bilden. Kommt eine Regierung künftig zu der Ueberzeugung, daß eine allgemeine Erhöhung der jetzt festzustellenden Besoldungen in Grundgehalt oder Alterszulagen nach den Verhältnissen ihres Bezirkes nothwendig ist, so ist zur Prüfung des Bedürfnisses und der Rückwirkung einer solchen allgemeinen Annahme höherer Sätze auf benachbarte Bezirke zunächst an den Unterrichtsminister zu berichten. Ausf. Best. v. 20. III. 97 Nr. 23 Abs 3 und 4.

Zu Absatz 2 Unbeschadet der Frage, auf wie hoch demnächst Grundgehalt und Alterszulage zu bemessen sein werden, sind in den Fällen, in denen die Gehaltsbezüge hinter den Mindestsätzen (§§ 2 und 6) zurückbleiben, **zunächst möglichst bald die Mindestsätze zu zahlen,** auch ohne daß eine vorherige Beschlußfassung der Schulunterhaltungspflichtigen erfolgt ist. Jedoch ist dabei die Vorschrift des § 3 des Ges. zu beachten. Ausgeschlossen von dieser Bestimmung sind die Fälle, wo den mit dem Alter steigenden Bedürfnissen der Lehrpersonen noch in der früher üblichen Form der besonderen Stellengehälter entgegengekommen ist, weil hier für den Uebergang zum Dienstaltersystem die Beschlußfassung der Schulunterhaltungspflichtigen nicht zu entbehren ist. Ausf. Best. v. 20. III. 97 Abs. 1. Anm. 2.

Zu Absatz 3. **Ein Zwang zur Unterwerfung unter die neue Ordnung kann** aber **nicht ausgeübt werden,** da die beim Inkrafttreten des Ges. im Amte befindlichen Lehrer vokationsmäßig einen Rechtsanspruch auf die Fortgewährung ihrer bisherigen Gehaltsbezüge besitzen. Dagegen müssen neu angestellte Stelleninhaber sich überall den neuen Besoldungsordnungen unterwerfen. Anm. 3.

Zu Absatz 5. Hier ist an Fälle gedacht, wo z. B. durch die Steigerung der Stellenerträge aus Ländereien, die als Baustellen verkauft sind, die Einkünfte einer einfach zu verwaltenden Stelle so über das Maaß gewachsen sind, daß es richtig ist, diese Einkünfte zu Gunsten einer zweiten Schulstelle oder zu Gunsten der Gemeinden zu vermindern. Sten. Ber. A. H., 1896/97 S. 408. Anm. 4.

Zu Absatz 7. 1. Zu den **entgegenstehenden Vorschriften** gehören auch die auf § 10 des dänischen Volksschulges. v. 8 III. 56 beruhenden Bestimmungen über den Distriktsschulfonds in Nordschleswig, sowie § 44 der Lauenburgischen Landschulordnung v. 10. X. 68, die bei Errichtung einer neuen Klasse in Folge steigender Schülerzahl den alten Lehrer zur Beköstigung des neuen gegen Vergütung verpflichtet, Sten. Ber. A. H. 1896/97 S. 502, Anl. 4 zu Nr. 27 S. 94. Anm 5.

Anm. 6. 2. Zu den **aufgehobenen Vorschriften gehören nicht** die §§ 2 und 3 des Ges v. 26. V. 87 (G S S. 175), betr. die Feststellung von Anforderungen für Volksschulen. E. O. V. G. v. 21. X. 98 (Pr. V. Bl. Bd XX S. 269).

Anm. 7. Zu Absatz 9. **Dies ist durch die Vd. v. 12. V. 97** mit folgenden Maßgaben **geschehen:**

§ 1. Das Ges. betreffend das Diensteinkommen der Lehrer und Lehrerinnen an den öffentlichen Volksschulen, v. 3 III. 97 (G. S S. 25) wird mit dem 1. IV. 97 in die Stolbergschen Grafschaften eingeführt.

§ 2. Die in diesem Ges. der „Schulaufsichtsbehörde", sowie die in den §§ 7 Abs. 2, 23 Abs. 4, 26 Abs. 1 und 3 der „Bezirksregierung" zugewiesenen Obliegenheiten fallen den Fürstlichen Konsistorien in Wernigerode, Stolberg und Roßla zu.

§ 3. Die Stolbergsche Grafschaft Wernigerode wird der Alterszulagekasse des Regierungsbezirks Magdeburg, die Stolbergschen Grafschaften Stolberg und Roßla werden der gleichen Kasse des Regierungsbezirks Merseburg angeschlossen.

Die hinsichtlich der Alterszulagekassen im § 8 des Ges. getroffenen Bestimmungen finden auf die Stolbergschen Grafschaften mit folgenden Maßgaben Anwendung:

1. Der auf jede Grafschaft bezügliche Theil des Vertheilungsplanes des Bedarfs der Alterszulagekasse ist auch von dem betreffenden Fürstlichen Konsistorium in dem für amtliche Bekanntmachungen desselben bestimmten Blatte bekannt zu machen. Zu diesem Zwecke hat die betreffende Bezirksregierung gleichzeitig mit der Anordnung der Veröffentlichung des Vertheilungsplanes für den Regierungsbezirk den in Betracht kommenden Theil desselben dem zuständigen Fürstlichen Konsistorium zuzustellen, welches innerhalb zwei Wochen seinerseits diesen Theil des Vertheilungsplanes durch das für Veröffentlichungen in Schulsachen bestimmte Blatt bekannt zu machen und der Bezirksregierung eine die Bekanntmachung enthaltende Nummer des Blattes zu übersenden hat.
2. Die Frist für die auf Abänderung des Vertheilungsplanes gerichtete Klage beginnt für die Schulverbände in den Stolbergschen Grafschaften mit der gemäß Nr. 1 bewirkten Bekanntmachung des Fürstlichen Konsistoriums.

Vertheilungsplan

des Bedarfs der Alterszulagekasse

für die

Lehrer und Lehrerinnen

an den

öffentlichen Volksschulen.

Vertheilungs

des Bedarfs der Alterszulagekasse für die Lehrer

des Regierungsbezirks

für das Rechnungsjahr

Gemeinde	Stellen an den öffentlichen Volksschulen: Lehrer-	Lehrerinnen-	Es werden gewährt an Alterszulagen für die Lehrer- Mk.	Lehrerinnen- Mk.	Unter Zugrundelegung der Mindestsätze von 80 Mk. bezw. 60 Mk als Einheitssätze der Alterszulagen ergeben sich Einheiten für die Lehrerstellen	Lehrerinnenstellen	Erläuterungen für die Angaben in den Spalten 6 und 7	Der Ausgabebedarf beträgt für die Lehrer- Mk.	Lehrerinnen Mk.
1.	2.	3.	4.	5.	6.	7.	8.	9.	10.
A.	14	12	80	60	14	12	—		
B.	38	20	100	70	$47\frac{1}{2}$	$23\frac{1}{2}$	zu Sp. 6.— $38\left(\frac{100}{80}\right) = 47\frac{1}{2}$		
							zu Sp. 7.— $20\left(\frac{70}{60}\right) = 23\frac{1}{3}$		
C.	324	124	150	100	$607\frac{1}{2}$	$206\frac{2}{3}$	zu Sp. 6.—$324\left(\frac{150}{80}\right) = 607\frac{1}{2}$		
							zu Sp. 7.—$124\left(\frac{100}{60}\right) = 206\frac{2}{3}$	371778	67208
Die Gemeinden mit 25 u. weniger Stellen (einzeln aufzuführen). .	750	300	80	60	750	300	—		
Summa . .	1126	456	—	—	1419	542	—		

plan

und Lehrerinnen an den öffentlichen Volksschulen

. . . .

1. April 19 . ./9 . .

Mithin entfallen auf je eine der in den Spalten 6 (angegebenen Einheiten)	Mithin entfallen auf je eine der in den Spalten 7 (angegebenen Einheiten)	Auf je eine der in den Spalten 2 angegebenen Stellen entfallen	Auf je eine der in den Spalten 3 angegebenen Stellen entfallen	Nach den Spalten 6, 7, 11 und 12 vertheilt sich der Ausgabebedarf auf die Gemeinden, und zwar für die Lehrer	Nach den Spalten 6, 7, 11 und 12 vertheilt sich der Ausgabebedarf auf die Gemeinden, und zwar für die Lehrerinnen	Hierauf kommen in Anrechnung die staatlichen Alterszulagekassenbeiträge von 262 Mk. für die Lehrerstelle und von 124 Mk. für die Lehrerinnenstelle bis zur Höchstzahl von 25 Stellen in jeder Gemeinde Mithin für Lehrerstellen	Beiträge	Lehrerinnenstell.	Beiträge	Die Gemeinden haben aufzubringen für die Lehrer (Sp. 15 weniger 18)	Lehrerinnen (Sp. 16 weniger 20)	insgesammt	Bemerkungen
Mk.	Mk.	Mk.	Mk.	Mk.	Mk.		Mk.		Mk.	Mk.	Mk.	Mk.	
11.	12.	13.	14.	15.	16.	17.	18.	19.	20.	21.	22.	23.	
		262,00	124,00	3668,00	1488,00	14	3668	11	1364	—	124,00	124,00	
		827,50	144,67	12445,00	3893,33	17	4454	8	992	7991,00	1901,33	9892,33	
262	124	491,25	206,67	159166,00	25625,67	19	4978	6	744	154187,00	24882,67	179069,67	
		262,00	124,00	196500,00	37200,00	750	196500	300	37200	—	—	—	
				371778,00	67208,00	800	200600	325	40300	162178,00	26908,00	189086,00	

	für Lehrer Mk.	für Lehrerinnen Mk.
Der Ausgabebedarf (Spalte 9 und 10) berechnet sich wie folgt:		
1. Alterszulagen nach dem Stande vom 1. Oktober 19 . .	371300	66900
2. Die Remuneration des Kassenanwalts beträgt 600 Mk. jährlich, welche nach der Zahl der Einheiten (Spalte 6 und 7) auf die Lehrer- und Lehrerinnenstellen zu vertheilen sind.		
Demnach entfallen auf die Lehrerstellen 1 961 : 600 = 1 419 : x = rund . . .	434	—
und auf die Lehrerinnenstellen 1 961 : 600 = 542 : x = rund . . .	—	166
3. Sächliche Ausgaben und Porto 40 Mk.		
Demnach entfallen auf die Lehrerstellen 1 961 : 40 = 1 419 : x = rund . . .	29	—
und auf die Lehrerinnenstellen 1 961 : 40 = 542 : x = rund . . .	—	11
4. Vorschuß aus dem Rechnungsjahre 1. April 19. ./.		
an Alterszulagen für Lehrer	15	—
an Alterszulagen für Lehrerinnen	—	131
zusammen wie oben . . .	371778	67208

Dem Vertheilungsplane sind die im Gesetzentwurfe vorgesehenen Mindestbeiträge der Alterszulagen von 80 Mk. und 60 Mk. und der Staatsbeiträge von 262 Mk. und 124 zu Grunde gelegt. Erstere sind durch das Gesetz auf 100 Mk. und 80 Mk., letztere auf 337 Mk. und 184 Mk. erhöht worden.

B.

Gesetz

betreffend

die Pensionirung der Lehrer und Lehrerinnen an den öffentlichen Volksschulen.

Vom 6. Juli 1885. (G. S. S. 298.)

Einleitung.

Zur Geschichte der Pensionirung der Volksschullehrer in Preußen.

(Nach der Beilage B. zum Berichte der XIII. Kommission des Abg.=H. v. 5. III. 85 — Nr. 111 der Drucksachen.)

Vor dem Erlasse des Gesetzes v. 6. VII. 85 galten in den verschiedenen Preußischen Provinzen in Bezug auf das Pensionswesen der Volksschullehrer folgende Bestimmungen und Grundsätze:

I. **Ost= und Westpreußen.** Schulordn. v. 11. XII. 45 (G. S. 1846 S. 1) § 26. — Ein ohne sein Verschulden dienstunfähig gewordener Lehrer erhält als Pension ein Drittel seines bisherigen Einkommens, und nach vollendetem 20. Dienstjahre wenigstens 50 Thaler. Die Pension wird zunächst aus den Einkünften der Stelle entnommen, soweit dies möglich ist, ohne dem neuen Lehrer das festgesetzte geringste Einkommen zu schmälern. Das Fehlende ist in derselben Weise, wie die übrigen, zur Unterhaltung der Schule erforderlichen Mittel aufzubringen.

§ 38 bestimmt, daß es bei den Leistungen aus Stiftungen und auf Grund besonderer Rechtstitel sein Bewenden behält; insbesondere verbleiben die Kirchschulen, die Kirch= und Dorfschullehrer im Besitze der Einkünfte und Leistungen, die sie bisher aus dem Kirchenvermögen oder von dem Kirchenpatron und den Eingepfarrten empfangen haben. Im Uebrigen haben nach § 39 die Ortsgemeinden und die sonst zur Schule gehörigen Ortschaften die Beträge aufzubringen. — Nach § 56 haftet der Gutsherr subsidiär für die Beiträge der Anwohner auf gutsherrlichem Vorwerkslande.

Im Regierungsbezirke Gumbinnen bezogen die Elementarlehrer, die nicht Kirchenschullehrer sind, regelmäßig nur das Minimaleinkommen, und die Pension des Emeritus wurde daher von den Unterhaltungspflichtigen besonders aufge=

bracht. Auch die Städte im Regierungsbezirke Gumbinnen gewährten die Pension in der Regel, und zwar meist eine weit höhere Pension, als die gesetzliche, aus städtischen Mitteln. — Im Regierungsbezirke Marienwerder gaben die Städte in manchen Fällen eine höhere Pension.

In den Städten Gumbinnen, Insterburg, Tilsit, Danzig, Elbing, Thorn wurden bezüglich der Höhe der Pension die Bestimmungen des Beamtenpensionsges. von 1872/82 analog angewendet.

II. **In den übrigen alten Provinzen:** Brandenburg, Pommern, Posen, Schlesien, Sachsen, Westfalen und Rheinprovinz fehlten gesetzliche Bestimmungen über das Lehrerpensionswesen. Es wurde dem Lehrer auf Grund des § 18 der Reg. Instr. v. 23. X. 17, deren Platzgreifen durch Erk. des Komp. Konfl. Ger.=Hofes v. 12. X. 61 bestätigt war, nach Maßgabe der in dem Min.=Erl. v. 20. X. 63 (C. Bl. U. V. S. 616) entwickelten Grundsätze, und zwar analog der landrechtlichen Bestimmung über das Ruhegehalt der Geistlichen, § 529 Th. II Tit. 11, nicht unter $^1/_3$ des Diensteinkommens, eine Pension gewährt. Diese Pension wurde zunächst aus dem Stelleneinkommen unter erforderlicher Verkürzung des Einkommens des Amtsnachfolgers entnommen. Reichte dieses Drittel zum nothdürftigen Lebensunterhalte des Emeriten nicht aus, so wurde ein entsprechend höheres Ruhegehalt festgesetzt das Plus über $^1/_3$ war ebenso wie die nothwendig werdende Ergänzung des Stelleneinkommens, um dem Amtsnachfolger ein auskömmliches Gehalt zu sichern, von den Schulunterhaltungspflichtigen aufzubringen. Soweit der Schulverband hierzu unvermögend war, wurden aus Staatsfonds Zuschüsse geleistet. — Nach § 33 Th. II Tit 12 A. L. R's. haftete der Gutsherr subsidiär für die Gutseingesessenen.

In Schlesien hatten im Geltungsbereiche des katholischen Schulregl v. 18. V. 01 zu den Leistungen an Pension die zur Schule gehörigen Dominien $^1/_3$ die Gemeinden $^2/_3$ aufzubringen. In Schlesien trat ferner zu der ordentlichen Emeritenpension noch der aus der aufgelösten Elementarlehrerpensionskasse fließende Zuschuß von 120 Mark.

Nach § 65 der St. Ordn. v. 30. V. 53 und der St. Ordn. für Westfalen v. 19. III. 56, sowie § 59 der St. Ordn. für die Rheinprovinz v. 15. V. 56 sollen die auf Lebenszeit angestellten Gemeindebeamten, insofern nicht ein Anderes mit ihnen verabredet wird, Pension nach denselben Grundsätzen wie die Staatsbeamten erhalten.

Diesem Prinzip konform hatten die nachstehend aufgeführten Städte: Berlin, Potsdam, Frankfurt a. O., Stettin, Greifswald, Posen, Breslau Habelschwerdt, Neumarkt, Schweidnitz, Görlitz, Gleiwitz, Aschersleben, Bismarck, Cuppenstedt, Dardesheim, Halberstadt, Loburg, Magdeburg, Neuhaldensleben, Neustadt, Oschersleben, Delitzsch, Querfurt, Wittenberg, Zeitz, Quedlinburg seit 187, Minden, Bielefeld, Barmen, Düsseldorf, Duisburg, Aachen, Düren, Eschweiler, Köln, Krefeld, Lennep, die Bestimmungen des Beamtenpensions=

ges. 1872/82 bei der Bemessung des Ruhegehaltes ihrer Elementarlehrer zur Anwendung gebracht; ebenso, mit wenigen Ausnahmen, die Städte im Regierungsbezirke Köslin. In letzteren wurde in einzelnen Fällen sogar Pension bis zum vollen Betrage des Diensteinkommens gewährt. Auch in Breslau wurden in besonderen Fällen höhere Pensionen, in Berlin fortlaufende Unterstützungen gegeben.

In anderen Städten wurde nach den bestehenden Regulativen verfahren, in denen jedoch $^3/_4$ des Einkommens als Pension meistens nicht überschritten wurde. Nur Stralsund und Lassan gewährten nach 50jähriger Dienstzeit $^{14}/_{16}$, Loitz dito $^{13}/_{16}$. — Mehrere Städte begannen mit der Pension erst nach dem vollendeten 15. Dienstjahre (Barth, Bergen, Franzburg, Gützkow, Lassan, Triebses, Eisleben, Wernigerode, Remscheid, Wipperfürth bei 114 Mark Minimalpension, mit $^1/_4$, — Richtenberg mit $^5/_{16}$; andere Städte mit dem zurückgelegten 10. Dienstjahre, Gartz mit $^3/_{16}$, Loitz $^2/_8$, Stralsund $^6/_{16}$, Wolgast gab bei 6, 12, 24, 30 Dienstjahren resp. $^1/_4$, $^1/_2$, $^2/_3$, $^3/_4$, — Torgau bei 6, 12, 24 Dienstjahren resp. $^1/_4$, $^1/_2$, $^2/_3$, — Stendal vom 1. bis 30 Dienstjahre $^1/_3$), nachher verschiedenartig um Einhundertstel steigend bis höchstens 900 Mark.

Im Regierungsbezirke Erfurt überstiegen in den Städten die Ruhegehälter $^1/_3$ des Einkommens in der Regel erheblich, — im Regierungsbezirke Oppeln gingen sie in der Regel ebenfalls darüber hinaus; es wurde dabei theils nach den für die Communalbeamten geltenden Grundsätzen, theils nach anderen Rücksichten verfahren.

In der Grafschaft Stolberg-Roßla erhielt der Emeritus die Hälfte des Einkommens, theils aus der Stelle selbst, theils (150 Mark) aus der Gräflichen Wilhelmstiftung.

III. **In der Provinz Hannover** fehlten ebenfalls gesetzliche Bestimmungen. Nach dem Min.-Erl. v. 14. IV. 71 galt im Hinblicke auf den Erl. des vormaligen Hann. Kultusmin. v. 24. III. 65 als Regel:

1. daß die Höhe des Ruhegehaltes ebenso wie die der Besoldung eines Volksschullehrers nach Verhandlung mit den Betheiligten in Berücksichtigung der besonderen Verhältnisse des Falles festzusetzen ist;
2. daß die dem Bedürfnisse genügenden Ruhegehälter gewöhnlich aus den Stelleneinkünften vorab zu bestreiten sind;
3. daß das zur ausreichenden Besoldung des Amtsnachfolgers nach den örtlichen Verhältnissen Nothwendige von den Verpflichteten zuzuschießen ist;
4. daß der Amtsnachfolger sich ad dies vitae emeriti nöthigenfalls mit dem Mindestbetrage des zur angemessenen Ausstattung der Stelle erforderlichen Einkommens zu begnügen habe;
5. daß die Bestimmungen in den §§ 73, 74, 80, 81, 83, 84 des Hann. Ges. über die Königlichen Diener v. 24. VI. 58 (H. G. S. S. 119) wohl zum allgemeinen Anhalte für die Bemessung der Ruhegehälter

dienen können, die Verhältnisse im besonderen Falle jedoch entscheidend und dabei neben den Interessen der Lehrer auch die der Gemeinden und des Staates zu wahren sind;

6. daß den Lehrern durch diese Grundsätze kein bestimmtes Recht, sondern nur den Behörden eine Richtschnur gegeben und die Gewährung einer Staatsbeihülfe zur Pension des Emeriten oder zur Besoldung des Amtsnachfolgers völlig nach den Umständen vorbehalten bleibt.

Statt der zu 5 zitirten §§ des Hann. Ges. v. 24. VI. 58 wurden für die Bemessung der Ruhegehälter in letzter Zeit fast durchgängig die Bestimmungen des Preuß. Pensionsges. v. $\frac{27.\ \text{III}.\ 72}{31.\ \text{III}.\ 82}$ zur Anwendung gebracht.

Im Landdrosteibezirke Aurich galt das Allgemeine Landrecht; es wurde deshalb bei der Pension nicht unter $^1/_3$ des Diensteinkommens heruntergegangen.

In der Stadt Emden bestand ein Pensionsfonds, der aus Beiträgen der Lehrer und Schulkassen unterhalten wurde.

Die sogenannte Niedersächsische Konföderation anlangend, so beruhte nach § 34 der Kirchenordn. für die konföderirten Gemeinden evangelisch-reformirter Konfession zu Celle, Hannover, Göttingen u. Münden v. 14. IX. 39 die Art der Pensionirung auf Synodalbeschlüssen.

IV. **In der Provinz Schleswig-Holstein** war nach § 62 der Allgemeinen Schulordn. v. 24. VIII. 14 (Chronol. Samml. der Verordn. und Verf. 1814 S. 112) und § 1 der Vd. v. 4. IV. 45 (Chronol. Samml. 1845 S. 86) dem ohne sein Verschulden dienstunfähig gewordenen Lehrer eine „angemessene" Pension zu gewähren, deren Höhe aber dem Ermessen des Oberkonsistorii, jetzt der Aufsichtsbehörde überlassen wird. Es wurden dabei das Diensteinkommen, die Dienstzeit und Dienstführung, sowie die Leistungsfähigkeit der Gemeinde und ihre Anerbietungen berücksichtigt und als Regel festgehalten, daß dem Emeriten bei langer treuer Dienstführung die Hälfte seines Diensteinkommens, in der Regel jedoch ohne Zurechnung des Werthes der Dienstwohnung, des Gartens und der Feuerung, als Pension zu gewähren war. Zur Aufbringung der hiernach bestimmten Pension war die Schulgemeinde gesetzlich verpflichtet.

Bei kombinirten Kirchen- und Schulämtern wurde die Pension nach dem Gesammteinkommen beider Stellen berechnet. Im Herzogthum Schleswig hatte sich hierbei die feststehende Regel gebildet, daß die Pension nach Verhältniß der aus dem Kirchenamte, bezw. aus dem Schuldienste fließenden Diensteinkünfte zu theilen sei. In Holstein dagegen wurde eine bezügliche Verpflichtung der Kirchengemeinde nicht anerkannt und es bedurfte hiernach der Verständigung im einzelnen Falle. Dem Dienstnachfolger im Schulamte durfte gesetzlich ein Pensionsantheil nicht aufgebürdet werden, dagegen wurde dem Nachfolger im Kirchenamte bei reichlichem Gesammteinkommen eine Pensionsleistung auferlegt.

In den Schuldistrikten im Kreise Tondern, für die die dänische Schulgesetzgebung galt, wurde nach §§ 19 und 20 des dän. Ges v. 8. III. 56 die Pension nach der alle 10 Jahre neu festgestellten Regulirungssumme für die Aemter berechnet, in denen die Lehrer in den letzten Jahren gedient hatten. Die Pension betrug für 10—20 Dienstjahre $^{5}/_{10}$, für 20—21 Dienstjahre $^{31}/_{60}$ und für jedes folgende Dienstjahr $^{1}/_{60}$ mehr bis zum Maximum von $^{40}/_{60}$, das nach erfülltem 29. Dienstjahr erreicht wird, wobei jedoch die Dienstjahre vor dem vollendeten 30. Lebensjahre nicht in Betracht kamen. Die Pension wurde aus dem theils aus Gemeinde-, theils aus Staatsbeiträgen unterhaltenen Distriktsschulfonds bezahlt.

V. **Im Herzogthum Lauenburg** erhielt nach § 59 der Landschulordn. v. 10. X. 68 (Wochenblatt 1868 S. 441) der Lehrer:

bei einer Dienstzeit von 1—15 Jahren mind.	$^{1}/_{3}$	der bisherigen Diensteinnahme
„ „ „ „ 16—30 „ „	$^{1}/_{2}$	
„ „ „ „ über 30 „ „	$^{2}/_{3}$	

als Pension, jedoch ohne Miteinrechnung der Wohnung, des Gartens und der Feuerung. Die Pension war in jedem einzelnen Falle vom Konsistorium näher zu bestimmen und von der Schulkommune aufzubringen. Außer der Pension war dem Emeritus noch ein gleichfalls vom Konsistorium zu bestimmendes Wohnungsgeld von der Gemeinde zu geben.

Bei kombinirtem Kirchen- und Schulamte war im gegebenen Falle dahin entschieden worden, daß nach Absicht des Ges. die Pension von der Gesammteinnahme beider Stellen zu berechnen, daß jedoch weder die Kirchen- noch die Schulgemeinde zur Leistung des auf den Kirchendienst entfallenden Pensionstheiles gesetzlich verpflichtet sei, daher nur erübrige, ihn dem Nachfolger im Kirchenamte aufzuerlegen. Bisher hatte das Landschaftskollegium unter ausdrücklicher Nichtanerkennung einer Verpflichtung den betreffenden Pensionsantheil ganz oder theilweise auf die ständische Kasse übernommen.

In den Städten Lauenburg, Mölln und Ratzeburg erhielten auf Grund der Regulative die Lehrer bei einer Dienstzeit von

5 - 15	Jahren	$^{1}/_{4}$	ihres zuletzt bezogenen Gehaltes als Pension.
16 – 25	„	$^{1}/_{3}$	
26—35	„	$^{1}/_{2}$	
35 und mehr	„	$^{3}/_{5}$	

VI. **Provinz Hessen-Nassau.**

A. Im Regierungsbezirk Hessen-Kassel war durch Bd. v. 22. II. 76 die Reg. Instr. v. 23. X. 17 ebenfalls eingeführt. Die Pension wurde gleichfalls nach den Grundsätzen des Min. Erl. v. 20. X. 63 (vgl. zu II) berechnet. — In der Stadt Kassel erfolgte die Pensionirung nach dem Kurhessischen Staatsdienstges. v. 8. III. 31. Die Pension betrug vom 8—10. Dienstjahre einschließlich $^{1}/_{3}$ der

Besoldung; sie stieg dann mit jedem weiterem Dienstjahre um 1 Procent, durfte aber niemals $^3/_4$ der Besoldung überschreiten.

B. Im Gebiete des vormaligen Herzogthums Nassau: Das Ges. v. 2. VI. 60 (Nass. Vd. Bl. 1860 S. 97) bestimmte: Die Höhe der den Real- und Elementarlehrern zu bewilligenden Pension bestimmt sich nach dem Ges. über die anderweite Regulirung der Pensionen der Civildiener, Offiziere und Militärbeamten vom heutigen, 2c., und das betreffende Gesetz de eodem bestimmt im § 2: Die Pension der Civildiener, sowie der Offiziere und Militärbeamten beträgt vom zurückgelegten 5. Dienstjahre an die Hälfte des Gehaltes und steigt vom zurückgelegten 15. Dienstjahre an mit jedem weiteren Dienstjahre um $^1/_{70}$ des Gehaltes. Die Pension würde also nach 50 Dienstjahren den vollen Betrag des Gehaltes erreichen.

Es bestimmte jedoch die Vd. v. 26. III. 62 (Vd. Bl. S. 81) § 3, daß bei der Pensionsberechnung nur ein Maximum des Gehaltes von 800 Fl. (1371 Mark) zum Grunde gelegt werden sollte.

Nach dem Ges. v. 18. II. 51 (Vd. Bl. S. 41) sollten die vom 1. I. 51 an bewilligten Pensionen aus einem allgemeinen Lehrerpensionsfonds bezahlt werden, der sich aus den nach dem Steuerfuße auszuschlagenden Beiträgen sämmtlicher Gemeinden bildete. Dieser Fonds wurde von der Regierung verwaltet.

C. Im Gebiete der vormals Großherzoglich Hessischen und vormals Landgräflich Hessischen Landestheile wurden die Emeritenpensionen aus der Schulkompetenz unter Zuschuß aus der betreffenden Gemeindekasse — beides nach Verhandlungen mit den zur Unterhaltung der Schule Verpflichteten — festgestellt. Soweit es nach den finanziellen Verhältnissen der Gemeinde angängig erschien, wurde die Pension in derselben Höhe wie im vormaligen Herzogthum Nassau bewilligt; sie betrug durchschnittlich jährlich 702 Mark.

D. Stadt Frankfurt a. M. Regulativ v. 18 IX. 74. Die Pension wurde aus der städtischen Kasse bezahlt und betrug

während der ersten 10 Dienstjahre $^1/_3$,
" " zweiten " " $^1/_2$,
" " dritten " " $^2/_3$,

nach mehr als 30 Dienstjahren den vollen Betrag des Gehaltes.

VII. **Hohenzollernsche Lande.**

A. Sigmaringen: Nach § 4 der Vd. v. 4. XII. 35 (Sigm. G. S. S. Bd. IV S. 384) und Ges. v. 29. VII. 37 § 8 (Sigm. G. S. S. Bd. IV S. 534) erhielt der Lehrer, wenn er sich dessen nicht unwürdig gemacht hatte, aus der Landeskasse eine Pension von jährlich 50 Gulden (85 Mark 71 Pf.) vorbehaltlich der weiteren aus örtlichen Mitteln ihm zuzuscheidenden Unterstützung.

B. Hechingen. Nach der Allg. Schulordn. v. 1. VI. 33 § 1 ist jeder Schullehrer Staatsdiener und erhielt nach der Dienstpragmatik v. 11. X. 43 (Hech. Bd. Bl. S 277), die durch min. Entsch. v. 26. III. 57 für die Schullehrer als bleibend maßgebend anerkannt war, als Pension aus der Landeskasse:

innerhalb der ersten 3—15 Jahre incl. $^{3}/_{5}$,
" " " 16—25 " " $^{3}/_{4}$,
" " " 25—36 " " $^{4}/_{5}$,
vom 37. Jahre ab das volle Normalgehalt.

An Versuchen, das Pensionswesen der Lehrer an öffentlichen Volksschulen gesetzgeberisch zu regeln, hat es nicht gefehlt

Nach verschiedenen erfolglos gebliebenen Versuchen legte die Staatsregierung in der Landtagssession 1867/68 dem H. H. einen neuen Gesetzentwurf vor (H. H., Aktenstück Nr. 22), dessen wesentlichster Inhalt folgender war:

1. Jede Regierung errichtet eine unter Verwaltung des Staates stehende Lehrer-Pensionskasse, der unter gewissen näher bestimmten Ausnahmen alle öffentlichen Volksschulen mit allen bei ihnen festdotirten Lehrerstellen angehören.
2. Der Inhaber einer jeden Schulstelle entrichtet zu dieser Kasse einen Beitrag von jährlich 2 Thalern.
3. Für jede Schulstelle ist aus der Schulkasse, bezw. durch Aufbringung der zur Schulunterhaltung Verpflichteten ein für alle Schulstellen gleich hoher, von der Regierung alljährlich nach Bedürfniß festzusetzender Beitrag zu der Pensionskasse zu zahlen.
4. Der in den Ruhestand tretende Lehrer erhält aus der Pensionskasse nach 15 Dienstjahren 50 Thaler, nach 30 Jahren 100 Thaler, nach 40 Dienstjahren 120 Thaler lebenslängliche Pension. Uebersteigt das Einkommen der Schulstelle den Betrag von 200 Thalern jährlich, so erhält er außerdem den dritten Theil des überschießenden Einkommens aus der Dotation der Schulstelle in baarem Gelde.

Der Entwurf kam nicht zur Erledigung, ebensowenig ein in der nächstfolgenden Session 1868/69 — diesmal dem A.-H. — vorgelegter anderweiter Entwurf (A.-H., Aktenstück Nr. 26), der sich von dem vorjährigen nur dadurch unterschied, daß er die Verpflichtung des Inhabers der Schulstelle zur Entrichtung eines jährlichen Beitrages zu der Pensionskasse beseitigte und die Pension bei einer Dienstzeit von 15 Jahren von 50 auf 60 Thaler erhöhte.

Auch der Entwurf eines, gleichzeitig das Pensionswesen regelndes Ges. über das gesammte Unterrichtswesen, das der Minister von Mühler dem Landtage unterm 2. XI. 69 vorlegte, (A.-H., Aktenstück Nr. 75), gelangte nicht zur Annahme.

In der Sitzung des A.-H. v. 20. III. 82 erklärte der Unterrichtsminister, daß er ein Lehrerpensionsges. habe ausarbeiten lassen, dessen Vorlegung in jener Session nur dadurch, daß die betreffenden Summen nicht mehr in den schon abgeschlossenen Staatshaushalts-Etat hätten eingestellt werden können, verhindert worden sei. Dieser Entwurf wurde wieder zurückgelegt, und es gab ein Kommissar des Ministers in der Sitzung der Unterrichtskommission v. 12. II. 83 (Drucks. 1882/83 Nr. 88) im Wesentlichen die Erklärung ab, daß die Neuordnung des Pensionswesens der Volksschullehrer nicht wohl anders als im Zusammenhange mit einer neuen gesetzlichen Regelung der Volksschulunterhaltungs-Verpflichtung zu einer befriedigenden Erledigung geführt werden könne.

Nunmehr legten die Abgeordneten Freiherr von Zedlitz und Neukirch (Mühlhausen) und Schmidt (Sagan) am 28. I. 85 dem Abgeordnetenhause einen Gesetzentwurf, betreffend die Pensionirung der Volksschullehrer, vor, der sich an die Beamten-Pensionsges. v. 27. III. 72 (G. S. S 268), 31. III. 82 (G. S. S. 133) und 30. IV. 84 (G. S. S. 126) eng anschloß. Dieser Entwurf gelangte in wesentlich abgeänderter Gestalt zur Annahme und erhielt am 6. VII. 85 die Kgl. Genehmigung.

Art. I § 11 des Ges. ist durch Ges. v. 26. IV. 90 (G. S. S. 89) abgeändert worden.

Die Vorschriften des Art. I §§ 4, 15, 26 sind durch Ges., betr. Ruhegehaltskassen für die Lehrer und Lehrerinnen an den öffentlichen Volksschulen, v. 23. VII. 93 (G. S. S. 194) ergänzt worden.

Schließlich ist auch das Ges., betreffend das Diensteinkommen der Lehrer und Lehrerinnen an den öffentlichen Volksschulen, v. 3. III. 97 (G. S. S. 25) nicht ohne Einwirkung geblieben.

1. Nach § 10 ist als öffentlicher Schuldienst (§ 5 des Pens. Ges.) auch anzurechnen;
   a) diejenige Zeit, während der ein Lehrer an einer Anstalt thätig gewesen ist, die vertragsmäßig die Vorbereitung von Zöglingen für die staatlichen Lehrerbildungsanstalten übernommen hat;
   b) diejenige Zeit, während der ein Lehrer oder eine Lehrerin als Erzieher oder Erzieherin an einer öffentlichen Taubstummen-, Blinden-, Idioten-, Waisen-, Rettungs- oder ähnlichen Anstalt sich befunden hat.
2. Nach § 11 ist die Anrechnung der Dienstzeit an Privatschulen auch für den Anspruch auf Ruhegehalt maßgebend.
3. Nach § 20 Nr. 2 gilt die von den Beschlußbehörden in den dort vorgesehenen Fällen getroffene Festsetzung über die Anrechnung der Diensteinkünfte an Geld oder Naturalleistungen sowie des Ertrages der Landnutzung auch für die Berechnung des Ruhegehaltes.

Gesetz,

betr. die Pensionirung der Lehrer und Lehrerinnen an den öffentlichen Volksschulen.

Vom 6. Juli 1885 (Ges.=S. S. 298).

Gesetzgeberische Materialien:

A. Zum Ges. v. 6. VII. 85 in: Sten. Ber. A. H. 1885 Bd I. S. 279, Bd. III S. 1295, 1391, 1809; Anl. Bd. III Nr. 36, 111; Bd. IV Nr. 181, 184-188, 246. Anm. 1.

Sten. Ber. H. H. 1885 Bd. I S. 244; Anl. Bd. II Nr. 110, 113.

B. Zum Ges. v. 26. IV. 90 in: Sten. Ber. A. H. 1889/90 Bd. I S. 305, 540, 606; Anl. Bd. II S. 1483.

Sten. Ber. H. H. 1889/90 Bd. II S. 12, 17, 44; Anl. Bd. II Nr. 15.

Ueber die **Einführung** in Helgoland vgl. Bd. v. 1. II. 97 (G. S. S. 23). Die zu dem Gesetze ergangene **Ausf. Best.** v. 2. III. 86 (M. Bl. S. 37), 24. XI. 86 (C. Bl. U. V. 1887 S. 383) und 24. X. 92 (C. Bl. U. V. S. 843) sind in den Erläuterungen verarbeitet. Anm. 2.

Bei **Ausführung der einzelnen Bestimmungen** des Ges. sind die im Anschlusse an die bestehenden Zivil=Pensionsgesetze gegebenen allgemeinen Anordnungen zur entsprechenden Anwendung zu bringen. Ausf.=Best. v. 2. III. 86. Anm. 3.

Für die **Lehrer an den sog. gehobenen Schulen** (höheren Volksschulen, Rektoratsschulen, Bürgerschulen, Stadtschulen pp.) **und an den Mittelschulen** richtet sich die Pensionirung und Reliktenversorgung nach dem weiter unten abgedruckten Ges. v. 11. VI. 94 (G. S. S. 109). Anm. 4.

Wir Wilhelm, von Gottes Gnaden König von Preußen ꝛc. verordnen, unter Zustimmung beider Häuser des Landtages der Monarchie, für den ganzen Umfang derselben, was folgt:

Artikel I.

Bis zum Erlasse eines Gesetzes über die Unterhaltung der öffentlichen Volksschulen gelten für die Pensionirung der Lehrer und Lehrerinnen an denselben folgende Bestimmungen:

§ 1. Jeder an einer zur Erfüllung der allgemeinen Schulpflicht dienenden öffentlichen Schule (öffentlichen Volksschule) definitiv angestellte Lehrer erhält eine lebenslängliche Pension, wenn er nach seiner Dienstzeit von wenigstens zehn Jahren in Folge körperlichen Gebrechens oder wegen Schwäche seiner körperlichen oder geistigen Kräfte zur Erfüllung seiner Amtspflichten dauernd unfähig ist und deßhalb in den Ruhestand versetzt wird.

Ist die Dienstunfähigkeit die Folge einer Krankheit, Verwundung oder sonstigen Beschädigung, welche der Lehrer bei Ausübung des Dienstes oder aus Veranlassung desselben ohne eigene Verschuldung sich zugezogen hat, so tritt die Pensionsberechtigung auch bei kürzerer als zehnjähriger Dienstzeit ein.

Bei Lehrern, welche das fünfundsechzigste Lebensjahr vollendet haben, ist eingetretene Dienstunfähigkeit nicht Vorbedingung des Anspruchs auf Pension.

Lehrern, welche, abgesehen von dem Falle des Absatzes 2, vor Vollendung des zehnten Dienstjahres dienstunfähig und deshalb in den Ruhestand versetzt werden, kann bei vorhandener Bedürftigkeit von dem Unterrichtsminister eine Pension entweder auf bestimmte Zeit oder lebenslänglich bewilligt werden.

Anm. 1. Zu Absatz 1. 1. **Oeffentliche Volksschulen** sind diejenigen Schulen, zu deren Benutzung einerseits für Eltern und deren Vertreter, die nicht anderweitig dafür gesorgt haben, daß die Kinder den für die öffentlichen Volksschulen vorgeschriebenen Unterricht erhalten, ein gesetzlicher Zwang (der gesetzliche Schulzwang) besteht, und zu deren Einrichtung und Unterhaltung andererseits für Schulgemeinden, Schulsozietäten, Schulverbände, bürgerliche Gemeinden &c. — je nach der Verschiedenheit der gesetzlichen Vorschriften in den einzelnen Landestheilen — eine allgemeine gesetzliche Verpflichtung besteht. Vgl. E. O. V. G. v. 11. III. 85 Bd. XII S. 197.

Dadurch, daß die oberen Klassen einer Volksschule mit Genehmigung der Schulaufsichtsbehörde nach dem Lehrplane der Mittelschule arbeiten, oder daß mit der Volksschule einzelne besondere Klassen verbunden sind, die bezwecken, den diese Klassen besuchenden Schülern eine über das Ziel der Volksschule hinausgehende höhere Bildung zu geben, ist eine solche Schule, was die Anwendung des Ges. v. 6. VII. 85 auf die Pensionsverhältnisse der Lehrer und Lehrerinnen betrifft, als aus der Kategorie der öffentlichen Volksschulen ausgeschieden nicht anzusehen. Vgl. E. O. V. G. v. 22. III. 89 (Bd. XVII S. 162) und E. O. V. G. v. 7. I. 86 (Pr. V. Bl. Bd. VII S. 154).

Dagegen sind diejenigen neben den wirklichen Volksschulen eines Ortes bestehenden öffentlichen Schulen, die, obwohl nicht zu den eigentlichen höheren oder Gelehrtenschulen (Gymnasien, Realgymnasien &c.) gehörend, doch ihrer gesammten Organisation oder ihrem ganzen Endzwecke nach ihren Zöglingen eine über die Aufgabe und das Ziel der obligatorischen Volksschule hinausgehende höhere Bildung zu geben erstreben, als öffentliche Volksschulen nicht anzusehen.

Es gehören demnach zur Kategorie der öffentlichen Volksschulen im Sinne des Ges. v. 6. VII 85 insbesondere nicht:

a) die Vorschulen und sonstigen, meist Rektoratsschulen genannten Schulen, die die Bestimmung haben, ihre Schüler für die Aufnahme in die unteren, beziehungsweise in die mittleren Klassen von höheren Lehranstalten (Gymnasien, Realgymnasien &c.) vorzubereiten. Vgl. E. O. V. G. v. 15. II. 89 (Bd. XVII S. 157).

b) die nach dem Lehrplane v. 15. X. 72 (C. Bl. U. V. S. 598 ff.) eingerichteten Mittelschulen;

c) die höheren Mädchenschulen. Vgl. E. O. V. G. v. 26. I. 85 (Pr. V. Bl. Bd. VI S. 235).

Im Uebrigen ist es für die Entscheidung der Frage, ob eine Schule zur Kategorie der öffentlichen Volksschulen oder zur Kategorie der über der Stufe derselben stehenden Unterrichts-Anstalten gehört, ohne Einfluß, welche Bezeichnung sie führt, welche Art von Prüfung zum Lehramte die an ihr beschäftigten Lehrer abgelegt, und welche Art von Befähigung zum Lehramte die letzteren erworben haben.

2. Es ist zunächst Sache der Regierung, ihrerseits in jedem einzelnen Falle sorgfältig zu prüfen und zu entscheiden, ob eine

Schule zu den öffentlichen Volksschulen im Sinne des Ges. gehört oder nicht. In zweifelhaften Fällen ist die **Entscheidung** des **Unterrichtsministers** einzuholen. Vgl. Ausf.=Best. v. 2. III. 86 Nr. 1, 2.

3. Im Uebrigen sind Streitigkeiten über die Eigenschaften einer Schule als einer öffentlichen Volksschule auf dem in den §§ 14, 15 des Ges. geordneten Wege endgültig zu entscheiden.

4. Die Stellung der Schule gegenüber der politischen Gemeinde bezüglich ihrer Unterhaltung ist allein zur Beurtheilung solcher Streitigkeiten nicht maßgebend. Es ist vielmehr auf die Verhältnisse zurückzugehen, aus denen sich die Schule entwickelt hat und ferner festzustellen, ob die Lehrer in Beziehung auf Anstellung, Disziplin und Entlassung als öffentliche Lehrer behandelt worden sind, ob ein Zwang zum Schulbesuche ausgeübt, und ob der Schule und ihren Beamten die administrative Hülfe behufs Einziehung der Schullasten gewährt ist. Diese Grundsätze sind besonders auch dann zu beachten, wenn die Eigenschaft einer kirchlichen Schule fraglich ist. Min.=Erl. v. 22. V. 65 (Schn. u. v. Br Bd. II S. 112). Anm. 2.

5. Daraus, daß eine **Gutsherrschaft** eine Schule eingerichtet hat und unterhält, folgt noch nicht, daß sie ein reines Privatunternehmen der Gutsherrschaft ist. Min. Erl. v. 10. V. 64 (Schn. u. v. Br. Bd. II S. 112). Anm. 3.

6. Eine **mit Genehmigung der Schulaufsichtsbehörde eingerichtete Fabrikschule** ist, wie aus dem bezüglich des Unterrichtes der in den Fabriken beschäftigten Kinder zwischen dem Unterrichte in der Volksschule und dem Unterrichte in einer von der Aufsichtsbehörde genehmigten Schule streng unterscheidenden § 135 der R. Gew. Ordn. v. 1. VII. 83 (R. G. Bl. S. 229) hervorgeht, **keine** Volksschule. Eine öffentliche Schule könnte sie sein, wenn die für deren rechtlichen Begriff nothwendigen thatsächlichen und rechtlichen Momente vorliegen. Aber auch dann wäre sie immer noch keine öffentliche Volksschule. Wird aber an Stelle der Fabrikschule bei der öffentlichen Volksschule des Ortes für die schulpflichtigen, in der Fabrik beschäftigten Kinder zwischen 12 und 14 Jahren eine Schulklasse eingerichtet, so hat der Lehrer, dem diese Klasse überwiesen wird, als ein an der öffentlichen Volksschule angestellter Lehrer alle Rechte und Pflichten der an öffentlichen Volksschulen angestellten Lehrer. Daß Schulklasse und Lehrerwohnung mit der Volksschule des Ortes räumlich nicht verbunden sind, macht nichts aus. Min. Erl. v. 5. I. 88 (C. Bl. U. V. S. 252). Anm 4.

7. Die **von einem Privatvereine** (z. B. einem Vereine zur Besserung sittlich verwahrloster Kinder) **errichtete Rettungsanstalt ist eine Privatanstalt** und die mit letzterer verbundene Schule eine Anstaltsschule, aber nicht eine öffentliche Unterrichtsanstalt und nicht eine öffentliche Volksschule. Es kann ihr deshalb auch nicht durch eine administrative Anordnung der Charakter einer öffentlichen Volksschule beigelegt werden. Anm. 5.

Wenn den Lehrern an der Anstaltsschule eine Pensionsberechtigung gleich der der Lehrer an Volksschulen beigelegt werden soll, so könnte dies nur im Wege eines Allerhöchst zu genehmigenden Nachtrages zum Statute des genannten Vereines geschehen. Min. Erl. v. 11. I. 88 (C. Bl. U. V. S. 254).

8. Auch **öffentliche jüdische Schulen** sind öffentliche Volksschulen, falls sie deren Vorbedingungen erfüllen. — Dagegen sind keine öffentlichen Volksschulen jüdische Schulen, die lediglich der Ertheilung des Religionsunterrichtes dienen. E. O. V G. v. 29. V. 96 (Pr. V. Bl. Bd. XVIII S. 156). Anm. 6.

9. **Nur definitiv angestellte Lehrer und Lehrerinnen haben einen Anspruch auf Pension.** Ausf. Best. v. 2. III. 86 Nr. 3. Anm. 7

Auch § 4 Abs. 1 des Ges. findet auf provisorisch angestellte Lehrer keine Anwendung. Diese werden überhaupt nicht in den Ruhestand versetzt, sondern

eintretenden Falles gemäß § 83 des Disziplinargeſ. v. 21. VII. 52 entlassen. Bei vorhandener Würdigkeit und Bedürftigkeit kann **ihnen eventuell aus Kap. 121 Tit. 29a des Etats** eine fortlaufende Unterstützung gewährt werden. Min. Erl. v. 9. II. 88 (C Bl. U. V. S. 404).

10. Definitiv an Volksschulen angestellte Zeichenlehrer und Handarbeitslehrerinnen haben den Pensionsanspruch des Ges, wenn sie wirklich definitiv, d. h. nicht nur auf bestimmte Zeit auf Kündigung oder auf Widerruf, angestellt und wenn sie voll beschäftigt sind (§ 6 Abs. 2 des Ges.). Min. Erl v. 30 III 86 (Schn. u. v. Br. Bd. III S. 894).

Ein für mehrere städtische Schulen höheren, mittleren und niederen Grades angestellter gemeinsamer Zeichenlehrer, der nur zum geringsten Theile für die Volksschule beschäftigt ist, gehört nicht zu den an einer öffentlichen Volksschule endgültig angestellten und vollbeschäftigten Lehrern im Sinne der §§ 1 und 4 des Ges. Min. Erl. v 19. VIII. 99 (C. Bl. U. V. S. 726).

11. Rektoren an öffentlichen Volksschulen gehören, ohne Rücksicht auf ihre Vorbildung, hierher. Die Thatsache der definitiven Anstellung an einer öffentlichen Volksschule ist allein entscheidend. Aktenst. A.H Nr. 111 S. 1443.

Anm. 8. 12 Eine **Verzichtleistung auf Pension** in den Vokationen ist grundsätzlich unstatthaft. Die Schulaufsichtsbehörden haben Vokationen, die einen solchen Verzicht verlangen, die Bestätigung zu versagen. Min. Erl. v. 3. VI. und 6 XII. 78 (C. Bl U. V. S. 519, 682).

Der Verlust des Pensionsanspruches tritt nur ein bei freiwilligem Ausscheiden aus dem Schulamte oder als Folge der Dienstentlassung gemäß § 16 des Disziplinargeſ. v. 21. VII. 52

Dem Antrage eines Lehrers, der das 65. Lebensjahr noch nicht vollendet hat, auf Pensionirung darf deshalb nur dann entsprochen werden, wenn die Königliche Regierung ihn nach pflichtmäßigem Ermessen wegen eines körperlichen Gebrechens oder (nicht und) wegen Schwäche seiner körperlichen oder geistigen Kräfte zur Erfüllung seiner Amtspflichten für dauernd unfähig erachtet, und der Lehrer den Antrag bedingungslos gestellt hat

In die Verf., durch die ein Lehrer, der das 65. Lebensjahr noch nicht vollendet hat, unter Gewährung von Pension in den Ruhestand versetzt wird, sowie in die Zahlungsanweisung, betreffend die aus der Staatskasse zu zahlende Pension (§ 26), ist die ausdrückliche Erklärung aufzunehmen, daß die Versetzung in den Ruhestand „wegen Dienstunfähigkeit geschieht. Ausf. Best. v 2 III. 86 Nr. 4.

Anm. 9. 13. **Ob dauernde Dienstunfähigkeit vorliegt, ist Thatfrage,** die in der Regel durch ein Physikatsattest festzustellen ist. — Zur Vermeidung übermäßiger Belastung der Staatskasse durch die Pensionszahlungen, sowie ernstlicher Schwierigkeiten für die Besetzung offener Stellen soll die Versetzung in den Ruhestand nur bei zwingender Nothwendigkeit erfolgen. Min. Erl. v. 26. IX. 87 (C. Bl. U. V. S. 782). Ist aber dauernde Dienstunfähigkeit nachgewiesen und liegen auch die sonstigen gesetzlichen Erfordernisse der Versetzung in den Ruhestand vor, so darf sich die Regierung einem dahingehenden Antrage des Lehrers nicht widersetzen. Bei Weigerung des Lehrers ist erforderlichen Falles das Verfahren auf zwangsweise Versetzung in den Ruhestand einzuleiten. Hierfür ist der weiter unten abgedruckte Min. Erl. v. 5. IX. 88 (C. Bl. U. V. S. 765) maßgebend. Eine Behinderung der vollen Dienstunfähigkeit, z. B. durch Krankheit, die als eine dauernde noch nicht feststeht, genügt zur Einleitung jenes Verfahrens nicht Der Schulverband muß es sich an der verminderten Dienstthätigkeit des Lehrers genügen lassen, hat ihm inzwischen sein volles Gehalt zu gewähren und für die etwa nöthige Stellvertretung bei unerläßlicher Beurlaubung zu sorgen. Min. Erl. v. 31. VIII. 70 (Sch. u. v. Br. Bd. I S. 859).

14. Während der Dauer einer gegen einen Lehrer eingeleiteten strafrechtlichen oder Disziplinar-Untersuchung ist seinem Antrage auf Pensionirung nicht Folge zu geben. Ausf. Best. v. 2. III. 86 Nr. 5. Anm. 10.

Zu Absatz 2. 1 Hat sich der Lehrer seine Dienstunfähigkeit nicht bei Ausübung des öffentlichen Schuldienstes in Preußen oder aus dessen Veranlassung zugezogen, sondern ist sie z. B. die nachträglich hervorgetretene Folge einer in Veranlassung früheren Militärdienstes entstandenen Krankheit, so findet die Vorschrift des Abs. 2 keine Anwendung Ausf. Best. v. 2. III. 86 Nr. 6. Anm. 11.

2. Gemäß § 2 Abs. 2 beträgt die Pension in diesem Falle stets $^{15}/_{60}$ des Diensteinkommens.

Zu Absatz 3. Der § 1 Abs. 3 giebt **nur den Lehrern die Befugniß, zu verlangen**, daß sie nach Vollendung des 65. Lebensjahres auch ohne den Nachweis der Dienstunfähigkeit mit Pension in den Ruhestand versetzt werden. Anm. 12.

Eine dem § 30 Abs. 1 des Ges. v 31. III. 82 (G. S. S. 133), betreffend die Abänderung des Pensionsges. v. 27. III. 72, entsprechende Bestimmung ist in das Ges. v. 6 VII. 85 nicht aufgenommen worden. Die Regierung kann deshalb einen Lehrer, auch wenn er das 65. Lebensjahr zurückgelegt hat, ohne seinen Antrag nur wegen Dienstunfähigkeit und nur unter Beachtung der Vorschriften über die zwangsweise Pensionirung in den Ruhestand versetzen Ausf. Best v. 2 III 86 Nr. 7.

Zu Absatz 4. 1. **Aus Abs. 4 des § 1 ist ein Rechtsanspruch auf Pension nicht herzuleiten.** Maßgebend sind vielmehr vorhandene Bedürftigkeit und das Ermessen des Unterrichtsministers. Die im § 7 des Pensionsges. v. 27. III. 72 (G. S. S. 268) vorgesehene Kgl. Genehmigung ist hier nicht erforderlich. Der Höchstbetrag der möglichen Pension ist gemäß § 2 Abs. 2 des Ges $^{15}/_{60}$. Anm. 13.

2. Auch Abs. 4 des § 1 findet natürlich nur auf definitiv angestellte Lehrer Anwendung und auch nur dann, wenn sie wegen Dienstunfähigkeit in den Ruhestand versetzt werden. Und zwar muß dies in dem hierzu vorgeschriebenen Verfahren erfolgen. Eine einfache Entlassung des Lehrers aus dem Dienste ist unzulässig Min. Erl. v. 15. V. 88 (C. Bl. U. V. S. 566).

§ 2. Die Pension beträgt, wenn die Versetzung in den Ruhestand nach vollendetem zehnten, jedoch vor vollendetem elften Dienstjahre erfolgt, $^{15}/_{60}$ und steigt von da ab mit jedem weiter zurückgelegten Dienstjahre um $^{1}/_{60}$ des im § 4 bestimmten Diensteinkommens. Ueber den Betrag von $^{45}/_{60}$ dieses Einkommens hinaus findet eine Steigerung nicht statt.

In dem im § 1 Abs. 2 erwähnten Falle beträgt die Pension $^{15}/_{60}$, in dem Falle des § 1 Abs. 4 höchstens $^{15}/_{60}$ des vorbezeichneten Diensteinkommens.

Der § 2 stimmt wörtlich mit § 8 des Pensionsges. v. 31 III. 82 überein, so daß in Betreff der Höhe der Pension die Volksschullehrer den unmittelbaren Staatsbeamten gleichstehen. Anm. 1.

Auf die hiernach den Lehrern zustehende Pension werden die Bezüge aus **besonderen**, durch freiwillige Beiträge gebildeten **Pensionskassen nicht** angerechnet. Sten. Ber. A. H. 1885 S. 1323. Anm. 2.

§ 3. **Bei jeder Pension werden überschießende Markbrüche auf volle Mark abgerundet.**

Anm. 1. Ist einem im Disziplinarverfahren zur Dienstentlassung verurtheilten Lehrer nach der Entscheidung der Disziplinarbehörde ein Theil des gesetzlichen Pensionsbetrages als Unterstützung zu gewähren (§ 16 Nr. 2 des Disziplinarges. v. 21. VII 52 G. S. S. 465), so findet die Abrundung auf volle Mark nur für den zahlbaren Theilbetrag der gesetzlichen Pension, nicht dagegen für diejenige Pension statt, von der der Theilbetrag zu berechnen ist. Ausf. Best v. 2. III 86 Nr. 8. Im Uebrigen wird natürlich nach oben abgerundet.

§ 4. Der Berechnung der Pension wird das von dem Lehrer zuletzt bezogene, mit der ihm verliehenen Lehrerstelle nach Festsetzung oder mit Genehmigung der Schulaufsichtsbehörde dauernd verbundene Diensteinkommen an Geld, an freier Wohnung und Feuerung, beziehungsweise Mieths- und Feuerungsentschädigung, sowie an Naturalien und Ertrag von Dienstländereien zu Grunde gelegt.

Außerdem kommt die aus Staatsfonds widerruflich gewährte Dienstalterszulage, welche der Lehrer zur Zeit der Pensionirung bezieht, in Anrechnung.

Naturalien und der Ertrag von Dienstländereien kommen mit demjenigen Betrage zur Berechnung, auf welchen deren Geldwerth als Theil der von der Schulaufsichtsbehörde festgesetzten Besoldung festgestellt worden ist, vorbehaltlich der Vorschrift des § 45 des Ges. über die Zuständigkeit der Verwaltungsbehörden und Verwaltungsgerichtsbehörden vom 1. August 1883 (G. S. S. 237).

Dienstemolumente, welche ihrer Natur nach steigend und fallend sind, insbesondere Einkünfte an Schulgeld, werden nach den bei Verleihung des Rechtes auf diese Dienstemolumente deshalb getroffenen Festsetzungen und in Ermangelung solcher Festsetzungen nach ihrem durchschnittlichen Betrage während der drei letzten Etatsjahre vor dem Etatsjahre, in welchem die Pension festgesetzt wird, zur Anrechnung gebracht.

Diese Vorschriften gelten auch für die Berechnung der Pension eines Lehrers, mit dessen Schulamt ein kirchliches Amt vereinigt ist, dergestalt, daß der Berechnung das Diensteinkommen der vereinigten Stelle, ohne Rücksicht darauf, aus welchen Quellen solches oder einzelne Theile desselben fließen, als ein einheitliches Stelleneinkommen zum Grunde zu legen ist.

Anm. 1. § 4 ist durch das Ruhegehaltskassenges. v. 23. VII. 93 und die §§ 11, 20 des Lehrerbesoldungsges ergänzt worden. S. o. S. 87.

Anm. 2. Zu Absatz 1—3. 1. **Nur das dauernd mit einer Lehrerstelle verbundene Diensteinkommen ist für die Pensionsberechnung maßgebend.** Einkünfte aus Nebenämtern, die nicht organisch mit dem Hauptamte verbunden sind, aus Nebenbeschäftigungen, aus widerruflichen Bewilligungen sind nicht zu berücksichtigen. Außerdem muß die Schulaufsichtsbehörde das Einkommen festgesetzt und genehmigt haben. Anderenfalls können z. B. persönliche Zulagen, zu denen die Genehmigung werde nachgesucht noch ertheilt ist, als pensionsfähiges Diensteinkommen nicht angerechnet werden. Min. Erl. v. 6. I. 87 (C. Bl. U. V. S. 389).

2. Die Regierung hat daher dafür Sorge zu tragen, daß bei jeder Neuanstellung eines Lehrers, sowie bei jeder Ueberweisung einer anderen Stelle an einen Lehrer sein gesammtes pensionsanrechnungsfähiges Diensteinkommen in einer bestimmten Geldsumme festgesetzt, und zu diesem Behufe der auf das Gesammteinkommen anzurechnende Geldwerth der freien Wohnung und Feuerung, sowie der Naturalien und des Ertrages der Dienstländereien festgestellt wird, wobei hinsichtlich der Naturalien und des Ertrages der Dienstländereien eintretenden Falles die Vorschrift des § 45 des Zust. Ges. v. 1. VIII. 83 Anwendung findet. Ausf. Best. v. 2. III 86 Nr. 9 Abs. 1.

3. Außer § 45 des Zust Ges. sind die §§ 10, 11, 20² des Lehrerbesoldungsges. zu beachten.

4. Bezüglich der vor Inkrafttreten des Ges. v. 6 VII 85 angestellten Lehrer kann von der Festsetzung solange Abstand genommen werden, als nicht Seitens der zur Aufbringung des Diensteinkommens Verpflichteten oder Seitens der Lehrer selbst besondere Festsetzungsanträge gestellt werden. Min. Erl. v. 24. XI. 86 (C. Bl. U. V. S. 383).

5. Die so getroffene Festsetzung bleibt für die Pensionsberechnung maßgebend und es erscheint nicht zulässig, das Diensteinkommen (an freier Wohnung und Ertrag von Dienstländereien) bei der Pensionirung des Stelleninhabers anderweit festzusetzen. Min. Erl v. 5. XI 86 (C. Bl. U V 1887 S. 384). Ebenso bezüglich des Geldwerthes von Naturalien, des Ertrages von Dienstländereien, des Geldwerthes der freien Wohnung und Feuerung Min. Erl. v. 24. XI. 86 (das. S. 384); bezüglich des Ertrages der Dienstländereien Min. Erl. v. 30 III. 87 (das. S. 386); desgl. und des Geldwerthes von Naturalien Min. Erl. v. 14. II. 88 (C. Bl. U V S. 406).

6. Selbstverständlich wird hierdurch, wie in dem Min. Erl. v. 24. XI. 86 ausdrücklich anerkannt ist, die Zulässigkeit einer anderweiten Regulirung und Normirung der Höhe des pensionsfähigen Gesammtdiensteinkommens eines Lehrers überhaupt, unter vorschriftsmäßiger Zuziehung der Betheiligten hierbei, da, wo ein Bedürfniß dazu oder zwingende Gründe vorliegen, nicht ausgeschlossen.

7 Weigern sich die Unterhaltungspflichtigen, einer Anforderung der Schulaufsichtsbehörde zu entsprechen, so ist eine Entscheidung der Beschlußbehörden gemäß Ges. v. 26. V. 87 herbeizuführen.

8. Hat die Aufsichtsbehörde die Angaben einer Matrikel ihrer Festsetzung untergelegt, so sind die Angaben der Matrikel dadurch für die Pensionsberechnung maßgebend geworden. Ist das nicht der Fall, so haben sie keinen Ausschlag gebenden Werth. Min. Erl. v. 22. IV. 88 (C. Bl. U. V. S. 562).

9. Die den Schulstellen auf die Amtsdauer der jeweiligen Stelleninhaber aus dem Grundsteuer-Entschädigungsfonds bewilligten Zulagen sind als mit der betreffenden Schulstelle dauernd verbundenes Diensteinkommen im Sinne des Abs. 1 § 4 des Ges. zu erachten und demgemäß bei Bemessung der Pension des betreffenden Stelleninhabers in Anrechnung bringen. Min Erl. v. 27. XI. 88 (C Bl 1889 S. 239).

10. Wegen der **Berechnung des Werthes der freien Wohnung,** zu Anm. 3.
der gemäß § 18 des Lehrerbesoldungsges. v. 3. III. 97 der Hausgarten gehört, und freier Feuerung vgl. § 8 des Ruhehaltskassenges. Zu der letzteren gehört nur die für den persönlichen Bedarf des Lehrers.

Hat er durch ein Abkommen mit den Unterhaltungspflichtigen auch die Feuerung für die Schule gegen Entschädigung übernommen, so ist der ihm hieraus etwa erwachsende Vermögensvortheil kein Theil des pensionsfähigen Einkommens. Bezieht er hierfür und für seinen persönlichen Bedarf eine Gesammtentschädigung, so hat Mangels Bestimmung, wieviel davon für den persönlichen Bedarf uud wieviel für die Schule gezahlt wird, bei der Pensionirung diese Feststellung nachträglich einzutreten.

11. Die Feststellung des Werthes der freien Wohnung und Feuerung gemäß § 45 des Zust. Ges. dem Kreisausschusse zuzuweisen, ist unrichtig. Abgesehen davon, daß die erstinstanzliche Entscheidung bei Festsetzung der Pension ohnehin gemäß § 14 des Ges. der Regierung gebührt, gehören Wohnung und Feuerung überhaupt nicht zu den im § 45 des Zust. Ges. erwähnten „Naturalien und Ertrag von Ländereien". Sie stehen vielmehr als besondere Dienstemolumente neben ihnen; ihre Schätzung hat nach ortsüblichen Preisen zu erfolgen. Min. Erl. v. 23. II. 88 (C. Bl. U. V. S. 409). Diese Preise sind die allgemeinen, den Verhältnissen des Ortes, ev. der Nachbarorte, entsprechenden Durchschnittsmiethspreise. Sie sind auf denjenigen Betrag festzustellen, der dem örtlichen Miethswerthe einer Wohnung entspricht, wie sie der Inhaber der betr. Lehrerstelle nach den normativen Vorschriften über den Dienstwohnungsbedarf für Lehrerstellen haben soll, ohne Rücksicht darauf, ob die dem Lehrer jeweilig überwiesene Dienstwohnung thatsächlich hinter dem normalen Wohnungsbedarfe zurückbleibt oder über ihn hinausgeht Ebenso muß der Werth desjenigen Quantums an Brennmaterial, auf dessen Lieferung der Stelleninhaber je nach der Größe seiner ihm zustehenden Räumlichkeiten einen Rechtsanspruch hat, voll zur Anrechnung gelangen. Min. Erl. v. 28. IV. 88 (C. Bl. U. V. S. 563) und v 13. XII. 86 (das 1887 S. 387).

12. Auch im Herzogthum Nassau ist der Werth der freien Wohnung, bezw die dafür gewährte Miethsentschädigung nicht nach dem in § 4 Abs 1 des Nass. Ges v. 26. III. 62 (Nass. Vd. Bl. S. 81) bezeichneten gesetzlichen Anschlage einer Miethswohnung, sondern mit demjenigen Geldbetrage, den die Regierung, als die den örtlichen Miethspreisen und dem Bedürfnisse in Wirklichkeit entsprechende Miethsentschädigung gemäß §§ 4 Abs. 2 und 7 a. a. O. festgesetzt und dem Lehrer überwiesen hat, anzurechnen. Denn wenn auch nach dem Nass. Ges. über die Höhe der den Real- und Elementarlehrern zu bewilligenden Pension v. 2. VI. 60 (Vd Bl. S. 97) in Verbindung mit dem Ges. über die Gehaltsverhältnisse der Lehrer an den Elementarschulen v. 26. III. 62 für die Feststellung des der Berechnung der Pension zu Grunde zu legenden Diensteinkommens die Vorschriften des Ges. v. 26 III. 62 dergestalt maßgebend waren, daß der Berechnung der Pension lediglich der Betrag des sogenannten dekretmäßigen Gehaltes und einer etwaigen dekretmäßigen Gehaltszulage zu Grunde zu legen ist, so sind mit dem Zeitpunkte des Inkrafttretens des Pensionsges. alle Vorschriften des vorgedachten Ges. v. 26 III. 62 insoweit für aufgehoben zu erachten, als sie den Vorschriften des Art. I § 4 des Pensionsges. entgegenstehen. Min. Erl. v. 18. IX. 86 (C. Bl. U. V. S. 799),

13. In Hannover wird, da nach §§ 20, 21 des Hann. Volksschulges. v. 26. V. 45 die Dotation einer Lehrerstelle insbesondere in einer Wohnung oder einem genügenden Aequivalente dafür bestehen soll, in der Praxis in den von der Schulaufsichtsbehörde genehmigten Dienstanschlägen regelmäßig gleich eine Berechnung des Wohnungswerthes vorgenommen. Hierin ist im Allgemeinen eine bindende Festsetzung im Sinne des § 4 des Pensionsges. zu finden. Min.-Erl. v. 9. VI. 88 (C. Bl. U. V. S 564).

Zu Absatz 2. Die **Dienstalterszulagen** sind seit Inkrafttreten des Lehrerbesoldungsges. nicht mehr widerruflich, kommen vielmehr als feste Theile des Diensteinkommens bei der Pensionirung zur Anrechnung. Anm. 4.

Zu Absatz 3. 1. **Zu den „Naturalien“ des Abs.** 3 **sind** freie Wohnung und Feuerung **nicht, zu den „Dienstländereien“ nicht der ein Zubehör der Wohnung bildende Hausgarten** zu rechnen. Vgl. § 18 des Lehrerbesoldungsges. Anm. 5.

2. Der Hinweis auf § 45 des Zust. Ges. bezieht sich auf diejenigen Fälle, in denen es sich um eine amtliche Festsetzung des Lehrereinkommens handelt. Kommt die Festsetzung der Höhe der Pension eines in den Ruhestand versetzten Lehrers in Frage, so sind lediglich §§ 14, 15 des Pensionsges. anzuwenden. Vgl. E. O. V. v. 21. III. 79 (Bd. V S. 181), Min.-Erl. v. 23. II. 88 (C. Bl. U. V. S. 409), 14. II. 88 (das. S. 406) und 25. V. 88 (das. S. 572).

3. **Der § 45 des Zust. Ges. lautet:**

Ueber die Feststellung des Geldwerthes der Naturalien und des Ertrages der Ländereien bei amtlicher Festsetzung des Einkommens der Elementarlehrer beschließt auf Anrufen von Betheiligten der Kreisausschuß und, sofern es sich um Stadtschulen handelt, der Bezirksausschuß. Der Beschluß des Bezirksausschusses in erster und zweiter Instanz ist endgültig.

Wegen der Erläuterungen hierzu wird auf die Anm. zu § 20 des Lehrerbesoldungsges. verwiesen, mit dessen Nr. 2 Abs. 2 er sinngemäß übereinstimmt. Gemäß § 20 Nr. 2 Abs. 3 und 4 ist eine anderweite Festsetzung bei erheblicher Aenderung der zu Grunde liegenden thatsächlichen Verhältnisse zulässig. Die getroffene Festsetzung ist aber auch für die Berechnung des Ruhegehaltes maßgebend.

Zu Absatz 4. 1. Dies gilt auch für die in § 20 Nr. 2 Abs. 2—4 einbegriffenen **ihrer Natur nach steigenden und fallenden Dienstbezüge.** Gegen ihre Festsetzung ist der Antrag auf Beschlußfassung bei dem Kreis-, bzw. Bezirksausschusse zulässig, deren Beschlüsse für die Berechnung des Ruhegehaltes maßgebend sind. Anm. 6.

2. Nachdem das **Schulgeld** durch § 5 des Ges. v. 14. VI. 88, betr. Erleichterung der Volksschullasten, aufgehoben worden ist, gebührt jetzt dem Lehrer, dem es früher als ein „Dienstemolument“ zustand, der durchschnittliche Betrag des in den 3 Etatsjahren vor dem Etatsjahre, in dem das Ges. v. 14. VI. 88 in Kraft getreten ist, aufgekommenen Schulgeldes.

3. Als Etatsjahr im Sinne des § 4 Abs. 4 des Ges. ist das Etatsjahr der betreffenden Schulen zu verstehen. Ausf. Best. v. 2. III. 86 Nr. 10.

Zu Absatz 5. 1. **Der § 4 Abs. 5 betrifft** ebenso wie der § 12 des Ges. **nur diejenigen Fälle, in denen eine wirkliche Vereinigung von Schul- und Kirchenamt stattfindet,** nicht aber diejenigen, in denen einem Lehrer ein Kirchenamt nur als ein Nebenamt übertragen ist. Ausf. Best. v. 2 III. 86 Nr. 11. Anm. 7.

2. Ob ein Lehrer, der zugleich ein kirchliches Amt führt, letzteres lediglich als Nebenamt verwaltet, oder ob die Stelle, deren Inhaber er ist, eine solche ist, bei der das Kirchenamt mit dem Schulamte vereinigt ist, kann selbstverständlich nur nach den thatsächlichen Verhältnissen jedes einzelnen Falles beurtheilt und festgestellt werden Es wird in der Regel eine Vereinigung vorliegen, ein Verhältniß, das meist als ein historisch von Alters her überkommenes, thatsächlich und rechtlich fortbestehendes unschwer erkennbar ist, und für dessen rechtliche Charakterisirung es ohne Bedeutung ist, wie die bestehende Vereinigung bezeichnet wird, ob als eine organische, eine dauernde,

eine herkömmliche oder wie sonst etwa, wie denn auch in § 4 Abs. 5 lediglich von der Person eines Lehrers, mit dessen Schulamt ein kirchliches Amt „vereinigt“ ist, und von dem Diensteinkommen der „vereinigten“ Stelle die Rede ist. Min.-Erl. v. 7. III. 87 (C. Bl. U. V. S. 391).

Der in früheren Erlassen gebrauchte Ausdruck „organisch vereinigtes Kirchen- und Schulamt“ kommt in neueren Verfügungen und im Pensionsges. nicht mehr vor und es ist seine Anwendung, weil zu irrthümlichen Anschauungen verleitend, besser zu vermeiden.

3. Jedenfalls ist der Begriff des „vereinigten Kirchen- und Schulamtes“ auch da nicht ausgeschlossen, wo zwar nicht immer der Inhaber einer bestimmten Stelle an einer Schule, wohl aber immer ein Lehrer der letzteren das kirchliche Amt bekleidet hat (vgl. Min.-Erl. v. 26. VII. 83 C. Bl. U. V. S. 503). Min.-Erl. v. 3. I. 88 (C. Bl. U. V. S. 403)

Anm. 8. 4. Die **Trennung vereinigter Schul- und Kirchenämter** kann sowohl von der kirchlichen, wie von der Schulaufsichtsbehörde verlangt werden, ohne daß die andere Seite diesem Verlangen ein Widerspruchsrecht entgegensetzen kann. Die Beweggründe der kirchlichen Aufsichtsbehörde bleiben ihrem Ermessen überlassen. Die Schulaufsichtsbehörde soll die Trennung nur dann verlangen, wenn das Schulinteresse sie dringend erforderlich macht, z. B. wenn die Wahrnehmung des kirchlichen Dienstes den Lehrer in der Erfüllung seiner schuldienstlichen Obliegenheiten hindert. Min.-Erl. v. 7. III. 87 (C. Bl. U. V. S. 391).

Bei Widerspruch der kirchlichen Behörden gegen die Trennung ist die Genehmigung des Unterrichtsministers einzuholen. Min.-Erl. v. 17. I. 93 (C. Bl. U. V. S. 254).

5. **Eine Wiedervereinigung auf einseitigen Antrag** ohne Zustimmung des anderen Theiles ist ausgeschlossen. Min.-Erl. v. 5. V. 88 (C. Bl. U. V. S. 593).

Anm. 9. 6. Bei der **Pensionirung des Inhabers eines vereinigten Kirchen- und Schulamtes** ist gemäß § 4 Abs. 5 des Ges. der Pensionsberechnung das Diensteinkommen der vereinigten Stelle als ein einheitliches Stelleneinkommen zu Grunde zu legen, so daß die Sechzigtheile von dem einheitlichen Stelleneinkommen zu berechnen sind. Die so berechnete Pension wird gemäß § 26 des Ges. bis zur Höhe von 600 Mk. aus der Staatskasse, über diesen Betrag hinaus von den dort genannten Verpflichteten gezahlt. Ausf.-Best. v. 2. III. 86 Nr. 12 Abs. 1.

Die Unterrichtsverwaltung ist schon früher (vgl. Min.-Erl. v. 24. X. 83 Schn. u. v. Br. Bd. I S. 875) stets von der Auffassung ausgegangen, daß das Diensteinkommen des Inhabers eines vereinigten Schul- und Kirchenamtes lediglich als ein einheitliches Stelleneinkommen aufgefaßt und behandelt werden muß, ohne Rücksicht darauf, aus welchen Quellen es fließt, und ohne Unterscheidung zwischen demjenigen Theile, der aus dem Ertrage besonderen Schulvermögens oder aus den Beiträgen der gesetzlich Schulunterhaltungspflichtigen geleistet wird, und dem Theile, der aus kirchlichen Mitteln fließt und daß daher der Pensionsberechnung das Gesammtdiensteinkommen der vereinigten Stelle zu Grunde zu legen ist. Min.-Erl. v. 23. XI. 86 (C. Bl. U. V. 1887 S. 244) und v. 17. II. 87 (das. S. 389).

Unfixirte Einnahmen für kirchliche Verrichtungen sind aber auch bei vereinigten Aemtern auf die Lehrerbesoldung nicht anzurechnen. Min. Erl. v. 30. IX. 91 (C. Bl. U. V. S. 709).

7. Hat jedoch der Inhaber eines vereinigten Kirchen- und Schulamtes bei der Versetzung in den Ruhestand eine **Pension aus kirchlichen Mitteln** zu beanspruchen, liegt also ein Fall des § 12 des Ges. vor, so ist zwar die

Pension zunächst gleichfalls von dem Diensteinkommen der vereinigten Stelle als einem einheitlichen Stelleneinkommen zu berechnen. Auf die so berechnete Pension wird aber der Betrag derjenigen Pension, die der Pensionär aus kirchlichen Mitteln zu beanspruchen hat, in Anrechnung gebracht. Erst der Ueberrest wird gemäß § 26 des Ges. bis zur Höhe von 600 Mk. aus der Staatskasse, über diesen Betrag hinaus von den dort genannten Verpflichteten gezahlt. Ausf.=Best. v. 2. III. 86 Nr. 12 Abs. 2.

Vgl. die Erläuterungen zu § 12 und § 26 des Ges.

8. **Die in ehemals Nassauischen Gebietstheilen vereinigt gewesenen Kirchen= und Schulämter** sind durch die im Jahre 1861 abgeschlossenen Verhandlungen zwischen der vormaligen Landesregierung und dem Bischofe von Limburg, die lediglich eine Verständigung über das von der Kirchenbehörde beanspruchte Recht, die Kirchendiener zu ernennen, zu entlassen rc herbeiführten, nicht getrennt worden. Nur da, wo im Einzelfalle eine Einigung zwischen den berufungsberechtigten kirchlichen und staatlichen Behörden über Ernennung und Entlassung rc. nicht zu Stande kommen sollte, wird eine Trennung eintreten, bezw. nothwendig werden. Soweit dies nicht zutrifft, sind also auch in Nassau vereinigte Schul= und Kirchenämter vorhanden. — Ist in dem Anstellungsdekrete des Inhabers einer solchen Stelle das Organisteneinkommen mit dem Zusatze „ohne Aufrechnung" aufgeführt worden, so giebt dies keinen Grund, jenes Einkommen bei der Pensionsberechnung außer Ansatz zu lassen. Der Zusatz beruht auf den Bestimmungen der früheren Nass. Gesetzgebung, wonach als pensionsfähig nur das dekretmäßige Gehalt angesehen wurde, inhalts deren daher in jedem einzelnen Dekrete besonders bestimmt werden mußte, ob und inwieweit eine Anrechnung des kirchlichen Einkommens auf das dekretmäßige Gehalt stattfinden sollte. Durch Art. III des Pensionsges. sind nun alle diesem Ges. entgegenstehenden Bestimmungen außer Kraft gesetzt worden. Gegenüber § 4 Abs. 5 des Ges. muß daher auch der auf älteren gesetzlichen Bestimmungen beruhende Zusatz „ohne Aufrechnung" als veraltet erachtet werden. Min.=Erl. v. 20. I. 88 (C. Bl. U. V. S. 553); vgl. Min.=Erl. v 9. V. 88 (das. S. 555). Anm. 10.

§ 5. Bei Berechnung der Dienstzeit kommt die gesammte Zeit in Anrechnung, während welcher ein Lehrer im öffentlichen Schuldienste in Preußen sich befunden hat.

Die Dienstzeit wird vom Tage der ersten eidlichen Verflichtung für den öffentlichen Schuldienst an gerechnet.

Kann jedoch ein Lehrer nachweisen, daß seine Vereidigung erst nach seinem Eintritte in den öffentlichen Schuldienst stattgefunden hat, so wird die Dienstzeit von letzterem Zeitpunkte an gerechnet.

Vgl. hierzu die §§ 10 und 11 des Lehrerbesoldungsges. v. 3. III. 97 und die Erläuterungen dazu, oben S. 36 ff. Anm. 1.

1. **Als Dienstzeit** gilt auch die Zeit der Adjuvantur und der provisorischen Anstellung, sowie diejenige Zeit, während der einem anstellungsfähigen Schulamtskandidaten Seitens der Schulaufsichtsbehörde auch nur die kommissarische Verwaltung einer vakanten Schulstelle oder die Vertretung eines beurlaubten oder sonst behinderten Lehrers übertragen war. Ausf. Best. v. 2. III. 86 Nr. 13. Anm. 2.

2. Dasselbe gilt von der Zeit als Hülfslehrer an einer öffentlichen Volksschule, Min. Erl. v. 20 VIII. 86 (C. Bl. U. V. S. 796); von der Zeit, während der mit Genehmigung der Schulaufsichtsbehörde vor der definitiven Anstellung fakultativer Turnunterricht an einer öffentlichen

Schule wenn auch nur probeweise und gegen eine nicht pensionsfähige Remuneration ertheilt worden ist, E. O. V. v. 10. I. 96 (Bd. XXIX S. 171); von der Dienstzeit an einer als Privatschule betrachteten Schule, deren rechtliche Eigenschaft als öffentliche Schule nachträglich festgestellt wird, Min. Erl. v. 13. IX. 87 (C. Bl. U. V. S. 774) und v. 14. V. 88 (C. Bl. U. V. S. 565) — vgl. hiezu § 11 des Ges. —; von der Zeit der Amtssuspension, da diese nicht den Charakter der Dienstentlassung trägt, Erk. R. G. v. 22. X. 88 (C. Bl. U. V. 1889 S. 195); von dem Funktioniren als Lehrer mit Genehmigung der Schulaufsichtsbehörde an einer öffentlichen Volksschule ohne formale Anstellungsfähigkeit (Prüfung), Erk. R. G. v. 23. II. 91 (C. Bl. U. V. S. 710).

3. Dagegen kann jüdischen Volksschullehrern die Dienstzeit als Religionslehrer, Kantor und Vorleser im Dienste von Synagogengemeinden bei der Pensionirung nicht angerechnet werden, Min. Erl. v. 7. X. 86 (C. Bl U. V. 1887 S. 239).

4. Urlaubsertheilung unter der Bedingung der Nichtanrechnung des Urlaubes auf die Dienstzeit widerspricht dem Pensionsges. Min. Erl. v. 13. VI. 96 (C. Bl. U. V. S. 581).

Anm. 3. 1. Bei der **Berechnung der Dienstzeit eines Lehrers, der in Folge strafgerichtlichen Urtheils oder eines Disziplinar-Erkenntnisses sein früheres Amt verloren hatte**, ist, wenn er nach erfolgter Wiederanstellung im öffentlichen Volksschuldienste aus dem neuen Amte ausscheidet, die vor dem Verluste des früheren Amtes im Civildienste zurückgelegte Dienstzeit nicht anzurechnen, während die Anrechnung der Zeit eines **Militärdienstes** stattzufinden hat. (Dies beruht auf § 16 Abs. 2 des Disziplinarges. v. 21. VII. 52, wonach die Disziplinarstrafe der Dienstentlassung den Verlust des Pensionsanspruches von selbst nach sich zieht. Min. Erl. v. 23. X. 86, C. Bl. U. V. 1887 S. 244.) Die unfreiwillige Dienstentlassung eines noch nicht definitiv angestellten Lehrers gemäß § 83 des Ges. v. 21. VII. 52 (G. S. S. 465) hat den Verlust des Anspruches auf Anrechnung der früheren Dienstzeit bei Feststellung des Pensionsanspruches eines Lehrers, der aus einem ihm wieder verliehenen Amte in den Ruhestand versetzt wird, auch dann nicht zur Folge, wenn die Dienstentlassung zur Strafe angeordnet war.

2. Ist ein Lehrer durch Disziplinarentscheidung unter Bewilligung eines Theiles der gesetzlichen Pension als Unterstützung verurtheilt worden (§ 16 Nr. 2 des Disziplinarges. v. 21. VII 52), so ist für die Festsetzung der Pension die Dienstzeit, sofern die Dienstentlassung von der Königlichen Regierung ausgesprochen und Berufung nicht eingelegt ist, bis einschließlich desjenigen Tages zu berechnen, mit dem die Frist zur Anmeldung der Berufung abläuft. Sofern dagegen die Dienstentlassung unter Bestätigung oder Abänderung der Entscheidung der Königlichen Regierung endgültig durch Entscheidung des Königlichen Staatsministeriums ausgesprochen ist, ist die Dienstzeit bis einschließlich des Tages der Bekanntmachung der letzteren Entscheidung zu berechnen.

Anm. 4. Im Uebrigen sind bei der **Berechnung der Dienstzeit** die in der Anlage zu dem Cirkular v. 10. IV. 83 zusammengestellten Grundsätze (M. Bl. S. 54 ff.), insoweit nicht das Ges v. 6. VII. 85 hinsichtlich der Lehrer Vorschriften enthält, die von den Vorschriften des Pensionsges. für die unmittelbaren Staatsbeamten abweichen, zur entsprechenden Anwendung zu bringen. Ausf. Best. v. 2. III. 86 Nr. 14—16.

Wegen der **eidlichen Verpflichtung** vgl. Erläuterungen zu § 10 des Lehrerbesoldungsges. v. 3. III. 97, oben S. 36 ff.

§ 6. Bei Berechnung der Dienstzeit kommt auch die Zeit in Anrechnung, während welcher ein Lehrer

1. im Dienste des preußischen Staats, des Norddeutschen Bundes oder des Deutschen Reiches sich befunden hat, oder
2. als anstellungsberechtigte ehemalige Militärperson nur vorläufig oder auf Probe im Civildienste des Preußischen Staates, des Norddeutschen Bundes oder des Deutschen Reiches beschäftigt worden ist, oder
3. in den von Preußen neu erworbenen Landestheilen im öffentlichen Schuldienste oder im unmittelbaren Dienste der damaligen Landesherrschaft sich befunden hat.

Ausgeschlossen bleibt die Anrechnung derjenigen Dienstzeit, während welcher die Zeit und Kräfte eines Lehrers durch die ihm übertragenen Geschäfte nur nebenbei in Anspruch genommen gewesen sind.

Zu Absatz 1 Nr. 1. **Reichsdienst und daher anrechnungsfähig** ist auch der Elsaß=Lothringensche Landesdienst. Min. Erl v. 10. IV. 83 (M. Bl. S. 54) Nr. 9. Anm. 1.

Zu Absatz 1 Nr. 3 **Zu der in Nr. 3 des § 6 als anrechnungsfähig bezeichneten Zeit** gehört auch diejenige, während der ein mit einem neu erworbenen Landestheile übernommener Lehrer in einem anderen Theile des Landes, dem seine Heimath vor der Vereinigung mit Preußen angehört hat, im öffentlichen Schuldienste oder im unmittelbaren Dienste der damaligen Landesherrschaft sich befunden hat. Min. Erl. v 5. X 86 (C. Bl. U. V. S. 802). Anm. 2.

Zu Absatz 2. **Als nicht bloß nebenbei beschäftigt** gilt ein Hülfslehrer, der wöchentlich mindestens 12 Stunden zu unterrichten hat. Vgl. Min. Erl. v. 5. VI. 95 (C. Bl. U. V. S. 574). Anm. 3.

§ 7. Der Dienstzeit im Schulamte wird die Zeit des aktiven Militärdienstes hinzugerechnet.

Zu Absatz 1. 1. **Zum activen Militärdienst gehört** auch die Dienstzeit als einjähriger Freiwilliger sowie die dreijährige Dienstzeit. Sten. Ber. 1871/72 Anl. B. II S. 1089. Kontinuität des Dienstes ist nicht erforderlich. Nicht angerechnet wird die Zeit des Beurlaubtenstandes. Anm. 1.

Das Ges., betr. die Pensionirung und Versorgung der Militärpersonen des Reichsheeres und der Marine v. 27. VI. 71 (R. G. Bl. S. 275) besagt in § 18 hinsichtlich der Berechnung der Dienstzeit bei Pensionirungen:

Die Dienstzeit wird vom Tage des Eintrittes in den Dienst bis zu dem Tage einschließlich, an welchem die Ordre der Verabschiedung oder Dispositionsstellung ergangen ist, gerechnet.

2. Die active Dienstzeit in einem Großherzgl. **hessischen** Truppentheile gelangt allgemein in gleicher Weise, wie die Dienstzeit in einem Truppentheile der für ihr gesammtes Gebiet dem Norddeutschen Bunde beigetretenen Staaten v. 1. VII. 67 als dem Tage des Inkrafttretens der Bundesverfassung ab zur Anrechnung (vgl. § 6 Nr. 1). Min. Erl. v. 10. IV. 83 (M. Bl. S. 54) Nr. 10.

3. Wegen Berechnung der Militärdienstzeit in den im Jahre 1866 neu erworbenen Provinzen siehe die Verfügungen v. 21. V. 74, 6. I. 75 unter Nr. 4 und 3. VI. 78 (M Bl. 1874 S. 166, 1875 S 67 und 1878 S. 116). Min. Erl. v. 10. IV. 83 (M. Bl. S. 54) Nr. 12. Wegen der Militärzeit der Konskribirten im vormaligen Königreich

Hannover und ihrer Anrechnung vgl. Min. Erl. v. 24. IX. 74 (M. Bl. S. 249). Ihnen ist nur die Zeit ihres activen Militärdienstes (18 Monate, später 2 Jahre — die übrige Zeit waren sie beurlaubt —) anzurechnen.

§ 8. Die Dienstzeit, welche vor den Beginn des einundzwanzigsten Lebensjahres fällt, bleibt außer Berechnung.

Nur die in die Dauer eines Krieges fallende, und bei einem mobilen oder Ersatztruppentheile abgeleistete Militärdienstzeit kommt ohne Rücksicht auf das Lebensalter zur Anrechnung.

Als Kriegszeit gilt in dieser Beziehung die Zeit vom Tage einer angeordneten Mobilmachung, auf welche ein Krieg folgt, bis zum Tage der Demobilmachung.

§ 9. Für jeden Feldzug, an welchem ein Lehrer im Preußischen oder im Reichsheere, oder in der Preußischen oder Kaiserlichen Marine derart Theil genommen hat, daß er wirklich vor den Feind gekommen oder in dienstlicher Stellung den mobilen Truppen in das Feld gefolgt ist, wird demselben zu der wirklichen Dienstzeit ein Jahr zugerechnet.

Ob eine militäirische Unternehmung in dieser Beziehung als ein Feldzug anzusehen ist und inwiefern bei Kriegen von längerer Dauer mehrere Kriegsjahre in Anrechnung kommen sollen, dafür ist die nach § 23 des Reichsges. vom 27. Juni 1871 (R. G. Bl. S. 275) in jedem Falle ergehende Bestimmung des Kaisers maßgebend.

Für die Vergangenheit bewendet es bei den hierüber durch Königliche Erlasse gegebenen Vorschriften.

Anm. 1. Zu Absatz 1. Die Frage, ob die Pensionsberechtigung eines Beamten bereits dann anzunehmen sei, wenn sich für ihn, ohne daß er wirklich zehn Jahre im Dienst gewesen, durch die **Anrechnung von Kriegsjahren** eine zehn- oder mehrjährige Dienstzeit ergeben, ist zu bejahen, Min. Erl. v. 11. IV. 84. M. d. J. II. 3344.

Voraussetzung der Anrechnung ist, daß der Beamte als solcher im Heere oder in dessen Verbande am Feldzuge theilgenommen hat. Es genügt nicht eine bloße Beschäftigung im Feindeslande in einer durch Civilverwaltungsbedürfnisse veranlaßten Beamtenstellung, Erk. R. G. v. 21. III. 93 (Jur. Woch. Schr. S. 246); desgl. nicht eine solche als freiwilliger Krankenpfleger, Min. Erl. v 9. XII. 95 (C. Bl. U. V. 1896 S. 191).

Anm. 2. Dagegen ist zur Doppelrechnung eines Kriegsjahres der besondere Nachweis der Theilnahme des einzelnen Individuums an einem Gefechte als Erforderniß nicht aufzustellen. Es genügt, wenn nachgewiesen wird, daß der betr. Truppentheil am Kampfe theilgenommen hat. Erl. d. Kriegsmin. v. 20 II. 81 Nr. I 941.

Zu Absatz 2 und 3. 1. Nach den ergangenen Allerhöchsten Anordnungen ist der Dienstzeit ein **Kriegsjahr in folgenden Fällen hinzuzurechnen:**

a) für die Theilnahme an Gefechten der Feldzüge in Schleswig-Holstein bezw. in Jütland in jedem der Jahre 48, 49 und 50, in den Kämpfen des Jahres 48 in dem Großherzogthum Posen und des Jahres 49 in der Pfalz, sowie in dem Großherzogthum Baden und in Dresden, desgleichen für die Theilnahme an dem Gefecht des Dampfschiffes „Preußischer Adler" am 27. VII. 49 mit der dänischen Kriegsbrigg St. Croix.

Der Besitz der unter dem 23. VIII. 51 gestifteten Denkmünze für wirkliche Kombattanten ist für sich allein nicht ausreichend, den Nachweis der Theilnahme an einem Gefecht zu begründen.

Die Theilnahme der Beamten an Gefechten ist als erfolgt zu erachten, wenn sie zum Verbande der kämpfenden Truppen gehört und sich in deren Gefolge ihrer Berufspflicht gemäß während des Gefechtes thatsächlich befunden haben. (Vgl. A. E. v. 20. XI 48 M. Bl. S. 395; v. 13. II. und 6. XI. 49 M. Bl. S. 54 292; v. 19. I. 50 M. Bl. S. 87; v. 6. V. 58 M. Bl. S 149 und v. 7. II. 67 M Bl. S. 51.)

b) Für die Theilnahme an dem Feldzuge des Jahres 1864 gegen Dänemark.

Für die Betheiligung ist der statutenmäßige Besitz der durch K. O. v. 10. XI. 64 (G. S. S. 641) gestifteten Kriegsdenkmünze maßgebend (vgl. A. E. v 18. XII. 64, M. Bl. 1865 S. 21).

c) Für die Betheiligung an dem Feldzuge des Jahres 66.

Für die Betheiligung ist der statutenmäßige Besitz des durch K. O. v. 20. IX. 66 (G. S. S 556) gestifteten Erinnerungskreuzes maßgebend. Die Anrechnung dieses Feldzuges als Kriegsjahr soll auch für diejenigen Offiziere, Beamten und Mannschaften der Truppen außerpreußischer deutscher Staaten erfolgen, die einer Preußen feindlichen Armee angehört haben, sofern sie an einem Gefechte Theil genommen haben oder behufs Ausführung von Operationen zu kriegerischen Zwecken die Grenze ihrer damaligen Heimathländer überschritten haben (vgl. A. E. v. 6. XI. 66, Just. M. Bl. 1871 S. 150 und v. 11. II. 75, M. Bl. S. 154).

d) Für den Feldzug gegen Frankreich in den Jahren 70 und 71 nach der A. O v. 16. V. 71 (M. Bl. 1871 S. 159):

„Ich bestimme, daß der Feldzug gegen Frankreich von 70/71 den an solchem Betheiligten bei Berechnung ihrer Dienstzeit nach folgenden Grundsätzen als Kriegsdienstzeit in Anrechnung zu bringen ist:

1. Denjenigen Betheiligten, welche in jedem der beiden vorbezeichneten Jahre an einer Schlacht, einem Gefecht resp. einer Belagerung Theil genommen haben, oder welche je zwei Monate in dienstlicher Veranlassung in Frankreich zugebracht haben, kommen zwei Kriegsjahre in Anrechnung.
2. Denjenigen dagegen, welche diese Bedingungen nur in einem der Jahre 70 oder 71 erfüllt, sowie denjenigen, welche, ohne an einem Kampfe theilzunehmen, nur in beiden Jahren zusammen zwei Monate fortlaufender Zeit aus dienstlicher Veranlassung in Frankreich zugebracht haben, ist nur ein Kriegsjahr in Anrechnung zu bringen.

Die Anrechnung des Jahres 71 als Kriegsjahr für diejenigen, welche in diesem Jahre nicht an einem Kampfe betheiligt gewesen, findet jedoch überhaupt nur in dem Falle statt, wenn die Betreffenden bis zum 2. März dieses Jahres mindestens zwei Monate aus dienstlicher Veranlassung in Frankreich anwesend waren."

Als Grenze Frankreichs im Sinne der Ordre ist die Grenze zu verstehen, wie sie vor Ausbruch des Krieges bestand. Min. Erl. v. 10. IV. 83 (M. Bl. S. 54) Nr. 13.

Für die Vergangenheit bewendet es bei den hierüber in den einzelnen Bundesstaaten erlassenen Vorschriften. R. Ges. v. 27. VI. 71 § 73 Abs. 3.

2. Wegen der militärischen Actionen in den **Schutzgebieten**, die als Feldzüge gelten, vgl. folgende im Mar. Vd. Bl. veröffentlichte Kaiserliche Erlasse:

a) Samoainseln: v. 19. XI. 89 (Herrfurth, Etats-, Kassen- u. Rechnungswesen, 3. Aufl. Bd. II S. 786);
b) Kamerun: v. 4. VII. 85, 5. IX. 92, 17. IV. 93, 5. und 7. IX. 95, 17. IX. 95, 18. VII. 96 (das. S. 786);
c) Togo: v. 3 I. 1900;
d) Ostafrika: v. 19. XI. 89, 24. X. 91, 5. XII. 92, 17. IV. 93, 2 VIII. 94, 5. IX. 95, 18. VII. 96 (das. S. 786 f). und v. 31. VIII. 99;
e) Südwestafrika: v. 5. und 7. IX 95, 17. IX. 95 (das. S. 786 f.) und v. 31. VIII. 99.

3. Die **Doppelrechnung** gewisser Dienstzeiten in der kaiserlichen Marine, sowie im Civildienste des Norddeutschen Bundes oder des Deutschen Reiches (§ 50 des Militär-Pensionsges. v. 27. VI 71, R. G. Bl. S. 275, § 51 des Reichsbeamtenges. v 31. III. 73 R. G. Bl. S. 61 und das Ges. v. 30. III. 80, R. G. Bl. S. 99) ist mit der Beschränkung des § 8 Abs. 1 dieses Ges. für die Berechnung der Dienstzeit maßgebend. Min. Erl. v. 10. IV. 83 (M. Bl. S. 54) Nr. 11.

§ 10. Die Zeit
a) eines Festungsarrestes von einjähriger und längerer Dauer
b) der Kriegsgefangenschaft
kann nur unter besonderen Umständen mit Königlicher Genehmigung angerechnet werden.

Anm. 1. In Betreff der 1870/71 in **französische Kriegsgefangenschaft** gerathenen Offiziere, Beamte und Mannschaften hat die K. O. v. 18. V. 71 (M. Bl. S. 159, 160) die Ausnahme festgesetzt, daß ihnen die Zeit der Gefangenschaft bei der Pensionirung als Dienstzeit angerechnet werden darf, wenn sie gemäß A. E. v. 11. IV. 71 das zuständige Gehalt, bezw. die Löhnung für die Zeit der Gefangenschaft gezahlt erhalten haben.

Anm. 2. **Besondere Umstände** liegen z. B. vor, wenn die Gefangenschaft die Folge einer schweren Verwundung war. K. O. v. 10. I. 28 (v. Kamptz, Ann. Bd. XII S. 38).

§ 11 (in der Fassung des Ges. v. 26. April 1890 (G. S. S. 89). Mit Genehmigung des Unterrichtsministers kann zukünftig nach Maßgabe der Bestimmungen in den §§ 5—9 auch die Zeit angerechnet werden, während welcher ein Lehrer außerhalb Preußens im Schuldienste oder im In- und Auslande in Kirchendiensten gestanden, oder als Lehrer oder Erzieher an einer Taubstummen-, Blinden-, Idioten-, Waisen-, Rettungs- oder ähnlichen Anstalt im Dienste einer Gemeinde oder eines sonstigen kommunalen Verbandes, oder im Dienste einer Stiftungsanstalt der bezeichneten Art sich befunden hat.

Anm. 1. **Die Anrechnung einer Dienstzeit der im § 11 genannten Art** bei der dereinstigen Pensionirung **bildet die Ausnahme.** Sie wird im allgemeinen nur dann gerechtfertigt sein, wenn es sich darum handelt, eine noch längere Zeit rüstige und besonders tüchtige Kraft für den öffentlichen Volksschuldienst zu gewinnen. Es ist deshalb bei Anträgen auf dereinstige Anrechnung solcher Zeit das dienstliche Interesse an der Gewinnung des Lehrers unter Angabe seines Lebensalters und seiner persönlichen Verhältnisse näher zu erörtern. Ferner ist genau die Zeit anzugeben, die in Anrechnung gebracht werden soll, wie der anzustellende Lehrer in seinem früheren Amte sowohl hinsichtlich seines Gehaltes als auch seiner Pensionsverhältnisse gestellt gewesen ist, und wie sich seine Gehalts- und Pensionsverhältnisse in seinem neuen Amte gestalten.

In entsprechender Weise sind die Anträge **betreffs** derjenigen Lehrer zu begründen, die zur Zeit des Inkrafttretens des Gesetzes bereits definitiv angestellt sind. Bei ihnen ist insbesondere auch über deren Vermögensverhältnisse sowie darüber Bericht zu erstatten, auf wie hoch sich die Pension mit Anrechnung und auf wie hoch sie sich ohne Anrechnung der betreffenden Zeit belaufen würde. Ausf. Best. v. 2. III. 86 Nr. 18. Ebenso Min. Erl. v. 30 V. 52 (C Bl. U. V. S. 657).

1. Eine **Entscheidung über die Anrechnung** einer an sich nicht pensionsfähigen Dienstzeit kann aber **nicht schon beim Uebertritte in den öffentlichen Schuldienst** getroffen werden. Sie hat vielmehr nach den bestehenden Grundsätzen erst bei dem Eintritte des Pensionsfalles unter Berücksichtigung der Bedürftigkeit und Würdigkeit des betr. Lehrers einzutreten. Min.-Erl. v. 3.IV. 97 (C. Bl. U V. S. 375). Denn das Ges. v. 26. IV. 90 hat eben die alte Fassung des § 11 des Ges., wonach die Zusicherung der Anrechnung bei der Anstellung gemacht sein mußte, beseitigt. Anm. 2.

2. Im Uebrigen ist hier in Betracht zu ziehen, daß es beim Vorhandensein der Voraussetzungen des § 11 des Lehrerbesoldungsges. einer besonderen Anrechnungsgenehmigung des Unterrichtsministers nicht mehr bedarf.

Bei solchen Lehrpersonen, die innerhalb der Fürstenthümer **Waldeck und Pyrmont** im Schuldienste gestanden haben und demnächst innerhalb Preußens angestellt werden, erscheint es nicht erforderlich die Anrechnungsfähigkeit der innerhalb der genannten Fürstenthümer verbrachten Dienstzeit besonders zuzusichern, denn der Artikel 7 des zwischen Preußen und Waldeck unter dem 2. III. 87 geschlossenen Vertrages bestimmt ausdrücklich, daß „bei Festsetzung des Dienstalters und bei der Berechnung der Dienstzeit der Beamten ihnen die von ihnen in dieser Hinsicht in dem anderen Staate bereits erworbenen Ansprüche voll in Anrechnung gebracht werden." Min.-Erl. v. 14. II. 89 (C. Bl. U. V. S. 407). Anm. 3.

§ 12. Hat der Inhaber eines vereinigten Kirchen- und Schulamtes bei der Versetzung in den Ruhestand eine Pension aus kirchlichen Mitteln zu beanspruchen, so wird der Betrag derselben auf die nach den Vorschriften dieses Gesetzes zu gewährende Pension angerechnet.

Vgl. die Erläuterungen zu § 4 Abs. 5, insbesondere auch über den Begriff eines vereinigten Kirchen- und Schulamtes, oben S. 97 ff. Anm. 1.

§ 12 bezieht sich lediglich auf **diejenigen verhältnißmäßig seltenen Fälle,** in denen der Inhaber eines vereinigten Kirchen- und Schulamtes in seiner Eigenschaft als Kirchenbeamter auf Grund einer besonderen gesetzlichen Vorschrift oder etwa auch eines in anerkannter Geltung stehenden besonderen Gewohnheitsrechtes einen Anspruch auf Bezug einer besonderen **Pension aus kirchlichen Mitteln** hat, wie z. B. die Geistlichen der ev. Landeskirche, mit deren kirchlichem Amte ein Schulamt verbunden ist, einen solchen Anspruch haben (Ges. v. 15. III 80, G. S. S 216 in Verbindung mit § 15 [4] des Kirchenges. v 26. I. 80 über das Ruhegehalt der emeritirten Geistlichen.) In Fällen solcher Art findet die Vorschrift des § 26 des Ges. wegen Aufbringung der Pension nur auf den Betrag der Differenz zwischen der gemäß § 12 aus kirchlichen Mitteln zu beanspruchenden und der gemäß § 4 Abs. 5 zu gewährenden Pension Anwendung. Min.-Erl. v. 23. X. 86 (C. Bl. U V. 1887 S 244). Anm. 2.

Im Uebrigen steht den **lebenslänglich angestellten weltlichen Kirchenbedienten** (Kassenrendanten, Rechnungsführern u. s. w), insbesondere den Küstern der Kirchengemeinden der ev. Landeskirche für den Fall ihrer Ver- Anm. 3.

setzung in den Ruhestand nach allgemeinen gesetzlichen Bestimmungen, wenigstens im Gebiete des A. L. R's., ein Anspruch auf Ruhegehalt nicht zu. Denn sie bekleiden keine Stelle, mit der nach dem Gesetze oder nach der Verfassung der Korporation die Pensionsberechtigung verbunden ist. E. O. V. G. v. 30. IV. 84 (Bd. XI S. 139).

§ 13. Die Bestimmung darüber, ob und zu welchem Zeitpunkte dem Antrage eines Lehrers auf Versetzung in den Ruhestand stattzugeben ist, erfolgt durch die Schulaufsichtsbehörde.

Anm. 1. 1. **Vor der Versetzung in den Ruhestand** ist mit dem Lehrer, sofern nicht in seinem Antrage auf Pensionirung schon ein bestimmter Zeitpunkt für deren Eintritt nachgesucht ist, **über diesen Zeitpunkt** thunlichst eine **ausdrückliche Vereinbarung** herbeizuführen. Ausf.-Best v. 2. III. 86 Nr. 19 Abs. 1 Vgl. § 16 des Ges. Abs. 2. Persönlichen Wünschen des Lehrers darf aber hierbei nur insoweit Rechnung getragen werden, als darunter weder das dienstliche, noch das finanzielle Interesse der Unterhaltungspflichtigen leidet. Muß unbedingt auf die weitere Thätigkeit des Lehrers verzichtet werden, so soll auch dessen Zurruhesetzung erfolgen.

Anm. 2. Während des Laufes eines **straf- oder disziplinargerichtlichen Verfahrens** darf einem Antrage auf Pensionirung nicht stattgegeben, ebenso muß ein bereits eingeleitetes Pensionsverfahren ausgesetzt werden, sobald eine straf- oder disziplinargerichtliche Untersuchung eröffnet wird, Min. Erl. v. 29. VI. 1884 Nr. 2 (M. Bl. S. 194).

Anm. 3. Gegen die Bestimmungen der Schulaufsichtsbehörde findet nicht der Rechtsweg, sondern **nur die Beschwerde** an den Unterrichtsminister statt. Vorher hat die Aufsichtsbehörde in Städten den Magistrat und bezw. die städtische Schulbehörde zu hören. Min. Erl. v. 6. V. 87 (C. Bl. U. V. S. 133).

§ 14. Die Entscheidung darüber, ob und welche Pension einem Lehrer bei seiner Versetzung in den Ruhestand zusteht, erfolgt durch die Schulaufsichtsbehörde.

Anm. 1. Auch vor der Entscheidung nach § 14 soll gemäß Min. Erl. v. 6. V. 87 (C. Bl. U. V. S. 533) in Städten der Magistrat und bezw. die städtische Schuldeputation gehört werden.

Zuvor muß die Vorfrage des § 13, ob dem Antrage überhaupt zu entsprechen, entschieden sein.

§ 15. Die Beschreibung des Rechtsweges gegen die Entscheidung (§ 14) steht dem Lehrer, sowie den zur Unterhaltung der Schule Verpflichteten offen: doch muß die Entscheidung des Oberpräsidenten der Klage vorangehen und letztere sodann, bei Verlust des Klagerechts, innerhalb sechs Monaten, nachdem diese Entscheidung den Beschwerdeführern bekannt gemacht worden ist, erhoben werden. Der Verlust des Klagerechts tritt auch dann ein, wenn von den Betheiligten gegen die Entscheidung der Schulaufsichtsbehörde über den Anspruch auf Pension nicht binnen gleicher Frist die Beschwerde an den Unterrichtsminister erhoben ist.

Anm. 1. An Stelle des früher zur Entscheidung auf die der Klage vorangehende Beschwerde zuständigen Unterrichtsministers ist durch § 17 des Ruhegehaltskassenges. (s. das.) der **Oberpräsident** gesetzt worden.

Der Rechtsweg steht dem Lehrer und den Schulunterhaltungspflichtigen nur gegen einander zu. Die Schulaufsichtsbehörde kann nicht verklagt werden, weil sie für sich kein Rechtssubjekt ist und die ihr nach § 14 zustehende Entscheidung innerhalb des ihr zugewiesenen Kreises öffentlich-rechtlicher Befugnisse in Ausübung staatlichen Hoheitsrechtes getroffen hat. Solche Akte geben den betheiligten Privatpersonen grundsätzlich kein gegen den Staat oder die ihn vertretende Behörde im ordentlichen Rechtswege verfolgbares Klagerecht. E. R. G. v. 25. III 89 (E. in Civ. Bd. XXIII S. 261).

§ 16. Die Versetzung in den Ruhestand tritt, sofern nicht auf den Antrag oder mit ausdrücklicher Zustimmung des Lehrers ein früherer Zeitpunkt festgesetzt wird, mit dem Ablaufe desjenigen Vierteljahres ein, welches auf den Monat folgt, in welchem dem Lehrer die Entscheidung der Schulaufsichtsbehörde über seine Versetzung in den Ruhestand und die Höhe der ihm etwa zustehenden Pension bekannt gemacht worden ist.

Der **Zeitpunkt für die Versetzung eines Lehrers in den Ruhestand** ist, wenn nicht besondere dienstliche Rücksichten eine abweichende Anordnung erfordern, immer auf das Ende eines Monats zu bestimmen Anm. 1.

Die rechtlichen Folgen einer Disziplinar-Entscheidung, durch die ein Lehrer zur Dienstentlassung unter Bewilligung eines Theiles der gesetzlichen Pension als Unterstützung verurtheilt worden ist (§ 16 Nr. 2 des Disziplinarges. v. 21. VII. 52 G.-S. S. 465), treten für die Einstellung der Gehaltszahlung und die demnächstige Gewährung der Unterstützung, sofern die Dienstentlassung von der Königlichen Regierung ausgesprochen und Berufung nicht eingelegt ist mit dem Beginne desjenigen Monates ein, der auf den Monat folgt, in dem die Frist zur Anmeldung der Berufung abgelaufen ist. Sofern dagegen die Dienstentlassung unter Bestätigung oder Abänderung der Entscheidung der Regierung endgültig durch Entscheidung des Staats-Ministeriums ausgesprochen ist, treten die oben genannten Folgen mit dem Beginne desjenigen Monates ein, der auf den Monat folgt, in dem dem Lehrer die letztere Entscheidung bekannt gemacht ist. (Vgl. Cirk-Verf. v. 27. II. 65 M.-Bl S. 149) Ausf. Best. v 2. III 86 Nr. 19 Abs. 2, Nr. 20.

Gemäß Min. Erl. v 6. V. 87 (C. Bl. U B. S. 533) soll auch die Entscheidung nach § 16 des Ges. dem Magistrate, bzw. dem Schulvorstande in Urschrift oder irgendwie beglaubigter Form mitgetheilt werden. Anm. 2.

§ 17. Die Pensionen werden monatlich im Voraus gezahlt.

1. Gemäß Min. Erl. v. 24. II. 91 (C. Bl. U. B. S. 294) in Verbindung mit Min. Erl. v. 24 XII. 87 (C. Bl. U. B. 1888 S. 159) sind die aus der Staatskasse zu leistenden, am 1. jeden Monates fälligen Pensionsbeträge an pensionirte Volksschullehrer und Lehrerinnen in Fällen, wo der 1. und 2. Monatstag auf Sonn- oder Festtage fallen, schon **am letzten Tage des vorhergehenden Monats** zu zahlen. Anm. 1.

2 Eine **portofreie Zusendung** der aus der Staats- oder Ruhegehaltskasse zu zahlenden Pensionen an diejenigen in den Ruhestand versetzten Lehrer, die ihren Wohnsitz an einem Orte ohne K. Kassen haben, findet nicht statt. Ebenso haben sie die betr. Quittungen an die zahlende Kasse portofrei einzusenden. Min. Erl. v. 8. VI, 95 (C. Bl. U. B. S. 595).

§ 18. Das Recht auf den Bezug der Pension kann weder abgetreten noch verpfändet werden.

Anm. 1. 1. **Auch die Pension selbst** ist gemäß § 850 [8] und Abs. 2 der Civ. Pr. Ordn. v. $\frac{30.\ I.\ 77}{17.\ V.\ 98}$ ebenso, wie der nach dem Tode der Pensionäre den Hinterbliebenen zu gewährende **Sterbe- oder Gnadengehalt nur dann pfändbar,** wenn diese Bezüge die Summe von 1 500 M. für das Jahr übersteigen, und auch dann nur hinsichtlich des dritten Theiles des Mehr betrages. Ebenso § 46 [7] der Vd. v. 15. XI. 99 (G. S. S. 545); doch finden diese Vorschriften gemäß § 46 Abs. 3 bei der Einziehung von kurrenten öffentlichen Abgaben, Disziplinarstrafen und solchen Zwangsstrafen, die durch die vorgesetzte Dienstbehörde festgesetzt sind, keine Anwendung.

2. Aber auch in diesen Fällen ist die **Pfändung ohne Rücksicht auf den Betrag** zulässig, wenn sie wegen der den Verwandten, dem Ehegatten und dem früheren Ehegatten für die Zeit nach Erhebung der Klage und für das diesem Zeitpunkte vorausgehende letzte Vierteljahr kraft Gesetzes zu entrichtenden Unterhaltsbeiträge beantragt wird. Das Gleiche gilt in Ansehung der zu Gunsten eines unehelichen Kindes von dem Vater für den bezeichneten Zeitraum kraft Gesetzes zu entrichtenden Unterhaltungsbeiträge; diese Vorschrift findet jedoch insoweit keine Anwendung, als der Schuldner zur Bestreitung seines nothdürftigen Unterhaltes und zur Erfüllung der ihm seinen Verwandten, seiner Ehefrau oder seiner früheren Ehefrau gegenüber gesetzlich obliegenden Unterhaltspflicht der Bezüge bedarf. Hierbei werden ausschließlich die Leistungen berücksichtigt, die vermöge einer solchen Unterhaltspflicht für den nämlichen Zeitraum oder, falls die Klage zu Gunsten des unehelichen Kindes nach der Klage eines Unterhaltsberechtigten erhoben ist, für die Zeit von dem Beginne des der Klage dieses Berechtigten vorausgehenden letzten Vierteljahres ab zu entrichten sind. § 850 Abs. 4 a. a. O. in der Fassung des Ges. v. 29. III 97 (R. G. Bl. S. 159) wegen Abänderung des Ges., betr. die Beschlagnahme des Arbeits- und Dienstlohnes. Insoweit als die Pension unpfändbar ist, unterliegt sie auch nicht der Geltendmachung des Kompensationsrechtes. Min. Erl. v. 1. III. 89 (C. Bl. U. V. S. 535).

§ 19. Das Recht auf den Bezug der Pension ruht:

1. **wenn ein Pensionär das Deutsche Indigenat verliert, bis zur etwaigen Wiedererlangung desselben,**
2. **wenn und so lange ein Pensionär im Reichs- oder Staatsdienste, im Dienste einer Gemeinde oder eines sonstigen communalen Verbandes, im öffentlichen Schuldienste oder im Kirchendienste ein Diensteinkommen bezieht, insoweit der Betrag dieses neuen Diensteinkommens unter Hinzurechnung der Pension den Betrag des von dem Lehrer vor der Pensionirung bezogenen pensionsfähigen Diensteinkommens übersteigt**

Anm. 1. **§ 19 kennt nur ein Ruhen des Pensionsrechtes.** Dagegen kann es als Anspruch auf wohlverdientes Ruhegehalt niemals verloren gehen oder abgesprochen werden, auch nicht bei Verurtheilung zur Zuchthausstrafe, mag auch die bestrafte Handlung noch in die Amtszeit zurückreichen. Ebensowenig könnte einer solchen Verurtheilung noch ein Disziplinarverfahren auf Verlust der Pension nachfolgen, da der Pensionär der Dienstdisziplin nicht mehr untersteht. **Vergl. E. in R. G. v. 11. II. 87 (E. Civ. Bd. XVII** S. 240) und 9. **X.** 88 (**E. in Civ. Bd. XXI** S. 186).

Zu Nr. 1. 1. **Das deutsche, gemäß § 3 der Reichsverf. v. 16. IV. 71 für ganz Deutschland gemeinsame Indigenat,** die Bundesangehörigkeit, wird nach § 1 des Reichsges. v. 1. VI. 70 (R. G. Bl. S. 355) über die Erwerbung und den Verlust der Bundes- und Staatsangehörigkeit durch die Staatsangehörigkeit in einem Bundesstaate erworben und erlischt mit deren Verlust. Vgl. hierüber §§ 13, 14 ff. 20—22 dieses Ges. Anm. 2.

2. Solange der Pensionär das deutsche Indigenat besitzt, ist die, bei Auswanderung allein nicht ruhende Pension auch nach dem Auslande zu zahlen. Min. Erl. v. 29. III 83 (C. Bl. U. V. S. 297).

Doch müssen die sich außerhalb des Reichsgebietes aufhaltenden Pensionäre nach Analogie der Best über die Militärpersonen v. 22. II. 75 Nr. 2 (M. Bl. S. 146) — vgl. auch Min. Erl v 17. VI. 61 (M. Bl. S. 156) — die Abhebung ihrer Pension im Inlande selbst oder durch Bevollmächtigte bewirken. Im ersteren Falle bedarf es der Beglaubigung der Unterschrift unter der Quittung nicht Im letzteren Falle ist außer der Vollmacht jeder Zeit das Lebensattest, sowie der Nachweis beizubringen, daß der Pensionär noch nicht durch einen ununterbrochenen 10jährigen Aufenthalt im Auslande das deutsche Indigenat verloren hat. Den Nachweis, daß er aus anderem Grunde das deutsche Indigenat nicht verloren habe, hat der Pensionär nicht zu führen.

Zu Nr. 2. Unter dem **Staatsdienst** in Nr. 2 des § 19 ist **lediglich der Preußische** Staatsdienst zu verstehen. Ebenso gilt als Dienst in einer Gemeinde oder einem sonstigen kommunalen Verbande, als öffentlicher Schuldienst oder Kirchendienst nur der Dienst in einer preußischen Gemeinde 2c. Ausf. Best. v. 2. III. 86 Nr. 21. Anm. 3.

In den Fällen des § 19 Nr. 2 hat die Behörde, die die Wiederbeschäftigung des Pensionärs gegen Entgelt verfügt, derjenigen Behörde, von der der Pensionär in den Ruhestand versetzt worden ist, eine Mittheilung über die Art seiner Verwendung, den Zeitpunkt, von dem ab ihm das neue Diensteinkommen gewährt wird, die Höhe dieses Einkommens, sowie darüber zugehen zu lassen, ob die dauernde Beschäftigung bei befriedigender Dienstführung beabsichtigt wird, oder ob es sich nur um eine vorübergehende Beschäftigung handelt, endlich solche Mittheilungen bei einer Veränderung in den für die Kürzung oder Einziehung der Pension maßgebenden Verhältnissen in entsprechender Weise zu ergänzen. Anm. 4.

Ebenso hat die Behörde, die die Wiederbeschäftigung des Pensionärs gegen Entgelt verfügt hat, bei seiner Pensionirung aus der neuen Stelle wegen Wiedergewährung der früheren Pension mit der Behörde, welche die erste Pensionirung verfügt hatte, in Verbindung zu treten.

Die Kürzung der Pension in Folge der Wiederbeschäftigung kommt in erster Linie auf die Beiträge der bisher zur Aufbringung der Pension bezw. zur Unterhaltung des Lehrers Verpflichteten und erst in zweiter Linie auf den Beitrag aus der Staatskasse (§ 26) in Anrechnung.

Das vor der Pensionirung bezogene Einkommen ist dasjenige, das bei der Pensionirung festgestellt worden ist. Ausf. Best. v. 2. III. 86 Nr. 22 u. 23. Anm. 5.

1. § 19 Abs. 2 findet auf Lehrer 2c., die vor Erlaß des Ges. v. 6. VII 85 pensionirt worden sind, keine Anwendung, da früher maßgebende Bestimmungen eine solche Kürzung oder Einbehaltung der Pension nicht gestatteten. Min. Erl. v 6 XI. 95 (C. Bl. U. V. S. 812).

2. Im Uebrigen muß das „neue" Diensteinkommen neu erworben sein. Ist das nicht der Fall, ist es vielmehr bereits vor der Pensionirung erworben, so greift § 19 Abs. 2 nicht Platz. Min. Erl. v. 26. V. 91 (C. Bl. U V. 1895 S. 813) und v. 4. X. 93 (das. S. 414).

Anm. 6. Die **Verheirathung einer pensionirten Lehrerin** hat nicht die Kürzung oder Entziehung der ihr in Gemäßheit dieses Gesetzes bewilligten Pension zur Folge; auch nicht in dem Falle, wenn eine Pension in Gemäßheit des Abs. 4 § 1 lebenslänglich bewilligt worden ist. Min. Erl. v. 10. II. 88 (C. Bl. U. V. S. 405).

§ 20. Ein pensionirter Lehrer, welcher in eine an sich zur Pension berechtigende Stellung im öffentlichen Volksschuldienste wieder eingetreten ist, erwirbt für den Fall des Zurücktretens in den Ruhestand den Anspruch auf Gewährung einer neuen Pension nur dann, wenn die neue Dienstzeit wenigstens ein Jahr betragen hat.

Bei der Pensionirung aus der neuen Stelle ist dem Lehrer eine Pension von $^1/_{60}$ seines neuen pensionsfähigen Diensteinkommens für jedes nach der früheren Pensionirung zurückgelegte Dienstjahr zu gewähren.

Insoweit der Betrag der neuen Pension und der früher bewilligten Pension zusammen $^{45}/_{60}$ des höchsten Diensteinkommens, von welchem eine dieser Pensionen berechnet ist, übersteigen würde, fällt das Recht auf den Bezug der früher bewilligten Pension hinweg.

Anm. 1. Bei der **Pensionirung aus der neuen Stelle** ist die früher bewilligte Pension, soweit sie in Folge der Wiederanstellung überhaupt gekürzt war, abgesehen von dem Falle des § 20 Abs. 3, in gleicher Weise und von denselben Verpflichteten aufzubringen, von denen sie bis zu ihrer Kürzung aufzubringen war. Zur Aufbringung der früher bewilligten Pension ist insbesondere auch der Beitrag aus der Staatskasse in derselben Höhe zu zahlen, in der er vor der Kürzung der Pension gezahlt war.

Nur die etwaige neue Pension ist von denjenigen aufzubringen, denen die Kosten der Pensionirung aus der neuen Stelle obliegen. Falls die früher bewilligte Pension und mithin der Beitrag aus der Staatskasse zu ihrer Aufbringung die Summe von 600 Mark nicht erreicht hat, oder bei Anwendung der Vorschrift des § 20 Abs. 3 des Ges. unter diesen Betrag ermäßigt wird, so ist auch die neue Pension soweit aus der Staatskasse zu zahlen. Der Gesammtbetrag aus der Staatskasse zur Aufbringung der früher bewilligten und der neuen Pension darf die Summe von 600 Mark nicht übersteigen. Ausf.-Best. v. 2. III. 86 Nr. 24.

§ 21. Die Einziehung, Kürzung oder Wiedergewährung der Pension auf Grund der Bestimmungen in den §§ 19 und 20 tritt mit dem Beginn des Monats ein, welcher auf das eine solche Veränderung nach sich ziehende Ereigniß folgt.

Im Falle vorübergehender Beschäftigung im Reichs- oder Staatsdienste, im Dienste einer Gemeinde oder eines sonstigen communalen Verbandes, im öffentlichen Schuldienste oder im Kirchendienste gegen Tagegelder oder eine anderweitige Entschädigung wird die Pension für die ersten sechs Monate dieser Beschäftigung unverkürzt, dagegen vom siebenten Monat ab nur zu dem nach den vorstehenden Bestimmungen zulässigen Betrage gewährt.

Anm. 1. Zu Absatz 1. **Fällt dieses Ereigniß mit dem Beginne des Monates zusammen,** so ist bereits für diesen Monat die Einziehung, Kürzung oder Wiedergewährnng der Pension herbeizuführen. Anderenfalls tritt eine solche Wirkung erst mit dem Beginne des nächsten Monates ein, da erst dieser vollständig auf jenes Ereigniß folgt. Der Fall, daß eine Wiederbeschäftigung der gedachten Art im Reichs- oder Staatsdienste im Laufe des Monates aufhört, wird nicht häufig vorkommen. Eventuell wird dem Pensionär nicht versagt werden können, gegen Verzicht auf das Diensteinkommen für die einzelnen Tage des letzten Monates seiner Wiederbeschäftigung das Recht auf den Bezug der vollen Pension bereits vom Beginn des Monates ab zu erwerben, Min.-Erl. v. 4. IX. 75 (M. Bl. S. 264). Vgl. Min. Erl. v. 17. VII. 76 (M. Bl. S. 189).

Zu Absatz 2 1. Hinsichtlich des **Begriffes der vorübergehenden Beschäftigung** sind nach Nr 25 der Ausf. Best. v. 2. III 86 die in dem Erl. v 19. August 1880 (Min. Bl. S. 261) aufgestellten Grundsätze zur entsprechenden Anwendung zu bringen. Nachdem dieser Erl. durch Min. Erl. v. 9. IV. 95 (M. Bl. S. 88) aufgehoben und der letztere durch Min. Erl. v. 26 VI. 95 (C. Bl. U. V. S. 597) auch für den Geschäftsbereich der Unterrichtsverwaltung eingeführt worden ist, sind die Bestimmungen des Min. Erl. v. 9. IV. 95 entsprechend anzuwenden. Diese lauten: Anm. 2.

1. Gemäß §§ 27 Nr. 2 und 29 des Civil-Pensions-Ges. v. 27. III. 72 (G. S. S. 268) soll in Zukunft ein Ruhen der Pension der im Reichs- oder Staatsdienst wiederbeschäftigten Pensionäre nur eintreten, sofern sie dadurch wieder die Eigenschaft von unmittelbaren Reichs- oder Staatsbeamten erlangt haben. Bei Dienstleistungen, in denen der Pensionär lediglich in ein privatrechtliches Verhältniß zu der ihn wieder beschäftigenden Behörde tritt, findet dagegen eine Einziehung oder Kürzung der Pension in Zukunft nicht mehr statt.

2. Bevor Personen, die zum Bezuge einer Reichs- oder Staats-Pension berechtigt sind, im Dienste einer Staatsbehörde wieder beschäftigt werden, oder ihre dienstliche Stellung verändern, ist in jedem Falle festzustellen, ob sie dadurch die Eigenschaft von Staatsbeamten wiedererlangen, oder ob sie nur in ein privatrechtliches Verhältniß zu dieser Behörde treten, beziehungsweise in einem solchen bleiben. Im ersteren Falle ist den Betreffenden in einer mit ihnen aufzunehmenden Verhandlung zu eröffnen, daß sie die Eigenschaft von Staatsbeamten wiedererlangt haben.

3. Ein privatrechtliches Verhältniß wird regelmäßig dann vorliegen, wenn es sich um gering gelohnte, lediglich mechanische Dienstleistungen handelt, die aus sächlichen Fonds vergütet werden. Diejenigen wiederbeschäftigten Pensionäre, die eine im Staatshaushaltsetat aufgeführte Stelle unter Bezug der mit ihr verbundenen Besoldung bekleiden, sind stets als Beamte anzusehen. Werden die Dienstbezüge aus Fonds „zu anderen persönlichen Ausgaben entnommen, so ist die Frage, ob ein Beamten- oder privatrechtliches Verhältniß vorliegt, nach den bestehenden dienstpragmatischen Grundsätzen zu bestimmen (vgl. Erl. v. 10. IV. 83 Min. Bl. S. 56ff), wobei für die Annahme eines Beamtenverhältnisses namentlich entscheidend sein wird, ob die Betreffenden der Disziplinargewalt zu unterwerfen bezw. unterworfen sind oder der Invaliditäts- und Altersversicherung nach § 4 des Reichsges. v. 22. VI. 89 (R. G. Bl. S. 97) — jetzt v. 13 VII. 99 (R. G. Bl. S. 463) — nicht unterliegen werden bezw. nicht unterliegen.

4. Unter vorübergehender Beschäftigung im Sinne des § 29 Abs. 2 des Civil-Pensions-Ges. sind niemals die zur Deckung eines dauernden Bedürfnisses erfolgten, nicht auf eine bestimmte Zeit beschränkten Dienstleistungen zu verstehen, die aus besonderen Umständen, etwa, weil der Betreffende sich nicht bewährt und die Kündigung oder jederzeitige Entlassung

vorbehalten war, nicht zu dauernder Beschäftigung führen, sondern die zur Befriedigung vorübergehender Bedürfnisse bestimmten, mithin ihrer Natur nach zeitlich beschränkten Dienstverrichtungen, bei denen eine Aussicht auf dauernde Beschäftigung nicht vorhanden ist.

5) Diejenige Behörde, die die Wiederanstellung oder Wiederbeschäftigung eines Pensionärs verfügt, hat der Behörde, von deren Kasse die Zahlung und Verrechnung der Pension jenes erfolgt, von der erfolgten Wiederanstellung oder Wiederbeschäftigung Nachricht zu geben. Dabei ist anzugeben, ob der Pensionär durch die Wiederbeschäftigung die Eigenschaft eines Beamten wiedererlangt hat, oder ob die Beamteneigenschaft ausgeschlossen ist; ferner, ob es sich um eine dauernde oder vorübergehende Beschäftigung handelt. Auch ist die Höhe des in Folge der Wiederanstellung oder Wiederbeschäftigung aus der Staats- (Reichs-) Kasse bewilligten Einkommens anzugeben und später von einer Veränderung dieses Einkommens Mittheilung zu machen. Der letzteren bedarf es indessen nicht in Fällen, in denen eine Einkommenserhöhung eintritt, nachdem bereits vorher der ganze Pensionsbezug ruhte. Endlich hat eine Anzeige der Wiederanstellungsbehörde auch bei jedem Stellenwechsel und beim Wiederausscheiden des Beamten aus dem Dienste zu erfolgen. Die vorstehend angeordneten Benachrichtigungen der wiederanstellenden oder wiederbeschäftigenden Behörden sind als Justifikatorien zu den betreffenden Pensionsrechnungen beizubringen.

Anm. 3. Ueber die **Berechnung des Tagegeldereinkommens** bestimmt ein Min. Erl. v. 3. II. 94 (M. Bl. S. 26) Folgendes:

1. Ist ein Pensionär während eines vollen Etatsjahres ohne Unterbrechung gegen einen und denselben Tagegeldersatz wieder beschäftigt gewesen, so ist bei Regelung seiner Bezüge der Jahresbetrag der Tagegelder zu Grunde zu legen.

Im Falle einer Aenderung des Tagegeldersatzes im Laufe des Etatsjahres ist eine besondere Berechnung für jeden der in Betracht kommenden Zeitabschnitte vorzunehmen.

2. Ist der Pensionär nicht während des ganzen Etatsjahres, sondern nur in kürzeren Zeiträumen, oder mit Unterbrechungen, gegen Tagegelder wieder beschäftigt gewesen, so ist der Regelung der Bezüge dieses Pensionärs der Monatsbetrag seines neuen Einkommens zu Grunde zu legen.

Auch in den Fällen zu 2 hat die Schlußabrechnung und die endgültige Regelung der betreffenden Pensionsbezüge erst am Jahresschlusse oder beim Aufhören der Wiederbeschäftigung zu erfolgen.

§ 22. Ist die nach Maßgabe dieses Gesetzes bemessene Pension geringer als die Pension, welche dem Lehrer hätte gewährt werden müssen, wenn er am 31. März 1886 nach den bis dahin für ihn geltenden Bestimmungen pensionirt worden wäre, so wird diese Pension an Stelle der ersteren bewilligt.

Eine Pension nach Maßgabe der bis zum 31. März 1886 für ihn geltenden Bestimmungen ist dem Lehrer auch dann zu gewähren, wenn demselben zur Zeit der Versetzung in den Ruhestand nach den früheren Bestimmungen ein Anspruch auf Pension zugestanden haben würde, nach den Bestimmungen des gegenwärtigen Gesetzes jedoch nicht.

Die zur Zeit des Inkrafttretens dieses Gesetzes im Gebiete des vormaligen Herzogthums Nassau, der vormaligen freien Stadt Frankfurt und in Hohenzollern-Hechingen angestellten Lehrer sind berechtigt, zu verlangen, nach den bis dahin für sie geltenden Bestimmungen pensioniert zu werden.

1. Der § 22 des Ges. enthält lediglich **Uebergangsbestimmungen** für diejenigen Lehrer, die zur Zeit des Inkrafttretens des Ges. bereits definitiv angestellt waren. Ausf. Best. v. 2. III. 86 Nr. 26. Anm. 1.

2. Für die **Bemessung des Ruhegehaltes** ist im Falle des § 22 Abs. 1 nur das Stelleneinkommen, das dem Lehrer am 31. III. 86 zustand, nicht aber das Stelleneinkommen zur Zeit der späteren Pensionirung zu Grunde zu legen. Min.-Erl. v. 29. IX. 96 (C. Bl. U. V. S. 709).

Einer besonderen Aufforderung des Lehrers zu einer Erklärung darüber, ob er nach dem bisherigen **Nassauischen** Ges. oder nach dem Ges. v. 6. VII. 85 pensionirt werden wolle, bedarf es nicht, da es troß des Wortlautes des § 22 Abs. 3 keinem Zweifel unterliegen kann, daß bei der Versetzung der zur Zeit des Inkrafttretens dieses Ges. im Gebiete des vormaligen Herzogthums Nassau angestellten Lehrer in den Ruhestand von Amtswegen die Pension in demjenigen Betrage festgesetzt und gewährt werden muß, der, je nachdem die Vorschriften des Ges. v. 6. VII. 85 oder die des früheren Nass Pensionsges. der Pensionsrechnung zu Grunde gelegt werden, sich als der höhere ergiebt. Min.-Erl. v. 18. IX. 86 (C. Bl. U. V. S. 799). Anm. 2.

§ 23. Zusicherungen, welche in Bezug auf dereinstige Bewilligung von Pensionen an einzelne Lehrer oder Kategorien von Lehrern durch den König oder einen der Minister, oder durch eine Provinzialbehörde, oder mit deren Genehmigung gemacht worden sind, bleiben in Kraft.

§ 23 hat in der Hauptsache solche Fälle im Auge, in denen die Anrechnung der Zeit eines früheren Dienstes für die dereinstige Pensionirung aus Billigkeitsgründen bewilligt ist. Sten. Ber. A H. 1885 Anl. Bd. III S. 1450. Anm. 1.

§ 24. Die vorstehenden Bestimmungen finden auch auf die an den in § 1 bezeichneten Schulen definitiv angestellten Lehrerinnen Anwendung.

§ 25. Hinterläßt ein pensionirter Lehrer eine Wittwe oder eheliche Nachkommen, so gebührt den Hinterbliebenen die Pension des Verstorbenen noch für den auf den Sterbemonat folgenden Monat.

Der gleiche Anspruch steht den ehelichen Nachkommen einer im Wittwenstande verstorbenen Lehrerin zu.

An wen die Zahlung erfolgt, bestimmt die Schulaufsichtsbehörde.

Die Zahlung der Pension für den auf den Sterbemonat folgenden Monat kann auf Verfügung dieser Behörde auch dann stattfinden, wenn der Verstorbene Eltern, Geschwister, Geschwisterkinder oder Pflegekinder, deren Ernährer er gewesen ist, in Bedürftigkeit hinterläßt, oder wenn der Nachlaß nicht ausreicht, um die Kosten der letzten Krankheit und der Beerdigung zu decken.

Zu Absatz 1. 1. **Gnadenmonatsbeträge** sind auch von allen denjenigen Unterstützungen zu gewähren, die auf Grund des § 16, 2 des Ges. v. 21. VII. 52 (G. S. S. 465) den entlassenen Beamten auf Lebenszeit oder gewisse Jahre zuerkannt sind. Bei Zeitbewilligungen muß jedoch der Anm. 1.

Tod des entlassenen Beamten noch in die Bewilligungsfrist fallen. Sie sind nicht zu gewähren von Unterstützungen, auf deren Gewährung ein Rechtsanspruch nicht besteht und deren Bewilligung auch nicht auf sonstiger spezieller Bestimmung beruht. Ausgenommen sind solche Unterstützungen, die ohne Rechtsanspruch im Gnadenwege als Ruhegehalt bewilligt sind. Min.-Erl. v. 30. V. 91 (J. M. Bl. S. 165).

Anm. 2. Zu Absatz 2. Der Abs. 2 kommt weder dem Wittwer einer pensionirten Lehrerin, noch den ehelichen Nachkommen einer im Ehestande verstorbenen pensionirten Lehrerin zu Gute.

Zu Absatz 4. **Adoptivkinder** sind den Pflegekindern gleichzuachten. Min.-Erl. v. 16. IV. 95 (C. Bl. U. V. S. 394).

§ 26. Die Pension wird bis zur Höhe von Sechshundert Mark aus der Staatskasse, über diesen Betrag hinaus von den sonstigen bisher zur Aufbringung der Pension des Lehrers Verpflichteten, sofern solche nicht vorhanden sind, von den bisher zur Unterhaltung des Lehrers während der Dienstzeit Verpflichteten gezahlt. Die auf besonderen Rechtstiteln beruhenden Verpflichtungen Dritter bleiben bestehen.

Das Stelleneinkommen darf zur Aufbringung der nach diesem Gesetz zu zahlenden Pensionsbeträge nur insoweit, als dies bisher bereits statthaft war und nur soweit herangezogen werden, daß es nicht unter ¾ seiner Höhe und unter das Mindestgehalt sinkt.

Die in Gemäßheit des § 22 Absatz 3 nach den in dem vormaligen Herzogthum Nassau und der vormaligen freien Stadt Frankfurt geltenden Vorschriften berechneten Pensionen fallen der Staatskasse nur insoweit zur Last, als sie die unter Zugrundelegung dieses Gesetzes zu bemessenden Beträge nicht übersteigen.

Anm. 1. Vgl. zu § 26 das weiter unten erläuterte **Ruhegehaltskassengesetz.** v. 23. VII. 93 Darnach bilden die Schulunterhaltungspflichtigen in jedem Regierungsbezirke Ruhegehaltskassen, aus denen die Ruhegehälter, soweit sie durch den Staatszuschuß oder durch Beiträge von Anderen, als Schulverbänden, besonders von Dritten, zu gewähren sind, gezahlt werden.

Anm. 2. Zu Absatz 1. 1. Auch die bei der Strafe der Dienstentlassung im Wege des förmlichen Disziplinarverfahrens gemäß § 16 Nr. 2 des Ges. v. 21. VII. 52 (G. S. S. 465) als Theil des gesetzlichen Pensionsbetrages auf Lebenszeit oder auf gewisse Jahre **gewährte Unterstützung** ist bis zur Höhe von 600 Mark aus der Staatskasse zu zahlen. Ausf.-Best. v. 2. III. 86 Nr. 27.

Anm. 3. 2. **Liegt der Fall des § 12 vor,** hat also der Inhaber eines vereinigten Kirchen- und Schulamtes eine Pension aus kirchlichen Mitteln zu beanspruchen, so wird der Betrag dieser Pension auf die Gesammtpension zunächst in Anrechnung gebracht. Erst der Ueberrest wird gemäß § 26 bis zur Höhe von 600 Mark aus der Staatskasse, über diesen Betrag hinaus aus der Ruhegehaltskasse bezw. von den Drittverpflichteten gezahlt. Ausf.-Best. v. 2. III. 86 Nr. 12 Abs. 2.

Vgl. die Erläuterungen zu § 4 Abs. 5 und § 12.

Liegt der Fall des § 12 nicht vor, so wird die ganze, gemäß § 4 Abs. 5 des Ges. berechnete Pension nach § 26, ohne Beitrag der Kirchengemeinde, aufgebracht. Selbstverständlich schließen die lediglich die öffentlich-rechtliche Verpflichtung zur Aufbringung der Pension normirenden Vorschriften des Ges. v. 6. VII. 85 die Zulässigkeit von Vereinbarungen zwischen Schul- und Kirchengemeinde, durch die letztere die Gewährung eines Beitrages zur Pension übernimmt, nicht aus. Auch steht nichts im Wege, in dazu geeigneten Fällen auf solche Vereinbarungen hinzuwirken. Zur Gültigkeit desfallsiger Beschlüsse bedarf es aber der Genehmigung sowohl der staatlichen, wie der kirchlichen Aufsichtsbehörde gemäß § 22 Abs. 3 und § 87 der K. G. u. S. O. v. 10. IX. 73, Art. 24^{8} des Ges. v. 3. VI. 76 und Art. 3^{4} der Vd. v. 9. IX. 76. Min. Erl. v. 23. XI. 86 (C. Bl. U. V. 1887 S. 244). Vgl. auch Min. Erl. v. 17. II. 87 (das. S. 389).

3. **Die auf besonderen Rechtstiteln beruhenden Verpflichtungen** sind solche, die sich auf die Pensionszahlung, nicht solche, die sich auf das Diensteinkommen des Lehrers beziehen. E. O. V. G. v. 24. I. 96 (Bd. XXIX S. 168). Sie haben aber auf den Staatszuschuß bis zum Betrage von 600 M. nur dann Einfluß, wenn sie ein besonderes Rechtsverhältniß zwischen dem Fiskus und den Dritten, nicht lediglich ein solches zwischen diesen und den sonst Verpflichteten begründen. Min. Erl. v. 20. XII. 86 (C. Bl. U. V. 1887 S. 388). Anm. 4.

Zu Absatz 2. Eine **Heranziehung des Stelleneinkommens** findet nach § 15 des Ruhegehaltskassengeſ. **nicht** mehr statt. Anm. 5.

Artikel II.

Die Pensionen der Lehrer und Lehrerinnen, welche aus einer der im Artikel I § 1 genannten Schulstellen vor dem Inkrafttreten dieses Gesetzes in den Ruhestand versetzt sind, werden bis zu dem Betrage von Sechshundert Mark auf die Staatskasse übernommen.

Für die **Uebernahme der Pensionen auf die Staatskasse** gemäß Art. II des Ges. ist hinsichtlich der Frage, ob ein Lehrer aus einer der im Art. I § 1 genannten Schulstellen in den Ruhestand versetzt ist, der Charakter der Schule entscheidend, wie er war, als der Lehrer in den Ruhestand versetzt wurde. Ausf.-Best. v. 2. III. 86 Nr. 28. Anm. 1.

Ein **Recht auf Zahlung des Staatszuschusses** haben nicht die Pensionäre, sondern lediglich die Unterhaltungspflichtigen. Min.-Erl. v. 14. II. 88 (C. Bl. U. V. S. 408). Anm. 2.

Die **Staatszuschüsse** sind den Berechtigten, sofern sie nicht am Sitze der Steuerkasse ihren Wohnsitz haben und ihre Bezüge bisher an letzterem ausgezahlt erhielten, auf Kosten der Staatskasse portofrei zu übersenden, so lange sie ihren bisherigen Wohnort beibehalten. Diejenigen Pensionäre, die schon vor dem 1. IV. 86 das Porto für die Zusendung ihrer Pensionsraten tragen mußten, weil sie nicht am Sitze der zahlenden Kasse wohnten, sowie auch diejenigen, die nach dem 1. IV. 86 ihren Wohnort von dem Sitze der zahlenden Kasse verlegt haben, haben die Vergünstigung des portofreien Empfanges nicht. Min.-Erl. v. 22. X. und 20. XII. 86 (C. Bl. U. V. 1887 S. 242, 243). Anm. 3.

Soweit zu der festgesetzten Pension **Naturalbezüge** gehören (bei den Pensionirungen nach dem 1. IV. 86 ist die Pension stets in Geld festzusetzen), so ist ihr Werth in Geld zu veranschlagen. Bleibt die hiernach berechnete Pension innerhalb des Betrages von 600 Mark, so ist letzterer einschließlich des Werthes für die Naturalbezüge auf die Staatskasse zu übernehmen und aus ihr an den Pensionär zu zahlen mit der Auflage, den für die Naturalbezüge festgesetzten Werth an die zur Gewährung der letzteren nach Anm. 4.

wie vor Verpflichteten zu entrichten, und unter gleichzeitiger Benachrichtigung an die Verpflichteten, daß sie die Naturalien nur gegen Leistung des dafür festgesetzten Werthes seitens des Pensionärs weiter zu gewähren haben. Min.-Erl. v. 2. IV. 86 (C. Bl. U. V. S. 400).

Artikel III.

Dieses Gesetz tritt mit dem 1. April 1886 in Kraft.

Mit dem gedachten Zeitpunkte treten alle dem gegenwärtigen Gesetze entgegenstehenden Bestimmungen, sie mögen in allgemeinen Landes- und Provinzialgesetzen und Verordnungen oder in besonderen Gesetzen und Verordnungen enthalten sein, außer Kraft.

Artikel IV.

Mit der Ausführung dieses Gesetzes werden der Unterrichtsminister und der Finanzminister beauftragt.

Anlagen.

I.

Bezüglich der **Zahlung und Verrechnung der Pensionen** von Lehrern und Lehrerinnen an öffentlichen Volksschulen geben die Ausf.-Best. v. 2. III. 86 im Eingange folgende Vorschriften:

Die gemäß Art. I § 26 und Art. II des Ges. der Staatskasse zur Last fallenden Beträge sind von den Regierungen auf ihre Hauptkassen, in Berlin von dem Provinzial-Schulkollegium auf die Vereinigte Konsistorial-, Militär- und Baukasse zur Zahlung anzuweisen. Die Verrechnung hat in den Rechnungen dieser Kassen von der geistlichen und Unterrichts-Verwaltung unter demjenigen Titel zu erfolgen, der durch den Staatshaushaltsetat bestimmt wird. (Kap. 121 Tit. 29: „Zu Pensionen für Lehrer und Lehrerinnen an öffentlichen Volksschulen).

Die auf diesen Fonds anzuweisenden Zahlungen sind bei ihm in den oben bezeichneten Rechnungen als Mehrausgaben zu verrechnen.

Der Zahlungsanweisung in Betreff der nach Art. II des Ges. auf die Staatskasse zu übernehmenden Pensionsbeträge ist eine Nachweisung nach dem anliegenden Muster **A** beizufügen. (Die Muster **A** und **B** sind hierunter abgedruckt.)

Der Zahlungsanweisung über einen jeden auf Grund des Art. I § 26 aus der Staatskasse zu zahlenden Betrag ist eine entsprechend zu justifizirende Nachweisung nach dem Muster **B** beizufügen.

Bei Ueberweisungen der aus der Staatskasse zu zahlenden Pensionsbeträge, die in Folge Verziehens der Empfangsberechtigten erforderlich werden, ist nach den für die Ueberweisung der Civilpensionen der unmittelbaren Staatsbeamten geltenden Vorschriften zu verfahren. Auch für das Verfahren bei Einziehung, Kürzung und Wiedergewährung der Pension (§§ 19, 20, 21 a. a. O.) haben die für Civilpensionen der unmittelbaren Staatsbeamten geltenden Vorschriften entsprechende Anwendung zu finden.

Regierungsbezirk ....

Muster A.

Nachweisung

derjenigen pensionirten Lehrer und Lehrerinnen, die vor dem 1. IV. 86 aus Stellen an öffentlichen Volksschulen in den Ruhestand versetzt worden sind, ihrer Pensionsbezüge und derjenigen Pensionsbeträge, die gemäß Art. II des Ges. v. 6. VII. 85, betr. die Pensionirung der Lehrer und Lehrerinnen an den öffentlichen Volksschulen v. 1. IV. 86 ab auf die Staatskasse zu übernehmen sind.

Laufende Nummer	Vor- und Zunahme der Pensionäre	Der Pensionär war zuletzt angestellt an einer öffentlichen Volksschule zu:		Zeitpunkt, mit welchem die Pensionirung eingetreten ist	Gegenwärtiger Wohn- oder Aufenthaltsort des Pensionärs		Der von der Schulaufsichtsbehörde festgesetzte oder genehmigte Betrag der Pension		Von der Pension (Spalte 8) sind vom 1. April 1886 ab auf die Staatskasse (Kap. 121 Tit. 39) zu übernehmen		Bemerkungen.
		Ort	Kreis		Ort	Kreis	Mk.	Pf.	Mk.	Pf.	
1.	2.	3.	4.	5.	6.	7.	8.		9.		10.

Nach

der für den Lehrer (die Lehrerin) N. N. (vollständiger Name des zu pensionirenden

Zu- und Vorname des zu pensionirenden Lehrers bezw. der Lehrerin	Letzte Dienststellung im öffentlichen Volksschul-dienste	Wohnort	Lebens-alter (geboren am)		Pensionsfähige Dienstzeit im Militär		im Civil		zusammen		Pensions Fixirte Bezüge in Geld		Freie Wohnung und Feuerung bezw. Mieths- und Feue-rungs-Entschä-digung	
					und Begründung der bezüglichen Angaben									
			Jahre	Mon.	Jahre	Mon.	Jahre	Mon.	Jahre	Mon.	Mk.	Pf.	Mk.	Pf.
1.	2.	3.	4.		5.		6.		7.		8.		9.	
(Beispiel)														
Abel, Johann Gottlieb	Lehrer an der städtischen Volksschule für Knaben in P. . . .	P.	56	8 15/30	2	9	34	8 11/30	37	5 11/30	829	50	200	
			(geboren am)		Begründung der Angaben in Spalte 5/6. a) Militärdienstzeit. X. b) Civildienstzeit. X.									

Zur Beachtung.

Zu Spalte 4. Der Geburtstag ist regelmäßig mit anzugeben.

Zu Spalte 5—7. Die Begründung der Angaben der pensionsfähigen Dienstzeit muß in allen Fällen ob die Dienstzeit im Ganzen und für die einzelnen Abschnitte der Dienstlaufbahn den Vorschriften des Pensionsges. worden ist, die Angabe der Tage des Diensteintrittes und des Dienstaustrittes mit dem Hinzufügen: „ohne Dienstzeit begründender Angaben über ihren Verlauf.

Die Anrechnung von Kriegsjahren ist durch Bezeichnung der betreffenden Feldzüge 2c. zu begründen. Festungs-Arrestes von einjähriger oder längerer Dauer, oder der Kriegsgefangenschaft zur Anrechnung kommen bedarf es der Angabe des Tages der Ableistung des Diensteides, eventl des Eintritts in den öffenlichen Schul Ist die Civildienstzeit im öffentlichen Schuldienste bis zur Pensionirung niemals unterbrochen worden, so gegen die Dienstzeit unterbrochen worden ist, so müssen die Gründe der Unterbrechung, sowie die Tage des

Ist die Dienstentlassung in Folge eines strafrechtlichen oder Disziplinar-Verfahrens eingetreten, so kräftigen Erkenntnisses begründet werden.

Im Allgemeinen ist noch zu beachten, daß die vor den Beginn des 21. Lebensjahres fallende Dienst waige Kriegsjahre kommen in Spalte 5 oder 6 zum Ansatz, je nachdem der Betreffende als Soldat bezw. Mi Schuldienste verbrachte Zeit auf die pensionsfähige Dienstzeit in Anrechnung kommen, so bedarf dies in jedem

Zu Spalte 11 wird auf die Vorschriften im vierten Absatze des § 4 des Pensionsges. v 6. VII. 85

Zu Spalte 19/20. Die Angabe, ob eine Militär-Invalidenpension erdient ist, darf in keinem Falle Spalte 19 durch den Vermerk: „nicht erdient" ausdrücklich festgestellt werden. In Spalte 20 ist zu bemerken,

Im Allgemeinen. Für die Vollständigkeit und Richtigkeit aller in den Pensionsnachweisungen mit dem Atteste zu versehen: „Die Richtigkeit vorstehender Angaben wird bescheinigt", und dieses Attest ist von

Beilage zu Muster B.

Muster B gilt jedoch gemäß Min. Erl. v. 5. X. 98 (C. Bl. U. V. S. 756) nur für die Pensionirung der neuen Besoldungsordnung (§ 28 Abs. 3 des Ges v. 3. III. 97) nicht unterworfen haben, sondern bei der übrigen treten mit Rücksicht auf die neuen Bestimmungen des Ges. v. 3. III. 97 über das Diensteinkommen Volksschulen an Stelle der Spalten 8—14 folgende Rubriken:

Die Spalten 15—20 des alten Musters B führen die Ziffern 12—17. Die von Lehrern und Lehrerinnen rerbesoldungsges. anrechnungsfähige Dienstzeit ist der Dienstzeit an öffentlichen Schulen zuzurechnen und mit

Muster B.

weisung

Lehrers bezw. der Lehrerin) an der öffentlichen Volksschule zu X. zu zahlenden Pension.

…fähiges Diensteinkommen								Bezeichnung der Rechnung, in welcher die staatliche Dienstalters-Zulage verausgabt wird	Die Pension ist von dem Betrage in Spalte 13 zu berechnen mit Sechszigstel	Betrag der jährlichen Pension.	Von dem Betrage der Pension in Spalte 16 sind aus der Staatskasse zu zahlen.	Zeitpunkt, von welchem ab die Pensionszahlung beginnt	Jahresbetrag der von dem Pensionär erdienten, auf die Civilpension anzurechnenden Militär-Invaliden-Pension	Bemerkungen
Naturalien und Ertrag von Dienstländereien		Sonstige Dienst-Emolumente		Staatliche Dienstalters-Zulage	Zusammen									
Mk.	Pf.	Mk.	Pf.	Mk.	Mk.	Pf.				Mk.	Mk.			
10		11.		12.	13.			14.	15.	16.	17.	18.	19.	20.
120	50	230	50	180	1580	50		Zahlungs-Nachweisung der Kreiskasse zu N..... für 1886/87	42	1107 (genau 1106,85 nach § 3 des Pensionsgesetzes abgerundet.)	600	1. Mai 1886.	72	Die Invaliden-Pension ist aus dem allgemeinen Pensionsfonds des Deutsch. Reichs zu erstatten

eine kurze, aber vollständige Darstellung der dienstlichen Laufbahn enthalten, so daß beurtheilt werden kann, entsprechend zum Ansatz gekommen ist. Bezüglich der Militärdienstzeit genügt, wenn dieselbe nicht unterbrochen Unterbrechung". Ist die Militärdienstzeit aber unterbrochen worden, so bedarf es näherer, die berechnete

(Vergl. Nr. 10—13 der ministeriellen Vorschriften. Min. Bl. 1883 S. 56.) In Fällen, wo die Zeit eines soll, bedarf es Allerhöchster Genehmigung (§ 10 des Pensionsges. v. 6. VII. 85). Bezüglich der Civildienstzeit dienst, wenn dieser vor oder nach jenem Zeitpunkte stattgefunden hat. (§ 5 des Pensionsges. v. 6. VII. 85.) genügt die fernere Angabe: „ohne Unterbrechung bis zum . . . . ." (Tag des Dienstaustrittes). Wenn da- Austrittes aus dem Dienste und des Wiedereintrittes speziell angegeben werden.
muß dies gleichfalls angegeben und durch Beibringung einer beglaubigten Abschrift des Tenors des rechts-

zeit, soweit sie nicht anrechnungsfähig ist, in den Ansätzen der Spalten 5 und 6 außer Betracht bleibt. Et- litärbeamter oder als Civilbeamter an dem Feldzuge Theil genommen hat. Soll eine nicht im öffentlichen Falle spezieller Erläuterung und Begründung.
hingewiesen. Etwaige Fraktionsberechnungen sind der Pensionsnachweisung beizufügen.
fehlen, wenn eine Militärdienstzeit anzurechnen ist. Ist eine Invalidenpension nicht erdient, so muß dies in aus welchem Reichsfonds die Invalidenpension zu erstatten ist.
enthaltenen Angaben bleibt die die Pension anweisende Behörde verantwortlich. Die Nachweisung ist von ihr schriftsmäßig zu vollziehen.

derjenigen Lehrer und Lehrerinnen, die sich alten Ordnung verblieben sind. Für alle der Lehrer und Lehrerinnen an öffentlichen

an Privatschulen zurückgelegte, nach dem Leh- der letzteren in Spalte 6 nachzuweisen.

Pensionsfähiges Diensteinkommen.			
Grundgehalt	Freie Wohnung (einschl. Hausgarten), bzw. Miethsentschädigung	Alterszulagen	Zusammen
8.	9.	10.	11.

II.

Runderlaß v. 5. IX. 88 (C. Bl. U. V. S. 765), betr. die zwangsweise Versetzung von Lehrern und Lehrerinnen an Volksschulen in den Ruhestand.[1])

Unter Aufhebung der Erl. v. 9. XII. 43 U. 17549 (C. Bl. U. V. 1864 S. 366) und v. 30. XI. 81 U. IIIb 7145 (C. Bl. U. V. S. 688) bestimme ich hierdurch, daß in Fällen der zwangsweisen Versetzung von Lehrern und Lehrerinnen an Volksschulen in den Ruhestand fortan nach den folgenden Vorschriften zu verfahren ist.

1. Ein an einer Volksschule definitiv angestellter Lehrer, welcher durch Blindheit, Taubheit oder ein sonstiges körperliches Gebrechen oder wegen Schwäche seiner körperlichen oder geistigen Kräfte zu der Erfüllung seiner Amtspflichten dauernd unfähig ist, soll in den Ruhestand versetzt werden.

2. Sucht der Lehrer in einem solchen Falle seine Versetzung in den Ruhestand nicht nach, so wird ihm oder seinem nöthigenfalls hierzu besonders zu bestellenden Pfleger von der vorgesetzten Schulaufsichtsbehörde (Regierung, beziehungsweise im Stadtkreise Berlin Provinzial-Schulkollegium) unter Angabe des zu gewährenden Pensionsbetrages und der Gründe der Pensionirung eröffnet, daß der Fall seiner Versetzung in den Ruhestand vorliege.[2])

3. Innerhalb sechs Wochen nach einer solchen Eröffnung (Nr. 2) kann der Lehrer seine Einwendungen bei der Schulaufsichtsbehörde anbringen.

Ist dieses geschehen, so beschließt die Schulaufsichtsbehörde, ob dem Verfahren Fortgang zu geben sei.

In diesem Falle hat der damit von der Schulaufsichtsbehörde zu beauftragende Beamte die streitigen Thatsachen zu erörtern, das Gutachten von Sachverständigen einzuholen, die etwa sonst zur Aufklärung dienenden Beweise zu beschaffen 2c., erforderlichen Falles Zeugen zu vernehmen und zum Schluß den in den Ruhestand zu versetzenden Lehrer oder dessen Pfleger über das Ergebniß der Ermittelungen mit seiner Erklärung und seinem Antrage zu hören.

Auf Grund der geschlossenen Verhandlungen trifft die Schulaufsichtsbehörde, wenn sie nach dem Ergebnisse der Ermittelungen die dauernde Dienstunfähigkeit des Lehrers für dargethan erachtet, durch Kollegial-Beschluß, welcher mit Gründen versehen sein muß, Bestimmung darüber,

> daß und zu welchem Zeitpunkte der Lehrer in den Ruhestand zu versetzen ist,

gleichzeitig aber gemäß der Vorschriften des Pensionsgesetzes vom 6. Juli 1885 (Ges.-Samml. S. 298) Entscheidung darüber,

> welche Pension dem Lehrer bei seiner Versetzung in den Ruhestand zusteht (zu vergl. Nr. 6 dieses Erlasses).

Der Abfassung eines Plenarbeschlusses bedarf es nicht.

Eine Ausfertigung des Beschlusses ist dem Lehrer oder dessen Pfleger zuzustellen.

---

[1]) Ueber die zwangsweise Versetzung von Lehrern und Lehrerinnen an mittleren Schulen s. Min. Erl. v. 4. VIII. 93 (C. Bl. U. V. S. 727) Anlage zum Ges. v. 11. VI. 94, weiter unten.

[2]) Zur zwangsweisen Versetzung in den Ruhestand eines wegen Geisteskrankheit dienstunfähigen Lehrers bedarf es des Entmündigungsverfahrens nicht. Min. Erl. v. 4. VI. 89 (C. Bl. U. V. S. 639).

Gegen diesen Beschluß steht dem Lehrer, insoweit sich der Beschluß auf die Bestimmung erstreckt,

daß und zu welchem Zeitpunkte der Lehrer in den Ruhestand zu versetzen ist,

die Beschwerde an den Unterrichtsminister[1]) binnen einer Frist von vier Wochen nach Empfang des Beschlusses zu.

Des Beschwerderechtes ungeachtet kann der Lehrer von der Schulaufsichtsbehörde sofort der weiteren Amtsverwaltung vorläufig enthoben werden. Unberührt durch die vorstehenden Vorschriften bleibt die Bestimmung des § 15 des Pensionsgesetzes vom 6. Juli 1885.

4. Dem Lehrer, dessen Versetzung in den Ruhestand erfolgt ist, wird das volle Gehalt noch bis zum Ablaufe desjenigen Vierteljahres fortgezahlt, welches auf den Monat folgt, in dem ihm die schließliche Verfügung über die Versetzung in den Ruhestand mitgetheilt worden ist.

5. Wenn der Lehrer gegen die ihm gemachte Eröffnung (Nr. 2) innerhalb sechs Wochen keine Einwendungen erhoben hat, so wird in derselben Weise verfügt, als wenn er seine Pensionirung selbst nachgesucht hätte.

Die Zahlung des vollen Gehaltes dauert bis zu dem unter Nr. 4 bestimmten Zeitpunkte (zu vergl. § 16 des Pensionsgesetzes vom 6. Juli 1885).

6. Ist ein Lehrer vor dem Zeitpunkte, mit welchem die Pensionsberechtigung für ihn eingetreten sein würde, dienstunfähig geworden, so kann er gemäß § 95 Abs. 2 des Gesetzes, betreffend die Dienstvergehen der nicht richterlichen Beamten, die Versetzung derselben auf eine andere Stelle oder in den Ruhestand, vom 21. Juli 1852 (Ges.-Samml. S. 465), gegen seinen Willen nur unter Beobachtung derjenigen Formen, welche für das förmliche Disziplinarverfahren vorgeschrieben sind, in den Ruhestand versetzt werden.

Wird es jedoch für angemessen befunden, dem Lehrer eine Pension zu dem Betrage zu bewilligen, welcher ihm bei Erreichung des vorgedachten Zeitpunktes zustehen würde, so kann die Pensionirung desselben nach den Vorschriften unter Nr. 1 bis 5 erfolgen.

Es sind hierbei die Vorschriften der §§ 1 bis 4 in Verbindung mit den §§ 22 und 23 des Pensionsgesetzes vom 6. Juli 1885 zu beachten.

7. Die vorstehenden Vorschriften finden gleichmäßig Anwendung auf die zwangsweise Versetzung von definitiv angestellten Lehrerinnen an Volksschulen in den Ruhestand.

8. Alle zur Zeit etwa bereits eingeleiteten Verhandlungen wegen zwangsweiser Versetzung von Lehrern und Lehrerinnen in den Ruhestand sind in das durch diesen Erlaß vorgeschriebene Verfahren überzuleiten und in demselben zum Abschluß zu bringen.

9. Lehrer und Lehrerinnen an Volksschulen, welche nicht definitiv, sondern auf Widerruf (einstweilig, provisorisch 2c.) angestellt sind, können, wenn sie durch ein körperliches Gebrechen oder wegen Schwäche ihrer körperlichen oder geistigen Kräfte zu der Erfüllung ihrer Amtspflichten dauernd unfähig sind, gemäß der Vorschrift des § 83 des Ges. v. 21. VII. 52 (G.-S. S. 465) von der Schulaufsichtsbehörde entlassen werden.

---

[1]) Jetzt den Oberpräsidenten. Auch in den Fällen der zwangsweisen Versetzung von Lehrern und Lehrerinnen in den Ruhestand hat der Unterrichtsminister die ihm bisher zugestandene Entscheidung über die von dem Lehrer gegen den Beschluß der Schulaufsichtsbehörde eingelegte Rekursbeschwerde auf die Oberpräsidenten übertragen. Diesen bleibt überlassen, soweit erforderlich, ein Gutachten des Medizinal-Kollegiums einzuholen. Min. Erl. v. 4. VIII. 93 (C. Bl. U. V. S. 727).

C.

Gesetz

betreffend

Ruhegehaltskassen für die Lehrer und Lehrerinnen an öffentlichen Volksschulen.

Vom 23. Juli 1893 (G. S. S. 194).

Einleitung.

Die Ruhegehaltsverhältnisse der Lehrer und Lehrerinnen an den öffentlichen Volksschulen sind durch das Ges. v. 6. VII. 85 geregelt. Das Ruhegehaltskassenges. enthält lediglich eine Ergänzung, keine Aufhebung des Art. I §§ 4, 15, 26 des vorgenannten Ges., und beruht auf folgenden Erwägungen:

Das Ges. v. 6. VII. 85 hatte sich zwar im Allgemeinen bewährt, seine in Art. I § 26 enthaltenen Bestimmungen über die Art der Aufbringung der Ruhegehälter seitens der Schulunterhaltungspflichtigen waren aber Gegenstand vielfacher Beschwerden gewesen. Die Ruhegehälter hatten sich in Folge des Ges., sowie der Erhöhung des Diensteinkommens der Lehrer, insbesondere durch den Ausbau der staatlichen Dienstalterszulagen sehr erheblich erhöht und, wenn auch in großen Schulverbänden ein gewisser Ausgleich darin gefunden wurde, daß an die Stelle der ausscheidenden älteren Lehrer in der Regel jüngere mit geringerem Anfangsgehalte traten, so wirkte doch die Ruhegehaltslast ungleich und schwer drückend in den kleinen, namentlich in den ländlichen Schulverbänden, die ohnehin vielfach nicht im Stande waren, ohne Staatsbeihülfe die Lehrerbesoldung aufzubringen. Aber auch wo sie hierzu, namentlich mit Hülfe des vorhandenen Stellenvermögens, im Stande waren, trat oft ein gänzliches Unvermögen hervor, den Gemeindeantheil an dem Ruhegehalte zu tragen, zumal er vielfach höher war als der Gemeindeantheil am Gehalt. Besonders schwierig gestalteten sich die Verhältnisse bei den vereinigten Kirchen- und Schulämtern, bei denen das Ruhegehalt auch von dem kirchenamtlichen Einkommen zu berechnen und in der Regel von der Schulgemeinde allein getragen werden mußte. Die Ruhegehaltslast wirkte um so drückender, als sie sich nicht auf alle Jahre gleichmäßig vertheilt, sondern nach zufälligen Umständen unerwartet und dann in unverhältnißmäßiger Höhe auftritt.

Die Unterrichtsverwaltung beabsichtigte schon früher, die Ruhegehaltslast von der Einzelgemeinde loszulösen und zur Vermeidung ihrer wechselnden Höhe auf größere Verbände zu übertragen. Die einleitenden Bemerkungen zum Pensionsges. enthalten darüber das Nähere. Das vorliegende Ges. bringt diese Absicht zur Ausführung. Es werden in jedem Regierungsbezirke die Schulunterhaltungspflichtigen zu einer Gemeinschaft dergestalt vereinigt, daß die Ruhegehälter, soweit sie nicht durch den gesetzlichen Staatsbeitrag gedeckt, oder von anderen als Schulverbänden, insbesondere von Dritten zu gewähren sind, fortan aus der gemeinschaftlichen Kasse gezahlt werden. In der Aufbringungsweise, z. B. der Leistung durch Dritte, wie in Hohenzollern-Hechingen durch den Staat (Allgemeine Schulordn. v. 1. VI. 33 § 1, Dienstpragmatik v. 11. X. 43, vgl. Drucks. A. H. 85 Nr. 111 Anlage C sub VII) oder durch besondere Kassen (z. B. den Distriktsschulfonds im Kreise Tondern, vgl. Kuntze, Volksschulwesen der Provinz Schleswig-Holstein 1889 II. S. 364) ist nichts geändert worden. Dagegen wird die Entnahme eines Ruhegehaltsbeitrages aus dem Stelleneinkommen, die nach Art. I § 26 Abs. 2 des Ges. v. 6. VII. 85, wenn auch im beschränkten Maße, zulässig war, ganz beseitigt.

Gesetz,

betreffend Ruhegehaltskassen für die Lehrer und Lehrerinnen an den öffentlichen Volksschulen.

Vom 23. Juli 1897.

Gesetzgeberische Materialien: Sten. Ber. A. H. 1893 Bd. IV S. 2336 ff, 2452 ff, 2490 ff; Drucks. Bd. VI, Nr. 219, 255, 256.

Sten. Ber. H. H. 1893 Bd. II, Drucks. Nr. 24, 50, 57, 68; Bd. I Verhandl. S. 65 ff, 202 ff.

Einführung in **Helgoland:** Vd. v. 1. II. 97 (G. S. S. 23); in den **Stolberg'schen Grafschaften:** Vd. v. 4. III. 95 (G. S. S. 33), s. Erläuterungen zu § 18 [1].

Die **Ausführungsbestimmungen** v. 28. VII., 5. VIII. und 14. IX. 93 (C. Bl. U. V. S. 658, 660, 732) sind in den Erläuterungen verarbeitet.

Wir Wilhelm, von Gottes Gnaden König von Preußen rc. verordnen mit Zustimmung beider Häuser des Landtages, für den Umfang der Monarchie, was folgt:

Die Vorschriften des Artikels I §§ 4, 15, 26 des Gesetzes, betreffend die Pensionirung der Lehrer und Lehrerinnen an den öffentlichen Volksschulen, vom 6. Juli 1885 (Gesetz-Samml. S. 298) werden durch nachstehende Bestimmungen ergänzt:

§ 1. Behufs gemeinsamer Bestreitung des durch Staatsbeitrag nicht gedeckten Theils der Ruhegehälter der Lehrer und Lehrerinnen an den öffentlichen Volksschulen vom 1. Juli 1893 ab wird für die

zur Aufbringung verpflichteten Schulverbände (Schulsozietäten, Gemeinden, Gutsbezirke) in jedem Regierungsbezirk eine Ruhegehaltskasse gebildet.

Anm. 1. 1. Die Vorschriften des Ges. finden ausschließlich Anwendung auf das Ruhegehalt der Lehrer und Lehrerinnen an den **öffentlichen Volksschulen**, d. h. an denjenigen öffentlichen Schulen, die zur Erfüllung der allgemeinen Schulpflicht dienen (Art. I § 1 des Pensionsges. v. 6. VII. 85).

2. Die **Ruhegehaltskasse** führt die Bezeichnung „Ruhegehaltskasse für die Lehrer und Lehrerinnen an den öffentlichen Volksschulen des Regierungsbezirkes N. N."

Ausf.=Best. v. 28. VII. 93 Nr. 1, 2.

Anm. 2. Die **Ruhegehaltskassen** umfassen **nur die zur Aufbringung der Ruhegehälter verpflichteten Schulverbände** (§ 1 des Ges.), nicht die zur Aufbringung des Ruhegehaltes Verpflichteten überhaupt. Daraus, daß das Ruhegehaltskassenges. nach seinen Eingangsworten die Vorschriften des Art. I §§ 4, 15, 26 des Pensionsges. ergänzen soll, ist nicht zu folgern, daß es deshalb alle Schulen umfaßt, auf die das Pensionsges. sich bezieht. Es sind vielmehr diejenigen Schulen ausgeschlossen, bei denen der durch den Staatsbeitrag nicht gedeckte Theil der Lehrerpension von Anderen, als den Schulverbänden, insbesondere von Dritten geleistet wird. Vgl. Drucks. H. H. 1892/93 Nr. 24. E. O. V. G. v. 24. I. 96 (Bd. XXIX S. 158).

Anm. 3. „**Schulverbände**" sind alle zur Unterhaltung der öffentlichen Volksschulen verpflichteten örtlichen Verbände des öffentlichen Rechtes, in diesem Sinne unter Umständen also auch die Kirchengemeinden rücksichtlich der Kirchschulen. Begr. S. 50.

§ 2. Die Verwaltung der Kasse erfolgt durch die Bezirksregierung. Die Kassengeschäfte werden durch die Regierungs=Hauptkasse und durch die ihr unterstellten Kassen unentgeltlich besorgt.

Anm. 1. Die **Ruhegehaltskassen** für die Lehrer und Lehrerinnen an den öffentlichen Volksschulen sind als **Nebenfonds der Regierungshauptkassen** einzurichten.

Die Abführung der auf Grund des § 26 des Pensionsgs. v. 6. VII. 85 bis zur Höhe von jährlich 600 Mark aus der Staatskasse zu zahlenden Pensionen an die Ruhegehaltskassen, sowie die Zahlung der vollen gesetzlichen Ruhegehälter der Lehrer und Lehrerinnen an die Empfangsberechtigten und die Berechnung der gezahlten Beträge durch diese Kassen bedingen eine Aenderung in der bisherigen Justifizirung der Rechnungen der Regierungshauptkassen von der geistlichen und Unterrichtsverwaltung. Da die Empfängerquittungen über die vollen Ruhegehälter nach dem Inkrafttreten der in Rede stehenden Einrichtung zu den Rechnungen der Regierungshauptkassen, betr. den Nebenfonds der Ruhegehaltskassen, gehören, so ist die in den Rechnungen von der geistlichen und Unterrichtsverwaltung bei dem Fonds „Zu Pensionen für Lehrer und Lehrerinnen an öffentlichen Volksschulen" nachgewiesene Gesammtausgabe an Staatsbeiträgen der bezeichneten Art von diesem Zeitpunkte ab mit einer Bescheinigung des Regierungs=Kassenrathes zu belegen, aus der hervorgehen muß, daß

a) diese Gesammtausgabe in der Rechnung der Ruhegehaltskasse für das Etatsjahr 18 . . in Einnahme gekommen ist,

b) sämmtliche Quittungen der Empfangsberechtigten über die in der Rechnung in Ausgabe gestellten Staatsbeiträge sich bei der Rechnung der

Ruhegehaltskasse des Regierungs-Bezirkes für das Etatsjahr 18 . . befinden und mit den erforderlichen Lebensattesten versehen sind,

c) von den Empfangsberechtigten zu b nur die Nachgenannten in dem Zeitraume, innerhalb dessen Pension für sie aus der Staatskasse gezahlt worden, an weiterem Diensteinkommen in Folge einer Anstellung oder Beschäftigung im Reichs- oder Staatsdienste, im Dienste einer Gemeinde oder eines sonstigen kommunalen Verbandes, im öffentlichen Schuldienste oder im Kirchendienste bezogen haben:

Der zur vorstehenden Bescheinigung am Schlusse offen gelassene leere Raum ist, falls ein Bezug von weiterem Diensteinkommen nicht vorliegt, mit dem Worte „Niemand" auszufüllen. Anderenfalls sind an dieser Stelle die Betreffenden namhaft zu machen und sodann die Art der neuen Anstellung oder Beschäftigung eines Jeden (einer Jeden), sowie das von ihnen bezogene weitere Diensteinkommen näher anzugeben, unter Bezeichnung der Kasse, aus der es gezahlt ist.

Ungeachtet der vorgedachten Bescheinigung sind in den Rechnungen von der geistlichen und Unterrichtsverwaltung bei dem Fonds „Zu Pensionen für Lehrer und Lehrerinnen an öffentlichen Volksschulen" nach wie vor die einzelnen Empfänger und der für jeden von ihnen gezahlte Betrag aufzuführen, sowie die über jeden Betrag ergangene Zahlungsanweisung und aufgestellte Nachweisung gemäß dem Min.-Erl. v. 2. III. 86 (C. Bl. U. V. S. 387) als Belege den Rechnungen beizugeben. Ausf.-Best. v. 14. IX. 93.

Zahlungen aus den Ruhegehaltskassen innerhalb des Deutschen Reiches bis zum Monatsbetrage von 400 Mark können bis auf Widerruf im Wege des Postanweisungsverkehres ohne Monatsquittung geschehen. Min.-Erl. v. 5. IV. 98 (C. Bl. U. V. S. 384). Anm. 2.

Die **Rechnungen der Ruhegehaltskassen** unterliegen gemäß § 10 [2] des Ges. v 27. III 72 (G. S. S. 278) der Revision der Oberrechenkammer. Min.-Erl v. 25. VI. 95 (C. Bl. U. V. S. 637). Anm. 3.

Wegen der **Verwaltungskosten** s. Erläuterungen zu § 6 Anm. 4.

§ 3. Die Interessen der Schulunterhaltungspflichtigen an der Kasse sind von einem am Sitze der Bezirksregierung wohnenden Kassenanwalt nach Vorschrift dieses Gesetzes wahrzunehmen. Der Kassenanwalt wird von dem Provinzialausschuß, in der Provinz Hessen-Nassau und in den Hohenzollernschen Landen von dem Landesausschuß, für je sechs Rechnungsjahre gewählt.

§ 4. Der Kassenanwalt erhält eine angemessene Entschädigung, deren Betrag von dem Provinzialausschuß, in der Provinz Hessen-Nassau und in den Hohenzollernschen Landen von dem Landesausschuß, festgesetzt und aus der Kasse bestritten wird.

1. Wegen der **Wahl des Kassenanwaltes** (§ 3) **und Festsetzung der ihm zu gewährenden Entschädigung** (§ 4) ist bei dem Provinzialausschusse in dem Regierungsbezirke Kassel und in den Hohenzollernschen Landen bei dem Landesausschusse ein bezüglicher Antrag zu stellen. Die Regierung soll, wenngleich das Gesetz den gedachten Behörden die freie Entschließung über die Wahl des Kassenanwaltes und über die Höhe der Entschädigung giebt, ihnen auf Wunsch geeignete Personen namhaft machen und jedenfalls das für die Bemessung der Entschädigung in Betracht kommende Material über die

voraussichtliche Arbeitsbelastung des Kassenanwaltes mittheilen. Ausf.-Best. v. 28. VII. 93 Nr. 3.

2. Die Entschädigung dient zur Deckung **sämmtlicher** Dienstunkosten, zu denen u. A. auch Prozeßkosten gehören. Begr. S. 51.

§ 5. Die den Schulverbänden (Schulsozietäten, Gemeinden, Gutsbezirken) zur Last fallenden Ruhegehälter werden von der Kasse an die Bezugsberechtigten bezahlt.

Anm. 1. Vgl. die Erläuterungen zu § 17 des Pensionsges.

Anm. 2. 1. **Die Ruhegehälter sind in voller Höhe von den Ruhegehaltskassen an die Empfangsberechtigten zu zahlen.** Es sind daher sowohl die Staatsbeiträge zu den Ruhegehältern, als auch die im Wege der Umlage von den Schulverbänden einzuziehenden Beiträge an die Ruhegehaltskassen abzuführen. Ausf.-Best. v. 28. VII. 93 Nr. 4.

2. Reichen die Mittel der Ruhegehaltskassen für die zu zahlenden Ruhegehälter nicht aus, so haben die Regierungshauptkassen die Zahlungen vorschußweise zu leisten. Min.-Erl. v. 15. VI. 94 (C. Bl. U. V. S. 567).

3. **Die Quittungen** über Zahlungen aus den Ruhegehaltskassen haben nicht auf diese, sondern auf die betr. Regierungshauptkasse zu lauten. Min.-Erl. v. 29. VI. 94 (C. Bl. U. V. S. 594).

4. Vgl. auch die Erläuterungen zu § 2.

§ 6. Für jedes mit dem 1. April beginnende Rechnungsjahr wird der Bedarf der Kasse nach dem Stande der im § 5 gedachten Ruhegehälter am 1. Oktober des Vorjahres unter Hinzurechnung der voraussichtlichen Verwaltungskosten berechnet.

Anm. 1. Für die **Aufstellung des Vertheilungsplanes des Bedarfes der Ruhegehaltskasse** sind die §§ 6, 7, 13, 14 des Ges. maßgebend. Demnach ist für etwaige im Laufe des Rechnungsjahres hinzutretende Zahlungen an Ruhegehältern ein entsprechender Betrag nicht in Ansatz zu bringen. Reichen die Mittel der Ruhegehaltskasse zur Bestreitung der Zahlungen nicht aus, so sind die letzteren aus der Regierungshauptkasse vorschußweise zu leisten. Ein am Jahresschlusse sich ergebender Fehlbetrag (Vorschuß) ist auf das neue Rechnungsjahr zu übernehmen, nicht aber derart zu decken, daß Beiträge des neuen Rechnungsjahres in Höhe des Fehlbetrages auf das alte Rechnungsjahr übertragen werden.

Anm. 2. Zu den **Verwaltungskosten im Sinne des § 6** gehört nur die Entschädigung des Kassenanwaltes. Alle übrigen Kosten, so die Kosten, die durch die Anschaffung von Kassenbüchern, Quittungsformularen, durch die Drucklegung des Vertheilungsplanes, durch Porto und durch das Verwaltungsstreitverfahren wegen Abänderung des Vertheilungsplanes (§ 12) entstehen, sind aus dem Bedürfnißfonds bezw. aus dem Prozeßkostenfonds der Regierung zu zahlen.

Anm. 3. Hinsichtlich der **Postsendungen der Ruhegehaltskassen** ist nach Maßgabe der Bestimmungen über die geschäftliche Behandlung der Postsendungen in Staatsdienstangelegenheiten vom 7. II. 94 und der erlassenen Ausführungsvorschriften (C. Bl. U. V. S. 234) zu verfahren. Nicht aversionirte Porto- und Gebührenbeträge sind aus dem Bureaubedürfnißfonds der Regierung zu bestreiten.

Vgl. Min. Erl. v. 15. VI. und 22. XI. 94 (C. Bl. U. V. S. 567, 768.)

§ 7. Den Maßstab für die Vertheilung des Bedarfs auf die Schulverbände (Schulsozietäten, Gemeinden, Gutsbezirke) bildet die **Jahressumme des ruhegehaltsberechtigten Diensteinkommens der Lehrer und Lehrerinnen an den öffentlichen Volksschulen des Kassenbezirks am 1. Oktober des Vorjahres. Von diesem Diensteinkommen bleibt für jede Stelle ein Betrag bis zu achthundert Mark außer Berechnung. Bei unbesetzten Stellen sind Dienstalterszulagen nicht in Anrechnung zu bringen.**

Die für jeden Schulverband (Schulsozietät, Gemeinde, Gutsbezirk) sich ergebende Gesammtsumme des Diensteinkommens wird im Vertheilungsplane nach unten auf Hunderte von Mark abgerundet.

1. **In die**, den Vertheilungsmaßstab bildende **Jahressumme** ist das **Diensteinkommen aller Stellen** einzubeziehen, gleichviel, ob die eine oder die andere von ihnen besetzt ist, oder nicht. Die Abrechnung eines Betrages von 800 Mk. hat darin ihren Grund, daß für den Höchstbetrag des Ruhegehaltes daraus mit $^{45}/_{60}$ der Staatszuschuß von 600 Mk. eintritt. Anm. 1.

2. Der Umstand, daß der **Fiskus zur Unterhaltung einer Schule verpflichtet** ist, schließt nicht aus, daß die betreffende Schulgemeinde in den Vertheilungsplan des Bedarfes der Ruhegehaltskasse mit aufgenommen wird. Die auf den Fiskus entfallenden Beiträge sind von der Regierungshauptkasse an die Ruhegehaltskasse abzuführen und in den Rechnungen von der geistlichen und Unterrichtsverwaltung bei dem Fonds „Zu Pensionen für Lehrer und Lehrerinnen an öffentlichen Volksschulen" als Mehrausgabe nachzuweisen. Das Ruhegehalt ist in voller Höhe aus der Ruhegehaltskasse zu zahlen. Min. Erl. v. 31. I. 94 (C. Bl. U. V. S. 360).

3. Im Vertheilungsplane sind sowohl diejenigen Schulstellen, die mit einstweilig angestellten, als auch diejenigen, die mit jüngeren, noch nicht vier Jahre im Schuldienste thätigen Lehrpersonen besetzt sind, mit dem **vollen Stelleneinkommen** anzusetzen. Denn es ist nicht von entscheidender Bedeutung, daß die noch nicht vier Jahre im öffentlichen Schuldienste befindlichen endgültig angestellten Lehrpersonen unter Umständen einen Pensionsanspruch haben. Regelmäßig steht ihnen ein solcher nicht zu; es ist daher mit ihren Stellen ebenso zu verfahren, wie mit unbesetzten Stellen.

Da zu dem Stelleneinkommen außer dem Grundgehalte auch die Miethsentschädigung gehört, so ist in den Vertheilungsplan neben dem vollen Grundgehalte auch die volle Miethsentschädiguug einzusetzen. Haben die Lehrpersonen aber Dienstwohnungen, so sind stets die Werthe in Ansatz zu bringen, die gemäß § 8 des Ruhegehaltskassenges. thatsächlich festgesetzt sind.

Was die Bemessung des in den Vertheilungsplan einzusetzenden Stelleneinkommens für diejenigen Lehrerstellen anlangt, die mit endgültig angestellten und über vier Jahre im öffentlichen Schuldienste stehenden unverheiratheten Lehrern ohne eigenen Hausstand besetzt sind, so ist folgendes zu bemerken:

Das Lehrerbesoldungsges. v. 3. III. 97 in Verbindung mit dem Lehrerpensionsges. v. 6. VII. 85 bietet keinen Anhalt für die Annahme, daß die Kürzung der Miethsentschädigung auf Grund des § 16 des erstgenannten Ges. bei eventueller Festsetzung der Pension unberücksichtigt zu bleiben hat. Tritt sonach ein unverheiratheter Lehrer, dem die Miethsentschädigung gekürzt worden ist, in den Ruhestand, so ist dem der Berechnung der Pension zu

Grunde zu legenden Diensteinkommen nur die gekürzte, nicht aber die volle Miethsentschädigung hinzuzurechnen.

Dementsprechend ist auch in den Ruhegehaltskassen=Vertheilungsplan für die besetzten Stellen nur die gekürzte Miethsentschädigung einzusetzen. Min.=Erl. v. 10 II. 99 (C. Bl. U V. S. 383).

Anm. 2. **In Fällen der Verbindung eines Schulamtes mit einem kirchlichen Amte** richten sich die Beiträge nach dem gesammten, als ein einheitliches zu behandelnden, ruhegehaltsberechtigten Diensteinkommen der Stelle. Durch das Ruhegehaltskassenges. sind die Bestimmungen des Art. I §§ 4, 15, 26 nicht aufgehoben, sondern nur ergänzt worden, § 4 Abs. 5 ist also auch bezüglich der Berechnung des Ruhegehaltskassenbeitrages maßgebend. Der Unterschied zwischen den Bestimmungen beider Gesetze liegt nur darin, daß die Pension sich ein für allemal nach dem vom Lehrer zuletzt bezogenen, mit der Stelle dauernd verbundenen Diensteinkommen bestimmt, während bei der alljährlichen Bestimmung des Kassenbeitrages das Diensteinkommen mit dem am 1. Oktober des Vorjahres feststehenden Betrage in Ansatz kommt. E. O. V. G. v. 24. V. 95 (Bd. XXIX S. 162).

§ 8. Für die Berechnung des Werthes der freien Wohnung und Feuerung, sowie der ihrer Natur nach steigenden und fallenden Dienstbezüge ist die Festsetzung der Schulaufsichtsbehörde nach Anhörung des Kreisschusses beziehungsweise in Stadtkreisen des Gemeindevorstandes maßgebend. Diese Festsetzung gilt bezüglich des Werthes der freien Wohnung und Feuerung auch für die Berechnung des Ruhegehalts.

Anm 1. Durch § 8 ist für die Berechnung des Werthes der ihrer Natur nach steigenden und fallenden Dienstbezüge bei Festsetzung der Pension **keine** Aenderung eingetreten. Die Zuständigkeit der Aufsichtsbehörde zu ihrer Berechnung bezieht sich lediglich auf die Aufstellung der Vertheilungspläne für die Ruhegehaltskassen; für die Berechnung des Ruhegehaltes ist ihre Festsetzung nicht maßgebend. Nur bezüglich des Werthes der freien Wohnung und Feuerung gilt ihre Festsetzung auch für die Berechnung des Ruhegehaltes.

Anm. 2. Die in Gemäßheit des Min.=Erl. v. 6. VI. 93 aufzustellenden Nachweisungen des Werthes der freien Wohnung und Feuerung, sowie der ihrer Natur nach steigenden und fallenden Dienstbezüge sind den Kreisausschüssen, bezw. in Stadtkreisen den Gemeindevorständen unter Mittheilung des zur Beurtheilung erforderlichen Materials zur Aeußerung vorzulegen. Ausf.=Best. v. 28. VII. 93 Nr. 6.

§ 9. Der Vertheilungsplan wird von der Bezirksregierung entworfen und mit den der Aufstellung zu Grunde gelegten Unterlagen dem Kassenanwalt mitgetheilt. Der letztere kann innerhalb einer Frist von vier Wochen bei der Bezirksregierung Erinnerungen gegen den Vertheilungsplan geltend machen und, soweit er damit nicht durchdringt, binnen weiteren zwei Wochen, vom Tage des Empfangs der ablehnenden Entscheidung an gerechnet, durch Beschwerde bei dem Oberpräsidenten verfolgen.

§ 10. Der solchergestalt festgesetzte Vertheilungsplan ist von der Bezirksregierung durch das Amtsblatt bekannt zu machen.

Dieser Bestimmung wird genügt, wenn aus dem Vertheilungsplane die **Gesammtsumme** des nach § 7 des Ges. beitragspflichtigen Diensteinkommens der Lehrer und Lehrerinnen der einzelnen Schulverbände und die von den letzteren zu zahlenden Beiträge zur Ruhegehaltskasse ersichtlich sind. Min.-Erl. v. 25. IX. 96 (C. Bl. U. V. S. 709) und v. 14. II. 98 (C. Bl. U. V. S. 320).

§ 11. Die in dem Vertheilungsplan festgesetzten Beiträge werden von den Schulverbänden (Schulsozietäten, Gemeinden, Gutsbezirken) in vierteljährlichen Vorauszahlungen eingezogen [oder bei der Zahlung der nach den Gesetzen vom 14. Juni 1888 und 21. März 1889, betreffend die Erleichterung der Volksschullasten (Gesetz-Samml. S. 240, 64), an die Verbände zu zahlenden Staatsbeiträge in Abrechnung gebracht].

Der eingeklammerte Schluß des § 11 ist nach Aufhebung der betr. gesetzlichen Bestimmungen durch § 28 Abs. 8 des Lehrerbesoldungsges. antiquirt. Anm. 1.

Die **Einziehung**, die gemäß § 12 auch durch Klage nicht aufgehalten wird, **erfolgt ev. im Verwaltungszwangsverfahren.** Einer Zwangsetatisirung gegen den Schulverband gemäß § 48 des Zust. Ges. bedarf es nicht. E. O. V. G. v. 24. IV. 96 (C. Bl. U. V. S. 607). Anm. 2.

§ 12. Innerhalb einer Frist von 4 Wochen nach der Bekanntmachung des Vertheilungsplanes (§ 10) steht den Schulverbänden (Schulsozietäten, Gemeinden, Gutsbezirken) die Klage im Verwaltungsstreitverfahren auf Abänderung des Planes gegen die Bezirksregierung zu. Die Klage hat keine aufschiebende Wirkung.

Zuständig für die Entscheidung in erster Instanz ist der Bezirksausschuß.

§ 13. Nachträgliche Aenderungen des Vertheilungsplans werden bei der nächsten Vertheilung berücksichtigt.

Zu Unrecht erhobene Ruhegehaltskassenbeiträge sind alsbald an die Schulverbände zurückzuzahlen. Reichen die Mittel der Kasse dazu nicht aus, so sind die Zahlungen aus der Regierungshauptkasse vorschußweise zu leisten. Min. Erl. v. 8. IX. 94 (C. Bl. U. V. S. 712)). Anm. 1

§ 14. Ueberschüsse oder Fehlbeträge eines Rechnungsjahres sind bei der Bemessung des Bedarfes für das auf den Jahresabschluß der Kasse folgende Jahr in Abgang oder Zugang zu bringen.

§ 15. Für die Aufbringung des Beitrags der Schulverbände (Schulsozietäten, Gemeinden, Gutsbezirke) finden die Bestimmungen des Artikels I § 26 des Gesetzes, betreffend die Pensionirung der Lehrer und Lehrerinnen an den öffentlichen Volksschulen, vom 6. Juli 1885 (Gesetz-Samml. S. 298) über die Aufbringung des Ruhegehalts Anwendung; jedoch darf das Stelleneinkommen zur Aufbringung des Ruhegehalts oder des Beitrags vom 1. Juli 1893 ab nicht herangezogen werden.

Anm. 1. Hiernach sind die **Beiträge zu den Ruhegehaltskassen** innerhalb der Schulverbände **von den Trägern der Pensionslast,** und in Ermangelung solcher — vorbehaltlich der auf besonderen Rechtstiteln beruhenden Verpflichtungen Dritter — **von den zur Unterhaltung des Lehrers während der Dienstzeit Verpflichteten** aufzubringen. Bei der Untervertheilung auf die letzteren gehen den gesetzlichen etwaige schulverfassungsmäßige Normen über die Regelung der Lehrerunterhaltungslast vor, und zwar auch dann, wenn sie auf an sich zulässigen Observanzen beruhen und eine Verbindlichkeit zu dinglichen Leistungen begründen. Vergl. A. L. R. Theil II Tit. 12 § 29, § 38 der Pr. Schulordn v. 11. XII 45 (G.-S. 1846 S. 11) §§ 12, 19 des Schles. Schulreglements v. 18. V. 01 (Korn, Neue Ed.-Samml. Bd. VII S. 266). § 26 des Pensionsges. knüpft in dieser Beziehung an die thatsächlich bestehenden Verhältnisse, sofern sie rechtlich überhaupt nur zulässig sind, an und hat keineswegs diejenigen Normen im Auge, die das Gesetzesrecht subsidiär für solche Fälle vorsieht, wo es an schulverfassungsmäßigen Lokalsatzungen fehlt. Auch in einem Min. Erl. v. 23. XI. 86 (Schn. und v Br. Bd. III S. 897) wird ausdrücklich hervorgehoben, daß sich die Verpflichtung zur Aufbringung des durch den Staatsbeitrag nicht gedeckten Pensionstheiles nicht nur nach Gesetz, sondern auch nach der Ortsschulverfassung regelt. Zum Ansatze kommen jedoch nur Leistungen zu dem Diensteinkommen von Stellen mit Pensionsberechtigung, und ferner nur Leistungen der Pflichtigen einschließlich der durch freiwillige Beihilfen Dritter gedeckten — daher nicht der gesetzliche Staatsbeitrag zum Diensteinkommen des Lehrers und dessen staatliche Dienstalterszulage und nicht Emolumente, die der Lehrer aus einem kirchlichen Amte oder aus dem Schuldotalgute bezieht. E. O. V. G. v. 12. XI. 95 (Bd. XXIX S. 165).

Siehe auch E O. V. G. v. 24. I. 96 (Bd. XXIX S. 168 i. d. Anm.) Hier hatte der Kläger gegen seine Heranziehung zu dem Ruhegehaltskassenbeitrage des Schulverbandes nach dem Jahreswerthe eines von ihm kraft Observanz dem Lehrer zu liefernden Naturaldeputates dessen angebliche dingliche Natur, sowie ferner geltend gemacht, daß er unter keinen Umständen über den Rahmen der Observanz belastet werden könne.

Das O. V. G. wies ihn ab, indem es die Ansicht, daß nur persönliche Verpflichtungen zur Lehrerunterhaltung, nicht Verpflichtungen mit dem Charakter der Reallasten, in Betracht kommen könnten, für unrichtig erklärte. Der streitige Beitrag sei zu leisten, weil Kläger durch Lieferung des Naturaldeputates zu den Lehrerunterhaltungspflichtigen gehöre, denen die Aufbringung der Beiträge zur Kasse obliege. Bei einer etwaigen Ablösung des Deputates würde diese neue, aus dem Gesetze sich ergebende Last mit zu berücksichtigen sein.

Anm. 2. Die **Befreiung des Stelleneinkommens von den Beiträgen** gilt wie die, das Pensionsges. v. 6. VII. 85 abändernden Vorschriften der §§ 8 u. 17, für den Umfang der Monarchie. Ausf.-Best. v. 28. VII. 93 Nr. 7 Abs. 2.

§ 16. Der Stadtkreis Berlin und das Fürstenthum Hohenzollern-Hechingen werden einer Ruhegehaltskasse nicht angeschlossen.

§ 17. Von jeder Ruhegehaltsfestsetzung ist dem Kassenanwalt Kenntniß zu geben. Auf sein Verlangen ist ihm behufs Prüfung der Festsetzung Einsicht in die der letzteren zu Grunde gelegten Rechnungsunterlagen zu gewähren.

Der durch Artikel I § 15 des Gesetzes, betreffend die Pensionirung der Lehrer und Lehrerinnen an den öffentlichen Volksschulen, vom

6. Juli 1885 (Gesetz-Samml. S. 298) den zur Unterhaltung der Schule Verpflichteten gegebene Beschwerde- und Rechtsweg gegen die Festsetzung des Ruhegehalts steht auch dem Kassenanwalt offen.

In den Fällen des § 15 a. a. O. steht die Entscheidung an Stelle des Unterrichtsministers dem Oberpräsidenten zu.

Bis zur endgültigen Erledigung der Beschwerden oder Klagen werden die Ruhegehälter nach Maßgabe der Festsetzung der Schulaufsichtsbehörde vorschußweise an die Bezugsberechtigten gezahlt.

Zu Abs. 2 und 3 des § 17 geben die Ausf.-Best. v. 5. VIII. 93 (C.-Bl. U. V. S. 660) folgende Erläuterungen: Anm. 1.

Bei Ausführung dieser Bestimmungen und den hiernach künftig zu treffenden Entscheidungen sind im allgemeinen die Vorschriften des Erl. v. 2. III. 86 (C. Bl. U. V. S. 387) maßgebend und zu beachten; zu deren Ergänzung wird noch Folgendes bemerkt:

1. Hinsichtlich der Berechnung der pensionsfähigen Dienstzeit eines Lehrers ist nach dem Erk. des R.-G. v. 23. II. 91 im Sinne des Art. I § 5 des Pensionsges. v. 6. VII. 85 auch diejenige Zeit als Dienstzeit anzusehen, während der ein Lehrer vor erlangter Anstellungsfähigkeit mit Genehmigung der Schulaufsichtsbehörde thatsächlich als Lehrer fungiert hat (vgl. Erl. v. 6. X. 91 — C. Bl. U. V. S. 710 — und v. 25. IV. 92 — C. Bl. U. V. S. 654 —). Jedoch bleibt die Zeit, die vor den Beginn des 21. Lebensjahres fällt, außer Berechnung.

2. Rücksichtlich der Berechnung des Werthes der freien Dienstwohnung und Feuerung gilt fortan nach § 8 des Ges. v. 23. VII. 93 die Festsetzung der Schulaufsichtsbehörde auch für die Berechnung des Ruhegehaltes.

3. Die ihrer Natur nach steigenden und fallenden Dienstbezüge sind nach der getroffenen Festsetzung der Schulaufsichtsbehörde und in Ermangelung solcher nach ihrem durchschnittlichen Betrage während der drei letzten Etatsjahre vor dem Etatsjahre, in dem das Ruhegehalt festgesetzt wird, zur Anrechnung zu bringen. Die unfixierten kirchlichen Einnahmen bei organisch vereinigten Kirchen- und Schulämtern werden zwar auf die Lehrerbesoldung, d. h. auf das Gehalt des im Amte stehenden Lehrers, in der Regel nicht angerechnet, müssen aber bei der Berechnung des Ruhegehaltes mit ihrem wirklich nachweisbaren Betrage zur Anrechnung kommen, sofern die Schulaufsichtsbehörde zu ihrem Bezug neben dem festgesetzten Diensteinkommen ihre Zustimmung oder Genehmigung ertheilt hat.

Für die nach Art I § 15 des Ges. v. 6. VII. 85 zu treffende Entscheidung ist zu beachten, ob die daselbst vorgeschriebene Beschwerdefrist von 6 Monaten seitens des Beschwerdeführers gewahrt ist. Ist dies nicht der Fall, so ist die Entscheidung in der Regel abzulehnen. Formell ist jedoch trotzdem die Abänderung einer bereits erfolgten Festsetzung des Ruhegehaltes im Aufsichtswege jederzeit zulässig, sofern sich nachträglich bei nochmaliger Prüfung herausstellt, daß die Festsetzung zu Unrecht erfolgt ist oder auf irrthümlichen Voraussetzungen und nicht zutreffenden Grundlagen beruht.

§ 18. Königlicher Verordnung bleibt vorbehalten der Erlaß von Vorschriften über:

1) Die Einrichtung besonderer Ruhegehaltskassen für die Stolbergschen Grafschaften oder über den Anschluß der letztern an die Kasse eines andern Bezirks,

2) die Umgestaltung der für die Lehrer des ehemaligen Herzogthums Nassau auf Grund des Gesetzes vom 18. Februar 1851 (V.-Bl. S. 41) bestehenden Pensionskasse,

3) den Anschluß der übrigen zum Regierungsbezirk Wiesbaden gehörigen Gebietstheile an die unter 2 bezeichnete Pensionskasse.

Bis zum Erlaß der unter 2 vorgesehenen königlichen Verordnung bleibt die Einrichtung einer Ruhegehaltskasse für den Regierungsbezirk Wiesbaden ausgesetzt.

Anm. 1 **Vgl. zu Abs. 1 Nr. 1 die Vd. v. 4. III. 95 (G. S. S. 33):**

§ 1. Die Stolberg'sche Grafschaft Wernigerode wird der Ruhegehaltskasse für die Lehrer und Lehrerinnen an den öffentlichen Volksschulen des Regierungsbezirks Magdeburg und die Stolberg'schen Grafschaften Stolberg und Roßla werden der gleichen Kasse des Regierungsbezirks Merseburg angeschlossen.

§ 2. Das Gesetz, betreffend Ruhegehaltskassen für die Lehrer und Lehrerinnen an den öffentlichen Volksschulen, vom 23. Juli 1893 (G. S. S. 194) findet auf die im § 1 genannten Grafschaften mit folgenden Maßgaben Anwendung:

1. Die in den §§ 8 und 17 a. a. O. der „Schulaufsichtsbehörde" zugewiesenen Obliegenheiten fallen den Fürstlichen Konsistorien in Wernigerode, Stolberg und Roßla zu.
2. Der auf jede Grafschaft bezügliche Theil des Vertheilungsplanes des Bedarfs der Ruhegehaltskasse ist auch von dem betreffenden Fürstlichen Konsistorium in dem für amtliche Bekanntmachungen desselben bestimmten Blatte bekannt zu machen. Zu diesem Zwecke hat die betreffende Bezirksregierung, gleichzeitig mit der Anordnung der Veröffentlichung des Vertheilungsplanes für den Regierungsbezirk (§ 10 a. a. O.) den in Betracht kommenden Theil desselben dem zuständigen Fürstlichen Konsistorium zuzustellen, welches innerhalb zwei Wochen seinerseits diesen Theil des Vertheilungsplanes durch das für Veröffentlichungen in Schulsachen bestimmte Blatt bekannt zu machen und der Bezirksregierung eine die Bekanntmachung enthaltende Nummer des Blattes zu übersenden hat.
3. Die im § 12 a. a. O. vorgesehene Klagefrist beginnt für die Schulverbände in den Stolberg'schen Grafschaften mit der gemäß Nr. 2 bewirkten Bekanntmachung des Fürstlichen Konsistoriums.

§ 19. Der Unterrichtsminister und der Finanzminister sind mit der Ausführung dieses Gesetzes beauftragt.

D.

Gesetz

betreffend

das Ruhegehalt der Lehrer und Lehrerinnen an den öffentlichen nichtstaatlichen mittleren Schulen und die Fürsorge für ihre Hinterbliebenen.

Vom 11. Juni 1894 (G. S. S. 109).

Einleitung.

(Nach der Begründung des Gesetzes.)

Für die unmittelbaren Staatsbeamten und für die Lehrer an den höheren Unterrichtsanstalten trifft das Ges. v. 27. III. 72 (G. S. S. 268) mit seinen Ergänzungen die näheren Vorschriften über das Ruhegehalt. Die Fürsorge für die Hinterbliebenen aller Lehrer, soweit sie unmittelbare Staatsbeamte sind, ist durch die Ges. v. 20. V. 82 (G. S. S. 298), 28. III. 88 (G. S. S. 48), 1. VI. 97 (G. S. S. 169 und 6. II. 81 (G. S. S. 17) geordnet.

Für die Versorgung der Hinterbliebenen von Lehrern an den nichtstaatlichen höheren Unterrichtsanstalten ist im Verwaltungswege unter finanzieller Beihülfe des Staates eine gleichartige Regelung angebahnt.

Die Pensionirung der Lehrer und Lehrerinnen an den öffentlichen Volksschulen bestimmt sich nach dem Ges. v. 6. VII. 85 (G. S. S. 298). Für die Hinterbliebenen der Volksschullehrer ist durch das Ges. v. 4. XII. 99 (G. S. S. 587) gesorgt worden, nachdem schon vordem die Ges. v. 22. XII. 69 (G. S. 1870 S. 1), 24. II. 81 (G. S. S. 41) und 19. VI. 89 (G. S. S. 131) über die Wittwen- und Waisenkassen für Elementarlehrer, sowie das Ges. v. 27. VI. 90 (G. S. S. 211), betreffend die Fürsorge für die Waisen der Lehrer an öffentlichen Volksschulen, für sie eingetreten waren.

Abgesehen von der theilweisen Zugehörigkeit der Lehrer an mittleren Schulen zu den Elementarlehrer-Wittwenkassen entbehrten die berührten Rechtsverhältnisse der gesetzlichen Regelung bei den Lehrern und Lehrerinnen an denjenigen nichtstaatlichen öffentlichen Schulen, die weder zu den öffentlichen Volksschulen noch zu den höheren Unterrichtsanstalten gehören.

Das Ges. v. 11. VI. 94 führt eine gleichartige Ordnung für diese unter dem Namen „mittlere Schulen“ zusammenzufassenden Unterrichtsanstalten herbei, soweit sie allgemeinen Bildungszwecken dienen. Ausgeschlossen sind also die Fachschulen und die Fortbildungsschulen, weil deren Verhältnisse sehr verschiedenartige sind.

Was zunächst das Ruhegehalt betrifft, so fehlte es für die Lehrer und Lehrerinnen an den mittleren Schulen an festen gesetzlichen Bestimmungen. Diese Ruhegehaltsberechtigung an sich war zwar in der Rechtsprechung insoweit anerkannt, als die betreffenden Lehrer früher an Volksschulen desselben Schulverbandes angestellt waren; aber über die Höhe des Ruhegehaltes fehlten allgemeine Vorschriften. Bei der nahen Beziehung der mittleren Schulen zu den Volksschulen wurden die betreffenden Lehrpersonen früher in der Regel ebenso wie die Volksschullehrer behandelt. Nach Erlaß des Pensionsges. für die letzteren wurde mehrfach ortsstatutarisch oder durch besondere Schulverfassung für die mittleren Schulen eine analoge Regelung herbeigeführt. Auch die Schulaufsichtsbehörden brachten auf Grund der den Regierungen durch § 18 der Instr. v. 23. X. 17 verliehenen Gewalt und in den vorbezeichneten Grenzen unter Zustimmung des Oberverwaltungsgerichtes die Grundsätze des Volksschullehrerpensionsgesetzes zur Durchführung. Das Ges. v. 11. VI. 94, das ganz dasselbe gesetzlich sicherstellt, steht somit auf dem Boden der geschichtlichen Entwickelung und der thatsächlichen Verhältnisse.

Nicht so ganz einfach lagen die Verhältnisse bezüglich der Versorgung der Hinterbliebenen von Lehrern an den gedachten Anstalten. Bei der nahen Beziehung der meisten mittleren Schulen zu den Elementarschulen wurden die betreffenden Lehrer vielfach als Elementarlehrer im Sinne der Gesetze über die Elementarlehrerwittwenkassen behandelt. Ihre Hinterbliebenen erhielten in diesem Falle aus den Kassen im Allgemeinen eine Pension von wenigstens 250 Mark, sie selber zahlten in der Regel keine Kassenbeiträge. Ihre Waisen standen hinter denjenigen der Volksschullehrer aber insofern zurück, als das erwähnte Ges. v. 27. VI. 90 auf sie keine Anwendung fand. Die academisch gebildeten Lehrer der mittleren Schulen gehörten meist der Allgemeinen Wittwen-Verpflegungsanstalt an. Etliche Gemeinden hatten auch die Lehrer der mittleren Schulen zu den Kommunalbeamtenwittwenkassen hinzugezogen oder neuerdings in die Provinzialbeamten-Wittwen- und Waisenkassen eingekauft.

Das Ges. v. 11. VI. 94 regelt diese Verhältnisse einheitlich im Anschluß an die bewährten Grundsätze des Staatsbeamtenrechtes.

Mit Rücksicht auf die bisherigen thatsächlichen Verhältnisse ist aber den Gemeinden der Eintritt zu anderen Kassen, sowie für die gegenwärtigen Mitglieder der Elementarlehrerwittwenkassen die Fortsetzung der Mitgliedschaft für sie und die Anrechnung der hieraus den Hinterbliebenen der Lehrer zustehenden Bezüge auf das allgemein zu gewährende Wittwen- und Waisengeld gestattet, um durch diese Rückversicherung ihre Verpflichtungen zu erleichtern.

Gesetz,

betreffend das Ruhegehalt der Lehrer und Lehrerinnen an den öffentlichen nichtstaatlichen mittleren Schulen und die Fürsorge für ihre Hinterbliebenen.

Vom 11. Juni 1894 (G. S. S. 109).

Die **Gesetzesmaterialien** sind enthalten in: A. H. Sten. Ber. 1894, Anl. Bd. II S. 721 ff, Kom. Ber. das. S. 1409 ff; Sten. Ber. 1894, Bd I S. 177 ff, 1143, 1185; H. H. Sten. Ber. Bd. I S. 110, 222. Aktenstücke Nr. 44 S. 148 ff, Nr 69 S. 370, Bd. II. Anm. 1.

Die Ausf. Best. v. 22. VI. 94 (C. Bl. U. V. S. 580) sind in den Erläuterungen der einzelnen §§ verarbeitet. Anm. 2.

Wir Wilhelm, von Gottes Gnaden König von Preußen ꝛc., verordnen mit Zustimmung beider Häuser des Landtages für den Umfang der Monarchie, was folgt:

§ 1. Mittlere Schulen im Sinne dieses Gesetzes sind diejenigen Unterrichtsanstalten, welche allgemeinen Bildungszwecken dienen und welche weder zu den höheren Schulen noch zu den öffentlichen Volksschulen, noch zu den Fach- und Fortbildungsschulen gehören.

Welchen Namen die **„mittleren Schulen"** tragen — selbstständige Vorschulen, höhere Knaben- oder Stadtschulen, Rektor-, Mittel- oder Bürgerschulen —, ist unerheblich. Anm. 1.

Auch die den Provinzial-Schulkollegien unterstellten höheren Mädchenschulen sind mittlere Schulen im Sinne des Ges. Min.-Erl. v. 21. XII. 98 (C. Bl. U. V. 1899 S. 296).

§ 2. Die an einer öffentlichen nichtstaatlichen mittleren Schule definitiv angestellten Lehrer und Lehrerinnen haben einen Anspruch auf Ruhegehalt nach den für die Lehrer (Lehrerinnen) an öffentlichen Volksschulen geltenden gesetzlichen Vorschriften.

Nach denselben Bestimmungen regeln sich die Zuständigkeit und das Verfahren bei Versetzung dieser Lehrer (Lehrerinnen) in den Ruhestand und bei Festsetzung ihres Ruhegehalts.

Der Artikel 1 § 22 des Gesetzes, betreffend die Pensionirung der Lehrer und Lehrerinnen an den öffentlichen Volksschulen, vom 6. Juli 1885 (G. S. S. 298) findet mit der Maßgabe Anwendung, daß statt der 31. März 1886 der 30. September 1894 entscheidet.

Zu Absatz 1. Alle Aenderungen, die etwa später über die Ruhegehaltsansprüche der Volksschullehrer durch Ges. eintreten, treten dann ohne Weiteres auch für die Lehrpersonen an mittleren Schulen in Kraft. Begr. S. 721. Anm. 1.

Zu Absatz 2. 1. Vor der **Versetzung eines Lehrers oder einer Lehrerin in den Ruhestand** sind zunächst die zur Aufbringung des Ruhegehaltes Verpflichteten zu hören. Bei ihrem Widerspruche ist, soweit es sich Anm. 2.

nicht um das der Entscheidung des Herrn Oberpräsidenten unterliegende Ruhegehalt oder um zwangsweise Pensionirung handelt, die Entscheidung des Unterrichtsministers einzuholen. Ausf.-Best. v 22. VI 94.

Anm. 3. 2. Das **Verfahren der zwangsweisen Pensionirung** richtet sich gemäß Min.-Erl. v. 18. I. 89 (C. Bl. U V. S. 242) auch bei Lehrern und Lehrerinnen an solchen mittleren Schulen, die weder zu den öffentlichen Volksschulen, noch zu den höheren Unterrichtsanstalten gehören, nach den Min.-Erl. v. 5. IX. 88 und 4. VIII. 93 (s. o. S. 120/121).

§ 3. Die Aufbringung des Ruhegehalts erfolgt von den zur Zeit der Versetzung in den Ruhestand zur Besoldung des Lehrers (der Lehrerin) Verpflichteten. Die auf besonderen Rechtstiteln beruhenden Verpflichtungen Dritter bleiben bestehen. Eine Betheiligung der Staatskasse an der Aufbringung des Ruhegehalts findet auf Grund dieses Gesetzes nicht statt.

Anm. 1. Wegen der **besonderen Veranstaltungen** vgl. § 8 des Ges.

Anm. 2. **Der Staat ist bei der Aufbringung der Ruhegehälter nicht betheiligt**, weil zur Errichtung und Unterhaltung der mittleren Schulen kein gesetzlicher Zwang besteht, und weil die verfassungsmäßige Pflicht des Staates (Art. 25 der Verfassung) auf die öffentlichen Volksschulen beschränkt ist. Begr. S. 724.

§ 4. Den zur Aufbringung des Ruhegehalts Verpflichteten ist es freigestellt, bis zum 1. April 1895 und, sofern es sich um eine nach diesem Zeitpunkt errichtete Unterrichtsanstalt handelt, bis zum 1. April des auf die Eröffnung folgenden Jahres der für ihren Bezirk auf Grund des Ges. vom 23. Juli 1893 (G. S. S. 194) gebildeten Ruhegehaltskasse für die unter das vorliegende Gesetz fallenden Schulstellen mit dem Beginn des betreffenden Kassenjahres und mit der Wirkung beizutreten, daß sie ebenso angesehen werden, als wenn sie auf Grund des Ges. vom 23. Juli 1893 zum Beitritt verflichtet gewesen wären.

Der Berechnung des an die Ruhegehaltskasse zu zahlenden Beitrags ist die volle Jahressumme des ruhegehaltsberechtigten Diensteinkommens der Lehrer und Lehrerinnen an den der Kasse angeschlossenen mittleren Schulen zu Grunde zu legen.

Anm. 1. Zu Absatz 1. Der **Beitritt** ist nur **für alle** von der betreffenden Gemeinde (Korporation 2c) unterhaltenen **Lehrerstellen** der betreffenden Schulen zulässig, erstreckt sich dann aber auch auf die Uebernahme der bisher schon zahlbaren Ruhegehälter. Der Beitritt ist unwiderruflich. Begr. S. 724.

Anm. 2. Zu Absatz 2. Bei **Ausführung der Vorschrift im Schlußsatze des § 4** ist zu beachten, daß nach § 3 eine Betheiligung der Staatskasse an der Aufbringung des Ruhegehaltes auf Grund dieses Ges. nicht stattfindet. Während also nach § 7 Abs. 1 des Ruhegehaltskassenges v. 23. VII. 93 bei der Berechnung der Kassenbeiträge von dem ruhegehaltsberechtigten Diensteinkommen der Lehrer und Lehrerinnen an den öffentlichen Volksschulen für jede Stelle ein Betrag bis zu 800 Mk. außer Berechnung bleibt, ist ein solcher Abzug von dem ruhegehaltsberechtigten Diensteinkommen der Lehrer und Lehrerinnen an den mittleren Schulen ausgeschlossen.

Die für jede Gemeinde (Korporation, Stiftung rc.) sich ergebende Gesammtsumme des ruhegehaltsberechtigten Diensteinkommens der letztgenannten Lehrpersonen ist jedoch in dem Vertheilungsplane der an die Ruhegehaltskasse zu zahlenden Beiträge nach unten auf Hunderte von Mark abzurunden.

Die Kassenbeiträge für die mittleren und für die Volksschulen sind besonders zu berechnen, auch wenn eine Gemeinde (Corporation rc.) gleichzeitig den Schulverband für die Volksschule bildet. Ausf. Best. v. 22. VI. 94 Nr. 2 Abs. 2, 3, 4.

Daraus, daß neben dem Vertheilungsplane der Ruhegehaltskassen für die Schulstellen an den öffentlichen Volksschulen ein **besonderer Vertheilungsplan** der Beiträge **für die Schulstellen an den** der Ruhegehaltskasse angeschlossenen **mittleren Schulen** aufgestellt werden soll (Min. Erl. v. 17. XII. 94 U. III. D. 3605) darf nicht gefolgert werden, daß das Ruhegehalt für die Lehrer an mittleren Schulen besonders auf die, zur Unterhaltung der der Kasse angeschlossenen mittleren Schulen verpflichteten Verbände nach der Höhe des Diensteinkommens der Lehrkräfte an diesen Schulen zu vertheilen sei. Anm. 3.

Eine solche Anordnung, die in direktem Widerspruche zu § 4 des Ges. v. 11. VI. 94 (C. Bl. U. V. S. 581) stehen würde, enthält der vorbezeichnete Erlaß nicht. Seine Bedeutung liegt vielmehr in Folgendem:

Nach § 4 Abs. 2 des Ges. v. 11. VI. 94 ist der Berechnung des an die Ruhegehaltskasse zu zahlenden Beitrages die volle Jahressumme des ruhegehaltsberechtigten Diensteinkommens der Lehrer und Lehrerinnen an den der Kasse angeschlossenen mittleren Schulen zu Grunde zu legen, wobei in Anwendung des § 7 Abs. 2 des Ges. v. 23. VII. 93 in jedem Schulverbande die Gesammtsumme des Diensteinkommens nach unten auf Hunderte von Mark abgerundet wird. Diese Berechnung weicht von der im § 7 Abs. 1 des Ges. v. 23. VII. 93 für die öffentlichen Volksschulen vorgeschriebenen Berechnung insofern ab, als dort für jede Stelle ein Betrag von 800 Mark außer Berechnung bleibt. Um bei dieser Verschiedenheit den Interessenten die Prüfung zu erleichtern, ob der Vertheilungsplan richtig aufgestellt ist, sodann aber, weil die Abrechnung nach unten auf Hunderte von Mark je nach der Zusammenstellung oder Trennung des Diensteinkommens der Lehrkräfte an den öffentlichen Volksschulen und an den angeschlossenen mittleren Schulen zu einem materiell verschiedenen Ergebnisse führen kann, ist angeordnet worden, daß in dem Vertheilungsplane die Beiträge, die auf das Diensteinkommen der Lehrkräfte an den angeschlossenen mittleren Schulen entfallen, besonders aufzuführen, formell zu trennen sind. Materiell aber ist der Vertheilungsplan ein ganz einheitlicher und die Beitragsquote überall die gleiche. Es ist also in folgender Weise zu verfahren:

a) Zu dem Bedarfe der Ruhegehaltskasse (§ 6 des Ges. v. 23. VII. 93 ist die Summe der Ruhegehälter der Lehrer und Lehrerinnen von angeschlossenen mittleren Schulen hinzuzuzählen.
b) Andererseits wird zu der nach § 7 des Ges. v. 23. VII. 93 festgestellten Summe des beitragspflichtigen Diensteinkommens der Lehrer und Lehrerinnen an sämmtlichen Volksschulen die für jeden Schulverband besonders berechnete und abgerundete Summe des ruhegehaltsberechtigten Diensteinkommens der Lehrer und Lehrerinnen an den der Kasse angeschlossenen mittleren Schulen hinzugezählt.

Die sich zu a ergebende Gesammtsumme ist auf sämmtliche Schulverbände rc., d. h. einschließlich der mit mittleren Schulen angeschlossenen Verbände zu vertheilen.

Den Maaßstab für die Vertheilung bildet die Gesammtsumme zu b und der Antheil jedes Verbandes an dieser Summe. Min. Erl. v. 5. II. 95 (C. Bl. U. V. S. 284).

Zur weiteren Veranschaulichung dienen die als Anlagen des Ges. v. 11. VI. 94 abgedruckten Vertheilungspläne.

§ 5. Den Hinterbliebenen der an einer öffentlichen nichtstaatlichen mittleren Schule definitiv angestellten Lehrer und Lehrerinnen steht ein Anspruch auf das Gnadenquartal, den Wittwen und Waisen der Lehrer zugleich ein Anspruch auf Wittwen- und Waisengeld nach Maßgabe der jeweilig geltenden gesetzlichen Vorschriften, betreffend die Fürsorge für die Hinterbliebenen der unmittelbaren Staatsbeamten, zu. Nach denselben Bestimmungen regeln sich die Zuständigkeit und das Verfahren bei der Festsetzung des Gnadenquartals, sowie der Wittwen- und Waisengelder mit der Maßgabe, daß, soweit eine Mitwirkung der Minister vorgeschrieben ist, an die Stelle derselben der Ober-Präsident, für die Hohenzollernschen Lande der Unterrichts-Minister tritt.

Anm. 1. Die **Bestimmung der Magdeburger Kirchenordnung von 1739**, wonach den Wittwen ein Gnadengehalt von einem halben Jahre gebührt, ist durch Einführung des Gnadenquartals als beseitigt anzusehen. Sten. Ber. H. H. 1894 Bd. I S. 227.

§ 6. Die Aufbringung des Gnadenquartals und des Wittwen- und Waisengeldes erfolgt durch die zur Besoldung des Lehrers (der Lehrerin) während der Dienstzeit auf der letzten Schulstelle Verpflichteten.

§ 7. Kein Lehrer (keine Lehrerin) einer öffentlichen nichtstaatlichen mittleren Schule ist fortan verpflichtet, einer Ruhegehaltskasse oder einer die Fürsorge für die Hinterbliebenen bezweckenden Veranstaltung beizutreten oder, sofern er (sie) einer solchen auf Grund einer ihm (ihr) dahin auferlegten Verpflichtung beigetreten ist, in derselben zu verbleiben. Scheidet der Lehrer (die Lehrerin) auf Grund dieses Gesetzes aus, so verliert er (sie) alle Ansprüche an die Kasse oder aus der sonstigen Veranstaltung ohne Anspruch auf Entschädigung.

Den gegenwärtigen Mitgliedern der Allgemeinen Wittwen-Verpflegungsanstalt steht frei, ihre Mitgliedschaft unter den bisherigen Bedingungen fortzusetzen.

Den zur Aufbringung des Wittwen- und Waisengeldes Verpflichteten ist gestattet, für die Stellen derjenigen Lehrer, welche gegenwärtig Mitglieder der Elementarlehrer-Wittwen- und Waisenkassen sind, die Mitgliedschaft unter Fortzahlung der bisherigen Gemeindebeiträge und Uebernahme der etwa von den Lehrern zu entrichtenden Beiträge auf die Dauer der Besetzung mit den gegenwärtigen Mitgliedern fortzusetzen.

Den Lehrern selbst steht diese Befugniß nicht zu.

Setzen die zur Aufbringung des Wittwen- und Waisengeldes Verpflichteten die Mitgliedschaft nicht fort, so bleibt den Hinterbliebenen der seitherigen Kassenmitglieder der Anspruch auf Wittwen- und Waisenpension gegen die Elementarlehrer-Wittwen- und Waisenkassen erhalten, soweit diese Pension das auf Grund dieses Gesetzes zu zahlende Wittwen- und Waisengeld übersteigt.

In Zukunft ist weder den Lehrpersonen an den öffentlichen nichtstaatlichen mittleren Schulen, noch den zur Unterhaltung derselben Verpflichteten der Beitritt zu den Elementarlehrer-Wittwen- und Waisenkassen oder zu der Allgemeinen Wittwen-Verpflegungsanstalt gestattet.

(Zu Absatz 3) **Wenn die zur Aufbringung des Wittwen- und Waisengeldes Verpflichteten gemäß Abs. 3 die Mitgliedschaft fortsetzen,** so behalten sie den Anspruch gegenüber den Elementarlehrer-Wittwen- und Waisenkassen auch nach der Pensionirung der betreffenden Lehrer. Bedingung ist dabei, daß bis zum Ableben der pensionirten Lehrer die bisherigen Gemeindebeiträge und die etwa von den Lehrern früher entrichteten Beiträge seitens der zur Aufbringung des Wittwen- und Waisengeldes Verpflichteten fortgezahlt werden. Min. Erl. v 12. II. 95 (C. Bl. U. V. S. 293.) Anm. 1.

Abs. 3 findet auf solche Fälle keine Anwendung, wo eine Neubesetzung von Stellen an Mittelschulen erfolgt, auch wenn die berufenen Lehrer in ihrer früheren Stellung Mitglieder von Elementarlehrer-Wittwen- und Waisenkassen waren. Min. Erl. v. 25. II. 96 (C. Bl. U. V. S. 292). Anm. 2.

§ 8. Die zur Aufbringung des Ruhegehalts, des Gnadenquartals und des Wittwen- und Waisengeldes Verpflichteten, welche für die Versorgung der in den Ruhestand versetzten Lehrer (Lehrerinnen) und deren Hinterbliebenen besondere Veranstaltungen getroffen haben oder die Mitgliedschaft bei den Elementarlehrer-Wittwen- und Waisenkassen fortsetzen (§ 7), sind berechtigt, die denselben hieraus zustehenden Bezüge auf das nach Maßgabe dieses Gesetzes zu gewährende Ruhegehalt, Gnadenquartal, Wittwen- und Waisengeld in Anrechnung zu bringen. Eine Anrechnung findet nicht statt, soweit diese Bezüge als Entgelt für diejenigen Beiträge anzusehen sind, welche von den Lehrern (Lehrerinnen) zu diesen Veranstaltungen nach dem Inkrafttreten dieses Gesetzes fortgeleistet werden.

Bei Streitigkeiten der Betheiligten über die Höhe der hiernach den Ruhegehaltsberechtigten und den Hinterbliebenen zustehenden Bezüge trifft die Bezirksregierung eine im Verwaltungswege vollstreckbare einstweilige Entscheidung. Gegen diese Entscheidung steht den Betheiligten binnen sechs Wochen die Beschwerde an den Ober-Präsidenten, in den Hohenzollernschen Landen an den Unterrichts-Minister, zu.

Gegen die Entscheidung des Ober-Präsidenten oder des Unterrichts-Ministers steht den Betheiligten innerhalb einer weiteren Ausschlußfrist von 6 Wochen die Beschreitung des Rechtsweges offen.

Zu den in Abs. 1 gedachten besonderen Veranstaltungen gehören z. B. Versicherungen, Einkauf in die Provinzialkassen u. s. w. Die hieraus den Lehrern und ihren Hinterbliebenen zustehenden Bezüge können die Gemeinden in Anrechnung bringen, soweit diese Bezüge nicht lediglich als Entgelt für die von den Lehrpersonen zu leistenden Beiträge anzusehen sind. Haben die Lehrer z. B. in der Form von Beiträgen $^1/_5$ des zur Bestreitung der Ausgaben nothwendigen Aufwandes zu leisten, während der unterhaltungspflichtige Verband diese Ausgaben in Höhe von $^4/_5$ trägt, Anm. 1.

dann wird das von jeder Kasse geleistete Ruhegehalt in Höhe von $^4/_5$ auf das nach Maßgabe dieses Ges. zu leistende Ruhegehalt angerechnet und letzteres insoweit gekürzt. Hat in diesem Falle die Gemeinde ꝛc. sich nach Maßgabe des § 4 einer Ruhegehaltskasse angeschlossen, so ist im Verwaltungswege die erforderliche Anordnung zu treffen und ein entsprechender Theil des von der Ruhegehaltskasse zu zahlenden Ruhegehaltes an die Gemeinde ꝛc. zu entrichten. Streitigkeiten über das Antheilverhältniß werden nach Abs. 2 und 3 zum Austrage gebracht. Begr. S. 725.

Anm. 2. **Die den Elementarlehrerwittwen- und Waisenkassen zur Last fallenden Zahlungen** sind von diesen Kassen an die Hinterbliebenen direkt zu leisten, so daß die Gemeinden an die Hinterbliebenen nur diejenigen Beträge an Wittwen- und Waisengeld zu zahlen haben, die nach Anrechnung der Bezüge aus der Elementarlehrerwittwen- und Waisenkasse noch verbleiben.

Wenn der im vorletzten Abs. des § 7 gedachte Fall vorliegt, daß bei einer unterlassenen Fortsetzung der Mitgliedschaft seitens der Verpflichteten die Wittwen- und Waisenpension aus der Elementarlehrerwittwen- und Waisenkasse das auf Grund dieses Ges. zu zahlende Wittwen- und Waisengeld übersteigt, so ist das letztere von der Gemeinde ꝛc. und der Betrag, um den die Wittwen- und Waisenpension höher ist, als das Wittwen- und Waisengeld, von der Elementarlehrerwittwen- und Waisenkasse an die Hinterbliebenen zu zahlen. Ausf. Best. v. 22. VI. 94 Nr. 3.

§ 9. Durch dieses Gesetz werden ortsstatutarische Vorschriften oder sonstige Veranstaltungen, welche die Lehrer (Lehrerinnen) und deren Hinterbliebenen günstiger stellen, als in der durch dieses Gesetz vorgeschriebenen Weise, nicht berührt.

Desgleichen bewendet es bei der Königlich dänischen Vd. vom 28. März 1857 (Chronol. Samml. der Verordnungen S. 83), betreffend die Pensionirung der Schullehrerwittwen, vorbehaltlich der den Unterhaltungspflichtigen zustehenden Befugniß zur Anrechnung des von ihnen hiernach zu zahlenden Wittwengeldes nach Maßgabe des § 8 dieses Gesetzes.

Anm. 1. Gehörten die Lehrer den besonderen Kassen mit der **Verpflichtung zu Beiträgen** an, so fallen ihre Ansprüche, abgesehen von der besonderen Stellung zu den Elementarlehrerwittwen- und Waisenkassen, fort, wenn sie auf Grund des § 7 Abs. 1 dieses Ges. die fernere Beitragsleistung unterlassen. Begr. S. 725.

Anm. 2. **In Schleswig** zahlen die Gemeinden auch den Wittwen von Lehrern an mittleren Schulen $^1/_8$ der Regulirungssumme des Diensteinkommens als Wittwengeld. Begr. S. 725.

§ 10. Dieses Gesetz tritt am 1. Oktober 1894 in Kraft.

Die Einführung des Gesetzes in den Regierungsbezirk Wiesbaden bleibt Königlicher Verordnung vorbehalten.

Vertheilungsplan

des

Bedarfs der Ruhegehaltskasse für die Lehrer und Lehrerinnen an öffentlichen Volksschulen des Regierungsbezirkes — für das Rechnungsjahr 1. April 19 /

a) Der Bedarf berechnet sich wie folgt:

Ruhegehälter abzüglich der gesetzlichen Staatsbeiträge ꝛc. nach dem Stande vom 1. Oktober 19	173 100 Mk.	
Remuneration des Kassenanwaltes . .	600 „	
Vorschuß aus dem Rechnungsjahre 1. April 19 /9	7 300 „	
zusammen	175 000 Mk.	
Hierzu die Ruhegehälter der Lehrer und Lehrerinnen von angeschlossenen mittleren Schulen	5 000 „	
überhaupt		180 000 Mk.

b)

Das beitragspflichtige Diensteinkommen der Lehrer und Lehrerinnen an den öffentlichen Volksschulen beträgt nach Spalte 12 dieses Planes	2 200 000 Mk.	
Das beitragspflichtige Diensteinkommen der Lehrer und Lehrerinnen von angeschlossenen mittleren Schulen beträgt nach Spalte 11 des hier angeführten besonderen Vertheilungsplanes . .	50 000 „	
zusammen		2 250 000 Mk.

Es entfallen somit auf 100 Mk. des beitragspflichtigen Diensteinkommens

$$\frac{180\,000 \,.\, 100}{2\,250\,000} = 8 \text{ Mark.}$$

Hiernach sind von den Schulverbänden ꝛc. für die öffentlichen Volksschulen zu zahlen:

Kreis	Schulverband ꝛc.	Konfession	Bezeichnung der Schulstelle	Ruhegehaltsberechtigtes Diensteinkommen				Summe der Spalten 5 bis 8	Nach Abzug von 800 Mk. von dem Betrage in Spalte 9 bleiben	Summe der Beträge in Spalte 10 für jeden Schulverband ꝛc.	Abgerundet nach unten auf Hunderte von Mark	Beitrag des Schulverbandes ꝛc.
				Gehalt ꝛc.	Werth der Wohnung	Werth der Feuerung	Alterszulage					
				Mk.	Mk.	Mk	Mk	Mk.	Mk.	Mk.	Mk.	Mk.
1.	2.	3.	4.	5.	6.	7.	8.	10.	11.	12.	12.	13.
A.	B.	ev.	1. Lehrerstelle	1373	90	75	500	2038	1238			
		„	2. „	1117	90	75	100	1382	582			
		„	3. „	975	90	75	—	1140	340	2160	2100	168
	C.	„	allg. „	975	100	75	—	1150	350	350	300	24
	D.	„	1. „	1075	120	75	500	1770	970			
		„	2. „	1006	90	75	500	1671	871			
		„	3. „	900	90	75	200	1265	465	2306	2300	184
	E.	kath.	allg. „	825	75	75	—	975	175	175	100	8
	F.	ev.	1. „	1050	75	75	500	1700	900			
		„	2. „	940	75	75	—	1090	290	1190	1100	88
	G.	„	allg. „	895,92	75	75	—	1045,92	245,92	245,92	200	16
	H.	„	1. „	800	75	75	—	950	150			
		„	Hülfslehrerstelle	650	—	—	—	650	—			
		„	Lehrerinstelle	900	—	—	—	900	100	250	200	16
						u. s. f.						
										Summa	2 200 000	176 000

Vertheilungsplan

über die

Beiträge, welche von den Schulverbänden ꝛc. für die der Ruhegehaltskasse angeschlossenen mittleren Schulen zu zahlen sind.

Kreis	Schulverband ꝛc.	Konfession	Bezeichnung der Schulstelle	Ruhegehaltsberechtigtes Diensteinkommen: Gehalt ꝛc. Mk.	Werth der Wohnung Mk.	Werth der Feuerung Mk.	Alterszulage Mk	Summe der Spalten 5 bis 8 Mk	Summe der Beiträge in Spalte 9 für jeden Schulverband ꝛc. Mk.	Abgerundet nach unten auf Hunderte von Mark Mk.	Beitrag des Schulverbandes ꝛc. Mk.	Bemerkungen
1.	2.	3.	4.	5.	6.	7.	8.	9.	10.	11.	12.	13.
A	B.	ev.	1. Lehrerstelle	3000	—	—	—	3000				
		„	2. „	1600	—	—	450	2050				
		„	3. „	1600	—	—	300	1900				
		„	4. „	1600	—	—	150	1750				
		„	5. Lehrerinstelle	1350	—	—	—	1350	10 050	10 000	800	von 100 Mk. 8 Mk. laut Berechnung auf dem Hauptvertheilungsplan.
	C.	„	1. Lehrerstelle	1800	240	—	—	2040				
	„	„	2. „	1500	210	—	—	1710				
	„	„	3. „	1200	150	—	—	1350	5 100	5 100	408	
						u. s. f.						
									Summe	50 000	4000	

E.

Gesetz

betreffend

die Fürsorge für die Wittwen und Waisen der Lehrer an öffentlichen Volksschulen.

Vom 4. Dezember 1899. (G. S. S. 587.)

Einleitung.

Zur Geschichte der Fürsorge für die Wittwen und Waisen der Volksschullehrer in Preußen.

(Nach der Begründung des Gesetzentwurfes.)

Die ersten Anfänge von Unterstützungskassen für Hinterbliebene der Schullehrer finden sich schon im Anfange des vorigen Jahrhunderts. So bildete sich im Jahre 1709 in Neuhaldensleben bei Magdeburg eine freiwillige Vereinigung von 61 Lehrern umliegender Ortschaften zur Unterstützung ihrer nachgelassenen Familien. Es folgten andere Vereine, die ihre Entstehung theils einzelnen wohlgesinnten Männern, theils der Wirksamkeit kirchlicher oder weltlicher Korporationen verdankten. Die seit 1691 allgemein angeordneten Synodal-Prediger-Wittwen- und Waisenkassen scheinen auch zu diesen ältesten Lehrer-Wittwen- und Waisenkassen Anregung und Vorbild gegeben zu haben.

Ein anderer Weg der Aushülfe wurde geboten durch die Errichtung der allgemeinen Wittwen-Verpflegungs-Anstalt, zu der der Zutritt ursprünglich auch den Elementarlehrern offen stand. Aber von dieser Aushülfe konnte nur wenig Gebrauch gemacht werden, da die Beiträge für das dürftige Einkommen der meisten Elementarlehrer viel zu hoch waren. Eine durchgreifende Abhülfe konnte in dieser Weise nicht erzielt, es mußten andere Wege gesucht werden.

Seit 1820 wurde das Ziel einer allgemeinen Abhülfe bestimmter in das Auge gefaßt und planmäßig verfolgt, indem die Staatsregierung darauf ausging, unter staatlicher Aufsicht Schullehrer-Wittwen- und Waisen-Unterstützungskassen für größere Bezirke (in der Regel für die Regierungsbezirke) zu errichten und die Betheiligten zwangsweise zum Beitritte zu diesen Kassen zu verpflichten. Die erste dieser nach dem neuen Systeme gebildeten Kassen war die des Reg.-Bez. Potsdam, die am 1. I. 20 ins Leben trat. Bis zum Jahre 1840 waren — von drei Reg.-Bez. abgesehen — derartige Kassen im ganzen damaligen Umfange der Monarchie eingerichtet. Alle diese Kassen stehen unter der Verwaltung der Bezirksregierung, sie sind mit eigenen Statuten versehen und haben die Eigenschaft juristischer Personen. Ihre Einnahmen bestanden damals und bis zum Jahre 1870 aus Antrittsgeldern, Jahresbeiträgen und einmaligen besonderen Beiträgen (bei Gelegenheit der Gehaltsverbesserungen, Wiederverheirathung u. s. w.) der Mitglieder, in den Zinsen eines staatsseitig gewährten Stammkapitales von etwa 1000 Thalern und den später angesammelten Kapitalien aus den Erträgen von Kirchenkollekten und aus sonstigen außerordentlichen Zuwendungen und Einnahmen. In Beziehung auf die Beitragspflicht galt der Grundsatz, daß jeder öffentliche Elementarlehrer, der innerhalb des Bezirkes eine Anstellung erhält, zum Beitritt verpflichtet ist, ohne Unterschied, ob er verheirathet ist oder nicht. Im Uebrigen bestanden große Verschiedenheiten: die Antrittsgelder schwankten zwischen 2 und 8 Thalern, die jährlichen Beiträge zwischen $1^1/_3$ und $3^1/_6$ Thalern, die Wittwenpensionen im Jahre 1868 zwischen 12 und 45 Thalern. Einzelne Kassen gewährten auch ein Begräbnißgeld, drei Kassen gestatteten eine Mehrversicherung. Sehr abweichend waren endlich die Vorschriften über die Verwaltung der einzelnen Kassen, über die Zahlungstermine, den Beginn des Pensionsanspruches und die Dauer der Pensionsberechtigung der Waisen. Im Durchschnitt betrugen 1867 in den alten Provinzeu die Antrittsgelder 5 Thaler, die Jahresbeiträge $2^1/_4$ Thaler, die Pensionen der Wittwen $23^4/_5$ Thaler. Das Verhältniß der Wittwen zu den Mitgliedern war 1 : 5,65.

Aehnliche Einrichtungen im Einzelnen in sehr verschiedener Gestalt bestanden in den 1866 neu erworbenen Landestheilen.

Die hiernach völlig unzureichende Dotation der Wittwen und Waisen veranlaßte die Staatsregierung im Jahre 1868 eine Reform der Kassen ins Auge zu fassen. Nach der damaligen Verfassung stellten sich die Kassen im Wesentlichen als eine Versicherungsgesellschaft der Lehrer dar. Um eine Erhöhung der Pensionen herbeizuführen, konnte daher eine Verminderung der Kapitalansammlung nicht in Frage kommen, vielmehr lediglich eine zwangsweise Erhöhung der Mitgliederbeiträge. Der im Landtage der Monarchie auf Grund der Allerhöchsten Ermächtigung vom 2. XI. 68 vorgelegte Gesetzentwurf beschritt diesen Weg. Bei den Berathungen im Hause der Abgeordneten machten sich weitergehende Wünsche geltend; man forderte einmal die Festlegung eines Mindestsatzes von 50 Thalern für jede Wittwenpension und wollte zu diesem Zwecke auch die Gemeinden und Gutsbezirke mit einer begrenzten Abgabe (4 Thaler für jede Lehrerstelle) belasten und für das etwaige Defizit die Staatskasse haftbar machen. Die Staatsregierung trug zunächst Bedenken auf diesen letzten Vorschlag einzugehen, folgte dagegen den beiden erstgedachten Anregungen in dem abermals auf Grund der Allerhöchsten Ermächtigung v. 9. X 69 (Druckf. A. H. 1869/70 Nr. 76) dem Landtage vorgelegten Gesetzentwurf. Der Landtag wünschte indeß wiederum die Subsidiarhaftung der Staatskasse einzuführen. Da diese bei der damaligen Lage der Verhältnisse kaum eine Bedeutung gewinnen konnte, gab die Staatsregierung auch in diesem Punkte nach. So entstand das weiter unten abgedruckte Ges. v. 22. XII. 69 (G. S. S. 1870 S. 1).

Dieses legte, soweit die öffentlichen Elementarlehrer in Frage kommen, die Fürsorge für die Wittwen und Waisen nicht mehr den einzelnen Lehrern als Mitgliedern bestimmter Kassen auf, sondern entnahm die Beiträge aus dem Einkommen der Stellen ohne Rücksichtnahme auf deren Besetzung oder Nichtbesetzung. Dadurch war das Einkommen der Lehrerstellen um die Beiträge bis zu 15 Mark jährlich verkürzt, so daß vom Standpunkte des Rechtes aus nicht mehr Beiträge bestimmter Lehrer in die Kassen zur Zahlung von Pensionen oder zur Ansammlung von Kapitalien gelangen, sondern die Kassen zu Sammelstellen für die auf das Einkommen aller Lehrerstellen zum Besten der Wittwen und Waisen des Lehrerstandes gelegte Abgabe wurden.

Auf Grund dieses Ges. wurden die Statuten der bestehenden Kassen umgestaltet, neue Kassen, wo solche noch nicht bestanden, eingerichtet und kleinere ältere Kassen vielfach aufgehoben und mit einander verschmolzen.

Man ging dabei davon aus, nicht nur alle öffentlichen Elementarlehrer in den Bereich der Kassen zu ziehen, sondern auch ihren Begriff möglichst weit zu fassen und insbesondere auch die Lehrer an denjenigen mittleren Schulen (Mädchenschulen, Bürgerschulen u. s. f.) darunter zu begreifen, die gesetzlich nicht zu den höheren Schulen gehören. Verpflichtet und berechtigt wurden allgemein auch die nur provisorisch angestellten Lehrer. Auf Grund besonderer Vereinbarung mit den betreffenden Verwaltungsinstanzen konnten auch die mit anderweiten öffentlichen Anstalten, Stiftungen u. s. w., namentlich Strafanstalten, ständischen Arbeitsanstalten, Taubstummen- und Blindeninstituten verbundenen Lehrerstellen dem Wirkungskreise der Kassen überwiesen werden. Ausgeschlossen waren diejenigen öffentlichen Elementarlehrerstellen, die fundationsmäßig mit Lehrerinnen oder mit katholischen Geistlichen zu besetzen sind; ferner diejenigen, deren Inhaber zum Beitritt zur allgemeinen Wittwen-Verpflegungsanstalt berechtigt und verpflichtet waren, sowie diejenigen, die unter die gesetzlichen Bestimmungen über die Fürsorge für die Hinterbliebenen der unmittelbaren Staatsbeamten fallen. Lehrer, die ihr Amt freiwillig niederlegten oder in andere Stellungen des Lehrerstandes übergingen, konnten durch Weiterzahlung eines den Stellen- und Gemeindebeiträgen gleichkommenden Betrages aus eigenen Mitteln sich die persönliche Mitgliedschaft der Kasse erhalten.

Die Pension für die Wittwe und die Waisen zusammen betrug mindestens 150 Mark jährlich. Waren neben der Wittwe Waisen vorhanden, so erhielten in der Regel die Wittwe die eine Hälfte, die Waisen die andere Hälfte. War nur eine Wittwe da, so erhielt diese die vollen 150 Mark. Waren nur Waisen da, so bekamen diese die 150 Mark nach Köpfen, der Antheil der nach Erreichung eines bestimmten Lebensalters ausscheidenden wuchs den verbleibenden zu. Im einzelnen waren die Vorschriften der Kassenstatuten nach der geschichtlichen Entwicklung jeder Kasse verschieden.

Die Entwicklung der Kassen in dem auf diese Reform folgenden Jahrzehnt war eine sehr verschiedene. Die Gründe lagen theils in dem verschiedenen Alter der Kassen und der dadurch bedingten Höhe der Kapitalien, theils in dem verschiedenen Verhältnisse der Anzahl der Wittwen zu derjenigen der Lehrerstellen. In den östlichen Landestheilen heirathen die Lehrer im Allgemeinen früher als in den westlichen, in den vorwiegend ländlichen Bezirken heirathen verhältnißmäßig mehr Lehrer als in den vorwiegend städtischen Orten. Ferner war die Höhe der Stellenbeiträge nach den Statuten eine sehr verschiedene. So kam es, daß 1879 unter 29 Bezirkskassen: zehn nur 150 Mark (Gumbinnen, Marienwerder, Posen, Köslin, Stralsund, Frankfurt a. O., die beiden schlesischen Kassen, Düsseldorf, Kassel), elf Kassen 160—180 Mark (Königsberg, Danzig, Bromberg, Stettin, Magdeburg, Merseburg, Münster, Minden, Coblenz, Trier, Sigmaringen), vier Kassen 200 Mark (Potsdam, Erfurt, Arnsberg, Holstein), vier Kassen über 200 Mark (Cöln, Schleswig, Hannover), eine Kasse bis 252 Mark (Aachen), jährlich zahlten. Dieses Mißverhältniß wurde noch dadurch gesteigert, daß der große wirthschaftliche Aufschwung der siebziger Jahre die Erwerbsverhältnisse von Grund aus geändert hatte. Die Staatsregierung erachtete daher eine allgemeine Erhöhung des Mindestsatzes der Pensionen auf den Betrag von 200 Mark für nothwendig. In einem dem Landtage auf Grund der Allerhöchsten Ermächtigung v. 10. XI. 80 vorgelegten Gesetzentwurf wurde diese Anordnung in Vorschlag gebracht. Die dazu erforderlichen Mittel sollten durch Erhöhung der Stellenbeiträge, Antritts- und Gehaltsverbesserungsgelder auf die im § 3 des Ges. v. 22. XII. 69 zugelassenen Höchstbeträge von bzw. 15 Mark, 24 Mark und 25% des Jahresbetrages der Gehaltsverbesserung, ferner durch Erhöhung der Gemeindebeiträge auf 15 Mark, endlich durch den Wegfall gewisser Anordnungen über die Kapitalisirung der Bestände, in subsidium durch Staatszuschüsse gewonnen werden. (Drucks. A. H. Nr. 42.)

Im Hause der Abgeordneten wurde indeß eine weitere Erhöhung des Mindestsatzes der Pensionen auf 250 Mark für wünschenswerth, andererseits eine Steigerung der Gemeindebeiträge mit Rücksicht auf die damalige Lage der Gemeindefinanzen für unerwünscht erachtet. (Drucks. A. H. Nr. 141.)

Die Staatsregierung gab diesen Wünschen nach und so erging das Ges. v. 24. II. 81 (G. S. S. 41), dessen § 1 den Mindestsatz für die Pensionen der Hinterbliebenen der öffentlichen Elementarlehrer auf 250 Mark festsetzte.

Gleichzeitig ordnete die Ausf. Instr. v. 22. III. 81 die Erhöhung der Stellenbeiträge auf die erwähnten Höchstsätze an. Gerade diese letztere Maßregel konnte aber nicht von langem Bestande sein, als die Staatsregierung in Aussicht nahm, die wirthschaftliche Lage der unmittelbaren Staatsbeamten durch Aufhebung der auf dem Ges. v. 20. V. 82 (Ges. S. S. 298) beruhenden Wittwen- und Waisengeldbeiträge günstiger zu gestalten. Sie mußte es als ein Bedürfniß anerkennen, den Volksschullehrern gleiche Vortheile zuzuwenden. Sie schlug daher in dem auf Grund Allerhöchster Ermächtigung v. 16. I. 89 dem Landtage vorgelegten Gesetzentwurfe (Drucks. A. H. Nr. 23) vor, die jährlichen Beiträge sowie die Antritts- und Gehaltsverbesserungsgelder, die auf Grund des § 3 des Ges. v. 22. XII. 69 bis zu den daselbst bestimmten Höchstbeträgen von den Lehrern an öffentlichen Volksschulen zu zahlen sind, außer Hebung zu setzen.

Im Hause der Abgeordneten wurde der Wunsch ausgesprochen, diese Wohlthat auch auf diejenigen Elementarlehrer auszudehnen, die den Kassen als Elementarlehrer an nichtstaatlichen Gymnasien, Bürgermittelschulen u. s. f. angehören. Ausgeschlossen sollten nur diejenigen Mitglieder werden, die beim Uebertritte in ein Staatsamt sich freiwillig die Vortheile der Elementarlehrerwittwenkassen erhalten hatten.

Diejenigen Mitglieder, die nach dem 31. III. 89 in ein Staatsamt übertreten, sollten nach dem Vorschlage der Staatsregierung überhaupt die Berechtigung verlieren, Mitglieder der Kasse zu bleiben, und dasselbe sollte bei denjenigen Mitgliedern geschehen, die freiwillig ihr Amt ohne Pensionsberechtigung niederlegen. Diese letzteren Vorschläge fanden die Zustimmung des Landtages, während andererseits die Staatsregierung seinen vorher angeführten Wünschen nachgab. (Aktenstücke A. H. Nr. 89. Sten. Ber. A. H. S. 181 ff.) Demgemäß ist das Ges. unter dem 19. VI. 89 sanktionirt (Ges. S. S. 131).

Damit waren im Wesentlichen die Kassen aus Versicherungsgesellschaften der Betheiligten zu öffentlichen Fürsorgeanstalten geworden, die lediglich auf das einmal eingesammelte Vermögen, auf Beiträge öffentlicher Verbände und in subsidium auf Zuschüsse des Staates basirt sind.

Soweit es sich nicht um stiftungsmäßig durch Vermächtnisse, Geschenke u. s. f. festgelegte Beträge handelte, hörte damit jeder Rechtsanspruch der Kassenmitglieder an das Vermögen der Kassen auf, denn nur durch die Fürsorge der Gemeinden und eventuell des Staates, nicht mehr durch eigene Aufwendungen der Mitglieder wurde es fortan möglich, die gesetzlichen Pensionen aus den Kassen zu gewähren (vergl. Aktenstücke A. H. 1889 Nr. 89 S. 3).

Schon bei der Berathung des oben erwähnten Ges. wurde darauf hingewiesen, daß die Pensionen der Wittwen und Waisen der Elementarlehrer hauptsächlich da nicht ausreichten, wo neben der Wittwe Kinder vorhanden sind, jene also mit diesen zusammen den Betrag von 250 Mark erhält, und wo mehr als drei Ganzwaisen vorhanden sind, die sich in den Betrag von 250 Mark theilen müssen. Den Kassen die zu einer entsprechenden Ergänzung der Fürsorge für die Hinterbliebenen der Lehrer erforderlichen erhöhten Leistungen aufzuerlegen, würde im Wesentlichen nur zu einer gesteigerten Inanspruchnahme der Garantie des Staates für diese Kassen geführt haben, da letzteren schon zur Erfüllung der ihnen obliegenden Verpflichtungen thatsächlich fast allgemein Zuschüsse aus Staatsfonds gewährt werden mußten. Es erschien daher zweckmäßiger, einstweilen bis zu einer organischen Regelung der Fürsorge für die Relikten den zur Abhülfe des hervorgehobenen besonderen Mißstandes nothwendigen Aufwand durch das Ges. v. 27. VI. 90 (G. S. S. 211) unmittelbar auf die Staatskasse zu übernehmen.

Durch dieses Ges. war für die Hinterbliebenen derjenigen Elementarlehrer, die nicht zu den öffentlichen Volksschullehrern gehörten, die aber bis dahin ebenfalls auf die Versorgung durch die nach den Ges. v. 22. XII. 69 und 24. II. 81 eingerichteten Wittwen- und Waisenkassen angewiesen waren, nicht gesorgt. Für diese Kategorie von Lehrern wurde durch das (oben S. 135 ff. abgedruckte) Ges. v. 11. VII. 94 (Ges. S. S. 109) gesorgt.

Nach diesem Ges. werden also in absehbarer Zeit die nach den Ges. v. 22. XII. 69 und 24. II. 81 eingerichteten Elementarlehrer-Wittwen- und Waisenkassen von der Mitgliedschaft der nicht zu den öffentlichen Volksschullehrern gehörenden Elementarlehrer im Großen und Ganzen befreit sein. Denn da auch das Ges. v. 19. VI. 89 (G. S. S. 131) Art. 3 und 4 die freiwillige Mitgliedschaft der in andere Stellungen übergehenden Elementarlehrer beschränkt hat, so werden die Kassen in Zukunft, von vereinzelten Ausnahmen abgesehen, lediglich der Fürsorge für die Hinterbliebenen der öffentlichen Volksschullehrer dienen. Sie gewähren ihnen im Allgemeinen eine Pension von 250 Mark jährlich. Die Einnahmen bestehen aus den Zinsen der Kapitalien, den Gemeinde- ꝛc. Beiträgen und dem Staatszuschusse.

Bezüglich des gegenwärtigen Zustandes des Kassenbestandes bestehen besondere Verhältnisse nur im Reg. Bez. Wiesbaden, wo auf Grund der ehemals nassauischen Verordnungen die Pensionen der Wittwen und Waisen auf einen Bruchtheil der Pension des Mannes bezw. Vaters bemessen werden. In einzelnen Theilen des Reg. Bez. Schleswig wurden neben der Pension von 250 Mark noch gewisse Nebenemolumente gewährt. In allen übrigen Bezirken bestand eine Gleichartigkeit dahin, daß eine Wittwen- und Waisenpension in Höhe von 250 Mark gewährt wird. Verschiedenheiten bestanden nur darin, wie die Wittwe mit etwa vorhandenen Kindern theilt, wann die Waisenpensionen endigen (15., 16. oder 17. Lebensjahr), wann die Wittwenpension aufhört u. s. f.

Der Bezirk der Kasse erstreckte sich in der Regel auf den Reg. Bez. Für die ganze Provinz Schlesien bestanden indeß zwei Kassen, eine für die katholischen und eine für die evangelischen und die weder der katholischen noch der evangelischen Konfession angehörigen Lehrer. In dem Reg. Bez. Magdeburg war nur ein Theil der alten Diözesankassen völlig zu einer gemeinsamen Kasse verschmolzen, die übrigen bestanden zum Theile fort. Für die ganze Provinz Hannover bestand nur eine gemeinsame Kasse.

Von dem Wirkungskreise der Kassen waren einzelne Städte auf Grund des § 11 des Ges. v. 22. XII. 69 ausgenommen, weil sie anderweit genügend für die Hinterbliebenen ihrer Elementarlehrer gesorgt haben. (Berlin, Stralsund, Greifswald, Hannover, Osnabrück, Kassel, Hanau, Frankfurt a. M.)

Neben diesen Anstalten bestanden vielfach private Vereinigungen der Lehrer zur besseren Versorgung ihrer Hinterbliebenen, aber nur vereinzelte Einrichtungen des öffentlichen Rechtes, die diesem Zwecke dienten. Bei einzelnen von ihnen war es indeß zweifelhaft, ob sie als Anstalten des öffentlichen Rechtes anzusehen waren.

Im Wesentlichen waren hiernach die Wittwen und Waisen der Volksschullehrer, soweit nicht, wie z. B. im ehemaligen Herzogthum Nassau, im Reg. Bez. Schleswig und in den einzelnen Städten rc. besondere Verhältnisse bestanden, auf die Kassenpension von 250 Mark und die staatlichen Waisengelder von 50 Mark für Halbwaisen, bezw. 84 Mark für Vollwaisen angewiesen.

Diese Pensionen konnten nach den heutigen Verhältnissen als ausreichende nicht für alle Fälle angesehen werden. Hat man es in dem Lehrerbesoldungsges. v. 3. III. 97 für nöthig erachtet, den Mindestsatz der Lehrerbesoldungen auch unter den einfachsten Umständen mit zunehmendem Dienstalter auf 1800 Mk. jährlich neben freier Wohnung steigen zu lassen, so steht damit eine Pension von 250 Mk., die noch nicht $^1/_6$ des nach dem Inkrafttreten des Lehrerbesoldungsges. auf durchschnittlich 1600 Mk. anzunehmenden Ruhegehalts der Volksschullehrer beträgt, in keinem Verhältnisse. Bei allen Staatsbeamten war das Verhältniß bisher $^1/_3$. Neuerdings hat man sogar für nöthig erachtet, es auf $^2/_5$ zu erhöhen. Ebenso steht es bei den Lehrern der mittleren Schulen, die zum großen Theil aus dem Stande der Volksschullehrer hervorgegangen sind. Dasselbe gilt von den besonderen Waisenpensionen. Dazu kommt, daß überhaupt die Gewährung der gleichen Pension für die Hinterbliebenen aller Volksschullehrer, mögen Stellung, Einkommen und örtliche Lebenshaltung noch so verschieden sein, den heutigen Bedürfnissen nicht mehr entspricht. Die gegenwärtige Regelung erklärt sich aus der historischen Entwickelung, wie sie vorhin dargestellt ist, aber die Verhältnisse drängten auf eine Regelung, wie sie für die unmittelbaren Staatsbeamten seit 1882, und für die übrigen Lehrer seitdem getroffen worden ist. Das Ges. v. 4. XII. 99 trägt dem Rechnung und schließt sich an das Ges. v. 20. V. 82, betr. die Fürsorge für die Wittwen und Waisen der unmittelbaren Staatsbeamten in der ihm durch die Ges. v. 28. III. 88 (G. S. S. 48) und 1. VI 97 (G. S. S. 169) gegebenen Fassung an.

Gesetz,

betreffend die Fürsorge für die Wittwen und Waisen der Lehrer an öffentlichen Volksschulen.

Vom 4. März 1899 (G. S. S. 587).

Gesetzgeberische Materialien: Anm. 1.

Abg.-Haus 1899; Drucks. Nr. 23, 157, 166, 167, 168, 169, 175a, 175b, 176, 177a, 177b. Sten. Ber. S. 317—335, 2071—2099, 2101—2115. Herrenhaus 1899; Drucks. Nr. 83, 85. Sten. Ber. S. 138, 177, 206—208, 245—252.

Die **Ausf. Best. v. 20. II. 1900** sind in den Erläuterungen verarbeitet worden. Anm. 2.

1. Das Ges. v. 4. XII. 99 hat **keine rückwirkende Kraft**, daher können die jetzt vorhandenen Wittwen und Waisen und die bis einschließlich den 31. III. 1900 hinzutretenden Wittwen und Waisen von öffentlichen Volksschullehrern Rechte aus diesem Ges. nicht geltend machen. Für deren Ansprüche auf Versorgung aus öffentlichen Kassen bleiben vielmehr die bisherigen Vorschriften maßgebend. Es ist jedoch beabsichtigt, diesen Wittwen und Waisen in Fällen von Hüfsbedürftigkeit, soweit die Fonds es gestatten, Unterstützungen zu gewähren, wenn die Gesammtbezüge der Hinterbliebenen — einerlei aus welchen Quellen sie stammen — hinter dem Betrage zurückbleiben, der ihnen nach den Bestimmungen der §§ 1—12 des Ges. v. 4. XII. 99 zustehen würde, falls ihre Ernährer den Zeitpunkt des Inkrafttretens dieses Ges. erlebt hätten. In dem Entwurfe zum Staatshaushalts-Etat für 1900 ist deshalb eine größere Summe, als bisher, zu Unterstützungen für Wittwen und Waisen von Elementarlehrern eingestellt worden. Ausf. Best. v. 20. II. 1900 Nr. III. Anm. 3.

2. Im Uebrigen bleiben für die bisherigen Wittwen und Waisen die **alten Kassen** bestehen. Diesen Waisen werden auch die Waisengelder nach dem Ges. v. 27. VI. 90 aus der Staatskasse gezahlt. Endlich werden ihnen die sonstigen nach besonderen provinzialrechtlichen Bestimmungen von den Gemeinden oder sonstigen Verpflichteten zu entrichtenden Emolumente wie z. B. die Dienstachtel in Schleswig-Holstein weiter gegeben.

Wir Wilhelm, von Gottes Gnaden König von Preußen rc. verordnen mit Zustimmung beider Häuser des Landtags für den Umfang der Monarchie bis zum Erlaß eines Gesetzes über die Unterhaltung der öffentlichen Volksschulen, was folgt:

§ 1. Die Wittwe und die hinterbliebenen ehelichen oder durch nachgefolgte Ehe legitimirten Kinder eines Lehrers, welcher zur Zeit seines nach dem Inkraftreten dieses Gesetzes erfolgten Todes entweder an einer öffentlichen Volksschule angestellt war und Anspruch auf lebenslängliches Ruhegehalt im Falle der Versetzung in den Ruhestand erworben hatte, oder aus dem Dienste an einer öffentlichen Volksschule mit lebenslänglichem Ruhegehalt in den Ruhestand versetzt war, erhalten Wittwen- und Waisengeld.

Wittwe. — Ist die Ehe eines Lehrers durch Scheidung aufgelöst, so ist die vormalige Ehefrau nach dem Tode des Lehrers als Wittwe Anm. 1.

nicht anzusehen und hat daher auch auf Wittwengeld keinen Anspruch. Vgl. Best. v. 5. VI. 82 (M. Bl. S. 100) Nr. 20 und Ausf. Best. v. 20. II. 1900 Nr. II[1], b.

Anm. 2. **Eheliche oder durch nachgefolgte Ehe legitimirte Kinder.** — Ausgeschlossen von der Berechtigung zum Empfange des Waisengeldes sind also:

a) die außerehelichen, durch nachgefolgte Ehe nicht legitimirten Kinder, die Adoptivkinder;
b) die Kinder der zur Zeit des Todes nur provisorisch angestellt gewesenen Lehrer;
c) die Kinder derjenigen in Ruhestand versetzten Lehrer, denen nicht lebenslänglich, sondern nur auf bestimmte Zeit ein Ruhegehalt bewilligt worden ist (§ 1 Abs. 4 des Pensionsges. v. 6. VII. 85);
d) die Kinder einer Lehrerin.
e) Stiefkinder.

Anm. 3. **Oeffentliche Volksschulen** im Sinne des Ges. sind die öffentlichen Schulen, die zur Erfüllung der allgemeinen Schulpflicht dienen. Vgl. Art. I § 1 des Pensionsges. v. 6. VII. 85 und Erläuterungen dazu, oben S. 89, und § 1 des Lehrerbesoldungsges. v. 3. III. 97.

§ 2. Keinen Anspruch auf Wittwen- und Waisengeld auf Grund dieses Gesetzes haben:

1. diejenigen Wittwen und Waisen, welchen ein Anspruch auf Wittwen- und Waisengeld auf Grund des Gesetzes vom 20. Mai 1882, betreffend die Fürsorge für die Wittwen und Waisen der unmittelbaren Staatsbeamten (Gesetzsamml. S. 298), zusteht;
2. die Wittwen und Waisen derjenigen Lehrer, welche zur Zeit ihres Todes oder ihrer Versetzung in den Ruhestand nur nebenamtlich im öffentlichen Volksschuldienst angestellt waren;
3 die Wittwe und die hinterbliebenen Kinder aus der Ehe eines in den Ruhestand getretenen Lehrers, welche erst nach seiner Versetzung in den Ruhestand geschlossen ist;
4. die Wittwe und die Kinder eines mit Belassung eines Theils des gesetzlichen Ruhegehalts aus dem Dienste entlassenen Lehrers.

§ 3. Das Wittwengeld besteht in vierzig vom Hundert desjenigen Ruhegehalts, zu welchem der Verstorbene berechtigt gewesen ist oder berechtigt gewesen sein würde, wenn er am Todestage in den Ruhestand versetzt worden wäre.

Das Wittwengeld soll jedoch, vorbehaltlich der im § 5 verordneten Beschränkung mindestens 216 Mark jährlich betragen und 2000 Mark nicht übersteigen.

Anm. 1. Zu Absatz 2. Der Betrag von 2000 Mk. entspricht den für die unmittelbaren Staatsbeamten geltenden Bestimmungen. Vgl. Ges. v. 1. VI. 97 (G. S. S. 169). Er wird thatsächlich selten erreicht werden.

§ 4. Das Waisengeld beträgt:

1. für Kinder, deren Mutter lebt und zur Zeit des Todes des

Lehrers zum Bezuge von Wittwengeld berechtigt war, ein Fünftel des Wittwengeldes für jedes Kind;

2. für Kinder, deren Mutter nicht mehr lebt oder zur Zeit des Todes des Lehrers zum Bezuge von Wittwengeld nicht berechtigt war, ein Drittel des Wittwengeldes für jedes Kind.

Zu Nr. 2. Das **höhere Waisengeld** ist **auch dann** zu gewähren, wenn eine zum Bezuge von Wittwengeld berechtigte Stiefmutter vorhanden sein sollte, die für die Pflege und Erziehung der Kinder sorgt. Ausf. Best. v. 20. II. 1900 Nr. II¹, c. Anm. 1.

§ 5. Wittwen- und Waisengeld dürfen weder einzeln noch zusammen den Betrag des Ruhegehalts übersteigen, zu welchem der Verstorbene berechtigt gewesen ist oder berechtigt gewesen sein würde, wenn er am Todestage in den Ruhestand versetzt wäre.

Bei Anwendung dieser Beschränkung werden das Wittwen- und das Waisengeld verhältnißmäßig gekürzt.

Zu Absatz 2. Die **Kürzung des Wittwengeldes** erfolgt bei Anwendung des § 5 Abs. 2 erforderlichenfalls auch unter den Mindestsatz von 216 Mk. Ausf. Best. v. 20. II. 1900 Nr. II¹, c. Anm. 1.

§ 6. Bei dem Ausscheiden eines Wittwen- oder Waisengeldberechtigten erhöht sich das Wittwen- und Waisengeld der verbleibenden Berechtigten von dem nächstfolgenden Monat an insoweit, als sie sich noch nicht im vollen Genuß der ihnen nach den §§ 3 bis 5 gebührenden Bezüge befinden.

Die **Erhöhung** ist durch die Schulaufsichtsbehörde (Regierung, in Berlin das Provinzialschulkollegium) desjenigen Bezirkes festzustellen, in dem der Lehrer zur Zeit seines Todes oder seiner Versetzung in den Ruhestand an einer öffentlichen Volksschule angestellt war. Ausf. Best. v. 20. II. 1900 Nr. II¹. Anm. 1.

§ 7. War die Wittwe mehr als 15 Jahre jünger als der Verstorbene, so wird das nach Maßgabe der §§ 3 und 5 berechnete Wittwengeld für jedes angefangene Jahr des Altersunterschiedes über 15 bis einschließlich 25 Jahre um $^1/_{20}$ gekürzt.

Auf den nach § 4 zu berechnenden Betrag des Waisengeldes sind diese Kürzungen des Wittwengeldes ohne Einfluß.

Nach fünfjähriger Dauer der Ehe wird für jedes angefangene Jahr ihrer weiteren Dauer dem gekürzten Betrage von $^1/_{20}$ des nach Maßgabe der §§ 3 und 5 zu berechnenden Wittwengeldes so lange hinzugesetzt, bis der volle Betrag wieder erreicht ist.

§ 8. Keinen Anspruch auf Wittwengeld hat die Wittwe, wenn die Ehe mit dem verstorbenen Lehrer innerhalb dreier Monate vor seinem Ableben geschlossen und die Eheschließung zu dem Zwecke erfolgt ist, um der Wittwe den Bezug des Wittwengeldes zu verschaffen.

Anm. 1. Die **Beweislast** trifft den Verpflichteten, wenn auf Grund des § 8 einer Wittwe das Wittwengeld versagt werden soll.

§ 9. Stirbt einer der im § 1 bezeichneten Lehrer, welchem, wenn er am Todestage in den Ruhestand versetzt worden wäre, auf Grund des Artikels I § 1 Absatz 4 des Gesetzes, betreffend die Pensionirung der Lehrer und Lehrerinnen an den öffentlichen Volksschulen, vom 6. Juli 1885 (Gesetz-Samml. S. 298) ein Ruhegehalt hätte bewilligt werden können, so kann der Wittwe und den Waisen desselben vom Unterrichtsminister in Gemeinschaft mit dem Finanzminister Wittwen- und Waisengeld bewilligt werden.

Stirbt einer der im § 1 bezeichneten Lehrer, welchem nach Artikel I §§ 10 und 11 des Gesetzes, betreffend die Pensionirung der Lehrer und Lehrerinnen an den öffentlichen Volksschulen, vom 6. Juli 1885 (Gesetz-Samml. 1885 S. 298, Gesetzsamml. 1890 S. 89) im Falle seiner Versetzung in den Ruhestand die Anrechnung gewisser Zeiten auf die in Betracht kommende Dienstzeit hätte bewilligt werden können, so ist der Unterrichtsminister befugt, eine solche Anrechnung auch bei Festsetzung des Wittwen- und Waisengeldes anzuordnen.

§ 10. Die Zahlung des Wittwen- und Waisengeldes beginnt mit dem Ablauf der Gnadenzeit, die Zahlung des in dem § 4 Ziffer 2 bestimmten Waisengeldes nicht vor dem Beginn desjenigen Monats, welcher auf den Zeitpunkt des Eintritts der dort bezeichneten Voraussetzung folgt.

Das Wittwen- und Waisengeld wird monatlich im Voraus gezahlt. An wen die Zahlung gültig zu leisten ist, bestimmt die Schulaufsichtsbehörde.

Anm. 1. Zu Absatz 1. Die **Gnadenzeit** für die Hinterbliebenen der im Dienst verstorbenen Lehrer bestimmt sich nach §§ 23, 24 des Lehrerbesoldungsges. v. 3. III. 97, diejenige für die Hinterbliebenen der pensionirten Lehrer nach § 25 des Pensionsges. v. 6. VII. 85.

Anm. 2. Zu Absatz 2. 1. **Schulaufsichtsbehörde**, d. i. die Regierung, in Berlin das Provinzialschulkollegium.

2. Die **Zahlung** ist von einer gerichtlichen Feststellung der Empfangsberechtigten der Regel nach nicht abhängig zu machen. Sofern nicht besondere Bedenken vorliegen, sind die Wittwengelder an die Wittwe, die Waisengelder, wenn die Mutter noch lebt und für die Pflege und Erziehung der Kinder sorgt, an die Mutter, anderenfalls an den Vormund der Kinder, der durch gerichtliche Bestallung als solcher sich auszuweisen hat, zu zahlen. Ausf. Best. v. 20. II. 1900 Nr. II².

3. Die portofreie Uebersendung der Wittwen- und Waisengelder ist unzulässig. Min.-Erl. v. 17. IV. 91 (C. Bl. U. V. S. 396).

§ 11. Der Anspruch auf Wittwen- und Waisengeld kann mit rechtlicher Wirkung weder abgetreten noch verpfändet oder sonst übertragen werden.

Anm. 1. Die Pensionen der Wittwen und Waisen und die ihnen aus Wittwen- und Waisenkassen zukommenden Bezüge sind nach § 850

Nr. 7 der Civ. Proz. Ordn. auch der Pfändung nicht unterworfen. Uebersteigen die Bezüge die Summe von 1500 Mark, so ist der dritte Theil des Mehrbetrages der Pfändung unterworfen.

§ 12. Das Recht auf den Bezug des Wittwen- und Waisengeldes erlischt:

1. für jeden Berechtigten mit Ablauf des Monats, in welchem er sich verheirathet oder stirbt;
2. für jede Waise außerdem mit Ablauf des Monats, in welchem sie das achtzehnte Lebensjahr vollendet.

Das Recht auf den Bezug des Wittwen- oder Waisengeldes ruht, wenn der Berechtigte die deutsche Staatsangehörigkeit verliert, bis zur etwaigen Wiedererlangung derselben.

Zu Absatz 1. **Wenn auf Grund des § 12 das Recht auf Wittwen- und Waisengeld erlischt,** so soll auf Grund der Bestimmung des § 6 das den verbleibenden Berechtigten zustehende Wittwen- und Waisengeld auf den in den §§ 3 bis 5 bestimmten Satz bezw. verhältnißmäßig bis zu dem Betrage des von dem verstorbenen Lehrer erdienten Ruhegehaltes erhöht werden, wenn es vorher in Folge der im § 5 getroffenen Bestimmung eine Herabsetzung erlitten hat. Anm. 1.

In dem Falle des Erlöschens durch den Tod der Wittwe wird sich außerdem das Waisengeld der etwa vorhandenen bezugsberechtigten Kinder von $^1/_5$ auf $^1/_3$ des im § 3 bestimmten Wittwengeldes steigern. Ausf. Best. v. 20. II. 99, Nr. II[1], d.

Zu Absatz 2. **Staatsangehörigkeit** — vgl. Anm. 2 zu § 19 des Pensionsgef. v. 6. VII. 85, oben S. 109. Anm. 2.

§ 13. Die Entscheidung darüber, ob und welches Wittwen- und Waisengeld den Wittwen und Waisen eines Lehrers zusteht, erfolgt durch die Schulaufsichtsbehörde. Gegen die Entscheidung der Schulaufsichtsbehörde findet die Beschwerde an den Ober-Präsidenten statt, welcher endgültig entscheidet.

Die Beschreitung des Rechtsweges gegen diese Entscheidung steht den Betheiligten offen, doch muß die Entscheidung des Ober-Präsidenten der Klage vorhergehen und letztere sodann bei Verlust des Klagerechts innerhalb sechs Monaten, nachdem den Betheiligten die Entscheidung des Oberpräsidenten bekannt gemacht worden, erhoben werden.

Der Verlust des Klagerechts tritt auch dann ein, wenn von den Betheiligten gegen die Entscheidung der Schulaufsichtsbehörde über den Anspruch auf Wittwen- und Waisengeld nicht binnen gleicher Frist die Beschwerde an den Ober-Präsidenten erhoben ist.

Für die Hohenzollernschen Lande entscheidet an Stelle des Ober-Präsidenten der Unterrichtsminister.

Zu Absatz 1. **Schulaufsichtsbehörde** —, d. i. die Regierung (in Berlin das Provinzial-Schulkollegium) desjenigen Bezirkes, in dem der Lehrer zur Zeit seines Todes oder seiner Versetzung in den Ruhestand an einer öffentlichen Volksschule angestellt war. Anm. 1.

Eine **Abrundung des Wittwen- und Waisengeldes** auf volle Mark findet nicht statt. Ausf. Best. v. 20. II. 1900 Nr. II[1] a. Anm. 2.

Anm. 3. Die zur Festsetzung der Wittwen- und Waisengelder erforderlichen **Geburts-, Eheschließungs- und Sterbe-Urkunden** sind von den Betheiligten durch standesamtliche — eventl. pfarramtliche — Bescheinigungen nachzuweisen. Von der Beibringung der Geburtsurkunden der Eheleute kann jedoch in dem Falle abgesehen werden, wenn die Ehe nachweislich über 14 Jahre bestanden hat und somit eine Kürzung der Wittwengelder wegen des Altersunterschiedes der Eheleute (§ 7 des Ges.) ausgeschlossen ist. Nach dem Min. Erl. v. 1. IX. 98 (Min. Bl. 251) haben die Standesbeamten in Angelegenheiten der Hinterbliebenen-Fürsorge an Stelle der in den §§ 15 und 16 des Personenstandsges. v. 6. II. 75 (R. G. Bl. S. 23) für Beurkundungen vorgeschriebenen Auszüge aus den Standesamtsregistern kostenfrei Bescheinigungen in abgekürzter Form zu ertheilen, die die entscheidenden Thatsachen und die maßgebenden Daten enthalten. Ausf. Best. v. 20 II. 1900 Nr. II[8].

§ 14. Das Wittwengeld wird bis zur Höhe von 420 Mark, das Waisengeld für Halbwaisen (§ 4 Nr. 1) bis zur Höhe von 84 Mark, für Vollwaisen (§ 4 Nr. 2) bis zur Höhe von 140 Mark jährlich aus der Staatskasse gezahlt.

Diese Vorschrift findet auf die Hinterbliebenen derjenigen Lehrer keine Anwendung, welche zur Zeit ihres Todes oder ihrer Versetzung in den Ruhestand an einer öffentlichen Volksschule der Stadt Berlin angestellt waren.

Zur Aufbringung des nicht durch Staatsbeitrag gedeckten Wittwen- und Waisengeldes sind die zur Aufbringung des nicht durch Staatsbeitrag gedeckten Theils des Ruhegehalts des Lehrers (der Ruhegehaltskassenbeiträge), im Fürstenthum Hohenzollern-Hechingen die bisher zur Unterhaltung des Lehrers während der Dienstzeit auf der letzten Schulstelle Verpflichteten verbunden.

Anm. 1. Zu Absatz 1. 1. Die nach § 14 Abs. 1 mit der Einschränkung des § 14 Abs. 2 und des § 15 Abs. 2 und 3 des Ges. **der Staatskasse zur Last fallenden Beiträge** sind von den Regierungen auf ihre Hauptkassen zur Zahlung anzuweisen. Die Verrechnung hat in den Rechnungen dieser Kassen von der Geistlichen und Unterrichts-Verwaltung unter demjenigen Titel — als Mehrausgabe — zu erfolgen, der durch den Staatshaushaltsetat dazu bestimmt werden wird. In dem Entwurfe des Staatshaushaltsetats für das Etatsjahr 1900 ist zu dem Zwecke unter Kap. 121, Tit. 41 ein Fonds mit der Bezeichnung „Zu Wittwen- und Waisengeldern für die Hinterbliebenen der Lehrer an öffentlichen Volksschulen und der Mitglieder der Elementarlehrer-Wittwen- und Waisenkassen“ vorgesehen.

2. Bei demselben Fonds sollen nach den Bemerkungen zu diesem Etatstitel v. 1. IV. 1900 ab auch die nach dem Ges. v. 27. VI. 90 noch zu zahlenden Waisengelder verrechnet werden. Der für diese Waisengelder bisher bestimmte Fonds Kap. 121, Tit. 41a des jetzigen Staatshaushalts-Etats soll deshalb nach dem erwähnten Entwurfe v. 1. IV. 1900 ab mit dem neuen Fonds verschmolzen werden.

3. Ferner sollen späterhin auch diejenigen Wittwen- und Waisenpensionen bei diesem Fonds verrechnet werden, deren Zahlung der Staat nach § 19 Abs. 2 des Ges. v. 4. XII. 99 von den Elementarlehrer-Wittwen- und Waisenkassen zu übernehmen hat. Ausf. Best. v. 20. II. 1900 Nr. XI.

Zu Absatz 3. 1. **Die zur Aufbringung des Ruhegehaltes Verpflichteten** — das sind nach Art. I § 26 des Pensionsges. v. 6. VII. 85 die sonstigen bisher zur Aufbringung der Pension des Lehrers Verpflichteten, sofern solche nicht vorhanden sind, die bisher zur Unterhaltung des Lehrers während der Dienstzeit Verpflichteten. Die auf besonderen Rechtstiteln Dritter beruhenden Verpflichtungen Dritter bleiben bestehen. Anm. 2.

2. Die **Verpflichtung der Schulunterhaltungspflichtigen in dem Fürstenthume Hohenzollern-Hechingen** zur Aufbringung der Wittwen- und Waisengelder besonders auszusprechen, war nöthig weil die Ruhegehälter der Lehrer in diesem Landestheile auf Grund der Dienstpragmatik v. 11. X. 43 (Hech. Bd.- und Intelligenz-Bl. v. 1843 S. 281) ganz vom Staate gezahlt werden. Hinsichtlich der Wittwengelder liegt eine gleiche Verpflichtung des Staates aber nicht vor, da das Wittwengeld in der Dienstpragmatik v. 11. X. 43 für die Schullehrerwittwen auf den Satz von 100 Gulden = 171 Mk. 43 Pf. begrenzt ist. Seit dem Inkrafttreten des Ges. v. 24. II. 81 (G. S. S. 41) beziehen deshalb auch die Lehrerwittwen, damit sie eine Pension von jährlich 250 Mk erreichen, neben dem vom Staate zu zahlenden Wittwengelde von 171 Mk. 43 Pf. aus der Elementarlehrer-Wittwen- und Waisenkasse des Fürstenthumes Hohenzollern-Hechingen, zu der die Gemeinden und Gutsbezirke Beiträge leisten, den Betrag von 78 Mk. 57 Pf. Da nach dem Ges. v. 4. XII. 99 das Wittwengeld bis zur Höhe von 420 Mk. aus der Staatskasse gezahlt wird, so wird dadurch der bisherigen Verpflichtung des Staates vollständig genügt. Die Vorschriften der Dienstpragmatik sind in dieser Beziehung durch § 21 des Ges. v. 4. XII. 99 aufgehoben. Ausf. Best. v. 20. II. 1900 Nr. VIII.

§ 15. Behufs gemeinsamer Bestreitung des durch den Staatsbeitrag nicht gedeckten Theils der Wittwen- und Waisengelder werden die zur Aufbringung verpflichteten Schulverbände (Schulsozietäten, Gemeinden, Gutsbezirke) in jedem Regierungsbezirke zu Bezirks-Wittwen- und Waisenkassen verbunden.

Sind für die Mitglieder eines Schulverbandes, welcher keine widerrufliche Staatsbeihülfe zur Unterhaltung der öffentlichen Volksschulen bezieht, mehr als 25 Schulstellen vorhanden, so ist der Schulverband einer Bezirks-Wittwen- und Waisenkasse nicht anzuschließen, wenn er dies innerhalb sechs Wochen nach dem Inkrafttreten des gegenwärtigen Gesetzes bei der Bezirksregierung beantragt. Wird einem hiernach der Bezirkskasse nicht angeschlossenen Schulverbande später auf seinen Antrag eine widerrufliche Staatsbeihülfe gewährt, so wird von der Bezirksregierung der Anschluß desselben an die Kasse von dem nächsten mit dem 1. April beginnenden Rechnungsjahre ab angeordnet. Der Austritt eines der Kasse angeschlossenen Schulverbandes ist unstatthaft.

Während der Dauer des auf Antrag eines Schulverbandes erfolgten Ausschlusses desselben aus der Kasse findet die Vorschrift des § 14 Absatz 1 auf die Hinterbliebenen derjenigen Lehrer keine Anwendung, welche zur Zeit ihres Todes oder ihrer Versetzung in den Ruhestand an einer Volksschule dieses Schulverbandes angestellt waren.

Den Maßstab für die Vertheilung des Kassenbedarfs auf die Schulverbände (Schulsozietäten, Gemeinden, Gutsbezirke) bildet die

Jahressumme des ruhegehaltsberechtigten Diensteinkommens der zur Kasse gehörigen Lehrerstellen am 1. Oktober des Vorjahres. Von diesem Diensteinkommen bleibt für jede Stelle ein Betrag bis zu 1200 Mark außer Berechnung. Bei unbesetzten Stellen sind Dienstalterszulagen nicht in Anrechnung zu bringen. Die für jeden Schulverband (Schulsozietät, Gemeinde, Gutsbezirk) sich ergebende Gesammtsumme des Diensteinkommens wird im Vertheilungsplane nach unten auf Hunderte von Mark abgerundet. Der Vertheilungsplan gilt ohne Rücksicht auf die inzwischen eingetretenen Veränderungen jedesmal für drei Rechnungsjahre.

Im Uebrigen finden auf die Einrichtung und Verwaltung der Kassen die §§ 2 bis 6, 8 bis 14 und 17 des Gesetzes, betreffend Ruhegehaltskassen für die Lehrer und Lehrerinnen an den öffentlichen Volksschulen, vom 23. Juli 1893 (Gesetzsamml. S. 194) sinngemäße Anwendung.

Anm. 1. Zu Absatz 1. **In jedem Regierungsbezirke.** — Es sind also auch die Schulverbände in Hohenzollern-Hechingen in die für den Regierungsbezirk Sigmaringen zu bildende Kasse hineinzunehmen. Ausf. Best. v. 20. II. 1900 Nr. IX[1].

Anm. 2. Zu Absatz 3. **Erfolgt späterhin ein Anschluß des Schulverbandes an die Kasse,** so sind die Wittwen- und Waisengelder von dem Tage des Anschlusses ab auf die Kasse zu übernehmen. Von demselben Zeitpunkte ab sind alsdann auch Staatsbeiträge zu zahlen.

Die Stadt Berlin ist gemäß § 14 Abs. 2 des Ges. von der Fürsorge des Staates für die Schulverbände ausgeschlossen. Staatsbeiträge sind somit stets nur zu den Wittwen- und Waisengeldern der Hinterbliebenen von denjenigen Lehrern zu zahlen, deren Stellen den Bezirks-Wittwen- und Waisenkassen angeschlossen sind. Ausf. Best. v. 20. II. 1900 Nr. IX[2].

Anm. 3. Zu Absatz 5. Wegen der **Einrichtung und Verwaltung der Kassen** ist das Folgende bestimmt worden:

1. Die Kassen führen die Bezeichnung „Volksschullehrer-Wittwen- und Waisenkasse des Regierungsbezirkes N. N.“

   Die Kassen sind als Nebenfonds bei den Regierungs-Hauptkassen einzurichten.
2. Wegen der Wahl des Kassenanwaltes (vergl. § 3 des Ges. vom 23. VII. 93) und Festsetzung der ihm zu gewährenden Entschädigung (§ 4 a. a. O.) ist bei dem Provinzialausschusse, in der Provinz Hessen-Nassau und in den Hohenzollernschen Landen bei dem Landesausschusse alsbald der erforderliche Antrag zu stellen. Die Regierungen sollen, wenngleich das Gesetz den gedachten Behörden die freie Entschließung über die Wahl des Kassenanwaltes und über die Höhe der Entschädigung giebt, ihnen auf Wunsch geeignete Personen namhaft machen und ihnen jedenfalls das für die Bemessung der Entschädigung in Betracht kommende Material über die voraussichtliche Arbeitsbelastung des Kassenanwaltes mittheilen.
3. Die Wittwen- und Waisengelder sind in voller Höhe von den Volksschullehrer-Wittwen- und Waisenkassen zu zahlen, und zwar auch dann, wenn die Wittwen- und Waisengelder ganz durch die Staatsbeiträge Deckung finden (vergl. Min.-Erl. v. 16. VIII. 99 C.Bl. U. V. S. 725). Es sind daher sowohl die Staatsbeiträge zu den Wittwen- und Waisengeldern, als auch die im Wege der Umlage von

den Schulverbänden einzuziehenden Beiträge an die Volksschullehrer-Wittwen- und Waisenkasse abzuführen. Die Beiträge sind von den Schulverbänden in vierteljährlichen Raten im Voraus einzuziehen oder bei der Zahlung der nach § 27 des Lehrerbesoldungsges. v. 3. III. 97 an die Verbände zu zahlenden Staatsbeiträge in Abrechnung zu bringen (vergl. hierzu § 11 des Ges. v. 23. VII. 93).

4. Die Regierungen haben ihren Anweisungen zur Zahlung von Wittwen- und Waisengeldern Nachweisungen nach dem (hinter dem Ges. abgedruckten) Schema A, sowie ferner die dazu gehörigen Unterlagen (Geburts-, Verehelichungs- und Sterbe-Bescheinigungen) beizufügen. Alle diese Schriftstücke haben als Rechnungsbeläge zu dienen.

5. Der erste Vertheilungsplan über die von den Schulverbänden zur Volksschullehrer-Wittwen- und Waisenkasse zu leistenden Beiträge ist alsbald nach dem 12. V. 1900 aufzustellen, wenn feststeht, welche Schulverbände sich dieser Kasse nicht anschließen.

Die Unterlagen für die Aufstellung der Vertheilungspläne stehen, was die Zahlen für den Vertheilungsmaaßstab betrifft, den Regierungen bereits in den Vertheilungsplänen für die Ruhegehaltskasse der Lehrer und Lehrerinnen für das Rechnungsjahr 1900 zur Verfügung. Nur für den Regierungsbezirk Wiesbaden und das Fürstenthum Hohenzollern-Hechingen, für welche Bezirke Ruhegehaltskassen nicht bestehen, müssen die Zahlen nach dem Stande am 1. X. 99 anderweit beschafft werden (vergl. § 15 Abs. 4 des Ges.)

Es ist aber zu beachten, daß der Vertheilungsmaßstab für die Volksschullehrer-Wittwen- und Waisenkassen von demjenigen für die Ruhegehaltskassen in zwei Punkten abweicht.

Erstens: Bei den Ruhegehaltskassen kommt das Diensteinkommen der Lehrer- und Lehrerinnenstellen in Betracht, bei den Volksschullehrer-Wittwen- und Waisenkassen dagegen **nur** dasjenige der **Lehrerstellen.**

Zweitens: Bei den Ruhegehaltskassen bleibt von dem Diensteinkommen für jede Stelle ein Betrag von **800 Mk.** außer Berechnung, bei den Volksschullehrer-Wittwen- und Waisenkassen dagegen ein solcher von **1200 Mk.**

Die für jeden Schulverband sich ergebende Gesammtsumme des Diensteinkommens ist in den Vertheilungsplänen, wie bei den Ruhegehaltskassen, nach unten auf Hunderte von Mark abzurunden (§ 15 Abs. 4 des Ges.).

Wegen des für die einzelnen Lehrerstellen in Ansatz zu bringenden Diensteinkommens wird außerdem zur Beachtung auf die Erlasse v. 9. V. 98 (C. Bl. U. V. S. 469) und v. 10. II. 99 (C. Bl. U. V. S. 383) — oben S. 127 f. — hingewiesen.

Hinsichtlich der Feststellung des **Bedarfes** der Volksschullehrer-Wittwen- und Waisenkassen ist zunächst darauf hinzuweisen, daß die Vertheilungspläne dieser Kassen nicht, wie diejenigen der Ruhegehaltskassen, nur für ein Jahr, sondern ohne Rücksicht auf die eintretenden Veränderungen jedesmal für **drei** Rechnungsjahre gelten (§ 15 Abs. 4 des Ges.). In jedem der drei Jahre sind daher von den Schulverbänden gleich hohe Jahresbeiträge zu erheben. Es hat das zur Folge, daß die Kassen in den ersten zwei Jahren mit Ueberschüssen arbeiten werden, die alsdann im dritten Jahre Verwendung finden.

Die Bestimmung des § 6 des Ges. v. 23. VII. 93, daß der Bedarf der Kasse nach dem Stande am 1. X. des Vorjahres zu berechnen ist, erhält für die Volksschullehrer-Wittwen- und Waisenkassen, die einen Bestand von Wittwen und Waisen nicht übernehmen, selbstverständlich erst Bedeutung, wenn die

Kassen auf dem sogenannten Beharrungszustande angelangt sein werden (das soll nach S. 21 der Begr. nach etwa 50 Jahren erreicht sein). Einstweilen muß der Bedarf nach der Wahrscheinlichkeit berechnet werden.

Zu den Verwaltungskosten der Volksschullehrer-Wittwen- und Waisenkassen im Sinne des § 6 des Ges. v. 23. VII. 93 gehört nur die Entschädigung des Kassenanwaltes. Alle anderen bei der Verwaltung entstehenden Kosten sind gemäß § 2 a. a. O. aus dem Bureaubedürfniß- bezw. Prozeßkostenfonds der Regierungen zu zahlen (vgl. Min. Erl. v. 22. XI. 94 C. Bl. U. V. S. 768).

Die Zahl der Wittwen und Waisen, die der Wahrscheinlichkeit nach in den nächsten drei Jahren in die Pensionsberechtigung eintreten, werden die Regierungen aus den Erfahrungen der letzten Jahre entnehmen können. Ebenso sind sie in der Lage, die Durchschnittsbeträge der Wittwen- und Waisengelder, sowie die durchschnittlichen Staatsbeiträge zu den Wittwen- und Waisengeldern, die der Wahrscheinlichkeit nach zu zahlen sein werden, zu berechnen. Bei den Wahrscheinlichkeitsrechnungen ist auf die von Jahr zu Jahr bis zum Eintritte des natürlichen Beharrungszustandes eintretende Vermehrung der Zahl der Wittwen und Waisen sowie auf die Steigerung in Folge des stetigen Anwachsens der Zahl der Lehrerstellen Bedacht zu nehmen. Andererseits aber kann für die Zahl der Wittwen und Waisen, um die sich der Bestand in den einzelnen Jahren vermehrt, nicht die volle Jahrespension in Ansatz gebracht werden. Es wird genügen, wenn für diese Zahl der Wittwen und Waisen für das betreffende Rechnungsjahr $^1/_4$ der Jahrespension angerechnet wird.

In Betreff der Wahrscheinlichkeitsberechnung für den ersten Vertheilungsplan mag folgendes Beispiel angeführt werden.

Beispiel.

	Die durchschnittlichen Wittwen- und Waisengelder sind berechnet auf	Die durchschnittlichen Staatsbeiträge zu denselben sind berechnet auf	Es sind mithin von d. Schulunterhaltungspflichtigen aufzubringen durchschnittlich
für Wittwen rd. . . .	630 Mk.	410 Mk.	220 Mk.
für Vollwaisen rd. .	150 „	135 „	15 „
für Halbwaisen rd. .	100 „	80 „	20 „

Bedarf für das Rechnungsjahr 1900:

Verwaltungskosten		200 Mk.	
Wittwen- und Waisengelder für die in die Pensionsberechtigung eintretenden Wittwen und Waisen			
für 30 Wittwen 30 × $^{220}/_4$ = . .	1650 Mk.		
für 2 Vollwaisen 2 × $^{15}/_4$ = rd. .	8 „		
für 27 Halbwaisen 27 × $^{20}/_4$ = .	135 „	1 793 Mk.	1 993 Mk.

Bedarf für das Rechnungsjahr 1901.

Verwaltungskosten		200 Mk.
Wittwen- und Waisengelder		
A. für den zu Beginn des Rechnungsjahres vorhandenen Bestand an Relikten		
für 30 Wittwen à 220 Mk. = . .	6600 Mk.	
für 2 Vollwaisen à 15 „ = . .	30 „	
für 27 Halbwaisen à 20 Mk. = .	540 „	7 170 Mk.

		Transport 7 170 Mk.	
B. für die Zahl der Relikten, um welche sich der Bestand im Laufe des Rechnungsjahres vermehrt (d. h. nach Abzug der durch Tod u. s. f. aus der Pensionsberechtigung austretenden Relikten)			
für 31 Wittwen $31 \times {}^{220}/_4 =$.	1 705 Mk.		
für 3 Vollwaisen $3 \times {}^{15}/_4 =$ rd. .	12 „		
für 28 Halbwaisen $28 \times {}^{20}/_4 =$.	140 „	1 857 Mk.	9 227 Mk.

Bedarf für das Rechnungsjahr 1902.

Verwaltungskosten		200 Mk	
Wittwen- und Waisengelder			
A. für (wie oben)			
für 61 Wittwen à 220 Mk. = .	13 420 Mk.		
für 5 Vollwaisen à 15 „ = .	75 „		
für 55 Vollwaisen à 20 „ = .	1 100 „	14 595 Mk	
B. für (wie oben).			
für 29 Wittwen $29 \times {}^{220}/_4 =$.	1 595 Mk.		
für 2 Vollwaisen $2 \times {}^{15}/_4$ rd. . .	8 „		
für 27 Halbwaisen $27 \times {}^{20}/_4 =$.	135 „	1 738 Mk.	16 533 Mk.
		im Ganzen	27 753 Mk.
		rund	27 900 Mk.

6. Die im § 10 des Ges. v. 23. VII. 93 angeordnete Veröffentlichung des Vertheilungsplanes der Volksschullehrer-Wittwen- und Waisenkassen hat in der abgekürzten Form zu erfolgen, wie sie für die Veröffentlichung der Vertheilungspläne der Ruhegehaltskassen durch die Min. Erl. v. 25. IX. 96 und v. 14. II. 98 — oben S. 129 — vorgeschrieben ist.

Für die Veröffentlichung des ersten Vertheilungsplanes mag das hinter dem Ges. abgedruckte Schema B als Anhalt dienen.

Sofern von den Volksschullehrer-Wittwen- und Waisenkassen Zahlungen zu bestreiten sind, bevor ihnen bei der ersten Einrichtung dazu genügende Mittel zur Verfügung stehen, sind diese Zahlungen von den Regierungs-Hauptkassen vorschußweise zu leisten. Ein Gleiches hat zu erfolgen, falls aus unvorhergesehenen Gründen im Laufe eines Rechnungsjahres die Mittel der Volksschullehrer-Wittwen- und Waisenkassen zur Bestreitung der ihnen obliegenden Zahlungen nicht ausreichen.

Da die Volksschullehrer-Wittwen- und Waisenkassen als Nebenfonds der Regierungshauptkassen einzurichten sind, so stellen sich die letzteren als die eigentlich zahlenden und rechnungslegenden Kassen dar, auf diese sind deshalb auch die Quittungen über Zahlungen aus dem Nebenfonds auszustellen (vergl. Min.-Erl v. 29. VI. 94 (C. Bl. U. V. S. 594).

Zu den Quittungen über Wittwen- und Waisengelder sind die als Anlagen C und D hinter dem Ges. abgedruckten Vordrucke in Anwendung zu bringen. Den Rechnungen sind die Jahresquittungen beizufügen, soweit solche zu beschaffen sind.

Die Quittungen und die dazu gehörigen Bescheinigungen dürfen nicht vor dem ersten Tage desjenigen Monates ausgestellt sein, für den das Wittwen- und Waisengeld gezahlt werden soll. Die Bescheinigungen müssen von öffentlichen Beamten, die ein Dienstsiegel zu führen berechtigt sind, unter deutlicher Beidrückung des letzteren ausgestellt sein.

Die Quittungen der außerhalb des deutschen Reiches wohnenden Empfangsberechtigten müssen von einem deutschen Gesandten oder Konsul in Beziehung auf die Lebens- rc. Atteste beglaubigt und dahin bescheinigt sein, daß die Wittwen- und Waisengeldberechtigten die deutsche Staatsangehörigkeit nicht verloren haben.

Wegen der Buch- und Kassenführung, sowie wegen der Rechnungslegung wird besondere Verfügung ergehen. Ausf. Best. v. 20. II. 1900 Nr. X.

§ 16. Kein Lehrer einer öffentlichen Volksschule ist fortan verpflichtet, einer die Fürsorge für die Hinterbliebenen bezweckenden Veranstaltung beizutreten, oder sofern er einer solchen auf Grund einer ihm dahin auferlegten Verpflichtung beigetreten ist, in derselben zu verbleiben.

Scheidet er auf Grund dieses Gesetzes aus der Veranstaltung aus, so verliert er alle Ansprüche an dieselbe ohne Entschädigung.

Haben einzelne Schulverbände besondere Veranstaltungen getroffen, durch welche unter Aufwendung von Mitteln der Schulverbände den Hinterbliebenen der Lehrer an öffentlichen Volksschulen an Stelle der, oder neben den ihnen nach den Gesetzen vom 22. Dezember 1869 (Gesetzsamml. 1870 S. 1), 24. Februar 1881 (Gesetzsamml. S. 41) und 27. Juni 1890 (Gesetzsamml. S. 211) zustehenden Bezügen besondere Vortheile zugesichert sind, so sind die Schulverbände berechtigt zu verlangen, daß diese Vortheile zu Gunsten einer Ermäßigung ihrer eigenen Aufwendungen insoweit gekürzt werden, als die den Hinterbliebenen nach dem gegenwärtigen Gesetz zustehenden Wittwen- und Waisengelder die ihnen nach der seitherigen Gesetzgebung zustehenden Bezüge übersteigen. Eine Kürzung findet nicht statt, soweit diese Vortheile als Entgelt für diejenigen Beiträge anzusehen sind, welche von den Lehrern zu diesen Veranstaltungen nach dem Inkrafttreten dieses Gesetzes fortgeleistet werden. Bei Streitigkeiten der Betheiligten über die Höhe der hiernach den Hinterbliebenen zustehenden Vortheile trifft die Bezirksregierung eine im Verwaltungswege vollstreckbare einstweilige Entscheidung. Gegen diese Entscheidung steht den Betheiligten binnen sechs Wochen die Beschwerde an den Ober-Präsidenten, in den Hohenzollernschen Landen an den Unterrichtsminister zu.

Gegen die Entscheidung des Ober-Präsidenten oder des Unterrichtsministers steht den Betheiligten innerhalb einer weiteren Ausschlußfrist von sechs Wochen die Beschreitung des Rechtsweges offen.

Anm. 1. Zu Absatz 1 und 3. Ein Bedürfniß zu einer über das Gesetz hinausgehenden **öffentlich-rechtlichen** Fürsorge für die Hinterbliebenen liegt nicht vor. Damit fällt jeder Zwang zum Beitritte zu einer derartigen Veranstaltung fort.

Es besteht auch kein Bedürfniß, daß in Zukunft die Wittwen und Waisen neben den nach den Vorschriften dieses Ges. bemessenen Bezügen noch die Vortheile weiter genießen, die ihnen durch besondere aus der Unzulänglichkeit der derzeitigen Fürsorge für die Wittwen und Waisen hervorgegangenen Veranstaltungen einzelner Gemeinden zu Theil werden. Der dem (in der Praxis bewährten) § 8 des Ges. v. 11. VI. 94 (G. S. S. 109) nachgebildete § 16 Abs. 3 sichert daher den Gemeinden das Recht, daß diese Vortheile vermindert werden, soweit die den Wittwen und Waisen durch das Gesetz zu Theil gewordene Verbesserung reicht.

Zu Absatz 1 und 2. Unter diese Bestimmungen fallen alle Einrichtungen des öffentlichen Rechtes, die **neben** den auf Grund des Ges. v. 22. XII. 69 gebildeten Elementarlehrer-Wittwen- und Waisenkassen und den auf Grund des § 11 des Ges. v. 22. XII. 69 an deren Stelle von den Städten Berlin, Stralsund, Greifswald, Hannover, Osnabrück, Kassel, Hanau und Frankfurt a. M., getroffenen besonderen Veranstaltungen bestehen. Es kommen also lediglich diejenigen Kassen in Frage, zu deren Beitritt die Lehrer z. B. durch Statut, Berufungsurkunden 2c. verpflichtet worden sind. Auf diese Einrichtungen findet somit der § 17 des Ges. v. 4. XII. 99 keine Anwendung. Anm. 2.

Das Verbleiben bei solchen Kassen und der Beitritt zu ihnen ist somit in Zukunft den freien Entschließungen der Lehrer anheimgegeben.

Die Regierungen und das Provinzialschulkollegium in Berlin werden zu erwägen haben, ob in Folge des Ges. v. 4. XII. 99 nicht eine Revision der Statuten dieser Kassen angezeigt erscheint oder nothwendig geworden ist. Eventuell ist auf eine solche hinzuwirken. Ausf. Best. v. 20. II. 1900 Nr. V.

Zu Absatz 3. **Besondere Veranstaltungen.** — Die Lehrer sind zur Zahlung von Beiträgen zu solchen Veranstaltungen nicht mehr verpflichtet. Stellen sie auf Grund des Ges. v. 4. XII. 99 die Zahlung derartiger Beiträge ein, so scheiden sie aus der Veranstaltung aus, sofern die Statuten nicht zu ihren Gunsten eine andere Festsetzung treffen. Solche besondere Veranstaltungen sind übrigens nur in geringer Zahl getroffen; sie bestehen z. B. in den Städten Stettin, Breslau, Linden, Stade, Geestemünde, Elberfeld, M. Gladbach und Krefeld. Anm. 3.

Beispiel: Eine Stadt ist der Elementarlehrer-Wittwen- und Waisenkasse des Regierungs-Bezirkes angeschlossen, die den Hinterbliebenen eines Lehrers eine jährliche Pension von 250 Mk. gewährt. Etwaige Waisen erhalten außerdem Waisengelder nach dem Ges. v. 27. VI. 90. Die Stadt gewährt unter Anrechnung dieser Bezüge aber

1. den Wittwen $1/_5$ der Diensteinnahme des verstorbenen Mannes höchstens jedoch 1800 Mk.,
2. den Vollwaisen je $1/_{15}$ der Diensteinnahme des verstorbenen Vaters,
3. den Halbwaisen je $1/_{20}$ der Diensteinnahme des verstorbenen Vaters.

Die Lehrer haben dafür 1% ihres den Betrag von 1250 Mk. übersteigenden Jahresdiensteinkommens als Beitrag in die Stadtkasse zu zahlen. Bei der Festsetzung der Höhe der Beiträge ist beispielshalber angenommen, daß 5% des Diensteinkommens der Lehrer zur Deckung der Aufwendungen für die Hinterbliebenen von Lehrern hinreichen. Berücksichtigt ist ferner, daß aus der Elementarlehrer-Wittwen- und Waisenkasse an die Hinterbliebenen der Lehrer 250 Mk., also $1/_5$ von 1250 Mk., gezahlt werden.

Die Lehrer dieser Stadt sind zur Abgabe der im § 17 des Ges. v. 4. XII. 99 vorgesehenen Erklärung berechtigt, da sie zugleich Mitglieder einer nach dem Ges. v. 22. XII. 69 eingerichteten Wittwen- und Waisenkasse sind.

Geben Lehrer dieser Stadt die Erklärung ab und zahlen ihre Beiträge zu der besonderen Veranstaltung der Stadt weiter, so bleibt es für ihre künftigen Hinterbliebenen ganz bei der bisherigen Versorgung.

Angenommen aber: Es stirbt ein Lehrer dieser Stadt, der diese Erklärung nicht abgegeben, seine Beiträge zu der besonderen Veranstaltung der

Stadt nach dem Inkrafttreten des Ges. v. 4. XII. 99 indeß weiter gezahlt hat. Er hinterläßt eine Wittwe und drei Halbwaisen. Da er an seinem Todestage ein Jahresdiensteinkommen von 2400 Mk. hatte, so hätten die Hinterbliebenen nach der besonderen Veranstaltung der Stadt Ansprüche auf folgende Bezüge gehabt:

die Wittwe $^1/_5$ von 2400 Mk. = . . .	480 Mk.,
die drei Halbwaisen $^3/_{20}$ von 2400 Mk. =	360 „
Summa	840 Mk.

Davon wären 250 Mk. aus der Elementarlehrer-Wittwen- und Waisenkasse und 3 × 50 = 150 Mk. durch Waisengelder nach dem Ges. v. 27. VI. 90, zusammen 400 Mk. gedeckt gewesen; die Vortheile aus der besonderen Veranstaltung der Stadt hätten somit 840 — 400 = 440 Mk. betragen. Hiervon sind als Entgelt für die von dem Lehrer bezahlten Beiträge — 1% der auf 5% berechneten Ausgabe — $^1/_5$ = 88 Mk., dagegen als besondere Vortheile die die Stadt durch eigene Aufwendungen gewährt, $^4/_5$ = 352 Mk. anzusehen.

Der Lehrer hätte, da er an seinem Todestage über 16 Dienstjahre gehabt hat, an Ruhegehalt eventuell $^{21}/_{60}$ von 2400 Mk. = 840 Mk. zu beziehen gehabt.

Nach den Bestimmungen des Ges. v. 4. XII. 99 hätten die Hinterbliebenen an Wittwen-, beziehungsweise Waisengeldern zu beanspruchen:

die Wittwe $^2/_5$ von 840 Mk. = ...	336 Mk.	— Pf.
die drei Halbwaisen je $^1/_5$ von 336 Mk. = 67 Mk. 20 Pf. zusammen	201 „	60 „
zusammen	537 Mk.	60 Pf.

Diese Wittwen- und Waisengelder übersteigen somit die den Hinterbliebenen nach der seitherigen Gesetzgebung zustehenden Bezüge um 537 Mk. 60 Pf. — 400 Mk. = 137 Mk. 60 Pf. In diesem Falle können demzufolge die den Hinterbliebenen aus der besonderen Veranstaltung der Stadt zustehenden Bezüge, da die Vortheile, die als Entgelt für die von dem Lehrer gezahlten Beiträge anzusehen sind, nur 88 Mk. betragen, um 137 Mk. 60 Pf. — 88 Mk. = 49 Mk. 60 Pf. gekürzt werden.

Außer den Wittwen- und Waisengeldern nach Maßgabe des Ges. v. 4. XII. 99 würden den Hinterbliebenen des Lehrers somit von der Stadt 440 Mk. — 49 Mk. 60 Pf. = 390 Mk. 40 Pf. zu zahlen sein. Ausf. Best. v. 20. II. 1900 Nr. VI.

§ 17. Den Mitgliedern der Elementarlehrer-Wittwen- und Waisenkassen und den Mitgliedern der nach § 11 des Gesetzes vom 22. Dezember 1869 (Gesetzsamml. 1870 S. 1) an deren Stelle getretenen Veranstaltungen steht frei, binnen sechs Wochen nach dem Inkrafttreten dieses Gesetzes bei der Bezirksregierung des Bezirks, in welchem sie an einer öffentlichen Volksschule angestellt sind oder angestellt waren, die schriftliche Erklärung abzugeben, daß sie in der Kasse oder Veranstaltung verbleiben und auf die Vortheile dieses Gesetzes für ihre künftigen Hinterbliebenen verzichten. Erfolgt die Erklärung, so behalten ihre Hinterbliebenen alle Ansprüche an die Kasse oder Veranstaltung sowie alle nach besonderer gesetzlicher Vorschrift oder nach dem Gesetz vom 27. Juni 1890 (Gesetzsamml. S. 211) ihnen zustehenden Ansprüche.

Erfolgt eine solche Erklärung nicht, so scheiden sie aus der Kasse oder Veranstaltung aus und es erlischt auch der Anspruch ihrer Kinder auf Waisengeld aus dem Gesetz vom 27. Juni 1890 (Gesetzsamml. S. 211), sowie derjenige ihrer Hinterbliebenen auf die ihnen sonst nach besonderer gesetzlicher Vorschrift zustehenden Bezüge.

Zu Absatz 1. **Erklärung binnen 6 Wochen** ꝛc. — diese Erklärungsfrist **muß** innegehalten werden, auch wenn sich erst nach langen Jahren wird übersehen lassen, ob es für den betreffenden Lehrer vortheilhafter sei, in der bisherigen Kasse oder Veranstaltung zu bleiben oder die gesetzlichen Vortheile anzunehmen. Anm. 1.

Zu Absatz 1, Satz 1. **Die Erklärung ist unwiderruflich.** Die zu einer solchen Erklärung berechtigten, an den öffentlichen Volksschulen in Berlin angestellten, oder zur Zeit ihrer Versetzung in den Ruhestand angestellt gewesenen Lehrer haben ihre etwaigen Erklärungen bei dem Provinzialschulkollegium in Berlin abzugeben. Anm. 2.

Zu Absatz 1, Satz 2. **Die künftigen Hinterbliebenen behalten die Ansprüche.** Die betreffenden Lehrer bezw. pensionirten Lehrer müssen aber auch alle diejenigen Beiträge weiter zahlen, die die in Betracht kommenden etwaigen statutarischen und gesetzlichen Bestimmungen vorschreiben.

Es wird hierzu bemerkt, daß den Mitgliedern der Elementarlehrer-Wittwen und Waisenkassen und den nach § 11 des Ges. v. 22. XII. 69 an deren Stelle getretenen Veranstaltungen ein Wahlrecht mit Rücksicht darauf gelassen ist, daß für die Betheiligten in einzelnen Fällen die alten Vorschriften vortheilhafter sind, als die Bestimmungen des Ges. v. 4. XII. 99. Ausf. Best. v. 20. II. 1900 Nr. IV[1].

Zu den **besonderen gesetzlichen Vorschriften** gehören: Anm. 3.

Die in das Statut der Elementarlehrer-Wittwen und Waisenkassen des Regierungsbezirkes Wiesbaden übernommenen nassauischen Bestimmungen über die Gewährung von Wittwen- und Waisengeldern, die in dem ehemaligen Herzogthum Schleswig noch geltenden Vorschriften aus dänischer Herrschaft über die Gewährung von Wittwen-Dienstächteln (vergl. das Statut der Schleswig'schen Volksschullehrer-Wittwen und Waisenkasse) und die in dem Herzogthume Lauenburg noch geltende Vorschrift der Landschulordnung für das Herzogthum Lauenburg v. 10. X. 68 über die den Landschullehrerfrauen zu gewährenden Wohnungsgelder. Ausf. Best. v. 20. II. 1900 Nr. 4[4].

Zu Absatz 2. Alle diejenigen Mitglieder der Elementarlehrer-Wittwen- und Waisenkassen und der nach § 11 des Ges. v. 22. XII. 69 an deren Stelle getretenen Veranstaltungen, die die ihnen nach § 17 des Ges. v. 4. XII. 99 freigestellte Erklärung **nicht** abgeben, sowie alle anderen im öffentlichen Volksschuldienste angestellten und alle nach dem Inkrafttreten des Ges. zur Anstellung gelangenden Lehrer haben für ihre künftigen Wittwen und Waisen Anspruch auf Versorgung nach den Bestimmungen der §§ 1 bis 12 des Ges. v. 4. XII. 99. Hierbei wird darauf hingewiesen, daß nach § 1 dieses Ges. nur diejenigen Wittwen und die hinterbliebenen ehelichen oder durch nachgefolgte Ehe legitimirten Kinder eines Lehrers Wittwen- und Waisengeld erhalten, der zur Zeit seines Todes entweder Anspruch auf lebenslängliches Ruhegehalt im Falle der Versetzung in den Ruhestand erworben hatte oder mit lebenslänglichem Ruhegehalt in den Ruhestand versetzt war. Anm. 4.

Diese Lehrer können aus den alten Vorschriften, abgesehen von den Fällen des § 16 a. a. O., Vortheile für ihre künftigen Hinterbliebenen nicht mehr beanspruchen.

Insbesondere trifft dies auch für die Hinterbliebenen derjenigen Mitglieder der Elementarlehrer-Wittwen- und Waisenkassen und der nach § 11 des Ges. v. 22. XII. 69 an deren Stelle getretenen Veranstaltungen zu, die während der Erklärungsfrist, also in der Zeit v. 1. IV. bis einschließlich 12. V. 1900 versterben, ohne eine Erklärung auf Grund des § 17 des Ges. v. 4. XII. 99 abgegeben zu haben.

Anm. 5. Zu Absatz 1 und 2. **Nach Ablauf der sechswöchigen Erklärungsfrist** ist den Gemeinden pp, die besondere Veranstaltungen zur Versorgung der Hinterbliebenen von Lehrern getroffen haben, von den betreffenden Regierungen (von dem Provinzial-Schulkollegium in Berlin) mitzutheilen, welche Lehrer oder pensionirten Lehrer bei diesen Veranstaltungen fernerhin verbleiben.

Eine gleiche Mittheilung haben die Regierungen der Provinz Hannover dem Provinzialschulkollegium in Hannover und die Regierungen in Liegnitz und Oppeln der Regierung in Breslau betreffs der bei den Elementarlehrer-Wittwen- und Waisenkassen der Provinzen Hannover und Schlesien verbleibenden Lehrer zu machen.

Die Regierungen und das Provinzialschulkollegium in Berlin haben den Mitgliedern der Elementarlehrer-Wittwen- und Waisenkassen und der nach § 11 des Ges. v. 22. XII. 69 an deren Stelle getretenen Veranstaltungen, die eine Erklärung auf Grund des § 17 des Ges. v. 4. XII. 99 abgeben, den Eingang ihrer Erklärung durch Verfügung zu bestätigen. Ausf. Best. v. 20. II. 1900 Nr. IV[5].

§ 18. Mit dem Inkrafttreten dieses Gesetzes werden die Elementarlehrer-Wittwen- und Waisenkassen für jeden neuen Beitritt geschlossen.

Sobald sämmtliche Verpflichtungen einer Elementarlehrer-Wittwen- und Waisenkasse erloschen sind, ist das etwa noch vorhandene Kapitalvermögen zur Deckung des Aufwandes der Schulverbände desjenigen Bezirks zu verwenden, für dessen Schulverbände es angesammelt ist. Die Verwendung erfolgt zur Deckung der Belastung dieser Schulverbände mit Ausgaben für Wittwen- und Waisengelder der Volksschullehrer.

Die nähere Ausführung dieser Vorschrift erfolgt durch den Unterrichtsminister in Gemeinschaft mit dem Finanzminister. Dieselben können auch schon vor dem im Absatz 1 bezeichneten Zeitpunkte eine der dort getroffenen Vorschrift entsprechende Verwendung von Mitteln der Kassen in so weit anordnen, als dies bei voller Sicherung einer Erfüllung der Verbindlichkeiten der Kassen möglich ist.

Anm. 1. Zu Absatz 1. 1. **Vom 1. IV. 1900 ab** sind sonach auch bei den Kassen, deren Statuten dies bisher zuließen, solche Personen nicht mehr als Mitglieder aufzunehmen, die nicht dem Stande der öffentlichen Volksschullehrer angehören, z. B. Kirchen-Beamte (Organisten, Küster). Die Kassen bleiben außer für die jetzt vorhandenen Wittwen und Waisen von Kassenmitgliedern nur noch für die bei der Kasse verbleibenden Lehrer und außerdem für die am 31. III. 1900 ihnen sonst angehörenden Mitglieder bestehen.

Die bei der Kasse verbleibenden Mitglieder haben auch fernerhin die Beiträge zu leisten, die die Statuten etwa vorschreiben

2. Die Regierungen (ausschließlich Hannover, Hildesheim, Osnabrück, Aurich, Stade, Lüneburg, Liegnitz und Oppeln) und das Provinzialschulkollegium

in Hannover haben vom 1. IV. 1900 ab die Elementarlehrer-Wittwen- und Waisenkassen bis zu deren vollständiger Auflösung weiterhin zu verwalten

Voraussichtlich werden die meisten öffentlichen Volksschullehrer aus den Elementarlehrer-Wittwen- und Waisenkassen ausscheiden.

Sobald wahlberechtigte oder wählbare Mitglieder nicht mehr vorhanden sind und alsdann Vertreter des Lehrerstandes in die auf Grund des § 7 des Ges. v. 22. XII. 69 gebildeten Kreisvorstände nicht mehr gewählt werden können, sind diese aufzulösen.

Die nach § 6 a. a. O. gewählten Kuratoren der Kasse haben im Interesse des von ihnen vertretenen Lehrerstandes, insbesondere auch bei der Feststellung der besonderen Zwecken dienenden Kassenkapitalien mitzuwirken, die zur Deckung der den einzelnen Kassen obliegenden Verbindlichkeiten nicht zu verwenden sind (vergl. § 19 Abs. 2 des Ges. v. 4. XII. 99).

Diese Feststellung hat alsbald zu erfolgen.

3. Soweit mit den Elementarlehrer-Wittwen- und Waisenkassen noch **Sterbekassen** verbunden sind und fortbestehen bleiben sollen, sind für sie besondere Statuten zu entwerfen und vorzulegen.

In den Fällen, in denen die nach den Statuten zu zahlenden Sterbegelder nicht ausschließlich durch besondere Beiträge der Mitglieder der Kasse aufzubringen, vielmehr ganz oder zum Theil aus den Zinsen- 2c. Einnahmen der Elementarlehrer-Wittwen- und Waisenkassen zu bestreiten sind, wird zu prüfen sein, in wie weit etwa den nunmehr von den Elementarlehrer-Wittwen- und Waisenkassen zu trennenden Sterbekassen ein Theil der Kassenkapitalien, als nach § 19 Abs. 2 des Ges. v. 4. XII. 99 für sie stiftungsmäßig bestimmt, zu überweisen sein wird.

4. Wegen der Einstellung der Zahlung von Staatszuschüssen an die Elementarlehrer-Wittwen- und Waisenkassen vom 1. IV. 1900 ab (vergl. § 19 Abs. 2 des Ges. und der Herabsetzung der Gemeindebeiträge um 1 Mk. für jede Lehrerstelle vom 1. IV. 1901 ab (vergl. § 19 Abs. 1 a. a. O.) ist das Erforderliche zu veranlassen.

Für die Flüssigmachung der Kapitalien, die zur Deckung der Kassen obliegenden Verbindlichkeiten nothwendig werden, ist stets rechtzeitig Sorge zu tragen.

5. Hinsichtlich derjenigen Kassen, deren Einnahmen (Gemeindebeiträge, Mitgliederbeiträge 2c.) nach Verbrauch der Kassenkapitalien zur Deckung der ihnen obliegenden Verbindlichkeiten nicht ausreichen, so daß der Staat für sie einzutreten hat (vergl. § 19 Abs. 2 a. a. O.), ist an die Herren Ressortminister bis zum 1. X. desjenigen Rechnungsjahres Bericht zu erstatten, nach dessen Abschluß die Leistungsfähigkeit der Kassen mit Sicherheit eintritt. Ausf. Best v. 20. II. 1900 Nr. XII 1—4, 6.

Zu Absatz 2 und 3. Die in Abs. 3 verheißene nähere Ausführung dieser Vorschriften ist noch nicht ergangen. Anm. 2.

§ 19. Die nach § 4 des Gesetzes vom 22. Dezember 1869 (Gesetzsamml. 1870 S. 1) und nach § 7 Nr. 3 des Gesetzes vom 8. April 1856, betreffend die Errichtung einer allgemeinen Schullehrer-Wittwenkasse für das Herzogthum Holstein, (Ges. und Minist.-Bl. S. 116) den Gemeinden (Gutsbezirken 2c.) obliegenden Beiträge für Lehrerstellen an öffentlichen Volksschulen werden vom 1. April 1901 ab von Jahr zu Jahr um eine Mark jährlich herabgesetzt. Bei denjenigen Kassen, welche auch bei einer weitergehenden Herabsetzung dieser

Beiträge voraussichtlich eines Staatszuschusses (§ 5 des Gesetzes vom 22. Dezember 1869, Gesetzsamml. 1870 S. 1) zur Erfüllung ihrer Verpflichtungen nicht bedürfen, kann vom Unterrichtsminister in Gemeinschaft mit dem Finanzminister schon der frühere Fortfall der Gemeinde-Beiträge genehmigt werden, sobald mit Sicherheit anzunehmen ist, daß die bezeichnete Voraussetzung zutrifft.

Zur Deckung der den einzelnen Elementarlehrer-Wittwen- und Waisenkassen obliegenden Verbindlichkeiten sind vor einer Inanspruchnahme des im § 5 des Gesetzes vom 22. Dezember 1869 (Gesetzsammlung 1870 S. 1) bestimmten Staatszuschusses außer den sonstigen Einnahmen der betreffenden Kasse auch die angesammelten Kapitalien zu verwenden, soweit sie nicht stiftungsmäßig besonderen Zwecken dienen. Sind die Kapitalien der Kasse vollständig verbraucht und stehen ihr auch sonstige Einnahmen nicht zu, so werden die der Kasse obliegenden Verbindlichkeiten unmittelbar aus der Staatskasse gedeckt.

Anm. 1. Zu Absatz 1, Satz 1. Zu den **in Fortfall zu bringenden Leistungen der Gemeinden** gehören auch die in Holstein nach § 7 Nr. 3 des Ges. v. 8. IV. 56 neben dem Gemeindebeitrage von 12 Mk. noch weiter gezahlten Beiträge von 20 Pfennigen für jedes (über eine bestimmte Zahl hinaus vorhandene) schulpflichtige Kind, soweit diese Beträge für die Hinterbliebenen der öffentlichen Volksschullehrer erhoben werden, da letzteren hierdurch keine besonderen Vortheile erwachsen.

Anm. 2. Zu Absatz 1, Satz 2. Behufs Herbeiführung dieser Genehmigung sind gegebenen Falles von den betreffenden Regierungen, bezw. dem Provinzialschulkollegium in Hannover den Herren Ressortministern die erforderlichen Anträge zu unterbreiten. Ausf. Best. v. 20. II. 1900 Nr. XII[5].

§ 20. Die Einführung des Gesetzes in die Stolbergschen Grafschaften bleibt Königlicher Verordnung vorbehalten.

Anm. 1. Diese Vd. ist noch nicht ergangen.

§ 21. Alle diesem Gesetz entgegenstehenden Vorschriften, insbesondere das Gesetz vom 27. Juni 1890 (Gesetzsamml. S. 211), in so weit dessen Bestimmungen nicht entweder ausdrücklich aufrecht erhalten sind oder die schon zahlbaren Waisengelder betreffen, werden aufgehoben.

Das Gesetz tritt am 1. April 1900 in Kraft.

Anlagen.

(Schema.) **Muster A.**

Nachweisung

über die Bewilligung von Wittwen- und Waisengeld auf Grund des Gesetzes vom 4. Dezember 1899 (G. S. S. 587) für die Hinterbliebenen des am 15. Juni 1900 zu N. N., Kreis N. N. verstorbenen Lehrers Ernst Friedrich Schneider.

Beantwortung von Vorfragen.

1.	War der Verstorbene an seinem Todestage schon in den Ruhestand getreten, bejahendenfalls an welchem Tage ist er in den Ruhestand getreten?	nein.
2.	An welcher öffentlichen Volksschule war der Verstorbene zur Zeit seines Todes oder seiner Versetzung in den Ruhestand angestellt?	an der katholischen Volksschule in N. N.
3.	Ist der Schulverband, welcher zur Unterhaltung dieser Schule verpflichtet ist, der Volksschullehrer-Wittwen- und Waisenkasse des Regierungsbezirkes . . . . angeschlossen?	ja.

Letztes ruhegehaltsberechtigtes Diensteinkommen des verstorbenen Lehrers. Mk.	Anrechnungsfähige Dienstzeit desselben (spezielle Angaben).	Betrag des (eventuellen) Ruhegehaltes des verstorbenen Lehrers. Mk.	Der Wittwe: Vor-, Zu- und Elternname, Geburtstag und Geburtsjahr.	Der Wittwe: Wohnort.	Der Wittwe: Alter am Todestage des Ehemannes.	Alter des verstorbenen Ehemannes.	Zeitpunkt der Eheschließung
1.	2.	2.	4.	5.	6.	7.	8.
Grundgehalt Mk. 1200 Werth d. freien Wohnung einschl. der Nutzung des Hausgartens 400 Alterszulag. 1350 zusammen 2950	Vom 1. Oktober 1863 bis einschließlich 31. März 1867 an der katholischen Volksschule in S, Kreis N; vom 1. April bis einschl. 28. Februar 1869 an der katholischen Volksschule in P., Kreis K.; vom 1. März 1869 bis zum Todestage (15. Juni 1900) an der katholischen Volksschule in N.N., Kreis N.N., mithin über 36 Jahre im öffentlichen Volksschuldienste.	2016 ($^{41}/_{60}$ von 2950 Mk. = 2015 Mk. 83 Pf = rd. 2016 Mk.)	Anna Schneider geb. Kuhlig, geb. am 2. September 1863	N.N.	36 Jahre 9 Monate.	57 Jahre (geb. am 13. Juni 1843).	7. Oktober 1893.

Anmerkung.

1. Falls es sich um die Feststellung von Wittwen- und Waisengeldern für die Hinterbliebenen eines Pensionärs handelt, bedarf es der Ausfüllung der Spalten 1 und 2 nicht. Dafür ist anzugeben, durch welche Verfügung das Ruhegehalt desselben festgesetzt ist.

2. In Spalte 9 ist nur der Rufname der Kinder anzugeben.

3. Die in der Rundverfügung vom 20. Februar 1900 — $\frac{\text{Fin. Min. I. 1498}}{\text{M. d. g. A. U. III D. 455}}$ zu II. 3. angegebenen Urkunden sind beizufügen.

Nr.	Namen der hinterbliebenen Kinder unter 18 Jahren.	Deren Alter. (Geburtstag.) Tag	Monat	Jahr	Von dem (eventuellen) Ruhegehalte des verstorbenen Lehrers — siehe Spalte 3 — stehen den Hinterbliebenen zu:	Mk.	Pf.	Davon sind aus der Staatskasse zu zahlen: Mk.	Pf.	Zeitpunkt des Beginnens der Zahlung.	Die Waisengelder sind, abgesehen von den Fällen, in welchen das Recht auf den Bezug desselben durch Verheirathung oder Tod 2c. erlischt oder ruht, zu zahlen bis einschließlich Monat	Jahr	Bemerkungen.
9.		10.			11.	12.		13.		14.	15.		16.
					A. der Wittwe ($^2/_5$ des Ruhegehaltes würden betragen Mk. Pf. 806 40 Nach § 7 Abs. 1 u. 3 d. Gesetzes sind indeß hiervon zu kürzen $^4/_{20}$ = 161 28 verbleiben . . 645 12)	645	12	420	—	1. Oktober 1900.			
					B. den Kindern.								
1	Otto	27.	Febr.	1887	$^1/_3$ von 806 40	268	80	140	—		Febr.	1905	Sohn aus der ersten Ehe des Verstorbenen m. Marie Schulz.
2	Friedrich	29.	Novbr.	1894	je $^1/_5$ von 806 Mk. 40 Pf.	161	28	84	—		Novbr.	1912	
3	Emilie	7.	Dezbr.	1895		161	28	84	—		Dezbr.	1913	
4	Ernst	18.	März	1897		161	28	84	—		März	1915	

Die Richtigkeit der vorstehenden durch Atteste beziehungsweise durch den Inhalt der Akten zweifellos festgestellten Angaben bescheinigt

N. N., den ....

Königliche Regierung,
Abtheilung für Kirchen- und Schulwesen.

Rechnerisch richtig
N. N.
Regierungs-Sekretär.

Anlage B.

Bekanntmachung.

Nachstehenden Vertheilungsplan über die von den einzelnen Schulverbänden (Schulsozietäten, Gemeinden, Gutsbezirken) für die Zeit vom 1. April 1900 bis 31. März 1903 zur Volksschullehrer-Wittwen- und Waisenkasse zu leistenden Beiträge bringen wir gemäß § 15 Abs. 4 des Gesetzes vom 4. Dezember 1899 (G. S. S. 587) und § 10 des Gesetzes vom 23. Juli 1893 (G. S. S. 194) hiermit zur öffentlichen Kenntniß.

Gegen den Plan sind von dem Kassenanwalte (Name, Stand und Wohnort) Einwendungen nicht erhoben worden.

Der Bedarf der Kasse, einschließlich der Verwaltungskosten, beträgt nach den aufgestellten Wahrscheinlichkeitsberechnungen für die drei Rechnungsjahre zusammen 27 900 Mk.

In jedem der drei Rechnungsjahre sind somit aufzubringen $1/3$ von 27 900 Mk. = 9300 Mk.

Die Gesammtsumme des ruhegehaltsberechtigten Diensteinkommens der Lehrerstellen nach dem Stande am 1. Oktober 1899, bei deren Feststellung für jede Lehrerstelle ein Betrag von 1200 Mk. außer Berechnung geblieben ist (vergl. § 15 Abs. 4 des Gesetzes vom 4. Dezember 1899), beträgt 1 500 000 Mk. Es entfallen somit auf 100 Mk. dieses Diensteinkommens für ein Jahr — Mk. 62 Pf.

Auf die einzelnen Schulverbände entfallen die in Spalte 6 des Planes verzeichneten Beiträge.

Die Beiträge sind in vierteljährlichen Raten im Voraus an die Königlichen Kreiskassen einzuzahlen. Die Beiträge des ersten Vierteljahres des laufenden Rechnungsjahres sind mit den Beiträgen für das zweite Vierteljahr zusammen einzuzahlen.

Gegen den Vertheilungsplan steht den Betheiligten nach § 15 Abs. 5 des Gesetzes vom 4. Dezember 1899 bezw. § 12 des Gesetzes vom 23. Juli 1893 innerhalb vier Wochen nach Bekanntmachung des Planes die Klage im Verwaltungsstreitverfahren auf Abänderung des Planes gegen die unterzeichnete Königliche Regierung bei dem Bezirksausschusse zu.

Die Klage hat keine aufschiebende Wirkung.

Vertheilungsplan.

Laufende Nummer.	Kreis- und Schulverband.	Konfession	Anzahl der Lehrerstellen.	Die für jeden Schulverband sich ergebende Gesammtsumme des Diensteinkommens beträgt auf Hunderte von Mark nach unten abgerundet Mk.	Von dem Schulverbande sind zur Wittwen u. Waisenkasse an Beiträgen jährlich zu entrichten Mk.	Pf.
1.	2.	3.	4.	5.	6.	
	Kreis N. N.					
1	A.	ev.	2	400	2	48
2	A.	kath.	1	100	—	62
3	B.	—	5	1 500	9	30
4	C.	kath.	1	—	—	—
5	D.	—	24	12 300	76	26
	u. s. w.			Summa 104 900	650	38
	Kreis B. B.					
1	A.	kath.	4	1 800	11	16
	u. s. w.					

Anlage C.

.... Mk. .... Pf.

buchstäblich ....
für (den Monat, — das Etatsjahr —)
und zwar Wittwengeld für mich . . . . Mk. .... Pf.
Waisengeld für meine Kinder:
a. (Vorname) geboren am (Datum) .... Mk. .... Pf.
b.
c.

zusammen .... Mk. .... Pf.
sind wie oben .... Mk. .... Pf.

habe ich als Wittwe des Lehrers (Name des Mannes) aus der Königlichen Regierungs-Hauptkasse in N. N. baar gezahlt erhalten, worüber ich hiermit quittire.

(Ort und Datum)

(Unterschrift der Wittwe mit Vornamen, Mannes- und Geburtsnamen)

Bescheinigung.

Daß die Wittwe (Vor- und Mannesname) geborene (Geburtsname) noch lebt und seit dem Tode des Lehrers (Name des Mannes) nicht wieder geheirathet hat, vorstehende Quittung selbst unterschrieben hat, und mit dem Unterzeichneten in keinem nahen verwandtschaftlichen Verhältnisse steht, sowie daß die vorbezeichneten Kinder noch am Leben sind [und die (Vor- und Zuname der mehr als 16 Jahre alten Tochter) geboren am (Datum) unverehelicht ist], wird hiermit unter Beidrückung des Dienstsiegels bescheinigt.

(Ort und Datum).

(Unterschrift mit Namen und Amtscharacter)

(Siegel)

Anlage D.

.... Mk. .... Pf.

buchstäblich ....
Waisengeld für (den Monat — das Etatsjahr —)
habe ich für die Kinder des verstorbenen Lehrers (Name des Vaters) und zwar:
für (Vornamen) geboren am (Datum) . . . . Mk. .... Pf.
" " " " " . . . . Mk. .... Pf.
sind wie oben .... Mk. .... Pf.

als Vormund dieser Kinder aus der Königlichen Regierungs-Hauptkasse zu N. N. baar gezahlt erhalten, worüber ich hiermit quittire.

(Ort und Datum).

(Unterschrift mit Namen und Stand).

Bescheinigung.

Daß die vorbezeichneten Kinder des Lehrers (Name des Vaters) noch leben [und die (Vor- und Zuname der mehr als 16 Jahre alten Tochter) geboren am (Datum) unverehelicht ist] sowie daß der (Name und Stand des Vormundes) zur Zeit der Vormund dieser Kinder ist und die vorstehende Quittung selbst unterschrieben hat, wird hierdurch unter Beidrückung des Dienstsiegels mit dem Bemerken bescheinigt, daß der Unterzeichnete weder zum Vormunde noch zu dessen obigen Pflegebefohlenen in einem nahen verwandtschaftlichen Verhältnisse steht.

(Ort und Datum).

(Unterschrift mit Namen und Amtscharacter).

(Siegel).

F.

Gesetz

betreffend

die Erweiterung, Umwandlung und Neuerrichtung von Wittwen- und Waisenkassen für Elementarlehrer.

Vom 22. Dezember 1869 (G. S. 1870 S. 1).

Anm. 1. Die **Abänderungsges. v. 24. II. 81** (G. S. S. 41) und **v. 19. VI. 89** (G. S. S. 131), sowie die **Ausf. Instr. v. 31. I. 70** (C. Bl. U. V. S. 154) und **v. 22. III. 81** (C. Bl. U. V. S. 369) sind, soweit erforderlich, bei den Erläuterungen zu den einzelnen Paragraphen berücksichtigt worden. Die Erläuterungen selbst halten sich in den engsten Grenzen, nachdem die Bedeutung der alten Wittwen- und Waisenkassen in Folge des Ges. v. 4. XII. 99 (G. S. S. 587) erheblich zurückgetreten ist.

Anm. 2. Der **Geltungsbereich des Ges. v. 22. XII. 69** ist wie folgt ausgedehnt worden:

a) Durch Ges. v. 24. II. 81 (G. S. S. 41) Art. 3 auf den Kreis **Herzogthum Lauenburg**;

b) durch Vd. v. 1. II. 97 (G. S. S. 23) auf die Insel **Helgoland**.

Anm. 3. Wegen der **Gesetzes-Materialien** vgl. Sten. Ber. A. H. 1868/69 Bd I S. 33, Bd. II S. 1699, 1709; Anl. Bd. I S. 225, Bd. II S. 1540; 1869/70 Bd. II S. 719; Anl. Bd. I S. 455, Bd. II S. 645; 1880/81 Bd. I S. 402, Bd. II S. 1141, 1193; Anl. Bd I S. 736, Bd. II S. 1647; 1889 Bd. I S. 101, Bd. II S. 1288, 1335; Anl. Bd. II S. 1079; Bd. III S. 1464.

Sten. Ber. H. H. 1869/70 Bd. I S. 104, Bd. II S. 112; 1880/81 Bd. 1 S. 68, Bd. II S. 334; 1889 Bd. I S. 181, Bd. II S. 135.

Wir Wilhelm, von Gottes Gnaden König von Preußen ꝛc., verordnen mit Zustimmung beider Häuser der Landtages der Monarchie, für den ganzen Umfang derselben, was folgt:

§ 1. Die Statuten der unter Leitung der Staatsbehörden in den verschiedenen Theilen des Landes bestehenden Wittwen- und Waisenkassen für die Hinterbliebenen der öffentlichen Elementarlehrer sind durch die bisherige Verwaltung unter Mitwirkung des betheiligten Lehrerstandes einer Revision zu unterwerfen.

§ 2. Zweck dieser Revision ist die Erhöhung der den Hinterbliebenen der Kassenmitglieder zu zahlenden Pension vom 1. Januar 1871 ab auf jährlich mindestens [fünfzig Thaler] ohne später mögliche Erhöhungen dieses Minimalsatzes auszuschließen.

Ueber den Anspruch der einzelnen Hinterbliebenen auf Pension, über Anfang und Ende des Pensionsgenusses bestimmen die zu revidirenden Statuten (§ 1).

Vgl. Ges. v. 24. II. 81 (G. S. S. 41): Anm. 1.

Art. 1. An die Stelle des im § 2 des Ges. v. 22. XII. 69 bestimmten Minimalsatzes für die Pensionen der Hinterbliebenen der öffentlichen Elementarlehrer von 150 Mk. tritt vom 1. IV. 81 ab der Minimalsatz von zweihundertfünfzig Mk.

Art. 4. Von dem Geltungsbereiche dieses Gesetzes sind die Kassenbezirke der Grafschaften Wernigerode, Stolberg-Stolberg und Stolberg-Rosla, der Städte Berlin, Hannover, Frankfurt a. M. und Greifswald bis auf Weiteres ausgeschlossen. Die Einführung des Gesetzes in die vorbezeichneten Kassenbezirke bleibt Königlicher Verordnung vorbehalten.

Bezüglich der 3 Grafschaften Stolberg ist dies durch **Vd. v. 17. I. 87** (G. S. S. 9) geschehen. Anm. 2.

Die **Ausnahme bezüglich der 4 Städte** beruhte darauf, daß Berlin, Frankfurt a. M. und Greifswald zwar als Pensionsminimum nur 150 Mk. zahlten, aber durch steigende Pensionssätze ihren Lehrerfamilien erhebliche Vortheile gewährten, während Hannover zwar im Allgemeinen ebenfalls nur 150 Mk. zahlte, aber den Lehrern andere Vortheile gab, z. B. die Erleichterung des Einkaufes in die Hann. Provinzial-Wittwenkasse.

§ 3. Um den angegebenen Zweck zu erreichen, können nach Anhörung der in jedem Kreise zu bildenden Vorstände (§ 7) die jährlichen Beiträge [von jeder in dem Bereich der Kasse befindlichen öffentlichen Lehrerstelle, sowie] von denjenigen Kassenmitgliedern, welche keine Lehrerstelle inne haben, bis auf den Betrag von 5 Thalern gesteigert, [von allen Elementarlehrern bei ihrer ersten definitiven Anstellung ein Antrittsgeld bis zum Betrage von 8 Thalern, und von den Kassenmitgliedern bei Gehaltsverbesserungen, die ihnen zu Theil werden, ein einmaliger Beitrag von 25 Prozent des Jahresbetrages derselben gefordert] werden.

Vgl. Ges. v. 19. VI. 89 (G. S. S. 131): Anm. 1.

Art. 1. Die jährlichen Beiträge, sowie die Antritts- und Gehaltsverbesserungsgelder, welche auf Grund des § 3 des Ges. v. 22. XII. 69 über die Erweiterung, Umwandlung und Neuerrichtung von Wittwen- und Waisenkassen für Elementarlehrer (G. S. von 1870 S. 1) bis zu den daselbst bestimmten Höchstbeträgen von den Lehrern an öffentlichen Schulen einschließlich der Emeriten an die nach den Vorschriften dieses Ges. beziehungsweise des Abänderungsges. v. 24. II. 81 (G. S. S. 41) eingerichteten Wittwen- und Waisenkassen für die Zeit vom 1. IV. 89 ab statutenmäßig zu zahlen sind, werden nicht erhoben.

Art. 2. Von der Bestimmung in Art. 1 sind die jährlichen Beiträge und Gehaltsverbesserungsgelder derjenigen Lehrer und Emeriten ausgeschlossen, welche als Staatsbeamte beziehungsweise pensionirte Staatsbeamte unter das Ges., betreffend die Fürsorge für die Wittwen und Waisen der unmittelbaren Staatsbeamten, vom 20. V. 82 (G. S. S. 298) und unter das Ges., betreffend den Erlaß der Wittwen- und Waisengeldbeiträge der unmittelbaren Staatsbeamten, vom 28. III. 88 (G. S. S. 48) fallen.

Art. 3. Diejenigen Lehrer an öffentlichen Schulen, einschließlich der Emeriten, welche Mitglieder einer der im Art. 1 bezeichneten Kassen sind und nach dem 31. III. 89 in eine zur Pension aus der Staatskasse berechtigende Stelle des unmittelbaren Staatsdienstes eintreten, verlieren mit dem Eintritt in ein solches Amt die Berechtigung, Mitglieder der betreffenden Kasse zu bleiben.

Art. 4. Diejenigen Lehrer an öffentlichen Schulen, welche nach dem 31. III. 89 die Mitgliedschaft einer der im Art. 1 bezeichneten Kassen erwerben und demnächst ihr Amt niederlegen, ohne daß sie mit Pension in den Ruhestand treten, oder welche demnächst ihres Amtes entsetzt werden, verlieren mit dem Austritt aus dem Amte die Berechtigung, Mitglieder der betreffenden Kasse zu bleiben.

Anm. 1. 1. Von der **Vergünstigung des Art. 1** sind also die Mitglieder der nicht nach Vorschrift des Ges. v. 22. XII. 69 und 24. II. 81 eingerichteten Kassen ausgeschlossen.

2. Art. 1 ist aber **auf alle Lehrer an öffentlichen Schulen einschließlich der Emeriten** anzuwenden und es ist bedeutungslos, ob der Lehrer als **Volksschullehrer** oder an einer **höheren Schule** angestellt ist. Dagegen sind von der Zahlung der persönlichen Beiträge diejenigen Kassenmitglieder nicht befreit, die, ohne durch körperliche oder Geisteskrankheit dazu genöthigt zu sein, ihr Amt niedergelegt haben, oder in ein geistliches Amt übergetreten sind und sich die Mitgliedschaft der Kasse erhalten haben. Denn bei diesen Kassenmitgliedern ist die Voraussetzung des Art. 1, die **Bekleidung des Lehramtes an einer öffentlichen Schule bezw. die Emeritirung aus einem solchen,** in Wegfall gekommen. Min. Erl. v. 15. VI. 96 (C. Bl. U. V. S. 572).

Es gehören also auch hierher die Elementarlehrer an nicht staatlichen Gymnasien, Realgymnasien, Progymnasien, Realschulen ꝛc., sowie alle Lehrer an nicht staatlichen höheren Töchterschulen und anderen solchen Instituten, einschließlich der Emeriten; ferner die Lehrer bei Schulen an öffentlichen Anstalten, Stiftungen, die die Rechte einer juristischen Person haben u. s. w. (Arbeitsanstalten, Taubstummen-Institute, Waisenhäuser). Min. Erl. v. 9 XII. 89 (C. Bl. U. V. 90 S. 206) und v 14. III. 91 (C. Bl. U. V. S. 374).

3. Hat der **Leiter und Lehrer einer Besserungsanstalt für Unmündige, die einem mit Korporationsrechten ausgestatteten Vereine unterstellt** ist, in seiner Eigenschaft als **früherer** Volksschullehrer sich die **außerordentliche Mitgliedschaft** der Elementarlehrer-Wittwen- und Waisenkasse erhalten, so bleibt er von der Zahlung des persönlichen Beitrages an diese Kasse befreit, selbst wenn die von ihm bekleidete Lehrerstelle an der Besserungsanstalt nicht durch eine besondere Vereinbarung in die Elementarlehrer-Wittwen- und Waisenkasse aufgenommen worden ist. Min. Erl. v. 7. IV. 93 (C. Bl. U. V. S. 520).

4. Dagegen findet Art. 1 nicht Anwendung auf solche persönlichen Kassenmitglieder, die aus dem Königreiche Preußen in den öffentlichen Schuldienst eines anderen deutschen Staates übergetreten sind oder die das Lehramt niedergelegt und innerhalb des Preußischen Staates das Amt eines Stadtschulinspektors übernommen haben. Min. Erl. v. 24. IX. und 1. X. 89 (C. Bl. U. V. 1890 S. 206).

5. Ebenso bezüglich der Lehrer, die das Lehramt niedergelegt haben und die Mitgliedschaft der Kasse sich erhalten wollen, Min. Erl. v. 29. X. 95 (C. Bl. U. V. S. 820.

6. Dies gilt aber nur für diejenigen Lehrer, die die Kassenmitgliedschaft vor dem 31. III. 89 erworben haben. Vgl. Art. 4 des Ges.

§ 4. Die Gemeinden und selbstständigen Guts- oder Dominialbezirke, sowie diejenigen Institute, Kassen ꝛc., welchen die Unterhaltung einer Lehrerstelle obliegt, sind verpflichtet, einen jährlichen Beitrag von 4 Thalern für jede ihrer Lehrerstellen zu der Lehrer-Wittwen- und Waisenkasse des Bezirks zu zahlen, welchem sie angehören.

Sind mehrere Gemeinden, selbstständige Guts- oder Dominialbezirke zu einem Schulverbande vereinigt oder einer Schule zugewiesen, so ist der zu leistende Beitrag nach Maßgabe des gesammten, in den einzelnen Gemeinden, Guts- oder Dominialbezirken aufkommenden Betrages der Einkommen-, Klassen-, Grund- und Gebäudesteuer auf die Betreffenden zu vertheilen.

Die **Gemeindebeiträge bilden keinen Theil der Schulunterhaltungslast**, sondern eine **neue gesetzliche Last**, bezüglich deren Aufbringung der Min. Erl. v. 24. I. 73 (C. Bl. U. V. S. 106) Folgendes anordnet: Ist ein Schulbezirk geographisch und nach seinen persönlichen Mitgliedern dahin abgeschlossen, daß alle dazugehörigen Grundstücke bezw. Personen bei der Schulunterhaltungslast betheiligt sind, so soll der in Rede stehende Beitrag nach dem für diese Schulunterhaltungslast maßgebenden Repartitionsmodus aufgebracht werden. Sind noch Dritte, als Stiftungen, Korporationen u. s. w. bei der Schulunterhaltungslast nicht mit festen, sondern mit aliquoten Beiträgen betheiligt, so haben diese auch den aliquoten Theil der 12 Mark, event. die ganze Summe, im Falle diese Dritten die Schule gänzlich zu unterhalten haben, aufzubringen, und nur der Rest von 12 Mark ist von jenen ersten Zahlungspflichtigen zu übernehmen. — Sind dagegen Grundstücke oder Personen vorhanden, die bei der Schulunterhaltungslast nicht betheiligt sind, gleichgültig, ob sie innerhalb oder neben dem betreffenden Schulbezirke liegen bezw. wohnen, so sind sie dennoch zu den fraglichen 12 Mark heranzuziehen und für diesen Fall geben die Staatssteuern den Vertheilungsmaßstab für diese Summe. Hat in einem solchen Falle ein Dritter (Stiftung, Korporation u. s. w.) die Schule zu aliquotem Theil zu unterhalten, so hat er auch den verhältnißmäßigen Antheil an den 12 Mark zu zahlen, und nur der Rest ist nach den Staatssteuern aufzubringen. Anm. 1.

Aehnliche Grundsätze gelten für die Dominien. Haben diese, abgesehen von Schullasten dinglicher Natur, zur Schulunterhaltung beigetragen, so müssen sie insofern auch die Kassenbeiträge antheilig übernehmen. Ist dagegen ein Dominium von Schulunterhaltungsbeiträgen bisher befreit gewesen, so soll es nach Abs. 2 dennoch zu den Kassenbeiträgen nach der Maßgabe der Grund-, Gebäude- und Einkommensteuer herangezogen werden. Demzufolge sind auch solche Besitzer von Grundstücken anderer rechtlicher Qualität, die an den Schulunterhaltungskosten überhaupt nicht betheiligt sind, doch zu den Wittwenkassenbeiträgen nach Maßgabe der Grundsteuer, und falls sie diese Grundstücke bewohnen, zugleich auch nach Maßgabe ihrer persönlichen Steuern mit heranzuziehen. Min. Erl. v. 31. XII. 70 und 7. XII. 71 (Schn. u. v. Br. Bd. I S. 940).

1. Die **Pflicht zur Zahlung der Gemeindebeiträge** ist unabhängig von der formellen Qualifikation der Stelleninhaber oder von deren Mitgliedschaft zur Kasse. Es kommt vielmehr allein darauf an, daß die betr. Lehrerstelle zu den Elementarschullehrerstellen zu rechnen ist. Min. Erl. v. 2. V. 71 (Schn. u. v. Br. Bd. I S. 939). Anm. 2.

2. Sie erstreckt sich aber nicht auf Stellen, die bestimmungsmäßig und dauernd mit Lehrerinnen oder katholischen Geistlichen besetzt werden, Min. Erl. v. 2. IV. 70 (C. Bl. U. V. S. 282); ingleichen nicht auf

mit Predigerstellen organisch verbundene Rektorstellen, Min. Erl. v. 4. u. 15. V. 72 (Schn. u. v. Br. Bd. I S. 937).

3. Die **Beiträge** sind **ohne Rücksicht darauf** zu zahlen, ob die Stellen **besetzt oder frei** sind, Min. Erl. v. 30. III. 76 (Schn. u. v. Br. Bd. I S. 944); von den im Laufe eines Jahres neu errichteten Lehrerstellen sind sie von Anfang des Monates an zu entrichten, in dem die Stelle besetzt wird, und zwar pro rata temporis, Min Erl. v. 15. VIII. 72 U. 19322.

Anm. 3. Die **Gemeindebeiträge für technische, Elementar- und Vorschul-Lehrer an staatlichen höheren Unterrichtsanstalten, sowie für Seminar- und Präparandenanstalts-Lehrer**, die an den Wohlthaten des Ges. v. 20. V. 82 als unmittelbare Staatsbeamte Theil haben, nebenbei aber Mitglieder der Elementarlehrer-Wittwen- und Waisenkasse geblieben sind, können nicht ferner aus der Anstaltskasse, sondern müssen von den Lehrern selbst gezahlt werden. Dagegen sind sie für diejenigen Lehrer, die auf die Wohlthaten des Ges. v. 20. V. 82 verzichtet haben, in der bisherigen Weise fortzuentrichten. Min. Erl. v. 30. IX. 86 (C. Bl. U. V. 1887 S. 222).

Anm. 4. Nach den Erk. des Komp. G. H. v. 12. X. 72 und 11. I. 73 (Schn. u. v. Br. Bd. I S. 944) sind die **Beiträge aus § 4 öffentliche Abgaben**, bezüglich deren der Rechtsweg nur dann zulässig ist, wenn nach A. L. R. II 14, § 79 und Ges. v. 24. V. 61 § 15 ein besonderer Befreiungsgrund (Vertrag, Privilegium oder Verjährung) besteht.

§ 5. Gelingt es auch mit Hinzunahme dieser Beiträge nicht, die im § 2 festgesetzten Minimalsätze der Pension zu erreichen, so ist aus der Staatskasse der erforderliche Zuschuß zu leisten.

Anm. 1. Nachdem § 9 des Ges. v. 22. XII. 69 aufgehoben worden ist, sind **sämmtliche Einnahmen der Kassen**, soweit es sich nicht um Geschenke und Vermächtnisse handelt, über deren Verwendung anderweit bestimmt ist, zur Deckung der laufenden Ausgaben zu verwenden und **nur dann**, wenn diese Einnahmen zur Befriedigung der Bedürfnisse nicht ausreichen, kann die Staatskasse in Anspruch genommen werden. Es folgt hieraus des Weiteren, daß in denjenigen Fällen, in denen ein Staatszuschuß geleistet wird, Ueberschüsse bezw. zu kapitalisirende Bestände in der Regel nicht vorhanden sein können. Ausnahmen sind nur in Folge etwaiger nach der Bestimmung des Testators bezw. des Schenkgebers zu kapitalisirenden Zuwendungen möglich. Min. Erl. v. 23. I. 83 (C. Bl. U. V. S. 299).

Vgl. auch Ausf. Instr. v. 22 III. 81. Danach ist der Staat nur insoweit zu Zuschüssen verpflichtet, als es sich darum handelt, daß den Wittwen und Waisen der öffentlichen Elementarlehrer, die das Anrecht auf Minimalpension von 150 Mk. nach dem Ges. v. 22. XII. 69 haben, eine solche im Betrage von 250 Mk. gezahlt werden darf. Daraus folgt, daß die Anrechte auf Pensionen derjenigen Wittwen und Waisen, deren verstorbene Ehegatten und Väter den Kassen nicht als öffentliche Elementarlehrer oder als Emeriten dieses Standes angehört haben, nur nach den bezüglichen Vorschriften der Kassenstatuten bemessen werden dürfen.

§ 6. Die Verwaltung der Elementarlehrer-Wittwen- und Waisenkasse verbleibt der Regierung.

Doch werden als Kuratoren der Kasse von den Mitgliedern der Anstalt aus ihrer Mitte drei Vertreter erwählt.

Zu Absatz 1. Vgl. Nr. V, 14 der Erläuterungen weiter unten und Anm. dazu; zu Abs. 2 Nr. V, 15 das. Anm. 1.

Zu Absatz 2. Die **Kuratoren** sind überall zu hören, wo es sich um gesetzlich nicht direkt entschiedene, den Zustand des Kassenvermögens beeinflussende Fragen handelt. Min. Erl. v. 8. XI. 77 (C. Bl. U. V. 1878 S. 47). Anm. 2.

§ 7. In jedem der zu einem Bezirk vereinigten Kreise oder selbständigen Städte wird ein Vorstand gebildet, zu welchem neben Vertretern des Kreises resp. des Amtes oder der selbstständigen Stadt der Landrath oder Bürgermeister als Vorsitzender und neben Vertretern der Schulinspektion drei von den Mitgliedern der Kasse zu wählende Lehrer gehören müssen.

1. Ein solcher **Vorstand** soll gebildet werden in jedem Kreise und in jeder selbständigen Stadt des Bezirkes und soll bestehen: Anm. 1.

a) aus dem Landrath resp. in den eximirten Städten dem Bürgermeister als Vorsitzenden;
b) aus Vertretern des Kreises, als welche zwei oder drei Mitglieder des Kreistages von dem letzteren nach den allgemeinen gesetzlichen Vorschriften zu wählen sind; in den eximirten Städten aus Vertretern der Stadt, als welche ein Mitglied des Magistrates und ein Mitglied der Stadtverordneten-Versammlung zu wählen sind;
c) aus Vertretern der Schulinspektion, zu denen der oder die Kreisinspektoren bestimmt werden;
d) aus drei Lehrern, die die Mitglieder der Kasse aus ihrer Mitte nach einem vorläufig von der Regierung festzusetzenden Wahlreglement zu wählen haben.

Ausf. Instr. v. 31. I. 70 Nr. 3.

2. An Stelle des **Bürgermeisters** kann gemäß § 62 der St. Ordn. v. 30. V. 53 mit Genehmigung der Regierung der **Vorsitz** in den Kreisvorständen auch einem **anderen** Magistratsmitgliede übertragen werden. Min. Erl. v. 8. V. 72 (Schn. u. v. Br. Bd. I S. 955).

3. Sämmtliche **Kreisschulinspektoren** brauchen nicht Vorstandsmitglieder zu sein. Bei konfessionell-gemischter Bevölkerung genügt je einer von jeder Konfession. — Tagegelder an die Vorstandsmitglieder sollen im Allgemeinen solange nicht gewährt werden, als nicht die Kasse ohne Staatszuschüsse und bei nachhaltigem Deckungsbedarfe für die Pensionen Mittel dazu hat. Min. Erl. v. 2. IV. 70 (C. Bl. U. V. S. 282).

§ 8. Die Erhöhung der bisherigen Beiträge und Antrittsgelder, sowie die Festsetzung der zu zahlenden Wittwen- und Waisenpensionen erfolgt, letzteres auf Grund sachverständigen Gutachtens, nach Anhörung der Vorstände (§ 7) durch Beschluß des Ministers der Unterrichts-Angelegenheiten.

§ 9. [Zum Kapital müssen geschlagen werden die Antritts-, die Gehaltsverbesserungsgelder, die eingehenden Geschenke und Vermächtnisse, soweit nicht ausdrücklich anders über sie bestimmt ist, und die Kollekten.]

§ 9 ist aufgehoben durch Art. 2 des Ges. v. 24. II. 81.

§ 10. Die Aufhebung der unter Leitung der Staatsbehörde stehenden Elementarlehrer-Wittwen- und Waisenkassen zum Zweck einer

Erweiterung der Assoziations-Bezirke,
die Veränderung ihrer Statuten,
die Vereinigung mehrerer solcher Kassen zu einer gemeinschaftlichen Kasse,
die Zuschlagung einzelner Landestheile zu einem bereits bestehenden Kassenverbande,
die Errichtung neuer solcher Kassen mit juristischer Persönlichkeit, mit Beitragspflicht aller öffentlichen Elementarlehrerstellen innerhalb eines gewissen Bezirks und mit Berechtigung zur administrativen Beitreibung der jährlichen und einmaligen statutenmäßigen Beiträge, sowie der Antrittsgelder der Theilnahmepflichtigen,
wobei jedoch überall die in diesem Gesetz enthaltenen Bestimmungen zur Geltung kommen und die bereits erworbenen Rechte der einzelnen Theilnehmer gewahrt werden müssen,
erfolgt durch Königliche Verordnung, welche durch die Amtsblätter der betheiligten Bezirke zu verkündigen ist.

§ 11. Für diejenigen Landestheile, in welchen derartige Kassen unter der Leitung von Staatsbehörden nicht bestehen, sind solche spätestens bis zu dem in § 2 angegebenen Zeitpunkte nach den in diesem Gesetze vorgeschriebenen Normen gleichfalls durch Königliche Verordnung ins Leben zu rufen, insofern nicht anderweitig in noch auskömmlicherer Weise daselbst für die Lehrer-Wittwen und Waisen gesorgt ist.

Anm. 1. **Besondere Elementarlehrer-Wittwen- und Waisenkassen,** wie sie in den Städten Berlin, Stralsund, Greifswald, Hannover, Osnabrück, Kassel und Frankfurt a. M. vorkommen, bleiben bestehen, falls:

a) diese Kassen durch einen Akt des öffentlichen Rechtes sanktionirt sind, unter der Leitung öffentlicher Behörden stehen und für die ihnen zustehenden Erhebungen einen exekutorischen Titel besitzen;
b) die Kassen in ihren Statuten den Vorschriften des allgemeinen Ges. genügen und ohne Heranziehung der Kassenmitglieder zu höheren, als im Ges. zugelassenen Leistungen, (§ 3) den gesetzlichen Minimalbetrag der Wittwen- und Waisenpensionen dauernd gewähren:
c) im Falle eines eintretenden Defizits nicht die Staatskasse subsidiarisch aufzukommen hat, sondern eine andere genügende Sicherstellung z. B. die Uebernahme der Subsidiarverpflichtung auf eine Kommunal- oder Kreiskasse, gewährleistet ist;
d) auch die Statuten dieser Kassen einer Revision nach den allgemeinen Vorschriften unterliegen und hierbei im Besonderen ihre Vertretung nach außen festgestellt wird. Ausf. Instr. v. 31. I. 70. Nr. 9.

Anm. 2. In allen Fällen, wo früher auf Grund eines öffentlichen Rechtstitels für die Hinterbliebenen in **auskömmlicherer** Weise, als das Ges. v. 22. XII. 69 verlangt, hat gesorgt werden müssen, hat es nach § 11 hierbei auch für die Zukunft sein Bewenden. Das. Nr. 11.

§. 12. Durch dieses Gesetz werden weder bestehende Gerechtsame der Lehrer-Wittwen- und Waisen, noch besondere Leistungen zu deren

Gunsten aufgehoben. Diese Gerechtsame und Leistungen werden jedoch, soweit sie nicht auf einem privatrechtlichen Titel beruhen, auf die nach den §§ 3 und 4 zu gewährenden Zuschüsse zu den Wittwen- und Waisenkassen angerechnet.

Bei der Anrechnung ist zu beachten, Anm. 1.

a) daß die Beiträge von 12 Mk. nach der gesetzlichen Vorschrift umzulegen sind und nur diejenigen Gemeinden, Guts- u. s. w. Bezirke, Institute 2c. einen Anspruch auf Anrechnung ihrer bisherigen und demnächst fortdauernden Leistungen haben, die für sich zu solchen verpflichtet sind. Wenn also beispielsweise eine Gemeinde und ein Gutsbezirk zu einer Schule gehören und die **erstere** zur Unterstützung der hinterbliebenen Lehrerfamilien eine Leistung zu gewähren hat, die **nicht** auf einem privatrechtlichen Titel beruht, so muß der **Gutsbezirk** den auf ihn treffenden Antheil des gesetzlichen Beitrages der 12 Mk. auch dann tragen, wenn jene Leistung der Gemeinde den Werth von 12 Mk. übersteigt.

b) wenn die besondere bisherige Leistung der Gemeinde, des Gutsbezirkes u. s. w. den bei der Repartition ermittelten Antheil von 12 Mk. **nicht** erreicht, so hat die Gemeinde, der Gutsbezirk u. s. w. die Verpflichtung, das Fehlende zuzuschießen. Uebersteigt jedoch jene Leistung den bezeichneten Antheil an den 12 Mk., so bleibt es hinsichtlich der verpflichteten Gemeinde u. s. w. bei dieser höheren Leistung. Ausf. Instr. v. 31. I. 70 Nr. 10.

Anlage.

Zusammenstellung derjenigen Punkte, über die in den revidirten Statuten der Lehrer-Wittwen- und -Waisenkassen Bestimmungen zu treffen sind.

(Veröffentlicht als Anl. zur Ausf. Instr. v. 31. I. 70).

Erläuterungen.

I. Allgemeine Bestimmungen.

1. Ueberschrift.

Die revidirten Statuten sind als solche in der Ueberschrift zu bezeichnen.

2. Einleitung.

In der Einleitung sind die älteren Statuten nebst deren Ergänzungen aufzuführen.

3. Zweck und Domizil der Kasse.

4. Begrenzung des räumlichen Bezirks der Kasse.

II. Die Mitgliedschaft zur Kasse.

5. Erwerb derselben.

a) Oeffentliche Elementarlehrer.

5. a) Zu der Kasse gehört jeder Lehrer an einer öffentlichen Elementarschule ohne Unterschied der Religion und Konfession.[1]) Da die Kassenbeiträge nicht von den Lehrern selbst, sondern von der Stelle — § 3 des Gesetzes — gewährt werden, so bedarf es einer förmlichen Aufnahme der Lehrer in den Kassenverein nicht; wohl aber ist festzustellen, von welchem Zeitpunkt (Ernennung oder Antritt des Amts) ab die Lehrer ein Anrecht auf Pensionen für ihre Hinterbliebenen erwerben.

b) Provisorisch angestellte Elementarlehrer.

b) Den provisorisch angestellten Lehrern kann überhaupt ein solcher Anspruch nur dann gewährt werden, wenn die Kasse auch ohne Zuschuß aus der Staatskasse ihren Verpflichtungen im Ganzen dauernd zu genügen im Stande ist.

---

[1]) Es gehören also hierher;

Die jüdischen öffentlichen Elementarlehrer, Min. Erl. v. 2. III. 72 (C. Bl. U. V. S. 300);

die provisorisch angestellten Lehrer, Min. Erl. v. 4 V. 81 (C. Bl. U V. S. 548) und v. 23 IX. 87 (C. Bl. U. V. S. 776);

die Elementarlehrer an städtischen Gymnasien, Realschulen, höheren Bürgerschulen 2c., Min. Erl. v. 23. I. 80 (C. Bl. U. V. S. 309) und v. 27 X. 82 (C Bl. U. V. S. 725);

die Lehrer an Landwirthschaftsschulen, Min. Erl. v. 10. VI. 79 (C. Bl. U. V. S. 575);

die Lehrer an den nicht ausschließlich aus Staatsfonds unterhaltenen Gewerbeschulen, Min. Erl. v. 17. VII. 83 (C. Bl. U. V. S. 486);

die Rektoren an Elementarschulen mit Ausnahme der Stellen, die fundationsmäßig dauernd mit Predigerstellen verbunden sind, Min. Erl. v. 16. II. 70, 4. und 15. V. 72 (Schn. u. v. B. Bd. I S. 932, 937).

Dagegen gehören nicht hierher: die fundationsmäßig dauernd mit Lehrerinnen, Min. Erl. v. 17. III. 83 (C. Bl. U V. S. 299) und mit katholischen Geistlichen zu besetzenden Stellen, Min. Erl. v. 2 IV. 70 (C. Bl. U. V. S. 282); ferner die Volksschullehrer an staatlichen höheren Lehranstalten, Min. Erl. v. 20. IV. 80 (C. Bl. U. V. S. 452), wie überhaupt alle Lehrer, die zu den unmittelbaren Staatsbeamten gehören und ihre Pension aus der Staatskasse beziehen, Min. Erl. v. 30. XI. 82 (C. Bl. U. V. 83 S. 298).

Bei Berufung von Elementarlehrern zu anderen Stellen des Lehrerstandes, z. B. zu dem Amte eines Seminarlehrers, wenn auch nur provisorisch, ist darauf Bedacht zu nehmen, daß die der Regel nach bereits erworbene Kassenmitgliedschaft in irgend welcher Form solange erhalten bleibt, bis etwa der betreffende Lehrer in anderer und umfassenderer Weise für seine hinterlassene Familie Fürsorge getroffen hat. Min. Erl. v. 16. VI. 81 (C Bl. U V. S. 547).

Die Mitgliedschaft eines Mittelschullehrers (gemäß § 7 Abs. 3 v. 11. VI 94) hört nach Aufgabe der bisherigen Lehrerstelle auf. Min. Erl. v. 10. XI. 93 (C. Bl. U. V. S. 787) und v. 20. VI. 96 (C. Bl. U. V. S. 582).

Denjenigen provisorischen Lehrern, welche bereits auf Grund der jetzt geltenden Statuten den bezeichneten Anspruch erworben haben, bleibt derselbe in seiner bisherigen Höhe vorbehalten.

c) **Mitglieder, welche ein öffentliches Elementarlehreramt nicht bekleiden.**

c) Die bisherigen Mitglieder dieser Kategorie behalten unter Erfüllung ihrer bisherigen Verpflichtungen gegen die Kasse ihre Ansprüche an dieselbe nach deren jetzigen Höhe und Umfang. Machen dieselben auf die erhöhte Pension Anspruch, so müssen sie für ihre Person alle Leistungen übernehmen, welche die jetzt zur Kasse gehörigen Mitglieder fortan zu gewähren haben, und außerdem die Beiträge einer Schulstelle, sowie einer Gemeinde ꝛc. zu einer solchen aus eigenen Mitteln zahlen.

Sollen für die Zukunft noch Personen, die nicht dem Elementarlehrerstande angehören, Aufnahme in den Kassenverband finden, so kann dies nur unter denselben Bedingungen geschehen, wie dies hinsichtlich des Erwerbes eines Anspruchs auf erhöhte Pension durch die jetzigen Kassenmitglieder dieser Kategorie vorstehend bestimmt worden ist. Es wird aber für den Fall solcher Bestimmung darauf aufmerksam gemacht, daß

α) genau zu bestimmen, welcher Kategorie von Personen, z. B. Küster, der Erwerb der Mitgliedschaft freigestellt wird, und daß

β) die Aufnahme in jedem einzelnen Fall ausdrücklich erfolgen muß, also auch der Termin, bis zu welchem die Aufnahme erfolgen darf, festzustellen ist.

d) **Mitglieder, welche ihre Familie mit mehr als einer Pension versichert haben.**

d) Die Versicherung mehrerer Pensions-Portionen ist für die Zukunft ausgeschlossen; diejenigen Lehrer jedoch, welche bereits mehrere Pensions-Portionen versichert haben, bleiben gegen Fortzahlung der bisherigen bezüglichen Beiträge im Besitz ihrer Anrechte auf die zweite und event. weitere Pensions-Portion in deren bisherigen Höhe, falls sie es nicht vorziehen, ihre Ansprüche gegen Wegfall der ferneren Gegenleistungen aufzugeben.

6. Schluß der Mitgliedschaft an der Kasse.

a) **Bei Niederlegung des Amtes.**

6. a) Dem das Amt niederlegenden Lehrer kann die Mitgliedschaft erhalten werden, so lange er neben den statutenmäßigen Beiträgen aus der von ihm bisher bekleideten Lehrerstelle auch die Beiträge der Gemeinden ꝛc. aus eigenen Mitteln fortzahlt, da die fortlaufenden Leistungen aus der Lehrerstelle und von den Gemeinden ꝛc. seinem Amtsnachfolger zu Gute kommen.

b) **Bei Versetzungen.**

b) Die Mitgliedschaft des Lehrers bei seiner Versetzung in einen anderen Kassenbezirk geht für ihn verloren, da er durch Antritt der neuen Stelle sofort ex lege Mitglied der neuen Bezirkskasse wird.

c) **Bei Emeritirungen.**

c) Die Emeriten haben denjenigen Theil der Beiträge, aus der bis zu ihrer Emeritirung bekleideten Stelle fortzuzahlen, welcher verhältnißmäßig auf ihr Emeritengehalt trifft. Die dem Nachfolger zu Gute kommenden Beiträge aus der Stelle selbst dauern in unverminderter Höhe fort. Diejenigen jetzt lebenden Emeriten, welche nach den bis jetzt geltenden Statuten überhaupt keine weiteren Beiträge oder solche in geringerem als dem vorstehend bemerkten Maße zu zahlen haben, behalten den Anspruch auf die ihren Relikten jetzt statutenmäßig zustehenden Pensionen. Den Anspruch auf die höhere Pension können sie nur durch Zahlung der vorbestimmten Beiträge erwerben; zu einer Erklärung hierüber ist ihnen eine auf sechs Wochen zu beschränkende Frist zu gewähren.

d) Bei Amtsentsetzungen.

d) Den Familien der des Amts entsetzten Lehrer kann unter Zustimmung der Regierung der Anspruch auf Pension erhalten bleiben, falls und so lange sie die ad Nr. 6a bestimmten Beiträge fortzahlen.

e) Bei Beförderungen in ein höheres Amt.[1])

e) Den in ein höheres Amt, z. B. in ein geistliches oder höheres Schulamt versetzten Lehrern ist die Mitgliedschaft an der Kasse nur zu erhalten, wenn sie

α) die Fortzahlung der Stellen- und der Gemeinde- ꝛc. Beiträge aus eigenen Mitteln übernehmen, und

β) nach den besonderen Verhältnissen ihres neuen Amts keine Gelegenheit haben, für ihre Familie eine gleich hohe oder höhere Pension wie die in der Lehrer-Wittwen- und Waisenkassen gewährte aus einer unter öffentlicher Leitung stehenden Kasse zu erwerben.

Es ist nicht überflüssig, durch eine besondere Bestimmung festzusetzen, daß Rückzahlungen irgend einer Art aus der Kasse, außer etwa bei indebite erfolgten Zahlungen, nicht stattfinden.

III. Die Einnahmen der Kassen.

7. Beiträge der Kassenmitglieder.

a) Eintrittsgelder.[2])

b) Gehaltsverbesserungsgelder.[3])

b) Die Gehaltsverbesserungsgelder können in einer Höhe bis 25 pCt. der jährlichen Verbesserung gefordert werden. Es empfiehlt sich auch dann, unter diese Höhe nicht herabzugehen, wenn die subsidiären Verpflichtungen der Staatskasse dies zulassen sollten, weil von allen Auflagen auf die Lehrer der Beitrag dieser Art am wenigsten fühlbar ist und nur die Verbesserung um ein Quartal hinausschiebt. Auch diese Einnahmen der Kassen fließen zu dem Kapitalstock derselben nach § 9 des Gesetzes.

---

[1]) Vgl. Art. 36 des Ges. v. 19. VI. 89, wonach diejenigen Kassenmitglieder, die nach dem 31. III. 89 in eine zur Pension aus der Staatskasse berechtigende Stelle des unmittelbaren Staatsdienstes eintreten, mit dem Eintritt in ein solches Amt die Berechtigung, Mitglieder der Kasse zu bleiben, verlieren.

[2]) Diese werden nicht mehr erhoben, Ges. v. 19. VI. 89 Art. 1.

[3]) S. Anm. 1 auf S. 185.

c) Jährliche Beiträge derjenigen Kassenmitglieder, welche ein öffentliches Elementarlehreramt nicht bekleiben.[1])

c) Hierher gehören die persönlichen Beiträge aller Mitglieder, welche nicht ein öffentliches Lehramt bekleiden, cfr. Nr. 5b und c inkl. der der Emeriten Nr. 6c.

Für alle diese sub 7a bis c aufgeführten Beiträge sind die Zahlungsfristen 2c. statutenmäßig festzusetzen und über Post- oder Pränumerandozahlung Bestimmung zu treffen.

d) Beiträge der Kassenmitglieder bei Eingehung einer zweiten oder weiteren Ehe.

d) Die Zahlung derartiger einmaliger Beiträge ist zwar im Gesetz nicht vorgeschrieben, doch auch durch dasselbe nicht ausgeschlossen. Es empfiehlt sich im Interesse der Kassen, derartige einmalige Leistungen den Kassenmitgliedern aufzuerlegen, besonders für den Fall, daß eine größere Altersdifferenz zwischen den neuvermählten Gatten vorhanden ist, und nach dieser Altersdifferenz den Beitrag abzustufen.

8. Beiträge von den Lehrerstellen.[1])

8. § 3 des Gesetzes verpflichtet die Lehrerstellen zu den Kassenbeiträgen, woraus folgt, daß dieselben von den Gehaltszahlungen vorweg zurückzubehalten, auch während der Vakanzzeiten fortzuzahlen sind. Diese Beiträge treten an die Stelle der bisher in den meisten Fällen von den Lehrern persönlich gewährten jährlichen Beiträge. In den Statuten sind die Fälligkeitstermine dieser Beiträge festzusetzen.

9. Beiträge der Gemeinden 2c.

9. Der § 4 des Gesetzes bestimmt:

Die Gemeinden und selbstständigen Guts- oder Domanialbezirke, sowie diejenigen Institute, Kassen 2c., welchen die Unterhaltung einer Lehrerstelle obliegt, sind verpflichtet, einen jährlichen Beitrag von 4 Thalern für jede ihrer Lehrerstellen zu der Lehrer-Wittwen- und Waisenkasse des Bezirks zu zahlen, welchem sie angehören.

Sind mehrere Gemeinden, selbstständige Guts- oder Domanialbezirke zu einem Schulverbande vereinigt oder einer Schule zugewiesen, so ist der zu leistende Beitrag nach Maßgabe des gesammten, in den einzelnen Gemeinden, Guts- oder Domanialbezirken aufkommenden Betrages der Einkommen-, Klassen-, Grund- und Gebäudesteuer auf die Betreffenden zu vertheilen.

Es empfiehlt sich, diese Bestimmung des Gesetzes in die Statuten wörtlich aufzunehmen, wodurch etwaige nähere statutarische Ausführungsbestimmungen nicht ausgeschlossen sind.

---

[1]) Die jährlichen Beiträge, sowie die Gehaltsverbesserungsgelder werden nicht mehr erhoben. Ausgeschlossen sind Beiträge und Gehaltsverbesserungsgelder derjenigen Lehrer und Emeriten, die als Staatsbeamte bezw. pensionirte Staatsbeamte unter die Ges. v. 20. V. 82 und 28. III. 88 fallen. Ges. v. 19. VI. 89 Art. 1, 2.

10. Sonstige Einnahmen der Kassen.

a) Zinsen der angesammelten Kapitalien.

b) Kollekten.[1])

c) Geschenke und Vermächtnisse.

c) Ueber die Zulässigkeit der Annahme ist nach den allgemeinen Landesgesetzen zu entscheiden. Die Zuwendungen dieser Art wachsen nach § 9 dem Kapital zu, insofern die Bedingungen, unter welchen dieselben erfolgen, dies zulassen.[2])

IV. Die Ausgaben der Kassen.

11. Die Wittwen-Pensionen.

a) Anfall derselben.

11. a) Die Wittwenpensionen sind auf 250 Mk.[3]) jährlich, „ohne spätere mögliche Erhöhungen dieses Minimalsatzes auszuschließen," vorläufig festzusetzen. Zugleich sind Bestimmungen über den Zeitpunkt des entstehenden Anspruchs auf Pension, über die Auszahlungstermine, über die Art der auszustellenden Quittungen, sowie über event. Uebersendungen per Post zu treffen.

Hinsichtlich der Auszahlungstermine ist im Besonderen zu bemerken, daß in allen Fällen, wo zur Zeit die Pensionen postnumerando gezahlt werden, dies auch für die Zukunft zu geschehen hat, da die Kumulirung zweier Pensionsraten auf einen Auszahlungstermin zu vermeiden ist.[4])

Den Hinterbliebenen eines Selbstmörders kann unter Zustimmung der Regierung die halbe Pension durch den betreffenden Kreisvorstand und die drei Kuratoren zugebilligt werden.

Ist der Selbstmord im Wahnsinn verübt, so bleibt der Pensionsanspruch der Hinterbliebenen unverkürzt.

Hinsichtlich geschiedener Ehefrauen ist an dieser Stelle das Nöthige anzuordnen. Denselben kann nur dann, und zwar unter Zustimmung der Regierung, eine Wittwenpension gewährt werden, wenn sie bei der Scheidung nicht für den schuldigen Theil erkannt worden sind. Was im Falle der Konkurrenz einer geschiedenen Ehefrau mit einer Wittwe aus einer nachfolgenden Ehe geschehen soll, ist vorzusehen; ingleichen die Konkurrenz einer Wittwe aus späterer Ehe mit Waisen aus einer früheren Ehe, wobei jedoch überall zu beachten bleibt, daß durch den Tod eines Kassenmitgliedes nie ein weiterer Anspruch aller Hinterbliebenen als auf Höhe einer Wittwenpension entstehen kann.

---

[1]) Diese werden nicht mehr veranstaltet.

[2]) Geschenke und Vermächtnisse müssen nicht mehr zum Kapital geschlagen werden, da § 9 durch Ges. v. 24. II. 81 aufgehoben ist.

[3]) Gemäß Ges. v. 24. II. 81.

[4]) Die portofreie Uebersendung der Wittwen- und Waisengelder ist unzulässig, Min. Erl. v. 17. IV. 91 (C. Bl. U. V. S. 396.)

b) Verlust der Wittwenpension.

b) Das Anrecht auf die Wittwenpension geht außer durch den Tod auch durch die Wiederverheirathung der Wittwe resp. einer geschiedenen Ehefrau sowie durch Verlust der deutschen Staatsangehörigkeit verloren. Ferner kann der Wittwe durch solche Vergehen oder Verbrechen, welche die Entziehung der bürgerlichen Ehrenrechte auf immer oder auf Zeit zur Folge haben, sowie durch einen unsittlichen Lebenswandel sich des Fortgenusses der Pension unwürdig machen. In welcher Weise dieser letztere Fall konstatirt werden soll, ist statutarisch festzusetzen.

Die Erneuerung des Anspruchs einer wiederverheiratheten Wittwe nach dem Tode ihres späteren Ehemannes ist auszuschließen.

Selbstverständlich bleiben hier wie überall etwa bereits erworbene Ansprüche geschiedener oder wieder verheiratheter Wittwen nach den jetzt geltenden Statuten erhalten.

12. Die Waisenpensionen.[1])

a) Anfall derselben.

12. a) Ist eine Wittwe nicht vorhanden, so ist den leiblichen ehelichen Kindern des verstorbenen Kassenmitgliedes als einer Waisenfamilie der Anspruch auf eine Pension in der Höhe, in welcher die Wittwe, wenn eine solche vorhanden wäre, dieselbe erhalten haben würde, einzuräumen. Dieser Anspruch ist jedoch auf diejenigen Waisen zu beschränken, welche das 16. Lebensjahr noch nicht erreicht haben; es sei denn, daß die Kassenmitglieder die Unterstützung der Waisen über diesen Zeitpunkt hinaus wünschen und dieselbe ohne Zutritt der Staatskasse zur Erfüllung aller Verpflichtungen der Kasse durchzuführen vermögen.

Wo bisher schon den Waisen eine Unterstützung über diesen Zeitpunkt hinaus statutenmäßig gewährt wird, bleibt der Anspruch den jetzigen empfangsberechtigten Waisen zwar erhalten, jedoch von dem vollendeten 15. Lebensjahre an nur in der jetzigen statutenmäßigen Höhe.

Bei dem Ausscheiden eines Mitgliedes der Waisenfamilie aus der Zahl der Empfangsberechtigten wächst dessen Antheil den übrigen Geschwistern zu, bis zuletzt die jüngste Waise zum Genuß der ganzen Pension gelangt.

Statutarische Bestimmungen sind auch hier über die Zahlungstermine nöthig neben den besonderen Vorschriften über die Behörde oder Person, an welche mit rechtlichem Erfolg für die Waisen gezahlt werden kann.

Inwieweit Waisen neben Wittwen ein Anspruch auf Pension zugebilligt werden kann, ist zwar schon sub 11a bestimmt worden, doch wird es zweckmäßig sein, hier kurz darauf zu verweisen.

Wenn eine Wittwe oder geschiedene Ehefrau durch Wiederverheirathung oder moralische Unwürdigkeit den Pensionsanspruch verliert, so kann den etwa vorhandenen Waisen die halbe Pension unter Zustimmung der Regierung ge-

---

1) Vgl. hierzu Ges. v. 27. VI. 90.

währt werden. Die Bewilligung hierüber hinausgehender Unterstützungen ist nur dann zulässig, wenn dies ohne Konkurrenz der Staatskasse bei Erfüllung sämmtlicher Verpflichtungen der Kasse zu ermöglichen ist. Konkurriren jedoch volle Waisen aus früherer Ehe mit den vaterlosen Waisen aus späterer Ehe und verliert die Mutter der letzteren die Pension, so kann die volle Pension den vorhandenen Waisen nach statutarisch zu bestimmenden Antheilen überwiesen werden.

Hinsichtlich der Auszahlungstermine rc. werden dieselben Bestimmungen maßgebend sein, welche vorstehend für die Pensionen der vollen Waisenfamilien gegeben sind.

Es ist an sich nicht zulässig, auch den nur vaterlosen Waisen eine Unterstützung außer der Minimalpension für deren verwittwete Mutter zu gewähren, doch kann solche Bestimmung erst dann in Kraft treten, wenn die dauernde Suffizienz der betreffenden Kasse zu derartigen Leistungen nach Erfüllung aller derselben sonst obliegenden Verpflichtungen sachverständig festgestellt ist.

b) Verlust der Waisenpension.

b) Das Anrecht auf die Waisenpension geht außer durch den Tod durch Erreichung des 16. Lebensjahres oder durch **Verlust der deutschen Staatsangehörigkeit** verloren. Wenn den Waisen nach Nr. 12 a ein über die gewöhnliche Pension hinausgehender Anspruch bewilligt worden ist, so ist hier zu bestimmen, in welchen Fällen z. B. der Unwürdigkeit die Pension verloren geht.

13. Verwaltungskosten.

13. Die Verwaltungskosten dürfen nur in baaren Auslagen bestehen. Insofern jedoch die Erfüllung aller sonstigen statutarischen Verpflichtungen der Kasse ohne Konkurrenz der Staatskasse dauernd sicher gestellt sein sollte können in der Zukunft mäßige Reisekosten und Diäten für Versammlungen der Kuratoren rc. gewährt werden.

Etwa zur Zeit vorhandene Ansprüche auf Remuneration rc. müssen bis zum Abgang der Berechtigten fortgewährt werden.

V. Die Verwaltung der Kasse.

14. Im Allgemeinen.

14. Die Verwaltung der Kasse ist im § 6 des Gesetzes der Regierung überwiesen; dieselbe hat daher die Kassen in allen gerichtlichen und außergerichtlichen Geschäften **cum facultate substituendi** zu vertreten, was in dem Statut ausdrücklich zu bemerken ist.[1])

Die Aufsichtsbehörde über die Regierungen in diesen Kassenangelegenheiten ist der Minister der Unterrichtsangelegenheiten.

---

[1]) Die Regierungshauptkassen haben die diesfälligen Kassengeschäfte zu übernehmen. Die Kreissteuer-Einnehmer haben die Lehrer-Wittwenkassengelder ohne besondere Vergütung einzuziehen und auszuzahlen. Die Kaution dieser Beamten ist auch für jene Gelder mitverhaftet. Min. Erl.

15. Mitwirkung der Kassenmitglieder bei der Verwaltung.

a) Die Kassenkuratoren.[1])

15. a) Es sind die nöthigen Bestimmungen über die Wahl der drei Kuratoren zu treffen, wobei die Art der Vorladung der Wähler, der Zeitraum zwischen der Ausschreibung und der Abhaltung der Wahl, die Art der Abstimmung, die Entscheidung bei Gleichheit der Stimmen in Betracht kommt. Das Ergebniß der Wahl ist im Amtsblatt bekannt zu machen.

Jedenfalls dürfen nur wirkliche Mitglieder der Kasse das aktive Wahlrecht erhalten. Ob den Emeriten, insofern sie Beiträge zahlen und innerhalb des Kassenbezirks ihren Wohnsitz haben, ein Stimmrecht zu gewähren, ob letzteres in diesem wie in allen sonstigen Fällen mittelst schriftlicher Vollmacht ausgeübt werden kann und unter welchen Voraussetzungen eine Wahl abgelehnt resp. durch welche Mittel deren Annahme erzwungen werden darf, ist statutarisch festzustellen.

b) Die Kreis- rc. Vorstände.

b) Das sub 15a Bestimmte findet hier analoge Anwendung und müssen auch die drei zu jedem Kreisvorstand gehörigen Kassenmitglieder von diesen allein gewählt werden.

---

v. 20. VI. 70, 16. V. 70, 8. IV. 71, 9. IV. 72, 5. X. 76 (Schn. u. v. Br. Bd. I S. 953 ff.).

Die Wittwen- und Waisenkassen sind als für Rechnung des preußischen Staates verwaltete öffentliche Kassen im Sinne des § 5 b des Stempelsteuerges. v. 31. VII. 95, der Befreiungsvorschrift unter 2e des Tarifes zum Erbschaftssteuerges. v 30. V. 73 19. V. 91, 31. VII. 95 und des § 8¹ des Preuß. Gerichtskostengef. v. 25. VI. 95 anzuerkennen und genießen daher Befreiung von der Landesstempelsteuer, der Erbschaftssteuer und den an die Landeskasse fallenden Gerichtskosten. Min. Erl. v. 4. XI. 98 (C. Bl. U. V. S. 767).

[1]) Zu der **Wahl der Kassenkuratoren** ist Folgendes zu bemerken:

a) Die Wahl der drei Kassenkuratoren des Bezirkes, resp. ihrer Stellvertreter, geschieht in der Weise, daß in jedem Kreisvorstande bei dessen erstem Zusammentritte jeder der drei, dem Kreisvorstande angehörigen Lehrer dem Vorsitzenden des Kreisvorstandes schriftlich die Namen der von ihm Gewählten übergiebt und dieser die Stimmzettel an die Königliche Regierung einsendet. Diejenigen Lehrer, die die meisten Stimmen auf sich vereinigen, sind gewählt. Die relative Stimmenmehrheit genügt.

b) Die Wahl ist möglichst auf solche Lehrer zu richten, die am Sitz der Kassenverwaltung selbst, oder doch in nächster Nähe desselben fungiren, da Reisekosten und Diäten den Kassenkuratoren thunlichst nicht gewährt werden sollen.

c) Es wird sich empfehlen, die Wahlaufforderung und die den Kreisvorständen zu machenden Vorlagen durch die Amts- oder Kreisblätter zeitig bekannt zu machen, um die Lehrer und die sonst interessirten Personen in den Stand zu setzen, sich mit dem Inhalte bekannt zu machen nnd danach ihre Entschließungen zu fassen. Ausf. Instr. v. 31. I. 70, Nr. 5.

c) Die Kassenmitglieder.

c) Die Kassenmitglieder können sich hinfort bei der Verwaltung der Kasse nur durch die Wahl ihrer Vertreter in den Kreisvorständen event durch die der Kuratorien betheiligen.

Inwieweit die Kreisvorstände und Kuratoren bei der Verwaltung der Kassen mitzuwirken haben, geht aus den nachfolgenden Bestimmungen hervor.

16. Das Verzeichniß der Kassenmitglieder.

16. Ueber die Mitglieder der Kasse sind Verzeichnisse anzulegen und fortzuführen nach einem Schema, dessen Zufertigung noch vorbehalten bleibt. Jeder Kreis- 2c. Vorstand führt ein Verzeichniß über die sämmtlichen Kassenmitglieder seines Bezirks, und die Regierung ein Verzeichniß über alle Kassenmitglieder des Kassenbezirkes. Die erforderlichen Nachrichten über Neuanstellungen, Bestätigungen, Versetzungen, Gehaltsverbesserungen, Amtsniederlegungen 2c. der Lehrer hat die Regierung den Vorsitzenden der betreffenden Kreis- 2c. Vorstände mitzutheilen.

Die Führung der Verzeichnisse kann einem der drei Vertreter der Kassenmitglieder jedes Kreisvorstandes durch den Vorsitzenden desselben auf je ein Jahr übertragen werden.

17. Die Einziehung und Auszahlung der Gelder.

17. Die Einziehung und Auszahlung der Gelder erfolgt durch die Regierungs-Haupt- resp. Institutenkasse unter Vermittelung der Königlichen Kreis- resp. der Kreiskommunalkassen auf Anweisung der Regierung. Der letzteren verbleiben die Anordnungen über die Abführung der überschüssigen Gelder bei den Kreis- 2c. Kassen an die Regierungs-Hauptkasse.

Die Einziehung der statutenmäßigen Beiträge zu den Kassen erfolgt event. im Wege der administrativen Exekution.

18. Die Kassenbücher.

18. Ueber die Führung der Kassenbücher bei den Regierungs- 2c. und den Kreis- 2c. Kassen hat die Regierung die erforderlichen Bestimmungen zu treffen.

19. Die Anlegung der Kassenkapitalien.

19. Die Anlegung der Kassenkapitalien erfolgt durch die Regierung nach Anhörung der Kassenkuratoren in pupillarisch sicheren Hypotheken, in depositalmäßigen Papieren und in Sparkassenbüchern.[1])

20. Die Rechnungslegung.

20. Die Rechnungslegung, für welche ein Musterschema nachfolgen wird, erfolgt alljährlich durch die Regierung, nachdem vor Feststellung der Rechnung

---

[1]) Die Vermögensbestände sind der Regel nach in Räumen öffentlicher Kassen unterzubringen. Min. Erl. v. 4. VIII. 76 (Schn. u. v. Br. Bd. 1 S. 956).

die Kassenkuratoren gehört sind.[1]) Die Rechnungen werden sodann den Kreisvorständen mitgetheilt, und wenn innerhalb dreier Monate nach Zufertigung an die letzteren Einwendungen dagegen nicht erhoben sind, so gilt die Rechnung als dechargirt. Das erforderliche Attest ist von der Regierung unter die Rechnung zu setzen. Demnächst wird dieselbe nach ihren Hauptergebnissen durch die Amts- und Kreisblätter des Kassenbezirks publizirt und je ein Exemplar dem Minister der geistlichen 2c. Angelegenheiten und dem Finanzminister eingereicht[2]). Abschrift der vollständigen Rechnungslegung ist jedes Kassenmitglied gegen Erstattung der Kopialien zu verlangen berechtigt.

VI. Schlußbestimmungen.

21. Die etwaige Insufficienz der Kasse.

21. Insofern die Kasse nicht fähig sein sollte, ihre statutenmäßigen Verpflichtungen zu erfüllen, sind die erforderlichen Zuschüsse aus der Staatskasse unter Vorlegung der letztabgeschlossenen Jahresrechnung in substantiirter Weise bei dem Minister der Unterrichts-Angelegenheiten zu beantragen.

22. Abänderungen des Statuts.

22. Zu den Anträgen auf Abänderungen des Statuts ist außer den drei Kuratoren jeder Kreisvorstand berechtigt. Bevor derartige Beschlüsse dem Minister der Unterrichts-Angelegenheiten zur Bestätigung vorgelegt werden, sind alle Kreisvorstände und die Kuratoren zur Sache zu hören.

---

[1]) Todtenscheine als Rechnungsbeläge der Wittwen- und Waisenkassen sind stempelfrei, Tarifpos 77 Abs. 2b zum Stempelsteuergeß. v. 31. VII. 95 (G. S. S. 413).

Von der Bestimmung in Nr. 15 der Vorschr. der Ob. Rech. K. v. 7. VII. 82 (M. Bl. S. 171), wonach bei Feststellung des gesetzlichen Wittwengeldes für Hinterbliebene als Rechnungsjustifikatorien auch die Geburtsurkunden der Eheleute beizubringen sind, wenn die Bestimmung des Wittwengeldes nicht durch den Departementschef erfolgt, ist abzusehen, wenn die Ehe nachweislich über 14 Jahre bestanden hat. — An Stelle der in den §§ 15, 16 des Personenstandges. v. 6. II. 75 (R.G. Bl. S. 23) für Beurkundungen vorgeschriebenen gebührenpflichtigen Auszüge aus den Standesamtsregistern in Angelegenheiten der Hinterbliebenenfürsorge genügen Bescheinigungen in abgekürzter Form, die unter Siegel und Unterschrift des Standesbeamten kostenfrei ausgefüllt werden, die entscheidenden Thatsachen ergeben und die maßgebenden Daten in Buchstaben ausgeschrieben enthalten. Min. Erl. v. 1. IX./1. X. 98 (C Bl. U. B. S. 743).

[2]) Die Hauptergebnisse der Jahresrechnungen der Kassen sind an den Unterrichtsminister nnr noch in einem Exemplar einzureichen. Nur im Falle eines Antrages auf Zuweisung von Staatsmitteln nach § 5 des Ges. ist ein zweites Exemplar zur Benutzung im Finanzministerium einzureichen. Min. Erl. v. 1. VII. 72 (Schn. u. v. Br. Bd. I S. 956). Außerdem bedarf es noch einer jährlich einmaligen Berichterstattung nach einem vorgeschriebenen Schema, Min. Erl. v. 31. III. 82 (Schn. u. v. Br. Bd. I S. 939).

Es empfiehlt sich, Anträge dieser Art schon einige Zeit vor den Berathungen zur Kenntniß der zur Begutachtung Berechtigten zu bringen. Hierher gehören im Besonderen alle Anträge auf Erhöhung oder Herabsetzung der Pensionen, sowie der Beiträge der Kassenmitglieder.

23. Uebergangsbestimmungen.

23. Es bedarf der Festsetzung des Zeitpunkts, von welchem ab das revidirte Statut in Kraft tritt. Auch ist der besseren Uebersicht wegen hier auf alle Verhältnisse zu verweisen, für welche die Vorschriften der älteren Statuten einstweilen noch Gültigkeit behalten.

G.

Gesetz

betreffend

die Fürsorge für die Waisen der Lehrer an öffentlichen Volksschulen.

Vom 27. Juli 1890 (G. S. S. 211).

Die **gesetzgeberischen Materialien** sind enthalten in: Anm. 1.
Sten. Ber. A. H. 1889/90, Bd. II S. 1032, Bd. III S. 1458, 1589, Anl. Bd. II S. 1479, Bd. III S. 1969.
Sten Ber. H. H. 1889/90, Bd. I S. 275, Bd. II S. 219.

Die **Vorschriften des Ges.** finden **ausschließlich** Anwendung auf Volksschulen, d. h. diejenigen öffentlichen Schulen, die zur Erfüllung der allgemeinen Schulpflicht dienen, also die nämlichen Schulen, auf die das Ges., betreffend die Pensionirung der Lehrer und Lehrerinnen an den öffentlichen Volksschulen, v. 6. VII. 85 (G. S. S. 298) sich bezieht. Anm. 2.

Die **Ausf. Best. v. 15. VII. 90** (C. Bl. U. V. S. 676) sind bei den Erläuterungen verarbeitet Diese selbst sind auf ein Mindestmaß beschränkt, nachdem das Ges. v. 4. XII 99 (G. S. S. 587) im § 21 die Bestimmungen des Ges. v. 27. VI. 90, soweit sie nicht ausdrücklich aufrecht erhalten worden sind, aufgehoben und dieses Ges. daher in der Hauptsache nur noch für die jetzigen Wittwen und Waisen, sowie für die jetzigen Kassenmitglieder Bedeutung hat. Anm. 3.

Im Uebrigen wird auf die Erläuterungen zum Ges. v. 4. XII. 99 verwiesen.

Wir Wilhelm, von Gottes Gnaden König von Preußen 2c. verordnen, mit Zustimmung beider Häuser des Landtags, für den ganzen Umfang der Monarchie bis zum Erlasse eines Gesetzes über die Unterhaltung der öffentlichen Volksschulen, was folgt:

§ 1. Die hinterbliebenen ehelichen oder durch nachgefolgte Ehe legitimirten Kinder eines Lehrers, welcher zur Zeit seines Todes an einer öffentlichen Volksschule definitiv angestellt, oder aus dem Dienste an derselben mit lebenslänglicher Pension in den Ruhestand versetzt war, erhalten aus der Staatskasse Waisengeld.

Vgl. § 1 des Ges. v. 4. XII. 99.

§ 2. Keinen Anspruch auf Waisengeld auf Grund dieses Gesetzes haben:

1) diejenigen Waisen, welchen ein Anspruch auf Waisengeld auf Grund des Gesetzes vom 20. Mai 1882, betreffend die Fürsorge für die Wittwen und Waisen der unmittelbaren Staatsbeamten (G. S. S. 298), zusteht;

2) die Kinder derjenigen Lehrer, welche zur Zeit ihres Todes oder ihrer Versetzung in den Ruhestand nur nebenamtlich im öffentlichen Volksschuldienst angestellt waren;
3) die Kinder aus der Ehe eines pensionirten Lehrers, welche derselbe erst nach seiner Versetzung in den Ruhestand geschlossen hat;
4) die Kinder eines mit Belassung eines Theils der gesetzlichen Pension aus dem Dienste entlassenen Lehrers.

Vgl. § 2 des Ges. v. 4. XII. 99.

§ 3. Das Waisengeld beträgt:
1) für Kinder, deren Mutter lebt und zum Bezuge von Wittwengeld aus einer nach den Vorschriften der Gesetze vom 22. Dzbr. 1869 (G. S. 1870 S. 1) und vom 24. Febr. 1881 (G. S. S. 41) eingerichteten Wittwen- und Waisenkasse für Elementarlehrer oder aus einer gemäß § 11 des ersteren Gesetzes an Stelle einer solchen Kasse bestehenden anderweitigen Anstalt zur Versorgung von Lehrerwittwen berechtigt ist, jährlich fünfzig Mark für jedes Kind;
2) für Kinder, deren Mutter nicht mehr lebt oder zum Bezuge von Wittwengeld aus einer der unter Ziffer 1 bezeichneten Versorgungsanstalten nicht berechtigt ist, jährlich vierundachtzig Mark für jedes Kind.

Auf letzteres Waisengeld werden diejenigen Bezüge bis zu einem Betrage derselben von zweihundert und fünfzig Mark jährlich angerechnet, welche den Kindern aus einer nach den Vorschriften der Gesetze vom 22. Dezbr. 1869 und vom 24. Febr. 1881 eingerichteten Wittwen- und Waisenkasse für Elementarlehrer zustehen.

Anm. 1. Vgl. § 4 des Ges. v. 4. XII. 99.

Anm. 2. Zu Absatz 2. Sind also z. B. in einer Familie ein oder zwei solcher Waisen vorhanden, die aus einer der gedachten Kassen 250 Mk. beziehen, so erhalten sie vom Staate außerdem kein Waisengeld. Drei erhalten 3 × 84 = 252 Mk. weniger 250 Mk. = 2 Mk. Vier erhalten 4 × 84 = 336 Mk. weniger 250 Mk. = 86 Mk. u. s. w. Beziehen diese Waisen aus einer der vorbezeichneten Kassen mehr wie 250 Mk., so wird ihnen dieses **Mehr** auf das staatliche Waisengeld **nicht** angerechnet. Ebenso sind diejenigen Bezüge, die den Waisen aus einer Kasse gewährt werden, die gemäß § 11 des Ges. v. 22. XII. 69 **an Stelle** jener vorgedachten Wittwen- und Waisenkasse gewährt werden, von der Anrechnung auf das staatliche Waisengeld gänzlich ausgeschlossen. Hierher gehören die besonderen Fonds in Schleswig-Holstein-Lauenburg, aus denen den Waisen Unterstützungen von 15 Mk. jährlich gewährt werden; die Kassen im alten Konsistorialbezirke Hannover, aus der jedes elternlose Kind bis zum 18. Lebensjahre 18 Mk. jährlich erhält. Insbesondere aber werden aus der Wittwen- und Waisenkasse für den Reg. Bez. Wiesbaden in Höhe von je 1/6 der Pension, die dem Vater bei Eintritt des Todes zugestanden hat oder zugestanden hätte, an Waisen, deren Mutter noch lebt, von je 1/4 dieser Pension an elternlose Waisen, und zwar im ersteren Falle neben einer Pension der Wittwe in Höhe von je 1/3 der Pension ihres verstorbenen Mannes gezahlt. Die Wittwen- und Waisenpensionen zusammen müssen mindestens 250 Mk. betragen.

§ 4. Die Zahlung des Waisengeldes beginnt mit dem Ablauf der Gnadenzeit, die Zahlung des in dem § 3 Ziffer 2 bestimmten Waisengeldes nicht vor dem Beginn desjenigen Monats, welcher auf den Zeitpunkt des Eintritts der dort bezeichneten Voraussetzung folgt.

Das Waisengeld wird monatlich im Voraus gezahlt. An wen die Zahlung gültig zu leisten ist, bestimmt die Schulaufsichtsbehörde.

Nicht abgehobene Theilbeträge des Waisengeldes verjähren binnen vier Jahren, vom Tage ihrer Fälligkeit an gerechnet, zu Gunsten der Staatskasse.

Vgl. § 10 des Ges. v. 4. XII. 99. Anm. 1.

Das **erhöhte Waisengeld** von 84 Mk. ist für jedes Kind auch dann von dem ersten des auf den Tod der Mutter oder das Erlöschen ihres Anrechtes auf Wittwenpension folgenden Monates zu zahlen, wenn das Ableben ꝛc. im ersten bis fünften Monate eines Halbjahres erfolgte und für dieses Halbjahr das Wittwengeld aus einer der im § 3 des Ges. bezeichneten Versorgnngsanstalten bereits gezahlt war. Dagegen sind den Waisen auf das aus der Staatskasse zahlbare Waisengeld gemäß dem letzten Absatze des § 3 die dort bezeichneten Bezüge bis zum Betrage von jährlich 250 Mk. stets anzurechnen. Min. Erl v. 20. IV. 95 (C. Bl. U. V. S. 466). Anm. 2.

1. Die gemäß § 1 des Ges. der **Staatskasse zur Last fallenden Waisengelder** sind von den Regierungen auf ihre Hauptkassen, in Berlin von dem Provinzial-Schulkollegium auf die Vereinigte Ministerial- Militär- und Baukasse zur Zahlung anzuweisen. Die Verrechnung hat in den Rechnungen dieser Kassen von der geistlichen und Unterrichts-Verwaltung unter Kapitel 121 Titel 41a als Mehrausgabe zu erfolgen Ausf Best. v. 15. VII. 90 Nr. 3. Anm. 3.

2. Die Zahlung und Verrechnung der festgesetzten Waisengelder ist stets von derjenigen Regierungshauptkasse — in Berlin von der Civil-Pensionskasse — zu bewirken, in deren Bezirke die Waisen ihren Wohnsitz haben. Die festsetzende Behörde hat sich zu dem Ende mit der die Zahlungsanweisung erlassenden Behörde direkt in Verbindung zu setzen und der letzteren von jeder die Höhe des Waisengeldes beeinflussenden Veränderung in den persönlichen oder Familienverhältnissen der Waisen sofort Mittheilung zu machen. Min. Erl. v. 11. VII. 91 (C. Bl. U. V. S. 650).

§ 5. Das Waisengeld kann mit rechtlicher Wirkung weder abgetreten, noch verpfändet oder sonst übertragen werden.

Vgl. § 11 des Ges. v. 4. XII. 99.

§ 6. Das Recht auf den Bezug des Waisengeldes erlischt:

1) mit dem Ablauf des Monats, in welchem die Waise das achtzehnte Lebensjahr vollendet;
2) mit dem Ablauf des Monats, in welchem sie sich verheirathet oder stirbt.

Das Recht auf den Bezug des Waisengeldes ruht, wenn die Waise die deutsche Staatsangehörigkeit verliert, bis zur etwaigen Wiedererlangung derselben.

Vgl. § 12 des Ges. v. 4. XII. 99. Anm. 1.

Anm. 2. Gewähren die Wittwen- und Waisenkassen die Pensionen nur bis zu einem niedrigeren Alter als 18 Jahre, so werden diese für die Restzeit bis zum 18. Jahre in demselben Betrage gezahlt, der den eine Pension aus den Kassen überhaupt nicht beziehenden Waisen zusteht.

§ 7. Die Entscheidung darüber, ob und welches Waisengeld den Waisen eines Lehrers zusteht, erfolgt durch die Schulaufsichtsbehörde.

Die Beschreitung des Rechtsweges gegen diese Entscheidung steht den Betheiligten offen, doch muß die Entscheidung des Ministers der geistlichen, Unterrichts- und Medizinal-Angelegenheiten der Klage vorhergehen und letztere sodann bei Verlust des Klagerechts innerhalb sechs Monaten, nachdem den Betheiligten die Entscheidung des Ministers der geistlichen, Unterrichts- und Medizinal-Angelegenheiten bekannt gemacht worden, erhoben werden.

Der Verlust des Klagerechts tritt auch dann ein, wenn von den Betheiligten gegen die Entscheidung der Schulaufsichtsbehörde über den Anspruch auf Waisengeld nicht binnen gleicher Frist die Beschwerde an den Minister der geistlichen, Unterrichts- und Medizinal-Angelegenheiten erhoben ist.

Anm. 1. Vgl. § 13 des Ges. v. 4. XII. 99.

Anm. 2 Die Entscheidung darüber, ob und welches Waisengeld den Waisen eines Lehrers zusteht, erfolgt gemäß § 7 des Ges durch die Schulaufsichtsbehörde, und zwar ist diejenige Regierung zuständig, in deren Bezirk der Lehrer zuletzt angestellt gewesen ist. Ausf. Best. v. 15 VII. 90 Nr. 2.

§ 8. Für den Bereich der Wittwen- und Waisenkasse im Regierungsbezirk Wiesbaden kann mit Königl. Genehmigung von dem Minister der geistlichen, Unterrichts- und Medizinal-Angelegenheiten angeordnet werden, daß die den Lehrerwaisen aus dieser Kasse zustehenden Bezüge ganz oder theilweise um den Betrag der denselben nach diesem Gesetz aus der Staatskasse zu gewährenden Waisengelder gekürzt werden.

Die Kürzung ist jedoch nur soweit zulässig, als die aus der Kasse zahlbare Wittwen- und Waisenpension nicht unter den Betrag von jährlich zweihundert und fünfzig Mark herabsinkt, und nur unter der weiteren Voraussetzung, daß die eintretende Ersparniß zur entsprechenden Ermäßigung der Beiträge der zur Unterhaltung der Kasse verpflichteten Volksschullehrer und Schulverbände Verwendung findet.

§ 9. Dieses Gesetz tritt mit dem 1. Juli 1890 in Kraft.

Mit dem gedachten Zeitpunkte treten die Bestimmungen der Dienstpragmatik für das vormalige Fürstenthum Hohenzollern-Hechingen vom 11. Oktbr. 1843 über die Gewährung von Erziehungsbeiträgen an Waisen und Volksschullehrern außer Kraft.

§. 10. Mit der Ausführung dieses Gesetzes werden die Minister der geistlichen Unterrichts- und Medizinal-Angelegenheiten und der Finanzminister beauftragt.

Anhang.

Gesetz,
betreffend die Feststellung der Anforderungen für die Volksschulen.

Vom 26. Mai 1887 (G. S. S. 175).

1. Vor Erlaß der Kr. Ordn. v. 13. XII. 72 lag die Entscheidung über das Bedürfniß und die Aufbringung aller Leistungen für Volksschulen — abgesehen von dem für gewisse Fälle vorbehaltenen Rechtswege — lediglich in den Händen der Regierungen, in höherer Instanz des Unterrichtsministers. Diese Ressortverhältnisse hatten sich in Anlehnung an die Vorschriften des A. L. R's. und der Reg. Instr. v. 23. X. 17 als Verwaltungspraxis herausgebildet und waren in der Rechtsprechung der ordentlichen Gerichte nicht beanstandet. Dagegen waren sie von den Betheiligten häufig formell als willkürlich und materiell als drückend empfunden worden, und es wurde deshalb zuerst durch die Kreisordnung, später durch die Zuständigkeitsgesetze das diskretionäre Ermessen der Schulaufsichtsbehörden eingeschränkt und den Organen der Selbstverwaltung eine beschließende bezw. entscheidende Mitwirkung zugewiesen. Der Titel VII des Zust. Ges. v. 1. VIII. 83 regelt diese Mitwirkung für die dort vorgesehenen Fälle, und es bildet das vorliegende Ges. eine Erweiterung dieser Zuständigkeit, indem es den Organen der Selbstverwaltung auch die Beschlußfassung über die Feststellung derjenigen Anforderungen der Schulaufsichtsbehörden überträgt, die mit einer Steigerung der bisher für Schulzwecke aufgebrachten Leistungen verbunden sind. Anm. 1.

2. Die Zuständigkeitsverhältnisse auf dem Gebiete des **Schulbauwesens** sind durch das Zust. Ges., insbesondere durch dessen § 47 definitiv geregelt. In diesen Zuständigkeiten wird durch das vorliegende Ges. nichts geändert, der § 5 bestimmt vielmehr ausdrücklich, daß auf Schulbausachen im Sinne des § 47 Abs. 1 des Zust. Ges. das Ges. keine Anwendung findet.

Die gesetzgeberischen Materialien sind enthalten in: Anm. 2.

Sten. Ber. H. H. 1887 Bd. I S. 11, 37, 184, 214; Bd. II S. 103, 160, 172.

Sten. Ber. A. H. 1887 Bd. I S. 502, Bd. II S. 757, 849, 895; Anl. Bd. III S. 1581, 1989, 2108.

§ 1. Unter Volksschulen im Sinne dieses Gesetzes sind diejenigen öffentlichen Schuleinrichtungen zu verstehen, welche zur Erfüllung der allgemeinen Schulpflicht dienen.

§ 2. Werden von den Schulaufsichtsbehörden für eine Volksschule Anforderungen gestellt, welche durch neue oder erhöhte Leistungen der zur Unterhaltung der Schule Verpflichteten (Gemeinden, Gutsbezirke, Schulgemeinden, Schulsozietäten, Schulkommunen u. s. w. und dritte, statt derselben oder neben denselben Verpflichtete) zu gewähren sind, so wird in Ermangelung des Einverständnisses der Verpflichteten die zu gewährende Anforderung, soweit solche innerhalb der gesetzlichen Zuständigkeit nach dem Ermessen der Verwaltungsbehörden zu bestimmen ist, bei Landschulen durch Beschluß des Kreisausschusses, bei Stadtschulen durch Beschluß des Bezirksausschusses, insbesondere mit Rücksicht auf das Bedürfniß der Schule und auf die Leistungsfähigkeit der Verpflichteten festgestellt.

Anm. 1. 1. Die Regierung hat ihre **Anforderungen an die Schulunterhaltungspflichtigen** gemäß den bestehenden Vorschriften auf das nach den konkreten Verhältnissen des Einzelfalles Nothwendige zu beschränken, den Leistungskräften der Verpflichteten, unbeschadet der Zweckmäßigkeit, soweit als thunlich anzupassen und zu diesem Behufe auch die Finanz-Abtheilung zuzuziehen.

Ist in vorgedachter Weise festgestellt worden, welche Anforderungen durch neue oder erhöhte Leistungen der Verpflichteten zu gewähren sind und wird zur Erreichung des Zweckes eine Staatsbeihülfe in Aussicht genommen, so bleibt alsdann die Frage, ob und inwieweit eine solche zu bewilligen sein möchte, nach den desfallsigen maßgebenden allgemeinen Vorschriften nach wie vor, also auch unter Betheiligung der Finanz-Abtheilung, zu erörtern, eventuell ein bezüglicher Antrag bei dem Unterrichtsminister zu stellen, Min. Erl. v. 8. VIII. 87 (C. Bl. U. V. S. 657).

2. Sind die Schulunterhaltungspflichtigen zur Erfüllung der Anforderung insoweit bereit, als sie dazu vermögend sind, so hat die Schulaufsichtsbehörde von vornherein die Leistungsfähigkeit der Verpflichteten zu prüfen und ihnen bei Feststellung der Nothwendigkeit einer Staatsbeihülfe alsbald ihre Bereitwilligkeit zu erklären, eine solche zu beantragen und demnächst in vorgeschriebener Weise das Bedürfniß einer solchen Bewilligung bei dem Herrn Minister zu begründen, mit den Verpflichteten aber wegen Aufbringung des nach Maßgabe ihrer Leistungsfähigkeit beibringlichen Restes zu verhandeln. Erst wenn bei solcher Verhandlung der Mangel des Einverständnisses der Verpflichteten zu Tage tritt, ist der Kreis- (Bezirks-) Ausschuß mit dem Antrage auf Beschlußfassung anzugehen, Min. Erl. v. 15. und 19. V. 88 (C. Bl. U. V. S. 595).

Wenn eine solche Beihülfe bewilligt oder in Aussicht gestellt ist, muß hierauf im Feststellungsverfahren hingewiesen werden. Hierbei wird zu bemerken sein, daß, wenn auch die Bewilligung nach der Zweckbestimmung der Fonds Kap. 121 Tit. 34 und 36 des Staatshaushaltsetats nur vorbehaltlich jederzeitigen Widerrufes erfolgen dürfe, die Beihülfe doch thunlichst so lange gewährt werden solle, als nicht eine wesentliche Erhöhung der Leistungsfähigkeit der Schulunterhaltungspflichtigen eintrete, Min. Erl. v. 9. X. 95 (C. Bl. U. V. S. 731).

Anm. 2. 1. Die **Anforderungen** müssen durch **neue oder erhöhte Leistungen** zu gewähren sein.

2. Diese dürfen nicht unter einer auflösenden Bedingung festgestellt werden, z. B. nur für die Dauer desjenigen Zeitraumes, während dessen freiwillige Beihülfen Seitens des Staates oder Dritter thatsächlich geleistet werden, Min. Erl. v. 9. II. 95 (C. Bl. U. V. 1896 S. 219).

3. Neue oder erhöhte Leistungen liegen nicht vor, wenn z. B. ein erhöhtes Diensteinkommen für ein Etatsjahr festgesetzt und in dieser Höhe

von der Schulaufsichtsbehörde den bestimmten Lehrern zugebilligt worden ist und wenn dieselbe Leistung denselben Lehrern in den folgenden Etatsjahren fortgewährt werden soll, Erk. O. V. G. v. 22. XII. 96 (C. Bl. U. V. 1897 S. 278); desgl. nicht, wenn eine bereits vor Erlaß des Ges. v. 26. V. 87 von zuständiger Seite ihrem Betrage nach festgestellte Leistung theilweise oder ganz freiwillig ohne Rechtsverpflichtung von einem Dritten (Fiskus) gezahlt wurde und nun in Folge des Fortfalles solcher Zahlung den Schulverband stärker belastet, E. O. V. v. 23. III. 89 (Bd. XVII S. 265).

4. Verlangt die Schulaufsichtsbehörde, daß die ungehörige Einrichtung beseitigt wird, wonach die Eltern der Schulkinder an Stelle der gesetzlich verpflichteten Schulunterhaltungspflichtigen ꝛc. das Brennmaterial für Heizung der Schulstuben liefern, so kann bei erhobenem Widerspruche die neue Einrichtung nur unter Beachtung des vorliegenden Gesetzes durchgeführt werden, Min. Erl. v. 13. IX. 87 und 20. III. 90 (C. Bl. U. V. 1887 S. 773, 1890 S. 611). Dasselbe gilt von der Remuneration für den Stellvertreter eines behinderten Lehrers, E. O. V. G. v. 6. I. 92 (Pr. V. Bl. Bd. XIII, 312) und von Geldbeträgen als Entschädigung für Nichtgewährung von Dienstwohnungen, E. O. V. G. v. 5. III. 92 (Pr. V. Bl. Bd. XIII S. 323), sowie von einer durch die Schulaufsichtsbehörde über die bisherige Leistung hinaus aufgegebene Brennholzlieferung, mögen auch für die Berechnung des Schulbrennholzbedarfes gewisse von der Schulaufsichtsbehörde erlassene Normativbestimmungen bestehen. E. O. V. G. v. 18. VI. 97 (Kunze u. Kautz, Erg. Bd. 1899 S. 125).

1. Ein vertragsmäßiger Verzicht des Lehrers auf Gehaltserhöhung hindert die Regierung nicht, solche zu fordern, weil es sich um Ausübung eines Staatshoheitsrechtes handelt, E. O. V. G. v. 5. XI. 92 (Bd. XXIV S. 128). Anm. 3.

2. Irgend welche Einschränkungen für dieses Beschlußverfahren durch Normativbestimmungen der Centralunterrichtsverwaltung bestehen nicht, E. O. V. G. v. 3. XI. 96 (C. Bl U. V. 1897 S. 228), die Beschlußbehörde kann aber über die bei ihr gestellten Anträge nicht hinausgehen, E. O. V. G. v. 18. V. 92 (Bd. XXIII. S. 125).

3. Die Zuständigkeit der Beschlußbehörden erstreckt sich auch auf die Prüfung der Gesetz- und Rechtmäßigkeit der Anforderungen, also auch dahin, wer der Schulunterhaltungspflichtige ist, E. O. V. G. v. 4. V. 92 (Bd. XXIII S. 117), nicht aber dahin, ob eine der konkreten Schule bereits gewährte, weder neue, noch erhöhte Leistung in Zukunft von dem einen oder dem anderen der vermeintlich Schulunterhaltungspflichtigen aufzubringen ist, E. O. V. G v. 14. XII. 94 (C. Bl. U. V. 1895 S 304).

4. Die Beschlußbehörden haben nur in konkreten Fällen über bestimmte zahlenmäßig zu berechnende Anforderungen auf neue oder erhöhte Leistungen Entscheidung zu treffen, E. O. V. G. v. 5. XI. 92 (Bd. XXIV S. 128), Min. Erl. v. 8. IV. 95 (C. Bl. U. V. S. 463).

Ein förmlicher Besoldungsplan kann von ihnen nicht festgestellt werden. Doch ist in E. O. V. G. v. 5. XI. 92 (Bd. XXIV S. 128) für zulässig erachtet, daß sowohl die Schulaufsichtsbehörde ihrer Anforderung, wie die Beschlußbehörde ihrer Entscheidung einen solchen Besoldungsplan zu Grunde legen. Wenn sich eine entsprechende Festsetzung dann auch nur auf die konkreten Fälle erstreckt, so läßt sich doch annehmen, daß die Stadt es nicht auf eine Wiederholung des Verfahrens, falls weitere Leistungen auf Grund des Besoldungsplanes erforderlich werden, ankommen lassen wird. Min. Erl. v. 10. X. 94 (C. Bl. U. V. S. 749).

Anm. 4. Handelt es sich um Errichtung einer Lehrerstelle und eine bauliche Einrichtung, so ist hinsichtlich der letzteren § 47 des Zust. Ges. nach wie vor maßgebend. Es ist in solchem Falle über die zu treffende bauliche Einrichtung erst zu befinden, bezw. zu beschließen, nachdem die Vorfrage, ob und in welchem Umfange behufs Errichtung der Lehrerstelle neue Leistungen von den Pflichtigen aufzubringen sind, gemäß §§ 2, 3 des Ges. v. 26. V. 87 und eventuell §§ 35, 48 des Zust. Ges. zum Austrage gebracht sein wird. Min. Erl. v. 8. VIII. und 10. VI. 87 (C. Bl. U. V. S. 657, 784), E. O. V. G v. 18. I. 93 (C. Bl. U. V. S 377) und 9. VI. 96 (C. Bl. U. V. S. 615).

Anm. 5. Die **Zuständigkeit der Beschlußbehörden** ist darauf beschränkt, über **Zweckmäßigkeits- und Bedürfnißfragen** zu beschließen, ohne daß die Feststellung des Bedürfnisses und der Leistungsfähigkeit selbst den Gegenstand dieser Beschlußfassung bildet. Ebensowenig unterliegt dieser die Gesetzlichkeit der Anordnungen der Schulbehörden.

Die Parteirollen im Beschlußverfahren fallen einerseits der Schulaufsichtsbehörde, andererseits dem dieser gegenüber schulunterhaltungspflichtigen Schulverbande, der Korporation als solcher zu, auch wenn diese aus mehreren Gemeindeverbänden besteht. E. O. V. G. v. 5. XI. 92 (Bd. XXIV S. 137).

§ 3. Die Einleitung des Beschlußverfahrens erfolgt auf Antrag der Schulaufsichtsbehörde.

Gegen die Beschlüsse des Kreisausschusses bezw. Bezirksausschusses ist binnen einer Frist von zwei Wochen nur die Beschwerde an den Provinzialrath zulässig.

Die zuständige Behörde kann zur Vervollständigung der Beschwerde eine angemessene Nachfrist gewähren. Die Beschwerde hat aufschiebende Wirkung.

Die Vorschrift des zweiten Absatzes findet auf die Hohenzollernschen Lande keine Anwendung. Die Beschlußfassung des Bezirksausschusses in den Hohenzollern'schen Landen bezüglich der Stadtschulen ist endgültig.

Zu Absatz 1. In dem **Antrage** sind Umfang und Maß der Leistungen genau zu bezeichnen, sowie die Gründe mitzutheilen, auf die die Weigerung der Pflichtigen sich stützt, Min. Erl. v. 8 VIII 87 (C Bl. U. V. S. 657). An eine Frist ist der Antrag nicht gebunden.

Zu Absatz 2. **Die Beschwerde des Abs. 2** steht aus Gründen des öffentlichen Interesses auch der Schulaufsichtsbehörde zu, Min. Erl. v. 8. VIII 87 (C Bl U. V. S. 657). Dies soll da geschehen, wo die Entscheidung zu grundsätzlichen Bedenken Anlaß giebt. Die Gefahr einer abweichenden Entscheidung soll davon nicht abhalten, Min Erl. v. 20. VI 94 (C. Bl. U. V. S. 567).

§ 4 (ist nach Einführung des Zust Ges. in Westfalen, Rheinprovinz und Schleswig-Holstein unpraktisch geworden).

§ 5. Auf Schulbausachen im Sinne des § 47 Abs. 1 des Gesetzes über die Zuständigkeit der Verwaltungs- und Verwaltungsgerichtsbehörden vom 1. August 1883 (G. S. S. 237) findet dies Gesetz keine Anwendung.

Auch bleiben die Vorschriften des Gesetzes vom 6. Juli 1885, betreffend die Pensionirung der Lehrer und Lehrerinnen an den öffentlichen Volksschulen (G. S. S. 228) unberührt.

§ 6. Für die Provinz Posen bewendet es bei den bestehenden Bestimmungen.

1. Die **Verhältnisse der Provinz Posen** sind für jetzt nicht so geartet, daß sie eine Ausdehnung der Vorschriften des gegenwärtigen Gesetzes auf diesen Landestheil gestatten, und muß es dort bis auf Weiteres bei den bestehenden Bestimmungen bewenden. Mot. Anm. 1.

2. Die **Anforderungen** werden dort also durch Verfügung der **Schulaufsichtsbehörde** endgültig festgesetzt. In Fällen, wo sie einen Schulbau nach sich ziehen, tritt, sofern Streit entsteht, das Verfahren nach § 47 des Zust. Ges. ein. Ein Beschluß der Schulaufsichtsbehörde über Anstellung eines zweiten Lehrers und gleichzeitig über die Anordnung von Schulbauten ist in dieser Verbindung wegen der verschiedenen Rechtsmittel zweckwidrig, aber nicht rechtswidrig. E. O. V. G. v. 12. VI. 96 — I. 779 — (C. Bl. U. V. S. 679).

§ 7. Der Minister des Innern und der Minister der geistlichen, Unterrichts- und Medizinalangelegenheiten sind mit Ausführung dieses Gesetzes beauftragt.

Urkundlich unter unserer höchsteigenhändigen Unterschrift und beigedrucktem Königlichen Insiegel.

Gesetz,
betreffend die Erleichterung der Volksschullasten.

Vom 14. Juni 1888 (G. S. S. 240).

Nachdem durch das **Lehrerbesoldungsges.** v. 3. III. 97 eine anderweite Regelung der zu dem Diensteinkommen der Lehrer und Lehrerinnen zu gewährenden **Staatsbeiträge** stattgefunden hat, sind die §§ 1—3 des Ges. v. 14. VI. 88 und Art. I des Ges. v. 31. III. 89 durch § 28 Abs. 8 jenes Ges. aufgehoben worden. Anm. 1.

Die **gesetzgeberischen Materialien** sind enthalten zum Ges. v. 14. III. 88 in: Anm. 2.

Sten. Ber. H. H. 1888 Bd. I S. 27, 35, 109; Bd. II S. 305, 315. Sten. Ber. A. H. 1888 Bd. I S. 105; Bd. III S. 1121, 1153, 1226, 1251, 1564, 1600, 1643; Anl. Bd. II S. 930; Bd. III S. 1490, 1678, 1748, 1788, 2035.

Zum Ges. v. 31. III. 89 in: Sten. Ber. H. H. 1889 Bd. I S. 57; Bd II S. 61, 119. Sten. Ber A. H. Bd. I S. 76, 639; Bd. II S. 892; Anl. Bd. II S. 1017, 1374; Bd. III S. 1459.

§§ 1—3. (Aufgehoben.)

§ 4. Die Erhebung eines Schulgeldes bei Volksschulen findet fortan nicht statt. Ausnahmen sind nur gestattet:

1) für solche Kinder, welche innerhalb des Bezirks der von ihnen besuchten Schule nicht einheimisch sind.

2) soweit als das gegenwärtig bestehende Schulgeld durch den Staatsbeitrag (§ 1) nicht gedeckt wird, und andernfalls eine erhebliche Vermehrung der Kommunal- oder Schulabgaben eintreten müßte. Das danach einstweilen in der Schule überhaupt noch zulässige Schulgeld ist in Landschulen mit Genehmigung des Kreisausschusses, in Stadtschulen mit Genehmigung des Bezirksausschusses festzustellen. Von fünf zu fünf Jahren ist zur Weitererhebung eine erneute Genehmigung erforderlich. In den Provinzen Schleswig-Holstein und Posen ist bis zu dem im § 155 des Gesetzes über die allgemeine Landesverwaltung vom 30. Juli 1883 (G. S. S. 195) bezeichneten Zeitpunkte für diese Genehmigung bei Landschulen der Landrath, bei Stadtschulen der Regierungspräsident zuständig.

Anm. 1. **Schulgeld** ist der an die Schule oder den Lehrer zu entrichtende Entgelt für den Unterricht. Wozu das Geld verwendet wird, ist gleichgültig, der Verpflichtungsgrund, nicht der Verwendungszweck ist entscheidend. Die Zahlungspflichtigen sind diejenigen, denen die Fürsorge für die Schulkinder obliegt, nicht die Schulunterhaltungspflichtigen, E. O. V. G. v. 2. IV. 92 (Bd. XXIII S. 110). Auch das von ersteren etwa zu zahlende Schulholzgeld gehört hierher, E O. V. G. v. 2. IV. 92 (C. Bl. U. V. S. 261).

Insoweit die Erhebung von Schulgeld nach dem Ges. v. 14. VI. 88 noch zulässig ist, bildet es nirgends mehr einen Theil des Diensteinkommens der Lehrer, sondern fließt derjenigen Kasse zu, aus der das Lehrer-Diensteinkommen bestritten wird, Min. Erl v. 12. XI. 88 (C. Bl. U. V. S. 266).

Anm. 2. Die Schulaufsichtsbehörde hat die Voraussetzungen und die Modalitäten näher zu bestimmen, unter denen **Fremdenschulgeld** erhoben werden darf, Min. Erl. v 23. III. 89 (C. Bl. U. V. S. 474). Vergl. E. O. V. G. v. 23. IV. 90 (C. Bl. U. V. S. 724). Die im Schulorte unentgeltlich, dauernd oder vorübergehend in Pflege und Erziehung genommenen Kinder gelten nicht als auswärtige, E. O. V. G. v 23. IV 90 (Bd. XIX S. 197). Vergl. Min. Erl. v. 17. XII. 89 (C Bl. U. V. 1890 S. 212) Die Zugehörigkeit zum Schulbezirke, nicht die zum Gemeindebezirke ist entscheidend, E. O. V G. v. 28. IX 93 (Pr. V. Bl. Bd. XV S. 168); ob die Kinder aus einem Orte innerhalb oder außerhalb Preußens herstammen, ist gleichgültig, E. O. V. G. v. 28. IX. 94 (C. Bl. U. V. S. 791). Die in Rettungs-, Waisen- und ähnlichen Anstalten untergebrachten auswärtigen, aber unentgeltlich in Pflege genommenen Kinder sind in Beziehung auf die Verpflichtung zur Zahlung von Schulgeld den einheimischen Kindern gleichzustellen, E. O. V. G. v. 23. IV. 90 (Bd. XIX. S. 197 und v. 3. III. 94 (Bd. XXVI S. 173); a. M. Min. Erl. v. 20. V. 92 (C. Bl. U. V. S. 675).

§ 5. Wo seither das Schulgeld als ein seiner Natur nach steigendes und fallendes persönliches Dienstemolument des Lehrers einen Theil des Diensteinkommens desselben gebildet hat, ist dem Lehrer der durchschnittliche Betrag des Schulgeldes während der letzten drei Etatsjahre vor dem Etatsjahre, in welchem dieses Gesetz in Kraft tritt, als Theil seines baaren Geldes zu gewähren.

§ 6. Das gegenwärtige Gesetz tritt mit dem 1. Oktober 1888 in Kraft.

Mit demselben Zeitpunkte treten die Vorschriften der §§ 1 bis 3 des Gesetzes vom 29. Juli 1837, die Theilnahme der Landeskasse an den Kosten des Volksunterrichts betreffend (Sammlung der Gesetze und Verordnungen für das Fürstenthum Hohenzollern-Sigmaringen Bd. IV. S. 534), und des § 2 der Verordnung vom 18. Febr. 1842, die Erhöhung der Normalgehalte für die Schullehrer und Provisoren betreffend (a. a. O. Bd. IV. S. 339), außer Kraft.

§ 7. Mit der Ausführung dieses Gesetzes werden der Minister der geistlichen, Unterrichts- und Medizinal-Angelegenheiten und der Finanzminister beauftragt.

Gesetz,

betreffend die Ergänzung des Gesetzes über die Erleichterung der Volksschullasten vom 14. Juni 1888 (G. S. S. 240).

Vom 31. März 1889. (G. S. S. 64.)

Siehe die Vorbemerkung zum Ges. v. 14. VI. 88.

Artikel I. (Aufgehoben).

Artikel II. Wo bei Volksschulen für Kinder, welche innerhalb des Bezirks der von ihnen besuchten Schulen einheimisch sind, eine Erhebung von Schulgeld noch stattfindet, fällt dasselbe in demjenigen Betrage fort, um welchen in Folge der Einrichtung neuer Schulstellen in einem Schulverbande nach dem Inkrafttreten des Gesetzes vom 14. Juni 1888 oder gemäß der Vorschrift in Artikel I des gegenwärtigen Gesetzes eine Erhöhung des Staatsbeitrages bereits eingetreten ist oder fortan eintritt.

Das hiernach einstweilen vom 1. April 1889 ab noch zulässige Schulgeld ist nach § 4 Nr. 2 des Gesetzes vom 14. Juni 1888 erneut festzustellen.

Artikel III. Das gegenwärtige Gesetz tritt mit dem 1. April 1889 in Kraft.

Artikel IV. Mit der Ausführung dieses Gesetzes werden der Minister der geistlichen, Unterrichts- und Medizinal-Angelegenheiten und der Finanzminister beauftragt.

Alphabetisches Sachregister.

(Die Zahlen verweisen auf die Seiten.)

Druck von A. Seydel & Cie., G. m. b. H., Berlin S.W.. Alexandrinenstr. 105/106.

FSC
www.fsc.org
MIX
Papier | Fördert gute Waldnutzung
FSC® C083411

Kolibri 360 GmbH
Ferdinand-Jühlke-Straße 7
99095 Erfurt, Deutschland
produktsicherheit@kolibri360.de